倪正茂全集

黄帝思想卷

14

倪正茂 著

学苑出版社

图书在版编目（CIP）数据

倪正茂全集．黄帝思想卷 / 倪正茂著．-- 北京：学苑出版社，2024.12．-- ISBN 978-7-5077-7133-6

Ⅰ．C52；B223-53

中国国家版本馆 CIP 数据核字第 20259TH154 号

出 版 人：洪文雄
责任编辑：孟　玮
出版发行：学苑出版社
社　　址：北京市丰台区南方庄 2 号院 1 号楼
邮政编码：100079
网　　址：www.book001.com
电子信箱：xueyuanpress@163.com
联系电话：010-67601101（营销部）、010-67603091（总编室）
印 刷 厂：北京建宏印刷有限公司
开本尺寸：787 mm×1092 mm　　1/16
印　　张：24.25　彩插 2
字　　数：384 千字
版　　次：2024 年 12 月第 1 版
印　　次：2024 年 12 月第 1 次印刷
定　　价：200.00 元

作者简介

倪正茂，1940年出生于浙江省苍南县金乡镇，先后就读于金乡小学、平阳二中、平阳一中、瑞安中学，1957年考入复旦大学法律系，1961年毕业于上海社会科学院政法系，先后从教于上海南洋模范中学、淮海中学、零陵中学等，1979年进入上海社会科学院法学研究所工作，1988年获"上海市有突出贡献的中青年专家"称号，1997年赴上海大学法学院工作，2006年获上海市首届"五一劳动奖章"，2008年获聘为上海政法学院终身教授。已发表文章五百多篇，出版《隋律研究》《科技法学导论》《法哲学经纬》《生命法学探析》《比较法学探析》《激励法学探析》《苏联国家与法的历史》《中华法苑四千年》等专著、合著、译著四十四部。

总　序

今天是我的 78 岁生日。剩下的时间不会很多了，于是动了凡心，将前此发表的文字汇编成集，一并出版。

我大致是从 1980 年（40 岁）前后开始发表文字的。此前，自觉在大学期间所学无几，故而花了近 20 年的时间自学法学、哲学、文学、史学和外语。讵料 1981 年发表第一篇法学论文《论法律的起源》，即引起法学界的热议，竟至法学院校、研究机构多有分成了臧否两派，纷争热烈。原因是传统的观点认为法律起源于奴隶社会，而我认为法律起源于从原始社会向奴隶社会的过渡时期。尽管否我者认为我的观点"离经叛道"，在后来的"精神污染"运动中，我甚至被领导点了名，但我的观点最终却成了法史学家的共识。受此事件的鼓舞，后来的学术研究中，我坚持了这样几点：第一，言（文）须有新意；第二，坚持追求真理，对权威的观点不随意苟同。

因为有这样的自我要求，所以，我获得了写出新中国第一部法哲学著作《法哲学经纬》，第一部全面考证、研究隋律的专著《隋律研究》及后来的《隋代法制考》，第一部全面论证法的激励功能的专著《激励法学探析》，第一部批判欧美中心主义的比较法学专著《比较法学探析》，主编、主撰第一部论述法律战基本理论的《法律战导论》，第一批科技法学专著《科技法学导论》《科技法学原理》，第一批生命法学著作《生命法学引论》《生命法学探析》等法学成果。所有这些成果都获得了国家或上海市级的优秀著作奖。

除著作外，我还发表了500多篇文章。这些文章，除极少几篇是"合作"的之外，都是"单干"的产物；而且，除语言逻辑方面的文章外，几篇"合作"的作品，也多是本人起草、执笔的。在此前以及本文集中，凡是有合作者的，无论是著作或文章，我都注明了合作者的姓名。

500多篇文章中，有不少是耦合时事、随性涂写的长文短论，所以，以"随笔"概括之。其中有一些属于"游记"，但据说与绝大多数游记不同，是什么"政治性游记"。上海社会科学院文学研究所潘颂德研究员竟极力翊赞为"开创了政治游记"的"游记新品种"。但纵览中国文学史不难发现，古往今来的中国文学史家也写了许多带有政治内容的，只不过不像我写得那么直白罢了。而这"直白"，也许不过是思想浅薄罢了。

全集中，还有一些非法学类的作品，涉及语言逻辑、教育、社会、心理等，大多是随意而发的东西，算不上学术著作，只是一些普及读物罢了。之所以收入到全集之中，不过是为了让读者了解我之为文的大概。此外，在搁笔之际，忽然念及一生竟然历经了肺病、肝炎、肾炎、心脏病、胃病、肠炎、盲肠炎、大面积脑梗死、脑萎缩、"典型的帕金森综合征"等"吓死人的病"，只有脾脏、胰脏没有患过病，却还活到如今并顶着一个"终身教授"的金色大盖帽，仍如四五十岁时那样，既无寒暑假也无其他节假日休息，白天夜晚也忙碌得不亦乐乎，从而觉得在我的生命历程中，也许这一"战胜"疾病的经验，比那些所谓的学术文章更有趣，也更有益于读者，甚至还值得医学家们略事研究，于是做了一番整理，写成了"养生感悟"，用以"断后"。读者自可断言我的"养生"不过只是一个"蠢"字罢了，但是或许有一些东西还有研究的价值，不是"呸"地一哂，即可弃如敝屣、扬长而去的。毕竟，一则活到了这把年纪而仍精力充沛，二则几乎所有我的同龄人无不啧啧称奇并真切艳羡我"比同龄人要年轻得多"！

倪正茂

2018年5月14日

本 卷 说 明

　　本卷收入了倪正茂教授在黄帝思想研究领域所撰写的论文11篇，养生内容随笔1篇。已刊发过的文章以刊发时间为序排于未发表的文章之前，《我的养生经历》排于"附录"中。

　　本卷的编校体例与"全集"保持一致，以页下注形式标注作品和文献出处，并校订原稿中明显的字词、标点错误。

　　未发表文章为倪正茂教授深耕轩辕黄帝研究多年成果的草稿（其中一篇未完成），在全集中为首次刊发，记录了倪正茂教授进行轩辕黄帝研究的思想历程。这些未发表的文章中，有部分文字被抽取出来作为单篇文章编入已出版的书籍或刊物中（收入在本书前部分），为全面展现倪正茂教授的学术成果，方便读者阅读，本书收入未发表的文章时，已经刊载的部分文字不再从原稿中删除，保留文章原貌。

　　本书篇幅庞大，所涉繁杂，虽经校对，疏漏或错误在所难免，敬请广大读者批评指正。

本 卷 题 记

本人不谙中国古代史，古文底子也可怜兮兮，研究黄帝思想纯属偶然。

2013年3月某日，我在浦东陆家嘴金融大厦开会，忽接久违了的法学界朋友徐炳先生的电话。他在电话里劈头就嚷嚷："你这小子！我当了《环球法律评论》8年主编，你连一篇稿子都不给我！"

从20世纪80年代初起，徐炳就是我的挚友了。他供职于中国社会科学院法学研究所。1986年，我主编《走向法治》丛书时，他是编委会成员之一，所以说他是"老朋友"。但我是非常反感在学术上"走后门"的，所以，徐炳等主编这个那个刊物，我反而不能投稿了。之前（2002）我在上海大学法学院主编学报，上任伊始，即召开全院教职工会议，宣布了两条规定：一是"对任何来稿，本人'六亲不认，只认质量'"；二是"请洪莉萍副院长转告所有的校领导，一律不得转送他人的稿子，所有的稿子必须作者直接发送给编辑部"。此前，全国某重点法学刊物几乎每两三期就发表一篇我的论文，但自我当上《上海大学法学院学报》主编后，因为拒绝那个全国重点法学刊物主编的一篇投稿，他就再不发表我的文章了（除该刊物的主管领导所约写的一篇外）。对此，我丝毫也不后悔，当然也不会去找徐炳的麻烦。

寒暄过后，徐炳邀请我4月赴湖南大学法学院参加"《黄帝四经》研讨会"。我说我对《黄帝四经》没有什么研究，但拗不过他的执意邀请，在被允准不写论文、不发言的前提下，以去学习的资格，答应了他的参会邀请。

当然，我也不得不做一些准备，了解一下此前《黄帝四经》的研究状况，也写了一个发言提纲，以应对可能出现的"突然袭击"。

湖南大学的这个研讨会，是清华大学法学院凯原中国法治与义理研究中心发起召开的。到会的国内外学者有30多人。鬼使神差地，我在会上按提纲做了个极简短的发言。会后，徐炳将与会者的论文编辑成集，并一再催我按发言提纲形成文字。万不得已，我开始了《黄帝四经》的"研究"，写成了《黄老思潮与汉初君臣之反熵治国》一文。写此文，当时我是绞过脑汁的，竟然斗胆把"黄帝思想"与汉初君臣的治国策略及普利高津的反熵理论结合起来。在徐炳的一再催促下，于印刷厂开印前一刻，惴惴不安地把文章提交给了他。讵料当年10月，在中国法律史年会上，此文获得了清华大学法学院凯原中国法治与义理研究中心颁发的唯一的论文奖，由廖凯原先生亲自颁发给我10万元奖金。这可能是新中国成立以来颁发的单篇论文最高额奖金。次年4月，廖凯原先生在清华大学法学院凯原中国法治与义理研究中心，也是前校长梅贻琦的办公室里，聘请我担任高级研究员。从此，被这顶"帽子"紧紧箍住，我开始了黄帝思想的研究，逐年地又写了一大堆有关黄帝思想的所谓文章，并由清华大学法学院凯原中国法治与义理研究中心在其出版物上刊发。

目 录

黄老思潮与汉初君臣之反熵治国 001

试从《扬权》篇看韩非与黄帝的关系 —— 兼论司马迁之"百家言黄帝" 041

墨家"言黄帝" 065

黄帝思想与中国司法的优良传统 094

法律激励和取予得当的反熵治理 109

《黄帝四经》与"中式法治"之源 133

"中式法治"与中华发展法系建设 158

《淮南子》与"百家言黄帝" 190

刘勰"言黄帝" 218

《黄帝四经》与法律激励 250

《福乐智慧》与《黄帝四经》之法律思想比较 323

附 录

我的养生经历 367

黄老思潮与汉初君臣之反熵治国[*]

中国古代黄帝、老聃的学说历经漫长曲折的演变，尤其是战国后期和秦代的演变，至西汉初年形成影响巨大的社会思潮，并成为汉初君臣治国理政的核心性指导理念，在实践中取得了史称"文景之治"的骄人业绩。尔后，越700余年，至隋初与唐初，又出现与汉初相似的"开皇之治""贞观之治"，或可以认为以"黄老思潮"为指导理念的"文景之治"的余波。其中，确有一些值得今人精研细究的宝贵的历史经验。

一、关于"黄老思潮"

古人垂青"黄老"，其来有自，最早可见诸《史记》，谓慎到、田骈、接子、环渊等人"皆学黄老道德之术，因发明序其指意"[①]；又云"申子之学本于黄老而主刑名"[②]，"韩非者，韩之诸公子也。喜刑名法术之学，而其归本于黄老"[③]。东汉

---

* 原载徐炳主编：《黄帝思想与道、理、法研究》（轩辕黄帝研究 第一卷），社会科学文献出版社2013年版，第156—190页。
① 《史记·孟子荀卿列传》。
② 《史记·老子韩非列传》。
③ 《史记·老子韩非列传》。

王充著《论衡》,在《谴告》篇中也提到"黄老之家"。这里的"黄老"是中华民族始祖黄帝与道家鼻祖老聃的合称。"黄老学派"与"黄老思想"是司马迁之后,人们对"黄老"这一概念的另类表述。三者大致的含义是相同的;其于汉初大受君臣青睐,早已为史实所证明,也为学界所认定。但汉初君臣这一治国理政的核心性理念,如果与慎到、申不害或韩非的观点画一等号,恐有不妥,而以"黄老""黄老学派""黄老思想"表述,亦恐失严谨。窃以为,与黄帝、老聃思想密切相关,并成为汉初君臣治国理政的核心性理念的"黄老",应表述为"黄老思潮"。

余明光先生精研《黄帝四经》后指出:"'黄老'这个名称,其实是很不科学的,正确的名称应该称为'黄帝'或'黄学'。因为'黄学'和'老学'实属两个不同的学派,是不能把它们混同在一起的。"①余明光先生的有关论断,给人以重要启迪。但为什么司马迁老先生一再连用"黄老"呢?其实,"黄"与"老"即黄帝与老聃的思想观念有重大的相通之处,无论从哲学观点看,还是从治国理政的方术建言看,都是如此。余明光先生本人就认为:"'黄学'和'老学'一样,认为宇宙的最高本体是'道'。"②"'黄学'的'无为'思想,源于道家。"③"在黄学看来,'道'既是最高的精神本体⋯⋯所以为人处世应该以静为主,因而主张柔弱胜刚强,这点和老子的思想是相同的。"④也就是说,在根本性的哲学观念上,在

---

① 余明光:《黄老思想初探——读长沙马王堆三号汉墓出土的古佚书〈黄帝四经〉》,《湘潭大学学报》(社会科学版)1985年第1期;余明光:《东方文化的奥秘》,中国文史出版社2013年版,第1页。
② 余明光:《黄老思想初探——读长沙马王堆三号汉墓出土的古佚书〈黄帝四经〉》,《湘潭大学学报》(社会科学版)1985年第1期;余明光:《东方文化的奥秘》,中国文史出版社2013年版,第2页。
③ 余明光:《黄老思想初探——读长沙马王堆三号汉墓出土的古佚书〈黄帝四经〉》,《湘潭大学学报》(社会科学版)1985年第1期;余明光:《东方文化的奥秘》,中国文史出版社2013年版,第8页。
④ 余明光:《黄老思想初探——读长沙马王堆三号汉墓出土的古佚书〈黄帝四经〉》,《湘潭大学学报》(社会科学版)1985年第1期;余明光:《东方文化的奥秘》,中国文史出版社2013年版,第12页。

社会治理思想上，在伦理道德思想等最重大、最根本的问题上，"黄"与"老"是基本一致的。既然如此，司马迁采用"黄老"概念，有其一定的合理性。不过，余明光先生在略述"黄学"与"老学"在这些重大问题上的相同点（或相似点，或内在联系）的同时，又指明其具体内容上的若干区别，从而呼应了他所指"'黄老'这个名称，其实很不科学"。据此而认定"以'黄老'……表述失之严谨"是可以成立的。何况，黄帝活动于距今约4700年前，而著《道德经》五千言的老聃即史称"老子"者，活动于距今约2500年的春秋末期，要将"黄"与"老"搭成一体性的"黄老"，确乎不甚妥当。

以"黄老学派"表述汉初君臣的治国理政理念，问题在于"学派"之存在，一要他人承认此"学"与众不同，有其创新或标新、立异或示异之点；二要此"学"之本身拥有明确的学术载体，如一定系统性的论著；三要有其他人的"学"或"学派"存在，从而可资比较。而"学派"之成立，还须持有或拥护该"学"者有相当多的人数，从而成其为"派"。概而言之，所谓"学派"，要有创新性、系统性与群体性的特点。把"黄"和"老"加在一起，从创新性、系统性和群体性三个必备方面看，谓其为具有整体性的"黄老学派"亦甚缺乏说服力。至于"黄老思想"这个概念，则显得单薄，难以令人与它在社会上的巨大影响直接联想，因为它表明的只是"黄"与"老"个人的"思想"而已。笔者拟以"黄老思潮"取而代之，自信是较为合理的。"思潮"者，思想潮流之谓也。"黄老思潮"，即黄帝思想、老子思想为相当一批人所接受、宣扬乃至实践，从而成为在社会上有一定影响的思想潮流。汉初因其特殊的历史条件，使黄帝与老子的核心性思想观点形成有重大社会影响的思想潮流而为君臣所接受、宣扬并付诸治国理政的实践。

二、汉初形成黄老思潮的主客观条件

黄帝的思想学说见于1973年在长沙马王堆出土的《黄帝四经》。这《黄帝四经》虽被学界认定为战国中期之人的"伪托",但学界同时认为,这"伪托"的《黄帝四经》不能看作"伪托"者的个人创作,而是黄帝的思想学说经世世代代的人们口耳相传,而由"伪托"者辑集并书之于帛以求流播四海。中国古代史上的"战国时期",大略始于公元前403年,终于公元前221年(秦统一中国)。"战国中期"大致为公元前300年。活动在早于公元前300年的慎到(约前390—前315),如司马迁所云早年学"黄老道德之术"①,可见"黄老之学"早在"战国中期"之前就已存在,流布广远。申不害(约前395—前337)生卒年也在"战国中期"之前,司马迁谓申不害之学也"本于黄老"②,同样证明黄帝思想并非伪托《黄帝四经》者本人的创作,而是别有来历,即学界所认定的"口口相传"。

那么,为什么黄帝思想加上老子思想在汉初会形成影响巨大的社会思潮呢?

(一)汉初形成黄老思潮的客观条件

秦乃战国七雄"逐鹿中原"残酷杀戮的胜出者。范文澜先生描述的"战国形势"是:"东周兼并战争发展,以三家分晋为标志,进入战争剧烈的战国时期。"③"战国时期"长达182年,秦、齐、楚、燕、韩、赵、魏合纵连横、互相恶斗,攻城略地、杀戒大开,你胜我败、尸横遍野。举其大者,如公元前331年"秦大败魏兵,斩首八万";前317年,"秦大败韩、赵军,斩首八万二千";前293年,"秦大将白起大破韩、魏兵于伊阙,斩首二十四万";前260年,"秦

---

① 《史记·老子韩非列传》。
② 《史记·老子韩非列传》。
③ 范文澜:《中国通史》(第一册),人民出版社1978年版,第188页。

将白起攻赵，赵败，坑投降的赵军四十余万人……"①当时七国范围内的人口不过2000万左右，战争中杀了那么多青壮男丁，可见残酷至极。因此，诚如孟子所说，人们遭受虐政的苦难，再没有比当时更厉害的了。饥饿的人见食物就要吃，渴了的人见水就要喝……哪个国王能行仁政，人民就尊敬他，就好比倒挂的人得到了解救②。但是秦胜之后，并未"解民于倒悬"，反而变本加厉。平心而论，秦始皇统一中国之后，是雄心勃勃、积极有为的，"天下之事无大小皆决于上"③的记载可为说明；在秦代，实现了货币制度、度量衡制度、车轨制度和文字形式的统一，更是有力的佐证。但他在政治、经济、军事、思想文化等方面采取的一系列措施，都是为了加强其专制统治。他笃信人性为恶，厉行法家学说，实施"唯法是行"的治国政策，甚至接受李斯的建议，"天下有敢藏《诗》《书》百家语者，悉诣守、尉杂烧之。有敢偶语《诗》《书》者弃市；以古非今者族。吏见知不举者与同罪。令下三十日不烧，黥为城旦"④。他发天下百万之众修建长城、阿房宫，"隐宫徒刑者七十余万人，乃分作阿房宫，或作丽山"⑤。还"令咸阳之旁二百里内宫观二百七十复甬道相连，帷帐钟鼓美人充之……行所幸，有言其处者，罪死"⑥。秦始皇死，其子继位，然而"二世……重之以无道，坏宗庙与民，更始作阿房宫，繁刑严诛，吏治刻深，赏罚不当，赋敛无度……刑戮相望于道，而天下苦之"⑦。因此，秦朝"二世而亡"，并被后世的人们众口一词地称为"暴秦"。在取而代之的汉朝，老百姓自然咬牙切齿地诅咒秦之暴虐，日日夜夜地馨香祷祝继起的汉初统治者能够改弦更张，采取与民更始、休养生息的政策。这

---

① 范文澜：《中国通史》（第一册），人民出版社1978年版，第222、225—227页。
② 《孟子·公孙丑篇》。
③ 《史记·秦始皇本纪》。
④ 《史记·秦始皇本纪》。
⑤ 《史记·秦始皇本纪》。
⑥ 《史记·秦始皇本纪》。
⑦ 《史记·秦始皇本纪》。

些，应看作黄老思潮在承秦之后的西汉初年得以形成并发挥巨大作用的最广大、最直接、最重要的民众基础。

但在封建社会里，农民是被剥夺了文化权利的。尤其是在"暴秦"这样的社会环境下，对和平、安宁、较轻的租赋劳役的企求，只是朦胧的向往。把这朦胧的向往表达出来，尤其是以理论主张的形式表述出来，是"士"即当时的知识分子们的事。士的这种"表达"大略可分为两类：一类是自己的理论创新；一类是从前人的"智库"中找到有用的理论，加以宣传。

史实告诉今人：其一，前人的"智库"中，有黄帝思想，有老子思想，而他们的思想中，某些重要理论是与汉初民情要求相契，可为汉初治国理政所用的；其二，黄帝、老子思想中的这些重要理论，已引起"黄老"之后、汉初之前不少思想家的重视并进行了研究、总结与发挥，其成果见诸《吕氏春秋》《淮南子》《新语》等著作。

《吕氏春秋》又称《吕览》，是秦王嬴政八年（前239）前后，在秦相吕不韦的主持下由其门客集体编纂而成的。吕不韦主编《吕氏春秋》，时在秦国方兴未艾、扫平六国已是势在必然之际。当时，统一天下后如何治理天下，是实际主持秦国政事的相国吕不韦面临的最大问题。他认识到秦自商鞅变法以来，"燔诗书而明法令"的专制统治，已到了非修正不可的地步。"吕不韦相秦十余年，此时已有必得天下之势，故大集群儒，损益先王之礼而作此书，名曰《春秋》，将欲为一代兴亡之典礼也。"①张国华先生等认为从内容看，"杂而不杂"的《吕氏春秋》②"取道家的自然观而不绝礼弃圣；取法家的变法理论而不否定道德教化；取儒家的伦理道德而不取法古守旧；取墨家节丧而不取其非攻；取阴阳家的'五德终始'而避其'怪迂'之谈；取人性'好利恶害'而主张人性可以改造；取赏罚之道而反对严刑酷罚；主张尊君而反对专独；取重农而不困工贾；重'贤士'而

---

① 〔元〕陈澔：《礼记集说》。
② 《汉书·艺文志》把《吕氏春秋》归为"杂家"，但学界认为其特点为"杂而不杂"。

不轻法制……"①从对《吕氏春秋》内容的上述概括中可以明显看出，该书虽然几乎是"面面俱到"地顾及了先秦诸家的思想精华，但其倾向性却是十分明显的。这就是吕不韦在《吕氏春秋·序意》中所说的"古之清世，是法天地"，"汝能法之，为民父母"，"天曰顺，顺维生；地曰固，固维宁；人曰信，信维听。三者咸当，无为而行"。法天、法地、顺应自然，以儒为干、法为枝叶，这正是黄、老思想的精华。

《淮南子》又名《淮南鸿烈》，是汉初淮南王刘安集合门客所编著的文集。刘安生于公元前179年，正值汉文帝前元，"文景之治"之纪年自此而始。刘安"为人好书，鼓琴，不喜弋猎狗马驰骋，亦欲以阴德拊循百姓、流名誉"②。他反对"外事四夷之功，内盛耳目之好"而实行"征发烦数""禁网寝密"的内外政策③，力主循民性、顺民情、因人力、依天时的"无为"而治。

和《吕氏春秋》异曲同工，《淮南子》也对先秦各家的思想学说有所批判又有所继承，贯穿其间的是以黄、老思想为主干的"道法自然"的核心观念，吸收了儒、法、墨各家的部分内容而力求为时所用。后人评价《淮南子》的问世"标志着当初黄老思想理论体系的完成"④。这一评价失之过誉，可能是对出土不久的《黄帝四经》缺乏研究的缘故。其实，《黄帝四经》本身即为黄帝思想理论体系的体现；同样，老子《道德经》五千言，也有自身的理论体系。但是，《淮南子》对黄老思想做了深入的开掘、阐发，是功不可没的客观事实。

在《淮南子》之前，还有思想家陆贾著《新语》12篇，极言"道莫大于无为"⑤的黄老之术。陆贾曾"以客从高祖定天下，名为有口辩士，居左右，常使诸侯"。他常在随侍汉高帝时"说称诗书"而为汉高帝所斥："乃公居马上得之，安

---

① 张国华、饶鑫贤主编：《中国法律思想史纲》（上），甘肃人民出版社1984年版，第236页。
② 《汉书·淮南王传》。
③ 《汉书·刑法志》。
④ 张国华、饶鑫贤主编：《中国法律思想史纲》（上），甘肃人民出版社1984年版，第301页。
⑤ 〔西汉〕陆贾：《新语·无为》。

事《诗》《书》!"但陆贾从容答曰:"居马上得之,宁可以马上治之乎?且汤武逆取而以顺守之,文武并用,长久之术也。昔者吴王夫差、智伯极武而亡;秦任刑法不变,卒灭赵氏。乡使秦已并天下,行仁义,法先圣,陛下安得而有之?"于是,汉高祖令陆贾"著秦所以失天下,吾所以得之者何,及古成败之国"①。陆贾遂著"粗述存亡之征"论文12篇上奏。"每奏一篇,高帝未尝不称善,左右呼万岁,号其书曰《新语》。"②

如上所述,黄、老思想之所以在西汉初年成为影响巨大的社会思潮,其客观条件首先在于长期大乱为黄老思想的流播造成了广大民众欣然接受的客观的社会基础;其次在于已有文人学士从历代累积的思想宝库中经选择而写出了诸如《吕氏春秋》《淮南子》《新语》等宣扬黄老思想的著作,从而为黄老思潮的形成与流播创造了客观的文化基础。

(二)汉初形成黄老思潮的主观条件

当然,仅有社会基础与文化基础等客观条件,但掌握了政权的统治集团对黄老思想并不认同,亦即其主观条件阙如,黄老"思想"能否成为"思潮",还是未知数,甚至是不可期的。其实,上述客观条件在上承战国大乱之后的秦国,也是具备的,但如陆贾所说"已并天下"的秦始皇不愿"行仁义,法先圣",还倒行逆施"焚书坑儒",企图以极端野蛮苛暴的手段,把与他的峻法理国、严刑治民理念相悖的文化基础一举铲除。早在秦始皇"一统天下"之前即已著成的《吕氏春秋》,也就只是载有黄老思想的竹帛而已,促成不了具有巨大影响的黄老思潮的形成,尤其是不可能在治国理政中发挥作用。

与秦相反,汉初则为黄老思想成为影响巨大的社会思潮创造了极为重要的主观条件。这就是汉初君臣欣然接受了黄老思想,对宣传黄老思想的士子予以重

---

① 《史记·郦生陆贾列传》。
② 《史记·郦生陆贾列传》。

用，对排拒黄老思想者加以打击。除前文提及的陆贾与汉文帝对话、陆贾著《新语》一事外，《史记》同卷所载"郦生"郦食其与汉高祖刘邦之交往，也可说明其时形成黄老思潮的主观条件。史书记载，"沛公"刘邦本极鄙视知识分子，其近侍说他"不好儒，诸客冠儒冠来者，沛公辄解其冠，溲溺其中。与人言，常大骂……"但刘邦会了郦食其一面，便延其为座上嘉宾，举凡军国大事，随时召见询问。郦食其对刘邦说了些什么，《史记》所记甚少，其中有："臣闻知天之天者，王事可成，不知天之天者，王事不可成。王者以民人为天，而民人以食为天……"①"以民人为天"，当然不可拂逆民意，要"顺天""顺民"，予民以利，而这正是黄老所要求的。《黄帝四经》中就有许多关于施行"德惠"的议论，例如，其《称》篇即谓："天制寒暑，地制高下，人制取予。取予当，立为□王。"意谓：天地有寒暑高下之分，而人是司掌取与予的。只有取予得当，才能立而为王。

除陆贾、郦食其外，汉初君臣中为黄老思想所折服并进而身体力行，努力宣扬黄老思想的，还大有其人。如史书记载的，汉文帝时"萧、曹为相，填以无为，从民之欲，而不扰乱"②。其中曹参在齐国为相时"其治要用黄老术"③，推崇并实施"黄老之术"；后来继萧何主政汉初国事，则"萧规曹随"，"举事无所变更，一遵萧何约束"④。汉惠帝究问曹参为何"无为"，曹参答曰："……高帝与萧何定天下，法令既明，今陛下垂拱，参等守职，遵而勿失，不亦可乎？"对曹参的无为而治，"百姓歌之曰：萧何为法，顜若画一；曹参代之，守而勿失。载以清静，民以宁一"⑤。司马迁则评曰："参为汉相国，清静极言合道。然百姓离秦之

---

① 《史记·郦生陆贾列传》。
② 《汉书·刑法志》。
③ 《史记·曹相国世家》。
④ 《史记·曹相国世家》。
⑤ 《史记·曹相国世家》。

酷后，参与休息无为，故天下俱称其美矣。"①而后，汉惠帝时的丞相陈平也是一个"好读书，治黄帝、老子之术"②的代表人物。除这些重臣之外，更重要的是统治集团的最高主宰——皇帝与皇后也笃信黄老思想。如汉高后吕雉（前187—前180在位），就以推行黄老之术著称，所以司马迁述评曰："孝惠皇帝、高后之时，黎民得离战国之苦，君臣俱欲休息乎无为，故惠帝垂拱，高后女主称制，政不出房户，天下晏然。刑罚罕用，罪人是希。民务稼穑，衣食滋殖。"③文、景时期，汉文帝"好道家之学"④，皇后窦氏对黄老更笃信有加。史书记载："窦太后好黄帝、老子言。"《诗》博士辕固斥老子书是"奴仆书"，窦太后大为光火，怒斥儒家的书是"罪徒书"，还下令将辕固推入猪圈与野猪搏斗。太后如此推崇黄老，其子"（景）帝及太子诸窦不得不读《黄帝》《老子》，尊其术"⑤。汉初君臣一反秦始皇之暴虐，欣然接受、宣扬并实行"黄老之术"，就使得黄老思想获得了通行流布的主观条件，于是得以风行天下，成为影响巨大的社会思潮。

那么，汉初君臣是如何顺应黄老思潮治国理政的呢？

三、汉初君臣之反熵治国

窃谓：汉初君臣顺应黄老思潮而治国理政，可以"反熵治国"四字相况。

为说明这一点，首先必须略事阐释"熵""反熵"及其与社会治理的关系。

"熵"为物理学的概念，指不能再被转化做功的能量总和的测定单位。1865年，德国物理学家鲁道尔夫·克劳修斯首次提出了这个概念，而其原理则是由比克劳修斯提出此说早41年的法国人沙迪·迦诺在研究蒸汽机工作原理时发现的。

---

① 《史记·曹相国世家》。
② 《汉书·陈平传》。
③ 《史记·吕太后本纪》。
④ 《史记·礼书》。
⑤ 《史记·外戚世家》。

迦诺注意到，在蒸汽机工作的过程中，燃料燃烧的热能转化成了机器运动的机械能，而每次转化都是不可逆的。因此，熵的增加就意味着有效热能的减少。所以，每当自然界发生任何事情时，一定的能量就被转化成了不能再做功的无效能源，从而造成污染。污染就是熵的同义词。对地球人来说，其可用能量来自地球自身所蕴藏的和太阳以光照形式所传输的能量，而这两种热能的来源，终有告罄的一天，那时被称为"热寂"——也就是污染达到了顶点，人类将随地球的"热寂"而灭亡。正因如此，人类社会的发展和经济的增长必然有一定的限度，而不是可以随心所欲地无止境向前的。据此，美国马萨诸塞理工学院的丹尼斯·米都斯教授领导的一个17人小组向罗马俱乐部提交了一份题为《增长的极限》的报告，批判了当代西方国家以增长成癖为特点的文化观念。《增长的极限》的发表，引起了世界各国人民的极大震动，从而使"熵"成了一种新的世界观。美国学者杰里米·里夫金和特德·霍华德即以此为题撰著了轰动世界的《熵：一种新的世界观》一书。在该书中，作者写道："熵定律是无法逃脱的。"[1]"不管我们如何东找西寻，出路终归是没有的。"[2]作者在该书的开头就指出："热力学第二定律即熵的定律告诉我们，物质与能量只能沿着一个方向转换，即从可利用到不可利用，从有效到无效，从有秩序到无秩序。……根据熵的定律，无论在地球上还是宇宙或任何地方建立起任何秩序，都必须以周围环境里的更大混乱为代价。""熵的定律摧毁了历史是进步的这一观念。熵的定律也摧毁了科学与技术能建立起一个更有秩序的世界这一观念。"[3]

甚嚣尘上的熵论是不可跨越的"绝对真理"吗？否！即使它是绝对不可动

---

[1] ［美］杰里米·里夫金、［美］特德·霍华德：《熵：一种新的世界观》，吕明、袁舟译，上海译文出版社1987年版，第218页。
[2] ［美］杰里米·里夫金、［美］特德·霍华德：《熵：一种新的世界观》，吕明、袁舟译，上海译文出版社1987年版，第220页。
[3] ［美］杰里米·里夫金、［美］特德·霍华德：《熵：一种新的世界观》，吕明、袁舟译，上海译文出版社1987年版，第4页。

摇的"热力学第二定律",人类也不必悲观。我们所生存的地球,仅仅是银河系100万亿个星球中的一个;而在浩瀚无垠的宇宙中,约有100万亿个银河系。人类开始成功地迈出地球、飞往天宫的今天,完全可以乐观地寄希望于将来在别的星球上生活得更好。当然,这并不等于认同对西方文化基础上的穷奢极欲生活的追求。珍惜地球,珍惜生命,即便只有一个地球,也应把人类生活安排得更加合理、幸福。而它是以科学为根据的,这就是物理学上的"反熵"理论。在《熵:一种新的世界观》中,作者杰里米·里夫金等谈到,对于"熵"有"乐观派"的反对性反应,其代表人物是"耗散结构理论"的创始人、1977年诺贝尔化学奖的获得者、比利时物理学家伊利亚·普利高津。普利高津认为,系统越复杂,耗能虽然越多,但同时它却也越灵活、善变以适应新的情况①。"反熵"与"熵"的不同,在于二者对"取""予"关系持截然相反的态度。廖凯原先生指出,取就是熵,予就是反熵②。熵,只取不予,表现在对自然的态度上,就是永不停息地开发地球,竭尽所能地耗用资源;表现在社会治理上,就是统治阶级以暴力维护其对平民百姓的穷凶极恶的无耻掠夺。反熵,则行"先予后取",表现在对自然的态度上,就是科学地、有节制地开发利用地球资源,同时矢志不渝地努力向宇宙进军;表现在社会治理上,就是力主践行和谐社会的建设,在予民以利的基础上有节制地索取于民。

2008年,廖凯原先生在北京大学中国经济研究中心应届毕业典礼上首次指出:"我们是谁?""我相信我们来自137亿年前宇宙大爆炸中产生的不可抑制的小物体。几十亿年前,我们的祖先冒了个大险,获得了生命的机会。""他们克服艰难,打破了所有事物和组织终将逐渐分解,由有序转变成无序的熵的抑制

---

① [美]杰里米·里夫金、[美]特德·霍华德:《熵:一种新的世界观》,吕明、袁舟译,上海译文出版社1987年版,第220—225页。
② [美]廖凯原:《〈黄帝四经〉新见:中国法治与德治科学观的反熵运行体系》,关志国、黄列、支振锋译,《环球法律评论》2011年第2期。

法则。为了逃脱死亡,他们实现了反熵的转变。他们创造了生命!他们是创世主。"①

囿于知识贫乏,对廖凯原先生所云137亿年前、几十亿年前人类祖先的"反熵"活动,本人暂时还未能理解。科学界也没有提供可以验证的证据。但是,从无到有地产生了人类,这是铁的事实;人类社会在不停地发展、进步,这也是铁的事实,其中就包括了日益加速地向宇宙进军。

至于熵与反熵在社会治理上的不同意义,则已经可以简要地释明为:以熵的形式治理社会,就是先取后予、多取少予甚至只取不予,从而使社会遭受破坏,直到崩溃;而以反熵的形式治理社会,则是先予后取、多予少取,从而使社会呈现和谐景象、可持续发展。前者,即社会的熵式治理,可以战国及秦为例;后者,即社会的反熵治理,可以汉初为例。关于"取""予"关系这一被后人以"熵"与"反熵"关系加以论述的问题,轩辕黄帝竟在4700多年前就已有所论述。前文所引《黄帝四经·称》篇中之"天制寒暑,地制高下,人制取予。取予当,立为□王;取予不当,流之死亡"即为明证。但是,黄老思想在战国时期未见利用,几近湮没,而到秦汉之际,却又形成影响巨大的社会思潮,大受汉初君臣青睐,用以指导治国理政的实际事务,从而造成了史称"文景之治"的太平盛世。

战国时期的熵式社会治理,首先表现在秦、齐、楚、燕、韩、赵、魏七国之间的合纵连横的组合、分化形式,几乎不间断地残酷大战,就整个中国地域内的社会而言,当然要受到极大的破坏。为了战胜敌国,各国的统治者都大肆征发兵员,从而破坏了农业、手工业生产和商业活动。同时在战祸之上又加强对国内人民的压迫与剥削,无所"予"的同时而竭尽所能地"取"。其时,除秦国攻城、略地、暴取他国的财富为己所用,因而显得强大之外,其他六国则迅疾败落终致

---

① [美]廖凯原:《追求超越想象的财富》,在北京大学中国经济研究中心2008届毕业典礼上的演讲。

为秦国所灭。但统一了天下的强秦,并没有改变战国时期总体上的"只取不予",在"一统"天下之内,仍然肆行"只取不予"的熵式治理,结果也急剧衰败,为汉所取代。

那么,汉初君臣在黄老思潮的指导下,是怎样治国理政的呢?我们先来看汉高帝这位汉代的开国皇帝做了些什么。

公元前202年,刘邦战胜项羽,做了皇帝,以长安(今陕西省西安市西北)为国都,国号汉,史称西汉。刘邦做皇帝之后,做了以下几件大事。

其一,将土地大块大块地分封给诸侯,自己直接统治的地域仅及15个郡。从全国来看,与战国时期的诸侯割据局面几乎雷同。这在当时来看无疑十分必要,因为这些诸侯正在各地助攻项羽或大战秦朝余党,刘邦不过是进咸阳、占长安、立国号而已,如果得不到各地诸侯的支持拥戴,这个"汉高帝"做不长久,当然也无法统一全国。同时,刘邦在称汉高帝后还对随从他起兵的功臣如曹参、周勃等143人大予奖掖,分封为侯,大侯食一万户,小侯食五六百户,让他们成为汉初大大小小的地主。中央政府委派官吏到各侯国管理政事,侯不得干预。这些措施,把高层统治集团固化、稳定了下来。

其二,对从军吏卒大予奖赐。刘邦按从军年月之长短、军功之大小,分别规定了不同的奖赐办法:第七级爵公大夫以上食邑;第六级爵官大夫以下则分别或加赐爵一级,或"世世复"(世世免徭役),或复终身,复十二年、六年,免户赋以及享有向地方官免费领取田宅及应用器物的权利。这些立了战功的从军吏卒,就纷纷成了中小地主。

这样,战国及秦末大乱之后的新的统治阶级队伍就大体形成了。这为西汉立国绵绵亘亘长达200年奠定了最初的基础。

其三,鼓励民众还乡、垦荒并释放奴婢。与统治集团、统治阶级相对的是被统治阶级,对他们取何政策、措施,是社会安定的根本。刘邦称帝之初,即诏令战争中的各地流亡民众回归故里,其原有田宅一律领回,荒地则可随意开垦归己。同时，刘邦下令，因穷困而卖身为奴婢的庶民，一律予以释免而恢复庶民身份。

其四，建章立制，以法制保障汉初的社会稳定。公元前206年汉王刘邦兵进咸阳之初，即明令宣布立即废止秦朝的苛刑酷法，并与民约法三章："杀人者死，伤人及盗抵罪。"① 这当然受到久久苦于秦法的人民的热烈拥护。史书记载，仅此一举，即令秦地"兆民大悦"②。当然，仅此"三章之法"不足以维系和管理偌大的西汉帝国，调节全部社会经济生活。所以，一旦政局大体稳定下来，汉高帝便开始全面建章立制的活动。汉高帝五年（前202），刘邦诏令曰："四夷未附，兵革未息，三章之法，不足以御奸……"遂令丞相萧何"废除秦法，取其宜于时者，作律九章"③，即后世所称的汉《九章律》。这是汉初最重要的一部法典，含盗、贼、囚、捕、杂、具及户、兴、厩九个方面。前六章取诸战国时期魏国司寇李悝所著《法经》，内容大体为刑事法制；后三章为萧何新增：《户律》为婚姻、赋税方面的规定，《兴律》为擅兴、徭役方面的规定，《厩律》为畜牧牛马方面的规定，大体属民事、行政管理的范畴。除《九章律》外，汉高帝还命令儒生叔孙通制定《傍章律》18篇，这是有关朝仪的规定。这些律令，对稳定汉初的社会管理尤其是政权组织的行政管理与有序运行，发挥了十分重要的作用。

其五，和亲匈奴。战国时期七国大战，秦始皇扫平六国之后又在国内横征暴敛，北方的匈奴乘隙而起，日益强大，不断侵犯边地；汉初亦是如此，匈奴甚至曾一度袭扰离汉都长安仅700里处。公元前200年，刘邦曾亲率大军32万人远赴平城（今山西大同市东）准备抗击匈奴，但被匈奴冒顿单于率骑兵40万人围困了整整7天，不得不狼狈退回。在这种情势下，汉初转而采取"和亲"政策，辱求暂时安宁。此举自然是万不得已的忍辱退让，但在当时的情境之下，一则别

---

① 《汉书·刑法志》。
② 《汉书·刑法志》。
③ 《汉书·刑法志》。

无良方,二则倒可为百姓求得一个较好的休养生息的和平环境。

主要以上述五个方面的明显以"予"为主的反熵性运作,汉高祖为汉朝的长期发展奠定了基础。但刘邦寿命不长,仅仅做了8年皇帝。继位的汉惠帝经汉高后、汉文帝到汉景帝,凡54年。其时《吕氏春秋》《淮南子》以及陆贾的《新语》等宣扬黄老思想的著作已经在社会上造成了极大的影响,为汉高后及惠、文、景三帝所击节赞赏,付诸治国理政的实践。

其主要作为,可概括如下。

第一,继续实行"扫除烦苛,与民休息"的经济政策。秦王朝实行残暴的统治,竭泽而渔式地榨取秦民血汗,大肆征发青壮劳力修筑长城,建造阿房宫以及地下宫殿。秦始皇甚至想在自己活着的时候做完一切想做的事,以"常职既定,后嗣循业"为目标,想将皇权传子传孙,传二世、三世乃至万世。秦时全国人口约2000万,被征发造宫室坟墓者150万人,筑长城50万人,派兵守五岭50万人,令大将蒙恬防匈奴而率兵30万人,加上其他杂役,总计不下300万人,占全国总人口的15%。这可说是秦代只取不予的熵式社会治理。汉初,不仅所有这些"烦苛"活动被叫停,而且采取了一系列措施鼓励经济发展。例如,对黄老思想情有独钟的汉惠帝下令奖励人口增殖与土地开垦,民女15岁至30岁不出嫁,分五等罚款;免力田之人徭役终身。汉文帝十分重视与最广大平民百姓的生活休戚相关的农业生产。他在即位之后多次下诏劝课农桑,为使农村生活尤其是农业经济得到有序、有效的管理,他还下诏按户口比例设置"三老""孝悌""力田"等地方官员,经常行赏,依法激励他们努力管理好属地里的农民发展生产。汉文帝自己则厉行节俭并严格要求臣下节俭行政、节俭持家,还亲耕籍田,继续提倡与奖励农耕。他于前元二年(前178)和前元十二年(前168)两次下诏"除田租税之半";前元十三年(前167)下令尽免天下农田租税12年。半租为三十税一,是非常轻的税制。自此之后,成为有汉一代的田税之制。农民的生产积极性因此受到极大的鼓励,不仅由于战乱而流亡的人户纷纷回到家乡从事农耕纺织,而且开垦了大批的荒地。继文帝之后即位的汉景帝,同样奉行与民休息、发展农业生产的各项政策。此外,文、景时期,还屡次下诏"弛山泽之禁",向百姓开放土地和山林资源,任民耕垦;下诏除盗铸钱令,开放金融,实行金融自由的政策,大大促进了工业、商业的发展,从而使得社会财富迅速增加。因此,汉惠帝、汉文帝和汉景帝三朝的54年中,农业生产得到了很大的发展,社会经济繁荣程度大大超过了战国时期。占全国户口大多数的农民拥有小块的耕地,享受经济繁荣的利益,也不受兵刀战祸之苦,因而安居乐业。后人经研究认为,"汉景帝末年,地方官府的仓库装满了粮食,库里装满了铜钱。朝廷所藏的钱,积累到了好几百万,钱串子烂了散钱无法计算。朝廷所藏的粮食,新旧堆积,一直堆到露天地上,让它腐烂。朝廷有六个大马苑,养马三十万匹。民间富人家家养马,骑母马出门自觉惭愧。管里门的小卒得吃好饭肥肉。吏任职久长,往往做一辈子……"①

第二,删削秦代的严刑峻法,实行轻刑恤罚的社会政策。秦始皇以法家思想为指导并把它推向了极端,厉行"事统上法""以法为教""以吏为师",求取"烦民以逞"的重刑主义社会治理政策。汉文帝极为欣赏的青年才俊贾谊在其《过秦论》中探讨秦王朝二世而亡的历史教训时指出,秦始皇不尚"仁义","不信功臣,不亲士民,废王道,立私权,禁文书而酷刑罚,先诈力而后仁义","繁刑严诛,吏治刻深,赏罚不当,赋敛无度",终至造成"百姓怨望而海内叛"的恶果。这对汉文帝的社会治理政策产生了很大的影响。他接受了贾谊在《治安策》中提出的一系列具体政策,如重礼抑法倡导礼乐,实行道德教化;确立封建等级制度,使君臣上下有差,父子六亲各得其宜;强本节侈、众建诸侯以避免诸侯势力膨胀从而对中央分庭抗礼;等等。汉高祖殁后,汉高后吕雉元年(前187)正月,除三族妖言罪。

---

① 范文澜:《中国通史》(第二册),人民出版社1978年版,第48页。

汉文帝时期为后世啧啧称道的社会治理政策方面，举其大端，至少有以下几点。一是即位当年（前179）即诏除收孥诸相助律。诏云："法者，治之正也，所以禁暴而率善人也。今犯法已论，而使无罪之父母妻子同产（同胞）坐之，及为收孥（即株连收捕），朕甚不取。"他强调："法正则民悫，罪当则民从。"① 二是汉文帝二年（前178），下诏废除秦朝实行的处以灭族之刑的诽谤妖言罪。诏云："今法有诽谤妖言之罪，是使众臣不敢尽情，而上无由闻过失也。将何以来远方之贤良？其除之。""自今以来，有犯此者，勿听治。"② 三是废除肉刑。汉文帝十三年（前167）五月，发布废除肉刑的诏令曰："人有过，教未施而刑加焉，或欲改行为善而道毋由也。""今法有肉刑三，而奸不止，其咎安在……刑至断肢体，刻肌肤，终身不息，何其楚痛而不德也……其除肉刑。"③ 据此，张苍、冯敬上奏建议以髡钳城旦舂代黥刑，笞三百代劓刑，笞五百代刖左趾，弃市代刖右趾。对汉文帝之废除肉刑，后人赞曰："自是以来，天下之人犯法者始免断肢体、刻肌肤，百世之下，人得以全其身不绝其类者，文帝之德大矣。"④ 刚继汉文帝之位的汉景帝，更下诏谓"加笞与重罪无异，幸而不死，不可为人"，令将笞五百减为笞三百，笞三百减为笞二百。不久又下诏："加笞者或至死而笞未毕，朕甚怜之，其减笞三百曰二百，笞二百曰一百。"又令大臣定《箠令》明确规定"箠长五尺……当笞者笞臀"，行刑者"毋得更人，毕一罪乃更人"等，其结果是"……自是，笞者得全"⑤。除此之外，汉景帝时还明令允许疑狱上呈有司，诏云："狱，重事也。人有智愚，官有上下。狱疑者谳有司，有司所不能决，移廷尉，有令谳而后不当，谳者不为失，欲令治狱者务先宽。"⑥ 从汉高后经汉惠帝到汉文帝、汉

---

① 《史记·孝文本纪》。
② 《汉书·文帝纪》。
③ 《史记·孝文本纪》。
④ 〔明〕丘濬：《大学衍义》。
⑤ 《汉书·刑法志》。
⑥ 《汉书·景帝纪》。

景帝，由于社会治理上厉行轻刑恤罚，取得了社会矛盾缓和、社会秩序安定、政治局面平稳的良效。《汉书》谓文帝时"议论务在宽厚，耻言人之过失。化行天下，告诉之俗易"，因而"吏安其官""民乐其业"①；又谓"汉兴，扫除烦苛，与民休息。至于孝文，加之以恭俭"，而"孝景遵业"，积之既久，"五六十载之间，至于移风易俗，黎民醇厚"②。总之是取得了史无前例的良好效果，创造了中国历史上三个最佳时期之一的"文景之治"③。

除上述外，汉初君臣之治国理政实践中，在当时取得了极大的成功并为后世所久久称赞的，至少还有以下两端。

其一，力求上下守法。社会秩序之稳定，与既成立法是否得到遵行有密切的关系；而全社会是否守法，有"上下效应"，遵循"上行下效"的规律。所以，统治集团如何对待既成立法，是受到特别关注的。从汉初君臣的法治实践看，当时是做到了力求上下守法的。有这样几个著名的例子可以为证。一是皇位嫡长继承。为避免皇位争夺，汉初建立了嫡长子继承与预立的制度。但汉高帝刘邦宠爱的是戚夫人，而非高后吕雉，曾准备废嫡长立庶幼，想传位给戚姬的儿子赵王如意。其时，大臣叔孙通冒死极谏曰："秦以不早定扶苏，胡亥诈立，自使灭祀，此陛下所亲见……陛下必欲废嫡而立少，臣愿先伏诛，以颈血污地。"自知违背继统法而理亏的刘邦悻悻地掩饰说："公罢矣，吾特戏尔！"但叔孙通却不客气地批评道："太子，天下本。本一摇，天下震动！奈何以天下戏！？"④在这一皇位传承而又牵涉皇帝情感的重大问题上，守法还是违法，默认还是死谏，实在是影响极大。二是犯跸案。有一次，汉文帝出行，经中渭桥，有人从桥下走出，惊乘舆马。廷尉张释之依法判为"此人犯跸，当罚金"。汉文帝不悦，要加重治。

---

① 《汉书·刑法志》。
② 《汉书·景帝纪》。
③ 另两个为隋初的"开皇之治"和唐初的"贞观之治"。
④ 《汉书·叔孙通传》。

张释之谏曰:"法者,天子所与天下公共也。今法如是,更重之,是法不信于民也。"又说:"且方其时,上使使诛之则已,今已下廷尉;廷尉,天下之平也,一倾,天下用法皆为之轻重,民安所措其手足?惟陛下察之。"文帝听后,终于表示"廷尉当是也"①。三是盗宗庙案。有盗高庙座前玉环者,张释之按盗宗庙服御物之法定处弃市之刑,汉文帝则认为因其侵犯皇权要处族刑,张释之免冠顿首坚持说:"法如是足也。"文帝终被说服②。四是劾太子入司马门不下车"不敬"。对不下车而直入司马门的太子,时任公车令的张释之劾其"不敬"。为此汉文帝主动谢罪于薄太后,自责"教儿子不谨",承担了责任并表彰了张释之,擢升其为中大夫③。消息传开,在欢呼"皇上圣明"的同时,也传扬了君主臣民上上下下有法必守的社会风气。这对社会秩序的稳定,无疑是极为重要的。

其二,主张文武并用,推崇礼(德)法(刑)兼行。前文述及陆贾向汉高祖刘邦提出"马上"得天下而不可以"马上"治之,建议他仿效商汤、周武的"逆取""顺守"与"文武并用"。对陆贾的建议,汉高祖是接受了的,这才有了他既废秦法又行汉法,既强调以法令"诛恶"又努力于"正上下之仪,明父子之礼、君臣之义,使强不凌弱,众不暴寡,弃贪鄙之心,兴清洁之行"④的文武并用、礼法兼行的一系列措施。陆贾认为,"圣人"为了分别是非,明辨好恶,审察奸邪,消弭祸乱,使百姓畏惧法律,所以"立狱制罪,悬赏设罚",但不能使人民仅此即懂得"礼义";而礼义道德,却是防乱之"经",治国之"本"⑤。汉惠帝时,对《淮南子》鼓吹的"仁义者,治之本也""不知礼义,不可以行法"⑥,君臣上下不仅接受了,而且首重礼治、德治,把法刑之治放在了第二位,力求"积

---

① 《汉书·张释之传》。
② 《汉书·张释之传》。
③ 《汉书·张释之传》。
④ 〔西汉〕陆贾:《新语·道基》。
⑤ 〔西汉〕陆贾:《新语·道基》。
⑥ 《淮南子·泰族训》。

礼义"而不"积刑罚"①。而且，先从掌握统治大权的君臣自身做起，以"明法修身"②为重、为治。汉文帝时，贾谊更提出了定经制、兴礼义的法制改革主张。他强调仁义乃"有为"之术，认为"道"是治理国家、处置政务的根本原则。他指出："道者，所以接物也。其本者谓之虚，其末者谓之术。"③"虚"即"清静无为"，是君主用以驾驭臣下处理政务的基础。他说："明主者，南面而正，清虚而静，令名自命，令物自定。"④在此基础上，施之以"术"，即采行相应的具体措施，包括必要的法制，用以"制物"，则可达到"人主法而境内轨"⑤的治国效果。正是在黄老思潮风行的基础上，贾谊的诸如此类的议论，推动了汉文帝废除株连之制和诽谤妖言罪、肉刑等重大刑罚之制。至于汉景帝时进一步减轻笞刑后又改行《箠令》，允许疑狱上呈有司决断以求"治狱者务先宽"等举措，无不是"文武并用""礼法兼行"的体现。

毋庸赘言，汉初之时，尤其是文景之时与民休养生息的措施是明确具体而卓有成效的。这与战国时代及"暴秦"之时统治者穷凶极恶地对老百姓的竭泽而渔、抢掠欺凌，形成了明显对比。从取予关系来看，无非是前者（汉初）先予后取、多予少取，后者（秦）则是少予多取甚至只取不予。从社会治理的效果看，以熵与反熵而论，则前者是可持续的反熵型治术，后者则为不可持续的熵型治术。

汉初君臣之反熵型治术，正是当时顺应黄老思潮并用以指导治国理政的结果。但对黄老思想或汉初风行的黄老思潮，存在一种似是而非的解读；连类而及，对汉初君臣之顺应黄老思潮实施反熵型治国，也产生了似是而非的解说。这主要表现在对"无为"这一黄老思想的核心性概念的理解上。

---

① 《汉书·贾谊传》。
② 《淮南子·主术训》。
③ 〔西汉〕贾谊：《新书·道术》。
④ 〔西汉〕贾谊：《新书·道术》。
⑤ 〔西汉〕贾谊：《新书·道术》。

就字面而言,"无为"即主观上的不想作为与客观上的无所作为。《黄帝四经》与老子《道德经》中都提及了"无为"。对此,学界各有自己的理解,我是比较赞同余明光先生的理解的。他认为,黄学的"无为"思想源于道家而又与之有所区别。道家的"无为"是任其自然,没有什么前提条件的,而黄学的"无为"是有前提条件的,这就是在既定的统治秩序下各自安分守己,从上到下各自负起应尽的责任,因而是积极进取的①。汉初君臣之"无为"而治,正符合了黄学的"无为"思想。如前文所说,其一,汉高帝及其谋臣策士面对秦代的苛刑酷法和整套的残暴统治措施,宣布尽行废止,初则以极端简略的"三章之法"取而代之,继则以《九章律》《傍章律》等治国理政;其二,分封诸侯、奖励从军吏卒以建立本阶级的阶级基础;其三,劝民还乡,鼓励垦荒,释放奴婢,稳定被统治阶级从而稳定整个社会的统治基础;其四,和亲匈奴,创造和平的周边环境以利境内人民休养生息;等等。但是,所有这些,怎可用"无为"二字概括?其时的汉高帝本人以及重臣萧何、曹参、叔孙通、陆贾等,主观上积极向上、奋发有为是显而易见的;其时之治国理政,也可谓积极主动、措施频仍、实效鲜明。如果说"无为"的话,那就是"顺天之道"即遵循社会需求,顺应天下民心而不强行悖逆,绝非主观上的不想作为与客观上的无所作为。而所有这些"有为"举措,基本上都属于"予"民以利,"予"社会以便,正符合反熵治国之先予后取、多予少取的要求。继高帝之位的汉惠帝,用曹参为相国,鉴于前此建立的"汉家制度"业已比较全面,坚决实行"一切遵守萧何所定法令,实行清静无为与民休息的政治"②;奖励人口增殖与土地开垦,甚至"令民女十五岁至三十岁不出嫁,分五等罚钱。又免力田人徭役终身";汉文帝一面厉行节俭,一面"还亲耕

---

① 余明光:《黄老思想初探——读长沙马王堆三号汉墓出土的古佚书〈黄帝四经〉》,《湘潭大学学报》(社会科学版)1985年第1期;余明光:《东方文化的奥秘》,中国文史出版社2013年版,第8页。

② 范文澜:《中国通史》(第二册),人民出版社1978年版,第46页。

籍田，提倡农耕，免收天下农田租税凡十二年"；汉景帝即位，收民田半租；① 如此等等。所有这些，既有表面的"无为"（"一切遵守萧何所定法令"等）的一面，又有积极有为的一面。诸如"令民女……"之类，恐怕还是"史无前例"且"后无效尤"而为当时所必要的积极举措，谁又能拿主观上"不想作为"、客观上"无所作为"说事呢？

廖凯原先生指出：根据《黄帝四经》的记载，黄帝创造和传播了法治与德治及个人自由的观念，而且自黄帝始，这些观念就已出现在中国社会。他将源于黄帝的中国思想与当代中国理论熔为一炉，强调黄帝的思想与实践构成中国法治与德治科学观的基础；又将西方的科学观念概括为"万物皆为信息"，因信息学认为比特为万物的本原，而物理学认为反熵导致了秩序和生命，从而得出结论认为，黄帝倡导的"先予后取"原则就是人类秩序的本原。廖凯原先生还糅合中国思想与西方的科学观，提炼出黄帝思想体系的核心所在：法治与德治科学观的反熵运行体系。这个体系奠基于"先予后取"原则，取就是熵，予就是反熵。在人类社会中，反熵组织创造和分配了秩序，因此可以将其表述为所有可欲物的创造和分配都是取（熵）与予（反熵）之间的交换。就向所有人更公平地创造与分配可欲物而言，反熵运行体系是迄今为止人类所发明的最强大、最有效率的体系②。毫无疑问，汉初君臣顺应黄老思潮所实行的治国理政措施，正是基于"先予后取"的反熵行动。

汉初君臣之反熵治国堪称黄老思潮在治国理论上的"样板工程"。这一"样板工程"不仅为后世所啧啧称道，而且，断断续续地还有后踵其迹且卓有所成者，这就是隋初的"开皇之治"与唐初的"贞观之治"。

---

① 范文澜：《中国通史》（第二册），人民出版社1978年版，第47页。
② ［美］廖凯原：《〈黄帝四经〉新见：中国法治与德治科学观的反熵运行体系》，关志国、黄列、支振锋译，《环球法律评论》2011年第2期。《环球法律评论》刊载此文所写的"提要"中，廖文的"取（熵）与予（反熵）"误作"取（反熵）与予（熵）"。这里特改回。

四、汉初反熵治国的余波:"开皇之治"与"贞观之治"

汉初君臣之反熵治国以黄老思潮为核心性的指导理念。作为一种文化现象的"理念",必然有其较为顽强的生命力,从而使得后续朝代都会受到它的影响。当然,社会是极为多样的,影响社会发展的因素也是极为多样的,仅仅具备黄老思潮的影响以及汉初君臣反熵治国经验的流传等条件,远不足以决定一切。在许多时期里,另外一些更为强大的因素,往往主导当政者背离黄老的要求,走上一条与汉初截然不同的道路。因此,汉初反熵治国并未长期地、恒定地得到永续,而只是在一些特定的时段里,成为后人注目的治国状态,其中,隋初的"开皇之治"与唐初的"贞观之治",就是汉初君臣反熵治国的昭彰显明的余波映照。

(一)开皇年间的反熵之治

东汉末年,天下大乱。军阀混战此起彼伏,生灵涂炭,百业凋零,社会遭到了严重的破坏。此后360年间,历经魏晋南北朝的长期分裂,封建割据引起绵延不断的征战掠夺,生产力的发展受到极大阻碍,人民得不到休养生息,社会秩序极为混乱。时序推移到北周之时,周武帝本已相当残暴,而其子周宣帝继位后,更加荒淫无耻,滥施苛刑酷罚之外,竟以杀人取乐,不仅天下百姓人人惊恐,甚至朝士宫女也人人自危,"刑政苛酷,群心崩溃"①,终于使得北周政权陷入摇摇欲坠的危崖边缘。公元580年周宣帝病亡,其长子宇文阐579年受禅即位,史称周静帝。可叹这周静帝年方8岁,连生活都不能自理,当然无法收拾周末之残局。在这种情况下,北周重臣杨坚趁机夺取帝位,后称隋文帝,于次年即公元581年改元"开皇"。自此,便开启了有隋一代。历史的发展依循螺旋形上升的逻辑,此时"复归"到了与汉初相似的状态:长期的战乱,使广大民众翘首企盼出现"圣明"君主,从而得到休养生息的机会;乱中夺权而登帝王宝座者,也从前朝

---

① 《隋书·高祖纪(上)》。

的覆亡受到震慑,非改弦更张而不能坐稳江山。正是这些客观情况,促使隋文帝杨坚成就了"开皇之治"的伟业。他在开皇初年的所作所为,虽不能说与汉初惠帝、文帝、景帝如出一辙,却也有不少相似之处。

隋文帝开皇年间(581—600)在治国理政方面为后人啧啧称道的作为,大致可概括为以下几个方面。

其一,厉行节俭,坚持守法;严以律己,宽以待民。

《隋书·食货志》记载:"(隋文帝)既躬履俭约,六宫咸服瀚濯之衣,乘舆供御有故敝者,随令补用,皆不改作。非享燕之事,所食不过一肉而已。有司尝进干姜,以布袋贮之,帝用为伤费,大加谴责。"闻太子杨勇略有奢侈,杨坚即狠狠教训其曰:"吾闻天道无亲,唯德是与,历观前代帝王,未有奢华而得长久者。汝当储后,若不上称天心,下合人意,何以承宗庙之重,居兆民之上?吾昔日衣服各留一物,时复看之,以自警戒!"① 后来,因杨勇屡教不改,虽有群臣力加劝阻,隋文帝仍予废黜。其幼子秦王杨俊也因生活奢侈、多造宫室,被隋文帝勒令"归第"软禁起来。左武卫将军刘昇为杨俊求情,隋文帝说:"法不可违!"大臣杨素认为处罚过重,隋文帝则曰:"若如公意,吾是王儿之父,非兆人之父,何不别制《天子儿律》?以周公之为人,尚诛管、蔡,吾诚不及周公远矣,安能亏法乎?"②

另外,隋文帝对民众却较为宽平,以至有时显得甚为仁慈,开皇初年,每遇水旱灾荒,总是下令开仓赈济,而在丰年则往往下令减租、省调、免役。检阅《隋书》,所记"罢酒坊""通盐池""宽徭赋""输庸停防""开仓赈给"等,比比皆是③。例如度支尚书长孙平见天下罹水旱之灾,奏令民间按贫富差等在秋收之后出粟麦,建义仓,"储之闾巷,以备凶年"。隋文帝即"深嘉纳。自是州里丰衍,

---

① 《隋书·杨勇传》。
② 《隋书·杨俊传》。
③ 分见《隋书》之《高祖纪》《食货志》及众多的人物传记。

民多赖"①矣。开皇十四年（594），关中饥荒，隋文帝派员视察，回来说百姓吃的是豆粉拌糠，他就拿给群臣看，还流泪责备自己无德，命令撤销常膳，停吃酒肉一个月。他还让饥民就食洛阳，令卫士不得驱迫流民。外出巡视时遇见扶老携幼的人群，还自行引马让路，好言慰藉。道路难走之处，让左右随从去扶助挑担之人。公元604年隋文帝临终遗诏还为"四海百姓，衣食不丰，教化政刑犹未尽善"而深自"留恨"。②

其二，均田减赋，严查户口，发展农业，藏富于民。

为了发展农业，隋文帝遵行北齐的均田法，普通民众，一夫受露田80亩，一妇40亩，奴婢受田与良人同；丁牛（壮牛）每头受田60亩，每户不得超过4头牛。此外，每丁还受永业田20亩，用以种植桑、榆、枣、麻。显然，如果不遇严重的水旱之灾，即使当时单产较低，有田地如此之多，也是不愁吃穿的。在租调徭役方面，北齐较南北朝其他朝代为宽，隋初沿袭之。但不久之后的开皇三年（583），隋文帝即下令改齐之成丁年龄18岁为21岁，受田仍为18岁，这就减少了3年的兵役与租调；又下令改每岁30日役为20日，减调绢1匹（4丈）为半匹。开皇十年（590）又下令百姓年至50岁，可纳庸充兵役，即纳绢数尺以代兵役。这在当时是大受欢迎的宽政。这些措施，当然对开皇年间农业的繁荣起了重要的促进作用。

隋初承北周末年之弊，士族荫庇民户为私属的情况较为普遍，这对国家的财政收入当然不利。因此，隋文帝于开皇五年（585）下令州县官严格检查户口，自堂兄弟以下必须分立户籍。经查，得新立164万余口。大臣高颎又奏行输籍法，州县官每年按朝廷制定的式样检查户口一次，使地方官难以作弊。隋初有户360余万，后灭陈得50余万户，全国户口至开皇末竟增至870余万户，从而使朝廷收入大大增加。开皇十二年（592），度支官奏称府库都已藏满，不能再藏，只

---

① 《隋书·长孙平传》。
② 《隋书·高祖纪（下）》。

好堆积在廊庑之下。于是,隋文帝另立左藏院来收藏绢匹,并下诏曰:"既富而教,方知廉耻。宁积于人,无藏府库。河北、河东,今年田租三分减一,兵减半,功调全免。"①富饶如此,曾出现于西汉文景时期,经七百余年而再现于开皇时期,史家美称"开皇之治",绝非虚言。

其三,改革官制、兵制、礼乐与法制,保证社会、经济的稳定发展。

中国历史上有两个奇特的朝代,国祚极短而改制最多。一为秦代,二世而亡,从秦始皇开始仅历15年,但取得了车同轨、书同文及度量衡制度的改革与统一的丰硕成果;一为隋代,立国仅38年,也可说是二世而亡,但其政制、兵制、礼乐及法制的改革,却也取得了辉煌战绩。

政制方面集中体现在官制的改革上。开皇元年(581),隋文帝即宣布"易周氏官仪,依汉、魏之旧"②。废除北周的官制,恢复汉、魏旧制。尤为重要的官制改革是"罢天下诸郡"之举。开皇初,度支尚书杨尚希上表称,当时"民少官多,十羊九牧"弊端甚多,应"存要去闲,并小为大"以求"国家则不亏粟帛,选举则易得贤才"之利。杨的奏议,得到隋文帝的嘉许,"遂罢天下诸郡"③。地方废郡,只存州县两级,简化了地方官制;并规定县佐必须用别郡人,地方长官不得自用僚佐,县佐回避本郡,从而使地方豪强难以把持本地政务,有利于中央行使治理大权。官制方面最为重要的是创行了科举制度,隋之文官选拔,以科举取士,后为唐代立为定制,这不仅是对中国古代选官制度的改革与贡献,也为世界各国所称赞、引入,成了中国对世界文明发展的重要贡献。

兵制方面,隋代以前实行过以征战为专业的坊兵制。隋初南北统一,战事不多,隋文帝采用了兵农合一的府兵制,减轻了民众的军费负担,受到民众的普遍欢迎。

礼乐方面,开皇元年(581)隋文帝即令改革北周的礼乐制度,制定隋的礼

---

① 《隋书·食货志》。
② 《隋书·高祖纪(上)》。
③ 《隋书·杨尚希传》。

乐制度。他令礼部尚书牛弘修吉、凶、军、宾、嘉五礼，成书《仪礼》100卷，于开皇五年（585）颁行天下后，又令牛弘等采用南朝梁、陈的"华夏正声"制定雅乐，为自己树立了"正统"的地位与形象。

法制方面，最为重要的是于开皇元年（581）即制定颁行《开皇律》，又于开皇三年（583）经大力删节、改定，重行颁布。据《隋书》记载，重颁的《开皇律》，较前削除死罪81条，流罪154条，徒、杖罪1000多条，仅留律文500条，分12卷①。中国古代法制，正是从隋《开皇律》开始"编分十二""条仅五百"之制；徒刑之死、流、徒、杖、笞的"五刑"之分也始于隋代；此外，"十恶"之制的确立，徒、流之刑的减轻，等等，也是《开皇律》的重要改革。

《隋书》评价隋文帝云："躬节俭，平徭赋，仓廪实，法令行，君子咸乐其生，小人各安其业，强无凌弱，众不暴寡，人物殷阜，朝野欢娱。二十年间，天下无事，区宇之内宴如也。考之前王，足以参踪盛烈。"②

《隋书》之评价，为后人所赞同。范文澜先生于《隋书》之后近1300年时写道："隋文帝主要功绩，在于全国统一后，实行各种巩固统一的措施，使连续三百年的战事得以停止，全国安宁，南北民众获得休息，社会呈现空前的繁荣。"③

---

① 《隋书·刑法志》。
② 《隋书·高祖纪（下）》。
③ 范文澜：《中国通史》（第三册），人民出版社1978年版，第4页。引文中范先生有"使连续三百年的战事得以停止"之谓，不很准确，实际上是近400年。东汉末汉灵帝光和七年（184）黄巾起义，张角称天公将军，京师震动，全国响应，几将东汉王朝推翻。黄巾起义失败后，军阀割据，群雄逐鹿，最终导致曹魏、刘蜀、孙吴三分天下，鼎足而立，互攻互伐，征战不已。公元220年，曹丕废汉献帝，建立魏国；不久又为司马氏发动政变所推翻。公元265年，司马炎夺得政权，以晋代魏，并于灭蜀后又灭吴，统一了全国，史称西晋。但在西晋初出现短暂的和平局面后，由于司马氏统治集团的腐朽，导致长达16年之久的"八王之乱"，西晋王朝在各族人民大起义中崩溃。司马睿被迫南渡，在长江流域建立了偏安一隅的东晋王朝。东晋之后，南方出现了宋、齐、梁、陈四个短命王朝，史称"南朝"；北方则先后沦为鲜卑、匈奴、羯、氐、羌五族建立的成汉、汉（前赵）、前凉、后赵、前燕、前秦、后燕、后秦、西秦、后凉、南凉、北凉、南燕、西凉、夏、北燕等十六国，即所谓"五胡十六国"。经过长期混战，鲜卑族拓跋氏建立了北魏，后又分裂为东魏、西魏，而后又出现了北齐、北周，史称"北朝"，直到581年隋文帝建立隋朝，前后达397年之久。

上述各节，足见隋文帝开皇年间大力地、比较切实地奉行德惠之政，尽量给予并使民众得到利益，这与《黄帝四经》所主张的崇奉德惠、予民以利的要求，无疑是相当切合的。至于其时之具体的政治、经济、社会、文化、法制方面的举措，或者汲取从"汉、魏旧制"到北齐、北周等的既成制度中的可行制度，尽量不扰民，不加重民众负担，使民众"乐其生""安其业"，从而显示了遵循"与民休息""清静无为"的先贤教诲；或者大力进行制度创新，避免了主观上不想作为、客观上无所作为的消极的"无为"，这与汉初君臣之表面的"清静无为"、实质的积极有为，又是名、实酷肖的。自汉初开始，历700余年而出现"开皇之治"，谓为"文景反熵之治"的余波，名之"开皇反熵之治"，或可得到认同吧。

(二) 贞观年间的反熵之治

隋代虽有"开皇之治"，但开皇以后，即迅速走向了奢靡衰朽。尤其是隋炀帝杨广的"大业"时期，内则大治宫室，穷尽声色犬马之淫乐；外则滥行武功，肆意东征高丽以逞强。《隋书》记载其时"政刑弛紊，贿货公行，莫敢正言，道路以目"，以致"区宇之内，盗贼蜂起……黎庶愤怨，天下土崩……"不堪暴政的民众"于是相聚萑蒲，蝟毛而起，大则跨州连郡，称帝称王，小则千百为群，攻城剽邑，流血成川泽，死人如乱麻，炊者不及析骸，食者不遑易子……土崩鱼烂，贯盈恶稔，普天之下，莫匪仇雠，左右之人，皆为敌国……自肇有书契以迄于兹，宇宙崩离，生灵涂炭，丧身灭国，未有若斯之甚也"[①]。

代隋而兴的唐朝，自然必须吸取隋亡的教训。有幸的是，唐初君臣目睹隋末的惨烈情景"惕焉震惧"，如临深渊，如履薄冰，认认真真地比较前此各朝各代的经验与教训，力求"在统治策略、方针、政策上，做出某种客观上有利于人民群众和符合历史发展要求的改变"，从而达成了"贞观之治"的可观成就[②]。

---

① 《隋书·炀帝纪 (下)》。
② 饶鑫贤:《中国法律史论稿》，法律出版社1999年版，第161页。

成就"贞观之治"之辉煌业绩的唐初君臣,最应提及的是唐太宗李世民及其重臣魏徵、房玄龄、长孙无忌等人。李世民从公元 627 年即位起至 649 年病死,在位共 23 年,始终以"贞观"为年号,勉力实施"安人宁国"的治国理政总方针。武周时期的史官吴兢所撰《贞观政要》记载了李世民与魏徵等对时政的议论,从中可了解"贞观之治"的概略。

李世民登基称帝,接手的是一个烂摊子,"百姓凋残,弊于兵革,田亩荒废,饥馑荐臻"①。据《贞观政要》记载,即位之初又逢"霜旱为灾,米谷踊贵"②,造成了"道路之间,馁殍相藉"的惨状③。有鉴于隋亡的教训,李世民屡屡要求群臣事事"鉴前代成败事以为元龟"④,时时"思隋氏灭亡之事"⑤。他将君王与百姓比作船与水的关系,反复告诫子弟与群臣曰:"舟所以比人君,水所以比黎庶。水能载舟,亦能覆舟。"⑥他还指教群臣曰:"为君之道,必须先存百姓。若损百姓以奉其身,犹割股以啖腹,腹饱而身毙!"⑦这些可以看作贞观君臣"安人宁国"总方针的思想认识基础。

具体而言,关于"安人宁国",李世民的观点主要可以见诸他在贞观二年(628)对王珪所说:"凡事皆须务本,国以人为本,人以衣食为本。凡营衣食,以不失时为本。夫不失时者,在人君简静乃可致耳,若兵戈屡动,土木不息,而欲不夺农时,其可得乎?""夫安人宁国,惟在于君。君无为则人乐,君多欲则人苦。"⑧为此,他说自己是努力地"抑情损欲,克己自励"的⑨。贞观九年

---

① 《劝农诏》。
② 《贞观政要·政体》。
③ 〔唐〕陆贽:《陆宣公翰苑集》卷二二《均节赋税恤百姓六条》。
④ 《贞观政要·杜谗邪》。
⑤ 《贞观政要·政体》。
⑥ 《贞观政要·教诫太子诸王》。
⑦ 《贞观政要·君道》。
⑧ 《贞观政要·务农》。
⑨ 《贞观政要·务农》。

（635），唐太宗李世民就此前之"治绩"高兴地说自己"……夙夜孜孜，惟欲清静，使天下无事……君能清静，百姓何得不安乐乎？"①

那么，在"安人宁国""清静无为"思想指导下，贞观君臣在治国理政方面主要采取了哪些措施呢？

其一，在政治上，重臣魏徵等直言谏诤，而唐太宗则虚心纳谏，从而得以时时为治国理政纠偏救弊这一点，在中国列朝列代是最为突出的。在谏臣中以魏徵最为著名。他的谏诤之言有时不为唐太宗接受，但他仍据理力争，即使引致唐太宗盛怒，他还是面不改色心不跳地继续讲理。有一次唐太宗退朝回宫后在长孙皇后面前大发雷霆，说是"总有一天要杀死这个乡巴佬"。长孙皇后问他要杀谁，他说是魏徵。讵料长孙皇后竟向他道贺，说魏徵敢忠言直谏，是因为陛下乃英明君主。唐太宗听后这才消了气。范文澜先生指出，李世民出身贵族，性格雄豪，在战场上是奋勇无前的猛将，自难忍受魏徵不顾情面的犯颜直谏，但是他同时又生怕亡国，魏徵看准了这一点，往往引隋亡的教训作例说事，使他忍气纳谏。643年，魏徵病死，唐太宗竟悲痛至号啕大哭，为失去魏徵这位敢于直言相谏的耿耿忠臣而痛心不已②。后来，他总结道："以铜为镜，可以正衣冠；以古为镜，可以知兴替；以人为镜，可以明得失。"③

其二，知人善任，在选官用人方面建立起了为后世称道的制度。人谓"唐太宗能知人，又能用人，是历史上少见的明君"④。他的知人善任有以下鲜明的特点。一是选人以德才兼备为标准。他和魏徵讨论如何选人用人时指出，为事择官不可粗率，用一好人，别的好人都来了；用一坏人，别的坏人也会跟着进来。魏徵表示赞同，并指出：天下未定，主要是用人的才干，往往顾不得德行；今天下已

---

① 《贞观政要·政体》。
② 范文澜：《中国通史》（第三册），人民出版社1978年版，第120页。
③ 《贞观政要·任贤》。
④ 范文澜：《中国通史》（第三册），人民出版社1978年版，第121—122页。

定，那就必须才德兼备，方可任用。二是完善科举制度，以制度保证任用得当。科举为隋所创，唐初大体因袭隋制。贞观定制，士主要来源于国子学、太学的生徒和从州县来的乡贡。当时国子学十分兴盛，太宗还常亲赴国子监听讲。这大大促进了它的兴旺发达，不仅各地生徒纷纷前来，而且还有高丽、百济、新罗、高昌、吐蕃来的留学生，人数多时曾达8000有余。乡贡先自学有成，经层层筛选，最后经吏部考试，凡及格者称为"及第"，可被任命为官。这样选士，自然较好地规避了用人唯亲的陋习，使才智出众者得以步入仕途。科举制的完善，有效地消弭了长期以来中下层民众对国家用人取才之道的偏向所产生的怨言，为他们步入仕途消除了人为障碍，既缓解了社会矛盾，又得以大批拔擢贤能之士为国效劳。由于唐太宗能够知人善任，在贞观年间，他的周围聚集了一大批阅历丰富、擅长实干的优秀人才，其中包括魏徵、房玄龄、杜如晦、长孙无忌、温彦博、王珪、虞世南、刘洎、褚遂良、马周、戴胄等青史留名的干才。

其三，大力发展农业生产，取得了史无前例地以兴盛的农业生产为主的经济繁荣局面。贞观年间，厉行唐高祖武德七年（624）规定的均田法与租庸调法。均田法规定：男丁18岁以上给田1顷（相当于100亩），其中十分之二为世业田即永业田，十分之八为口分田。老男、残疾人给40亩。寡妻、寡妾给30亩。如是户主，加给20亩。受田人身死，世业田由继承人接受，口分田归官另行分配。租庸调法规定：租，每丁每年纳粟2石或稻3石。庸，每丁每年服役20日，闰月加2日；如不服役，可以每日纳庸绢3尺或布3.75尺替代。调，随方土所产分别征调：蚕乡每丁每年纳绢2匹，绫、绝各2丈，绵3两；非蚕乡纳布2.5丈，麻3斤。唐高祖武德七年曾同时下令规定：男女自初生以上称为"黄"，4岁以上称为"小"；男丁16岁以上为"中男"，21岁以上为"成丁"；60岁为"老"。因此，其时及随后的贞观年间，租庸调法比人称宽减的隋初更轻、更合理。这使得农民的生产积极性极大地提高，对农业生产起了很大的促进作用。对均田法与租庸调法的实施，唐太宗十分关心，常常亲自过问。例如，贞观元年（627）他刚即位，就和朝官们商议让地少人多的"狭乡"民户自由迁徙到地多人少的"宽乡"去。贞观十八年（644），他还亲赴灵口（现陕西省西安市临潼区）巡视，了解到每丁受田数仅为30亩时，便令地方官查明情况，让受田少于30亩者迁移到"宽乡"去。这当然受到热烈欢迎，更好地调动了农民发展生产的积极性。

其四，审慎立法，宽简用法，以强大的法制力量保证治国理政举措的顺利实施，保障社会的秩序安定，保护经济的蓬勃发展。

唐初曾制定"尽削大业所用烦峻之法"的《武德律》。贞观年间修订《武德律》时，以"旧律仍重"又做了重大修改，"比隋代旧律，减大辟者九十二条，减流入徒者七十一条……凡削烦去蠹，变重为轻者，不可胜纪"①。贞观修律，历时10年，可见审慎之至。沈家本先生曾谓："唐律从贞观所修为定本……自宋以后，修律莫不奉为臬，此盖承隋氏变革之后而集其成者也……细心推究，方知唐律之轻重得其中也。"②

立法虽然审慎，但是如果施法（司法与执法）仍旧严苛，立法的效果势必大减，甚至化为乌有。隋文帝时的《开皇律》史称宽减，但他在仁寿年间却常一反初衷，立法毁法，不时地导致《开皇律》虽有若无。隋炀帝继位，所修《大业律》比《开皇律》还要宽简，但他本人就视法为无物，法外用刑成了常事，甚至随意地"更立严刑，敕天下窃盗已上，罪无轻重，不待闻奏，皆斩"。③ 终于导致百姓怨嗟，天下土崩。贞观君臣在审慎立法之后，坚持宽简用法，取得了很好的法制效果。其具体措施主要见诸：从死刑的判决到推勘、复核，都规定了严格的程序，要求严格审慎地施法；改"三复奏"（即死刑执行前应三次请示皇帝本人）为"五复奏"（即决前一日、二日复奏，执行之日又三复奏）等。史书记载，贞

---

① 《旧唐书·刑法志》。
② 〔清〕沈家本：《历代刑法考·律令四》"按语"。
③ 《隋书·刑法志》。

观四年(630)"断死刑天下二十九人,几致刑措"①。为了达到宽简用法的要求,贞观君臣还大力整饬吏治,严格考核官吏。唐太宗甚至把各州都督、刺史之姓名书于屏风之上,以供随时观察,若有劣迹,即予惩办,以保证法律的良好施行。

上述贞观年间君臣们"安人宁国"的治国理政举措,予士人以仕进之途,予臣下以直谏之便,予农民以桑麻之利,予社会以法制保障,在在均显然地符合于"先予后取""多予少取"之反熵要求。而其"清静无为"在不扰民的同时,还以强有力的法制予以保障。这些,都大体符合《黄帝四经》所表述的黄帝思想的基本要求。因此,认定"贞观之治"为"反熵之治",是黄帝思想在唐初的又一实践,也应不成问题。

历史的长河,在隋、唐之后仍然源源汩汩、曲折迂回地奔流向前。由于人类还处于其历史发展的童年时代,对"反熵治国"的重要性以及有关具体举措的认识、把握还只是初步的,还带有相当大的偶然性,诸如"文景之治""开皇之治""贞观之治"那样的辉煌业绩,犹如夜幕上稀有的几颗明星,暂时还只是五千年中国文明史上罕见的突出例子。但是,黄帝思想尤其是其核心性的反熵治国的理念,作为文化现象,有着顽强的生命力;不管历朝历代的情况如何复杂,不管有的朝代的统治者如何开历史的倒车,黄帝思想及反熵治国的理念,即使以别的语言符号表达,也还会发挥它的巨大作用。这可见诸隋唐之后的一些朝代的初期或个别王朝的初期或者一些朝代的"中兴时期",实施予民以利、与民休息的政策,从而取得可观的成就。囿于篇幅,本文就不一一详述了。总之,《黄帝四经》中所包含的丰富思想,汉初君臣以及隋初、唐初君臣顺应民众要求而行反熵治国从而取得可观成就的历史经验,对当今中国的法治建设,还是大有启迪,应予关注的。

---

① 《贞观政要·刑法》。

五、借鉴汉初君臣反熵治国的历史经验，为中华民族的伟大复兴而努力奋斗

中华人民共和国已经走过了64个年头。这64年的历程中，有成功也有挫败，有经验也有教训。总体而言，前30年在抗日战争和国内战争后"一穷二白"的基础上，完成了人民政权的组织，抗击了外国的侵略，初步建成了工业现代化的基础；后30余年吸取了前30年前行过程中的教训，纠正了经验不足引致的错误，实行了改革开放，在建设市场经济体制的基础上，夺得了连续20多年的国民经济两位数增长，到2012年底赢得了号称世界第二大经济体的举世震惊的成就。值此之时，党的十八大发出了为中华民族伟大复兴而继续奋斗的号召。当前，要做、需做的工作仍然千头万绪。窃以为，借鉴汉初君臣的反熵治国的历史经验，仍然有其重要的意义。其经验，主要有以下几点。

第一，从既成思想宝库中找到适合于汉初的社会发展、经济建设的理论，使之成为自己治国理政的核心性指导理念。

汉初其实并非只有黄老思潮风行于社会。汉之前的秦代，从秦王嬴政统一六国（前221）到秦二世三年（前207）风行的是声色俱厉、措施严苛的法家理论。不仅秦始皇嬴政本人笃信重刑主义一脉的法家学派，而且他所倚重的大臣李斯等也是力主重刑苛政的法家。坚决废除分封制、厉行郡县制以及严格控制思想、实施焚书之举的建议，就是李斯提出来的。同时，秦王嬴政时的丞相吕不韦也在网罗人才、召集宾客撰写为后人所称的《吕氏春秋》。《吕氏春秋》成书于秦王嬴政八年（前239）前后。虽然吕不韦于秦王嬴政十年（前237）被免去秦相，但其时及而后（前213）的"焚书"未见焚及《吕氏春秋》。《吕氏春秋》被《汉书·艺文志》归为"杂家"，乃以道为本、以儒为宗、以法为枝叶的综取各家优长的著作，自然与偏于重刑主义者李斯之流的法家不同。而《吕氏春秋》在汉初也是同样流布于世，且有较大社会影响的。至于秦之前，战国时期，尤其是

春秋时期，中国大地上更是百花齐放、百家争鸣，形形色色的治国理论五彩缤纷，争强斗胜，而且大多分别为这一或那一国君所采纳，成为其治国理政的指导性理念或原则。众所周知，先秦"诸子百家"除叱咤风云的法家外，有极大或较大社会影响的还有以孔子、孟子为代表的儒家，以老子、庄子为代表的道家，以墨翟为代表的墨家，以邹衍为代表的阴阳家，以公孙龙为代表的名家，以孙膑为代表的兵家，以许行为代表的农家，以张仪、公孙衍、苏秦为代表的纵横家，等等。"诸子百家"的学说、思想观点，都有其代不绝人的信奉者、继承者。秦始皇虽然搞了"焚书坑儒"，但在交通、通信并不发达的秦代，这大体也只是都城咸阳一带之事。所以，完全可以推测，秦朝一灭，汉初社会环境比较宽松，各家各派的代表人物势必积极出来活动，连同他们坚执的理论观点、治国之术等，也会到处流布。甚至出现这样的事：儒生辕固当着汉景帝的母亲窦太后之面怒斥老子的书为"奴仆书"，而窦太后则将辕固推荐的儒家经典《诗经》斥为"罪徒书"。可见汉初直到文景之世，并非只有黄老学说的流行，更不可能"独尊"黄老思潮，像文景之后的汉武帝那样"罢黜百家，独尊儒术"。而汉武帝"罢黜百家，独尊儒术"之举，恰也证明，在他（汉武帝）之前的汉初时期，历汉高帝、惠帝、文帝、景帝四朝，是有"百家"存在，并不被"罢黜"的。所以，我们可以将秦之"焚书坑儒"视为独尊法家时期，将汉武帝时期视为独尊儒家时期。二者之间的西汉初年（从汉高帝经汉惠帝、文帝到景帝）则是百家并存时期。正是在并存的百家之中，汉初君臣推崇并选择了已形成影响巨大的社会思潮的黄老思想，用以作为自己治国理政的核心性指导理念。

　　汉初统治者从既成思想宝库中找出适合当时的社会发展、经济建设的理论，使之成为自己治国理政的核心性指导理念，这是极为重要的历史经验。尤其是况诸当今的中国，更值得我们做深入的思考。中华人民共和国在"文化大革命"之前的相当长一段时期里，指导社会、经济发展的治国理政理念与原则，可以说是"定""阶级斗争＋计划经济"之极左政策为一"尊"的。在国家和人民的实际生活中，宪法徒有具文，被束之高阁；法律则基本上付诸阙如；群众斗群众的政治运动接连不断；人民的宪法权利实际上整个被视作如同资本主义国家专利的"人权"，甚至宪法上明载的公民权利、公民自由、审判独立、检察独立等司法独立规定，统统不被重视甚至被肆无忌惮地侵犯。"文革"的结束，宣告了这一极左之"尊"的破产，随后出现的是思想大解放。于是，当代世界甚至古代中国的各种学说、思想、观点都被奉呈在国人面前，当然，也奉呈在了其中领导者的面前。

当此之际，乃是从人类思想宝库中找到最适合今天中国社会发展、经济建设的理论，使之成为治国理政的核心性指导理念、指导原则的时候了。

第二，择用黄老思潮中适合汉初的社会、经济状况的观点来指导治国理政。

汉初形成具有巨大影响的社会思潮的"黄老"，是内容丰富的学说体系。这一体系大略可分为两大部分，即一为黄帝思想，统称"黄学"；二为老子思想，统称"老学"。而"黄学"与"老学"，其内容并非完全相同的，有的方面是差异颇大甚至有所相悖的。同时，即使分别就"黄学"或"老学"自身而言，其内容也是相当丰富的。这样，汉初君臣为有效地治国理政，对"黄老"就必须有所分析、有所选择，而非照单全收、字字照办。

关于"黄"与"老"之大体异同，余明光先生曾做过较为详尽细致、明确具体的分析。如前所说，他认为"黄老"这个名称，其实是很不科学的，因为"黄学"和"老学"实属两个不同的学派[1]。他指出，虽然同样视"道"为创造宇宙的本原，但"黄学"的"道"是唯心的，与老子唯物的"道"显然不同；虽然同样认为万物有其自身的规律，但"黄学"的运动观点是形而上学的，"老学"的运动观点则带有朴素的辩证法思想；如此等等。

---

[1] 余明光：《黄老思想初探——读长沙马王堆三号汉墓出土的古佚书〈黄帝四经〉》，《湘潭大学学报》（社会科学版）1985年第1期；余明光：《东方文化的奥秘》，中国文史出版社2013年版，第1页。

汉初的"黄老思潮"，既不能简单地以"黄学"内容涵盖，例如以《黄帝四经》的内容涵盖；也不能简单地以"老学"内容涵盖，例如以老子《道德经》五千言涵盖。汉初的"黄老思潮"是既吸收了"黄学"的主要内容，又吸收了"老学"的主要内容，由汉初君臣加以改造制作、杂糅而成的。其实，"黄学"即便只是《黄帝四经》中所表达的，内容也十分丰富，它可以如慎到、申不害那样，主要汲取其重法观点从而使自己成为著名的法家。"老学"也一样，《道德经》五千言，内容相当丰富，撷取某一方面的内容加以发挥，就可能脱离"老学"的总体观念，而"剑走偏锋"。即就"老学"的"无为"观点而言，汉初的不同时期，表面上的同为"无为"，实际内容却大相径庭。汉高帝时，在不扰民的同时，却大举立法。后者当然只能说是积极有为，而非无为；但它的不扰民，却又是货真价实的"无为"。到汉惠帝时，由于基本法律业已齐备，所以主张一切遵守萧何等所定法律。其实，对前朝既定法律的严格遵行本身，也是一种有为而非虚无的无为。虚无的无为，如前所说，是主观上不想作为与客观上无所作为。

当今之世，在择用某一系统性的理论时，同样也应结合现时的社会发展、经济建设需求，对该理论有所取舍。改革开放以来，在坚持马克思主义理论指导的总前提下，先后经历了邓小平理论，"三个代表"重要思想和科学发展观这三个互有联系又互相区别的不同阶段。今后，同样必须在马克思主义理论的大前提下，根据世界潮流的发展，根据中国社会、中华民族需求的发展，有所选择，有所突出，有所创造，有所前进。

第三，在治国理政活动中最为重要的礼法关系问题上，汉初君臣明智地采取了文武并用、礼法兼行等顺应其时社会需求的灵活政策。

前文曾提及刘邦与陆贾的一段对话，从中可知，刘邦初定天下时，并不是立马明确地意识到必须顺应黄老思潮用以指导治国理政的。其时，刘邦甚至根本不知道，因此连想都没有想过要用什么"黄老"来治国。当时陆贾动不动就对刘邦鼓吹《诗》《书》仁义之道，还曾引发刘邦动了肝火。但听了陆贾耐心所说的不可依恃骑马打江山而骑马治江山的道理，以及历代圣明君主都是以"文武并用"的方术才顺利治国并长治久安的史实，刘邦才予以采纳，使之成为国策。我很赞同龙大轩先生的观点。他认为"陆贾的'文武并用'之道，就是在'无为而治'之前提下，礼法并用，德刑兼施，反对单纯地搞法治，认为秦的失败即因于此……"①汉高帝时，叔孙通所制《九章律》之后，附有同具法律效力的"傍章"——《汉仪》18篇，内容为文武百官朝见皇帝时的礼仪的法律化。这种礼法结合的法典，直到汉武帝时还出现过。汉武帝命张汤制定的《朝律》即《朝会正见律》6篇，就是文武百官朝见皇帝的法律化的礼节仪式。而在汉武帝之前，"在以后惠帝、吕后、文帝、景帝的统治期间，黄老道家的礼法结合论，在政治实践中得到了普遍的推行"②。

究竟在治国理政中如何处理礼法、德刑的关系，汉初统治者顺应民心与社会需求从黄老思潮中采行"礼法兼行"之策，是否或者在多大程度上值得今天借鉴，应当予以研究。1997年的中国共产党第十五次全国代表大会，曾做出"依法治国，建设社会主义法治国家"的战略决策。紧接其后，我国宪法也将此予以确定。不久之后，中央又提出了"以德治国"。这引起法学界的热烈讨论。究竟是"依法治国"还是"以德治国"抑或是"德法兼行"，如何处理"法治"与"德治"的关系？这当然是治国理政的根本性问题，涉及治国理政的核心指导理念。在汉初，应当说，这个问题是解决了的。今天，在1997年之后16年的今天，诸如此类的问题可否说已经解决了，已经有了明确的答案呢？如果已经有了明确的答案，那么，是否能付诸实施而且施而有效呢？这些，都是值得法学界、政治学界深长思之的。至少，应从汉初君臣的反熵治国实践中汲取一点经验。

从汉初迄今，历史的车轮业已转过了两千多年，今天的中国与汉初所处时代相比，既有根本不同，又有生生不息的文化传承。在这样的基础上，对富于创

---

① 龙大轩：《道与中国法律传统》，山东人民出版社2004年版，第98页。
② 龙大轩：《道与中国法律传统》，山东人民出版社2004年版，第98页。

造性的中国,如何研究、汲取先贤的智慧,包括黄帝、老子等的思想、观点、学说;如何研究、借鉴历代包括汉初时期反熵治国的经验或教训,社会各界尤其是法学界当然是责无旁贷的。在这一方面,热心于中国法学的发展,热心于中国社会进步的廖凯原先生,根据自己的精心研究,提出了一些值得深思的见解。他说:

> 在今天纷繁复杂的社会里,我们需要复杂的组织,形成足以抗击熵的引擎。这个引擎将无序转换为有序,形成法律至上、秩序稳定的制度。此外,法制是一种反熵的思想体系,它有助于形成有利的、生产性和创造性的反熵的理念。因此,一个庞大的复杂的反熵组织能够有效影响物质和精神世界。
>
> 因此,一个由超强超稳的政党领导的国家是改造任何秩序的动力。党是操纵国家的程序员,法治是反熵的思想引擎,而例如独立公正的法院系统、检察系统与警察部队这样的机构则是在系统内提供反熵力的复杂组织。
>
> ……具有中国特色的法治和礼治是构造比美国或世界上任何一个国家的政府更有力、灵活、超强、超稳的政府的伟大创举。它能够缔造强大的人民,构建永恒的和谐社会①。

结合廖凯原先生的卓见,进一步研究黄老思潮与汉初君臣的反熵型治国理政实践及取得的经验,应当成为法史学界乃至整个法学界、政治学界的一项重要任务。

---

① [美] 廖凯原:《中国特色的法治与礼治》,2008年9月20日在上海交通大学凯原法学院冠名仪式上的讲话。

试从《扬权》篇看韩非与黄帝的关系

——兼论司马迁之"百家言黄帝"*

《炎黄汇典·史籍卷》①载,《韩非子》中共有五处涉及"炎黄史料"。但是,其中一处仅言及神农②,一处仅言及仓颉③,一处为"师旷曰:'昔者黄帝合鬼神于泰山之上……'"④,一处为韩非论"故法之所非,君之所取,吏之所诛,上之所养也。……虽有十黄帝不能治也"⑤。显然,要从这四处文字"看"出韩非与黄帝的"关系",恐颇费周章。除这四处外,可直接用来"看"的,仅有一处,即《韩非子·扬权》篇云:"黄帝有言曰:'上下一日百战。'下匿其私,用试其上;上操度量,以割其下……"⑥因此,如果止步于这一处,那么,司马迁之谓"百家言黄帝"就非少了韩非不可;而且,他在《老子韩非列传》中所云"韩非者,

---

* 原载徐炳主编:《黄帝思想与先秦诸子百家》(轩辕黄帝研究 第二卷上),社会科学文献出版社2015年版,第67—86页。

① 王贵民、杨志清主编:《炎黄汇典·史籍卷》,吉林文史出版社2002年版。
② 《韩非子集释》卷一八《六反第四十六》,陈奇猷校注《韩非子集释》,上海人民出版社1974年版,第952页。下引同,仅注篇名及页次。
③ 《五蠹》,第1057页。
④ 《十过》,第172页。
⑤ 《五蠹》,第1057页。
⑥ 《扬权》,第124页。《炎黄汇典》引清代王先慎《韩非子集解》谓韩非《扬权》篇之此语:"《全上古三代文》卷一引为《黄帝丹书戒》,后面四语之前,并有'施舍在心平'句,又见《路史·疏仡纪》。"

韩之诸公子也。喜刑名法术之学，而其归本于黄老"，也难成立了。

如果依此比况，那么，司马迁所谓"言黄帝"的"百家"，只能"全军覆没"。例如，今存《尸子》3卷、附录1卷中出现"黄帝"字样的，仅有4处；今存《商君书》24篇中出现"黄帝"字样的，仅有2处；《孟子》7篇无一字涉笔"黄帝"；今存《管子》76篇，出现"黄帝"字样的，仅有9处；《文子》2卷，仅出现2处；《列子》5处；《战国策》3处；《吕氏春秋》15处；《淮南子》8处……粗略查阅，史籍中倒是王充的《论衡》大量提及黄帝。可是，王充是东汉时人，生于司马迁之后，司马迁所说"言黄帝"的"百家"，当然未计及王充。由上可见，小而欲论"百家言黄帝"，大而欲论中国文化、中华文明的源头在于黄帝，以及黄帝以后近5000年中的社会思想、学术思潮与黄帝的关系，除从实质上分析之外，别无他途。而一旦摆脱形式包括摆脱字面形式来看，那么，"百家言黄帝"就可视作司马迁高度概括、简约精准之论。

本文尝试细析韩非子《扬权》篇而从中看韩非与黄帝的关系，或可为"百家言黄帝"提供力证，并辩明"韩非……之学……归本于黄"，而非"归本于黄老"。

一、《扬权》篇直引黄帝"言"之意蕴

从《扬权》篇看韩非与黄帝思想的关系，当然可以也应当从该篇直接转述黄帝所"言"开始。

韩非引黄帝之"言"，撰《孤愤》《五蠹》和《扬权》等篇，缘起于"数以书谏韩王"而"韩王不能用"。《史记·老子韩非列传》记载曰：

> 韩非……为人口吃，不能道说，而善著书。与李斯俱事荀卿，斯自以为不如非。非见韩之削弱，数以书谏韩王，韩王不能用。于是韩非疾

治国不务修明其法制，执势以御其臣下，富国强兵而以求人任贤，反举浮淫之蠹而加之于功实之上。以为儒者用文乱法，而侠者以武犯禁。宽则宠名誉之人，急则用介胄之士。今者所养非所用，所用非所养。悲廉直不容于邪枉之臣，观往者得失之变，故作《孤愤》《五蠹》《内外储》《说林》《说难》十余万言。

显然，韩非在《扬权》篇中直引黄帝之言，首在韩非本人对黄帝高度尊崇；不仅如此，还在黄帝崇高威望之普世性，韩非欲借黄帝在全社会之崇高威望以加强其（引）申论（述）的说服力，即强化自己的论证力。但这些都是次要的，最重要、最根本的是韩非笃信黄帝此言的真理价值。《扬权》篇中，韩非直引黄帝之"言"的一段文字为：

> 欲为其国，必伐其聚；不伐其聚，彼将聚众。欲为其地，必适其赐；不适其赐，乱人求益。彼求我予，假仇人斧；假之不可，彼将用之以伐我。黄帝有言曰："上下一日百战。"下匿其私，用试其上；上操度量，以割其下。故度量之立，主之宝也；党与之具，臣之宝也。臣之所不弑其君者，党与不具也。故上失扶寸，下得寻常。有国之君，不大其都。有道之臣，不贵其家。有道之君，不贵其臣。贵之富之，彼将代之。备危恐殆，急置太子，祸乃无从起。内索出圉，必身自执其度量。厚者亏之，薄者靡之。亏靡有量，毋使民比周，同欺其上。亏之若月，靡之若热。简令谨诛，必尽其罚。毋弛而弓，一栖两雄。一栖两雄，其斗㘌㘌。豺狼在牢，其羊不繁。一家二贵，事乃无功。

这一段文字，至少包含与黄帝思想有关且可从《黄帝四经》中得到证明的以下几层意思。

其一，统治者必须讨伐朋党，平定纷争，保证社会的安定。

"欲为其国，必伐其聚；不伐其聚，彼将聚众"，意为统治者要想使国家强大、社会安定，就必须讨伐朋党、平定纷争；否则，朋党交结必将变得复杂繁多，以致尾大不掉，不堪收拾。韩非以后文所引黄帝之"言""上下一日百战"来说明"欲为其国"为何须"必伐其聚"以及"其"之"聚众"之极端危险。"上下一日百战"旧注云："夫上位可宝，上利可贪，居下者常有羡欲之心，欲静则不能，欲取则不得，二者交战，一日有百也。"日本学者松皋圆释曰："主利在见功而爵禄，臣利在无功而富贵。上下异利，故百战也。"[1] 韩非的上述观点，在《黄帝四经》中即已明确论证过。其《十大经·姓争》篇，记有黄帝大臣高阳与力黑的一段对话：

> 高阳问力黑曰：天地［已］成，黔首乃生。莫循天德，谋相复（覆）顷（倾）。吾甚患之，为之若何？力黑对曰：勿忧勿患，天制固然。天地已定，规（蚑）侥（蛲）毕挣（争）。作争者凶，不争亦毋（无）以成功。顺天者昌，逆天者亡。毋逆天道，则不失所守。天地已成，黔首乃生。胜（姓）生已定，敌者生争，不谌不定……

陈鼓应先生今译为："高阳问力黑说：天地已经形成，百姓也就因此而产生。很多人都不遵循天道，而且阴谋相互颠覆。我对此十分忧虑，这怎么办呢？力黑回答说：不需忧虑，也不必担心，天道自有其本然的法则。天地的格局已定，连各色的动物都在纷纷争斗。妄肆争斗者有凶殃，然而一味不争的也无成功可言。自然社会的规律便是：顺随天道的就能兴昌，违逆天道的就会败亡。不违背天道，就不会失去自己所固有持守的东西。天地已经形成，人民随之产生，氏族部

---

[1]《扬权》篇注释［九九］。

落已经形成,敌对的部落之间也就随之出现争斗,不予以伐正这种争端就不会平息。"①

后人引用黄帝之"言"的,"上下一日百战"为极其罕见的几句之一。如果不想或无事实可以证明"上下一日百战"6个字是韩非捏造出来的话,那么,它一可说实有黄帝其人,二可证明黄帝确有遗言流传后世,三可说黄帝此言给韩非重要启迪。而《黄帝四经》中高阳与力黑的对话,正是黄帝思想在其臣属中传播、发生影响的重要佐证;且可直接在韩非引言与《黄帝四经》之间架起一座由此达彼、联系紧密的桥梁来。

其二,治国理政必须赐予得当,否则将祸及自身。

《扬权》篇紧接上引写道:"欲为其地,必适其赐;不适其赐,乱人求益。彼求我予,假仇人斧;假之不可,彼将用之以伐我。"陈其猷释:"地,非谓国,地为井地之地。适,当……训为适宜。"他引《韩非子·诡使》篇所云"陈善田利宅所以战士卒也,而断头裂腹、播骨乎原野者,无宅容身,身死田夺,而女妹有色,大臣左右无功者,择宅而受,择田而食"②,据此认为:"韩子主张当以地赐人,但必须赐予适当之人,即有功者,故曰欲治其地,必适其赐。"

对统治者来说,治国理政中的一大手段为处理好"予"与"取"的关系。中国成语有"将欲取之,必先予之",很好地说明了先予后取,切切不可肆取肆夺、随心所欲的道理,但是却未涉及取予适度、有当。

倒是《黄帝四经》中极好地表述了黄帝关于"取"与"予"的精辟观点。《黄帝四经·称》篇云:"天制寒暑,地制高下,人制取予。取予当,立为〔圣〕王;取予不当,流之死亡。天有环刑,反受其央(殃)。"意谓:"天定寒暑,地

---

① 陈鼓应注译:《黄帝四经今注今译——马王堆汉墓出土帛书》,商务印书馆2015年版,第263—265页。本书所引《黄帝四经》之经文,均采用此书,其中略有陈先生揣测上下文之意而补入的文字,文中( )表示所释异体字和通假字,〔 〕表示所补字,□表示缺文,〈 〉表示勘误,恭请读者惠予注意。
② 《诡使》,第143页。

掌高下，人司取予。取予得当，立为圣王；取予不当，会陷于死亡，上天会降下惩罚，取予不当之人反遭祸殃。"①黄帝关于"取""予"及其相互关系的论述，在《黄帝四经》中还有多处。廖凯原先生对此极为重视，而且从现代物理学的"熵"与"反熵"概念及二者的关系着手，阐发对立的两种世界观及其辩证关系，给我们研究《黄帝四经》、黄帝思想以极好的启示②，同样对我们理解韩非上述议论有重要启示。

黄帝所云"取""予"关系，有"取"和"予"两个方面；而"予"自然也包括他所说的"赐"。他认为，"赐""予"一定要适当、适宜，尤其是当赐予的对象是"乱人""仇人"之时。这些，或可看作黄帝关于"取予不当，流之死亡""天有环刑，反受其央（殃）"的具体阐说。

但仅"赐""予"得当，还不足以妥善治国、有效理政。作为法家代表人物的韩非，更重视的是赏赐之外的惩罚。

其三，治国理政，必须制立度量、厉行法治。

《扬权》篇中，韩非在引述黄帝之言"上下一日百战"后，全部下文都用来阐述必须制立度量、厉行法治的观点。

他首先分析，在"上下"必然"一日百战"的态势下，双方是如何表现的。"一日百战"的君臣"上下"，当然不会时时以明火执仗的方式表现出来，而是一方面，臣"下匿其私，用试其上"；另一方面，君"上操度量，以割其下"。对此，《韩非子》旧注谓"下既有羡欲之心，常匿私以试上，故上必当操度量以割断其下"。"割"意为"制裁"。《韩非子·说难》篇有"明割利害以致其功"句，《解老》篇有"理定而物易割也"文，都以"割"之义为"制裁"。这里，用以

---

① 谷斌、张慧姝、郑开注译：《黄帝四经注译·道德经注译》，中国社会科学出版社2004年版，第78页。
② 详见［美］廖凯原：《〈黄帝四经〉新见：中国法治与德治科学观的反熵运行体系》，《环球法律评论》2011年第2期；《轩辕运行体系2.0（4708—永远）》（中译文），徐炳主编《黄帝思想与道、理、法研究》（轩辕黄帝研究 第一卷），社会科学文献出版社2013年版。

"制裁""割断"的标准即是"度量"。而"度量"在我国古代引申为法制。所以，韩非说"故度量之立，主之宝也"。

对于法制"度量"，黄帝早有"言"说。《黄帝四经》云："法度者，正之至也。"①"法度"，据杨伯峻《论语·尧曰》注，本义为长度的分、寸、尺、丈，亦代指一切度、量、衡的标准，延伸为法令制度。"法度者，正之至也"意谓度量器具、法令制度乃公正的最高标准。《黄帝四经》接着说："以法度治者，不可乱也。"意谓以法令治理国家，不可惑乱而任意妄为；创制度量器具和度量制度者，切不可随意更改变动之。

《黄帝四经》还指出：

> 规之内曰员（圆），拒（矩）之内曰［方］，［悬］之下曰正，水之［上］曰平。尺寸之度曰小大短长，权衡之称曰轻重不爽，斗石之量曰小（少）多有数。八度者，用之稽也。日月星辰之期，四时之度，［动静］之立（位），外内之处，天之稽也。高［下］不敝（蔽）其刑（形），美亚（恶）不匿其请（情），地之稽也。君臣不失其立（位），士不失其处，任能毋过其所长，去私而立公，人之稽也。美亚（恶）有名，逆顺有刑（形），请（情）伪有实，王公执［之］以为天下正。

陈鼓应先生今译为："规用来画圆，矩用来画方，悬用以测端正，水用以测水平。用尺寸度量小大短长，用权衡称量轻重，用斗石比量多少，用绳准来测度曲直。以上八种度量标准，是人们日常生活中实际应用的准则。日月星辰都遵循着固定的运行周期，四时更迭都有一定的次序，自然界的消息盈虚进退出入自有一定的守则，事物的适度与非适度自有分际，这些都是天道所含有的法则。地势

---

① 《黄帝四经·经法·君正》。

高下各有定位，不至隐蔽不明；土地肥瘠本自不同，不至隐匿不清，这些都是地道所含有的法则。国君臣子都各居其位，士人也得其所哉，擢用贤能量才授官，治理百姓秉公办事，这是人道所应遵守的法则。是非善恶各有名分，背于道理或合于道理自有客观情形作依据，真实虚假自有事实来判定，君主只须掌握上述准则就可以成为天下的楷模。"①

黄帝以降，历经少昊、颛顼、帝喾……尧、舜、禹、夏、商、周，直至春秋、战国，对度量法制的重视程度，虽时有起伏，但绵绵亘亘始终不断。到战国末期韩非之时，当然也会坚持。所以，韩非引黄帝"上下一日百战"之"言"，用以表述他的法治观，是十分自然的事。

当然，作为法家代表人物的韩非，在与其他法家一样坚守法治的同时，必然会有自己所侧重的方面、所喜用的论说方式。这在《扬权》篇中，就有所表现。他在说明"上操度量，以割其下"之后，具体表述了以下几层意思。

一为"度量之立，主之宝也"。这是对法令制度的重要性的说明。对治国理政来说，法令制度是君"主之宝"，一可用以设规立制，警示臣民不可逾越；二可用来"割断"是非，上"操度量，以割其下"；三可据以设罚，惩戒朋党。《韩非子·扬权》篇前，有《二柄》篇，劈头即谓"明主之所导制其臣者，二柄而已矣。二柄者，刑德也"。接着，他设问"何谓刑德？"并自答曰："杀戮之谓刑，庆赏之谓德。为人臣者畏诛罚而利庆赏，故人主自用其刑德，则群臣畏其威而归其利矣。"可见，设立法令度量，是君主治国"二柄"之一，须臾不可轻忽。韩非所说的这些道理，在《黄帝四经》中，被置于"四经"第一"经"之《经法》第一篇，即《道法》。该篇谓："法者，引得失以绳，而明曲直者殹（也）。故执道者，生法而弗敢犯殹（也），法立而弗敢废殹［也］。［故］能自引以绳，然后见知天下而不惑矣。"此外，在《黄帝四经》的《经法·君正》篇、《十大经·成

---

① 陈鼓应注译：《黄帝四经今注今译——马王堆汉墓出土帛书》，商务印书馆2015年版，第117—118页。

法》篇以及关于"六顺""六逆"的议论中，都在不同范畴、不同程度上议及与韩非所说有关的道理，从中自然可以看出韩非思想与黄帝思想的承继关系。

二为"党与之具，臣之宝也。臣之所不弑其君者，党与不具也"，时时窥伺王位的臣"下"，仅因未能聚为朋党而"不弑其君"。而君主"度量之立"并"操度量"，即立法设制并严刑实施正是防备臣下聚为朋党的法宝，也是君主对付既聚之朋党的有效手段。为防止臣下聚为朋党，韩非特意建言君上"度量之立"中应该包括"不大"臣下之"都"，也"不贵其臣"。这是因为"贵之富之，彼将代之"，即时时"匿其私，用试其上"的臣下，一旦"大其都"而使之"富"了、力量强了，"贵其臣"而使之"贵"了、地位高了，就更易滋生窥伺王位的野心、倒行聚结朋党的逆施。韩非还建议"简令谨诛，必尽其罚"。陈奇猷按："简，省也。韩非主张法令宜省。谨诛，谓谨慎诛罚……虽简令谨诛，然必尽其诛罚以止奸邪……"①韩非的这些建议，在《韩非子·八说》《韩非子·定法》等篇中，都有详尽的解说。

三为"一日百战"中，君上之应对之策就在"若电若雷"般地厉行法治。韩非以"一栖两雄""狼羊同牢""一家二贵""公子既众""木枝扶疏"等作比，指出"上下一日百战"中的君主，欲求社稷安宁、王权稳定，就必须"若电若雷"般地厉行法治。韩非著论，言简意赅，往往十分节约笔墨。特别引人瞩目的是，在《扬权》篇之末，他竟用数倍于其他论述的文字，反反复复地举例子、打比方，用以申述、强调君主必须"数披其木，毋使木枝扶疏""数披其木，毋使木枝外拒""数披其木，毋使枝大本小""数披其木，毋使枝茂"。接连用了四个"数披其木"似还不尽意，韩非紧接着强调务必"掘其根本""填其汹渊""探其怀""夺其威"……总之是要"若电若雷"般地运用法令度量，以雷霆万钧之力剪除朋党羽翼，铲却逆臣祸心，稳固君主地位，保证有效统治。这种行文笔法，

---

①《扬权》篇注释［一一四］。

我们也可在《黄帝四经》中找到类似的例子。如对度量权衡、刑德并举等的反复申述。也就是说，韩非子一"家"之"言黄帝"，是有迹可寻的。

但从《扬权》篇看韩非与黄帝的关系，不能止步于该篇直引黄帝"言"之意蕴。

二、《扬权》篇言黄帝之"言"试析

李商隐有诗云："心有灵犀一点通。"《扬权》篇直引黄帝"言"并做意蕴阐释，仅涉该篇之末段文字。此段之前，《扬权》篇还有五倍于该段的文字。以这些文字为据，或可试析韩非之屡言黄帝之"言"，从而探析韩非思想与黄帝思想的源流关系。需加说明的是，这里韩非"屡言黄帝之'言'"中，后面一个"言"乃黄帝之"言"，如《黄帝四经》中记载的；前面一个"言"，则是韩非的阐释而非前文那样的"直引"。

在《扬权》篇之第一段，韩非重点阐述了他的"无为"治政理论。他写道：

> 天有大命，人有大命。夫香美脆味，厚酒肥肉，甘口而病形；曼理皓齿，说情而捐精。故去甚去泰，身乃无害。权不欲见，素无为也。事在四方，要在中央。圣人执要，四方来效。虚而待之，彼自以之。四海既藏，道阴见阳。左右既立，开门而当。勿变勿易，与二俱行，行之不已，是谓履理也。夫物者有所宜，材者有所施，各处其宜，故上下无为。使鸡司夜，令狸执鼠，皆用其能，上乃无事。上有所长，事乃不方。矜而好能，下之所欺。辩惠好生，下因其材。上下易用，国故不治。

此段文字中，韩非根据"天有大命""人有大命"，即"天""人"皆有自然之数、按照规律运行，提出了他的以"无为"治国理政的观点。"君臣上下之节"

如同"昼夜四时之候",都是自然之数,都是"天命",都是不可更改移易的。正因如此,因应之道即在"无为"。这里的"无为",不是客观上无所作为、主观上不思作为,而是因"物者有所宜""材者有所施",所以,必须"各处其宜"从而达致"上下无为"。显然,韩非之"无为"乃君上、臣下各"为"自己职责范围内之"为",各不越位而乱为,绝非主观上不思作为、客观上无所作为。韩非以"使鸡司夜""令狸执鼠"作比,根据自己的才能特长,各做各的事,以求发挥所长,办好事情,推出国家治理也是如此,即君"上有所长"而使其"长",臣"下"有其才而施其才,互不错位,互不干扰,达成"上下无为"的状态,国家之治理就可"无害",上上下下就可"无事"了。如若不然,令鸡"执鼠",使狸"司夜",当然一事无成而且必致鸡飞狸跳乱成一团。同理,"上下易用",为君"上"者,矜其所能、所长而不用臣"下"之所能、所长,不仅必致君劳而臣逸,而且还会因为君"上"之"矜而好能"导致臣"下之所欺",即君"上"矜好其能,臣"下"则各饰其能以欺之。其方法,已属"国"之"不治";其结果,当然只能是"不治"之"国"。

《韩非子·主道》篇谓"去智而有明,去贤而有功,去勇而有强",从相反的方面说明君上以"去智""去贤""去勇"之"无为",达成"有明""有功""有强"。陈奇猷先生集释《韩非子·扬权》篇曰:"韩非主张上下循法则上下各处其宜。下尽职而不窥上,上居位而不虑下;下不事智而邀功,上不用刑以惩奸,故上下无为。此旨在韩子书中处处可见。"他引《韩非子·大体》篇"古之全大体者""不以智累心,不以私累己,寄治乱于法术,托是非于赏罚,属轻重于权衡""上无忿怒之毒,下无伏怨之患,上下交朴,以道为舍"佐证,并谓此"即无为之旨"[①]。

特别值得注意的是,陈奇猷先生揭明韩非的上述"无为之旨"后,又特别强

---

① 《扬权》篇注释[一五]。

调:"此韩子无为之定义,与老子不同也(老子以各处其朴不干政事为无为,与韩非根本不同)。"

关于黄帝和老子之"无为"观的不同,余明光先生曾做了很好的揭示。例如,他指出:"老子之学是强调无为而不争的,故帛书《老子》曰'圣人之道,为而不争',反映出老学的消极色彩。而黄学《四经》则强调'不争亦无以成功',认为该争而不去争的话,那就是'逆天',故说'顺天者昌,逆天者亡',反映出黄学的积极进取精神。"①

揭示黄帝与老子之"无为"观的不同,有重要的学术意义。司马迁谓韩非"善刑名法术之学,而其归本于黄老",同时还多处"黄老"并提。这在很大程度上成了"黄老"乃"一家"的论据,也在很大程度上成了"黄老"乃战国时期齐国的稷下一派的理由。但这是值得深究的。韩非之"无为"既与老子之"无为"不同,那么,司马迁谓韩非之学"归本于黄老"的观点以及"黄老"一家、"黄老"乃战国时期齐国的稷下一派等观点,统统都值得质疑了。窃以为,韩非之"无为"直接黄帝之"无为",倒是于文有据、于理成立的。

《黄帝四经》云:"故执道者之观于天下殹(也),无执殹(也),无处也,无为殹(也),无私殹(也)。"②意谓掌握道的统治者在审视天下时,是无所偏执,无有居止,无有作为,无有私弊的。在黄帝看来,"执道"的统治者,应当实行无为而治,以此应对社会治理的需求,这是因为"天下有事,无不自为刑(形)名声号矣。刑(形)名已立,声号已建,则无所逃迹匿正矣"③。即天下所发生的事都是自行确立形名声号的,形名声号确立之后,万物就无所逃匿隐迹了。有鉴于此,黄帝还提出了"刑德相养"的著名观点:"顺天者昌,逆天者亡。毋

---

① 余明光:《论道家的两个流派——帛书〈黄帝四经〉与〈老子〉的比较》,《东方文化的奥秘》,中国文史出版社2013年版,第35页。
②《黄帝四经·经法·道法》。
③《黄帝四经·经法·道法》。

逆天道，则不失所守……凡谌之极，在刑与德。""刑德皇皇，日月相望，以明其当。望失其当，环视其央（殃）。天德皇皇，非刑不行；缪（穆）缪（穆）天刑，非德必顷（倾）。刑德相养，逆顺若成。刑晦而德明，刑阴而德阳，刑微而德章（彰）。"① 意谓顺应天道者就会昌盛，悖逆天道者就会覆亡。不悖逆天道，就不会丧失你所拥有的一切……平定纷争所应遵循的原则，即刑杀与德惠并用。运用刑杀与布施德惠，必须像日月那样交相辉映、那样光明正大，以向天下表明所行之事确当不谬。刑杀与德惠运用配合不当，反而会招致祸殃。天德盛大鲜明，但没有刑杀就不得执行。天刑肃穆不苟，但缺少德惠配合就会导致倾覆。刑杀与德惠互相配合，悖逆与顺应天道之事就能确定。刑杀隐晦而德惠昭明，刑杀居阴而德惠配阳，刑杀幽微而德惠彰著。黄帝提出的这个"刑德相养"的原则，是"无为"观念的具体化，即刑杀、德惠都是顺应天时、执掌天道，而非统治者固执己见之作为，是"无执""无处""无为"和"无私"的具体体现。显然，黄帝之"无执""无处""无为"和"无私"，不是如老子那样的消极应对，主观上不思作为、客观上无所作为，而是积极地顺应天道而为。

黄帝治国理政之积极的"无为"观，在《黄帝四经》中是处处可见的。例如，他指出："……故王者不以幸治国，治国固有前道：上知天时，下知地利，中知人事。"② 即君王不靠侥幸治理国家，治理国家一定要预先谋划，要上知天时，下知地利，中知人事。在此前提下，黄帝提出："一年从其俗，二年用其德，三年而民有得。四年而发号令，[五年而以刑正，六年而]民畏敬，七年而可以正（征）。……则朕（胜）强适（敌）。"③ 意谓执政第一年应顺从民俗，第二年应启用贤德之人，第三年使民众有所得益，第四年就可发布号令，第五年则用刑狱治理臣民，而第六年臣民就会有敬畏之心、消除侥幸心理，第七年就可率兵征伐他

---

① 《黄帝四经·十大经·姓争》。
② 《黄帝四经·十大经·前道》。
③ 《黄帝四经·经法·君正》。

国、战胜强敌了。中国历史上的这第一个"七年计划",是何等积极、何等自觉、何等主动、何等"有为"啊!而韩非之"上操度量,以割其下","为人君者"要"数披其木""掘其根本"等等的"无害""无为""无事"恰恰与黄帝之积极"无事"相应、相合、相谐。一句话,韩非之"无为"并非来自老子,而与黄帝之"无执""无处""无为""无私"相同。由此可知,韩非在治国理政上的"无为"观点,不能"归本于黄老",只能"归本于黄";韩非之言"无为",恰可视为"言"黄帝之"言",而非"言"老子之"言"。

《扬权》篇之第二、三、四、五段分别重点阐明"用一之道,以名为首""道之所出""以赏者赏,以刑者刑""主施其法,大虎将怯"等贯彻其"无为"治政观的具体论述与对策,从而进一步表明他的"无为"观乃源自黄帝的积极"无为"观;至少是表明他的"无为"观与黄帝的"无为"观是相同的。

《扬权》篇之第二段以"用一之道,以名为首"起议,这里的"一",指君上主道之道,即法术。这可见诸《扬权》篇前的《主道》篇:"明君之行赏也,暖乎如时雨,百姓利其泽;其行罚也,畏乎如雷霆,神圣不能解也。""明君无偷赏,无赦罚……诚有功则虽疏贱必赏,诚有过则虽近爱必诛。近爱必诛,则疏贱者不怠,而近爱者不骄也。"①陈奇猷注释《韩非子·主道》篇谓:"韩非所谓道,有广狭二义:所以成万物者为广义之道;顺道而立法,以术而治众,此人主之道,是为狭义之道。本书所用道字,大都是狭义之道。"②特别值得注意的是,陈奇猷先生两次指出了韩非之"道"论与老子之"道"论有所不同。"韩非既谓道为万物之始,则所以成万物者道也,而成万物之理者亦道也,故《解老》云:'道者万物之所以成也。'又云:'道者万物之所然也。'道既为万物所以成,万物所然,故道可以纪纲万物。'万物莫不有规矩',(《解老》)既有规矩,则是非亦存于万物中。而道为万物之纪绪,故曰是非之纪也。(旧注未确)据此,韩非

---

① 《主道》篇,第68—69页。
② 《主道》篇注释[三]。

以是非为道纪,与老氏知古始为道纪,根本不同,而韩非主张法治之根源亦在此。"①

韩非之"用一之道"既与老子之"一"、之"道"有重大的不同,那么,与黄帝的有关论述是否也如此不同呢?从《黄帝四经》可知,并非如此也!《黄帝四经》劈头第一句话即是:"道生法。法者,引得失以绳,而明曲直者殹(也)。故执道者,生法而弗敢犯殹(也),法立而弗敢废[也]。[故]能自引以绳,然后见知天下而不惑矣。"②在黄帝那里,"一"也罢,"道"也罢,都是与法紧紧联系的。所以,《黄帝四经》之后文反复述说的,是:"称以权衡,参以天当,天下有事,必有巧验。事如直木,多如仓粟。斗石已具,尺寸已陈,则无所逃其神。故曰:度量已具,则治而制之矣。"③"主上执六分以生杀,以赏[罚],以必伐。"④"始于文而卒于武,天地之道也……三时成功,一时刑杀,天地之道也……人事之理也。""逆顺是守。功洫(溢)于天,故有死刑。功不及天,退而无名……"⑤《黄帝四经》之《十大经》篇、《称》篇都有不少文字述及"道""一""用一之道"与法度、刑赏的关系,总之是积极的"无为"而非消极的"无为"。显然,韩非之"用一之道",与黄帝思想有更密切的关系。

《扬权》篇之第三段,述论"道"之定义及"道之所出":"夫道者,弘大而无形;德者,核理而普至。至于群生,斟酌用之,万物皆盛,而不与其宁。道者,下周于事,因稽而命,与时生死。参名异事,通一同情。故曰道不同于万物,德不同于阴阳,衡不同于轻重,绳不同于出入,和不同于燥湿,君不同于群臣。凡此六者,道之出也。道无双,故曰一。是故明君贵独道之容。君臣不同道,下以名祷,君操其名,臣效其形,形名参同,上下和调也。"关于"道"之

---

① 《主道》篇注释[三]。
② 《黄帝四经·经法·道法》。
③ 《黄帝四经·经法·道法》。
④ 《黄帝四经·经法·六分》。
⑤ 《黄帝四经·经法·论约》。

"弘大而无形",我们从《黄帝四经》和老子的《道德经》中都可找到大致类似的说法。鉴于"道"论在中国文化中的极大影响,在"道"的定义之类问题上,我们几可从"百家"千人中找到大体相同的说法。

《扬权》篇之第三段文字的特色是从"道不同于万物""德不同于阴阳""衡不同于轻重""绳不同于出入""和不同于燥湿""君不同于群臣"这六个方面说明"道"之所"出",从而归纳为"道无双,故曰一"。这样详尽、清晰地论述"道"之所"出",并进而引述"明君贵独道之容",君臣各操"名""形",以"形名参同"而求"上下和调"的道理,与黄帝之论君臣关系声气相通、如符合契、源流明晰,却与老子之混论君臣、茫然消极的"无为"观是大不相同的。

《通识》谓老子所说的"道",其实就是"无"。在老子看来,"道"和"物"是不同的,"物"是有形之物,是可感的;而"道"却是"无形"的,是"视之不见""听之不闻""搏之不得"的"无物"①。由于"道之为物,惟恍惟惚……"②建立在这样的"道"论观点上,从"无形"而来的"无为"便只能是消极的、茫然的。黄帝却不同。我们在《黄帝四经》不多的文字中,已见到不少黄帝君臣的互动、问答,更看到不少黄帝关于道不同于万物、君不同于群臣、德不同于阴阳的阐述。这些当然更凸显了韩非之"善刑名法术之学","归本于黄"而非"归本于老"。

在《扬权》篇之第四段中,韩非进一步将"道"与"事"加以区分,指明"虚静无为"乃"道之情",而"参伍比物"乃"事之形",要求"审名以定位,明分以辨类",而在治国理政的实践中,明确主张"以赏者赏,以刑者刑",极言"善恶必及,孰敢不信!"韩非之作为法家代表人物的形象,清晰地呈现在我们面前。他在此段最后写道:"规矩既设,三隅乃列。""规矩",指法令制度。

---

① 《道德经》第十四章。
② 《道德经》第二十一章。

"三隅",指"名号、赏罚、法令"三者①。陈奇猷先生注释云:"物"是"有","虚"是"无","有"与"无"是相对之名,各代表善恶之一面,以功过言,"物"为"功","虚"为"过"。故"参以比物,伍以合虚"者,所以衡量功过也②。显然,韩非之"无为"及"无事""无害"云云,都是与功过刑赏相连的,不是消极的"无为",而是明确的、积极的"无为"。

老子也有一些关于法令制度的议论,但他说的是"法令滋彰,盗贼多有"③。老子《道德经》第五十九章有"治人事天,莫若啬。夫惟啬,是谓早服。早服谓之重积德,重积德则无不克,无不克则莫知其极。莫知其极,可以有国。有国之母,可以长久。是谓深根、固柢、长生、久视之道也。"谷斌、张慧姝、郑开等先生注译《道德经》曰:"治理国家天下,不如用'法式'。只有用'法式',所以才能尽早复归于'道'。尽早复归于'道'叫作不断地积累德业。不断地积德,就会战无不胜。战无不胜,就可以没有局限。没有局限,就可以拥有国家。国家中存有了'道',就可以长治久安。这就是根深蒂固、长久不灭的道理。"④据称,将"啬"解作"式",是因为成玄英的《道德经义疏》所依据的版本以"式"为"啬";且《道藏》中无名氏所著的《道德真经次解》中亦作"式"。而"式",即"法式"⑤。

窃以为,"啬"者,自持、自敛、自我约束也,可以有自己之"式",但是自持、自敛、自我约束之"式",非"他律"而是"自律",也就是道德。所以,《道德经》此处将"啬""早服"与"重积德"三者并提,用后者解释前者,这与

---

① 《韩非子·八经》篇:"名号、赏罚、法令三隅。"
② 《扬权》篇注释[六三]。
③ 《道德经》第五十七章。
④ 谷斌、张慧姝、郑开注译:《黄帝四经注译·道德经注译》,中国社会科学出版社2004年版,第157页。
⑤ 谷斌、张慧姝、郑开注译:《黄帝四经注译·道德经注译》,中国社会科学出版社2004年版,第157页,注释[1]。

韩非之横眉怒目地主张"以赏者赏，以刑者刑""善恶必及，孰敢不信"是天差地远的两种主张。老子的主张是"重积德"而求"深根""固柢""长生""久视"，而韩非的主张却是刑赏并用，是"规矩既设"而致"名号、赏罚、法令""三隅"并列。说到底，老子的消极无为的主张，与韩非名曰"无为"实则积极有为的主张，是同样的十分清晰的。而如前所说，黄帝之积极"无为"，很可能正是韩非之积极无为的思想来源。退一步说，既然韩非之积极无为观与黄帝之积极无为观是一致的，那么，论定韩非"言"黄帝之"言"，是可以成立的。

《扬权》篇之第五段上承第四段所云"以赏者赏，以刑者刑……规矩既设，三隅乃列"，进一步强调为君王者的举措，突出说明"主施其法，大虎将怯；主施其刑，大虎自宁。法刑苟信，虎化为人，复返其真"的道理。韩非将君主之"奸邪满侧"的大臣视同穷凶极恶的老虎，而若君上不知臣之为虎，则臣"匿威藏用，外若狗然"，在暗地里阴谋活动。"主不蚤止，狗益无已"，君上不预先防范，佯为良犬的臣下便会聚为朋党，伺隙篡弑，夺取国家政权。但"为主而无臣，奚国之有？"既为国家，就不能没有臣僚官吏。既然如此，应对之策即在："主施其法，大虎将怯；主施其刑，大虎自宁。"而坚持立法设制，厉行施法，就可能达到"法刑苟信，虎化为人，复返其真"的目的。

或可将这第五段看成前四段与末段（第六段）之间的过渡性文字。前文从"天有大命，人有大命"起讲，接叙"用一之道，以名为首"，解释何者为"道"、"道"之所"出"以及作为"道"之具化的赏、刑"二柄"，从而得出"主施其刑"以求"大虎自宁""虎化为人"，最后以四次强调"数披其木"，"探其怀，夺其威"，"若电若雷"般张"扬"君"权"法刑之"威"。毫无疑问，这是"归本于黄"的韩非学术思想表达的极致。

三、试论司马迁之"百家言黄帝"

本文之试从《扬权》篇看韩非与黄帝及黄帝思想的关系已如上述。所做分析,不当之处定在不少,不揣冒昧而奉呈于世,除题目本身所示之外,另有一个愿望,即对司马迁在《史记·五帝本纪》中所做判断"百家言黄帝",有所思索、有所发现。

窃以为,司马迁其时及他所考究的春秋战国时的"百家",在他看来确是皆"言黄帝"的。但是如果仅从形式上看,"言黄帝"的"百家"又有"全军覆没"之虞。如何看待并解决这个矛盾呢?

本文试从《扬权》篇看韩非与黄帝的关系,似可用来解说司马迁"百家言黄帝"。窃以为,"百家言黄帝"可从四个方面去理解。

第一,直引黄帝之"言"。如《扬权》篇之直引"黄帝有言曰:'上下一日百战……'"。又如《庄子·在宥》记载:"黄帝立为天子十九年,令行天下,闻广成子在于空同之山,故往见之,曰:'我闻吾子达于至道,敢问至道之精。吾欲取天地之精,以佐五谷,以养民人,吾又欲官阴阳,以遂群生,为之奈何?'""广成子南首而卧,黄帝顺下风膝行而进,再拜稽首而问曰:'闻吾子达于至道,敢问,治身奈何而可以长久?'"查《庄子》一书,可见其中载有庄子直引黄帝之"言"的,约计10处,分别见诸《庄子》之《在宥第十一》《天地第十二》《天运第十四》《知北游第二十二》和《徐无鬼第二十四》等篇中。其中,有的是直接表述黄帝思想的,如《天运第十四》载:"帝曰:……'夫至乐者,先应之以人事,顺之以天理,行之以五德,应之以自然,然后调理四时,太和万物。'……"又如《知北游第二十二》载:"知不得问,反于帝宫,见黄帝而问焉。黄帝曰:'无思无虑始知道,无处无服始安道,无从无道始得道。'"

直引黄帝之"言"的,还可见诸《列子》《吕氏春秋》《新书》和《淮南子》等。

这些直引黄帝之"言"的事实、记载当然十分重要：首先，可以说明"百家"之中确有名儒硕学对黄帝之崇敬；其次，可以从中探赜索隐，阐析黄帝之"言"对引者的影响；再次，可以从所引黄帝之"言"中进一步分析黄帝的思想及其对后世可能产生的影响；最后，更为重要的是，不仅有《黄帝四经》可供今人研析黄帝思想，而且有散见各种文本的黄帝之"言"为之佐证，为之提供研析黄帝思想的文字资料。而这，是前人所未充分关注的。

第二，"言"同黄帝之"言"。前一个"言"是指诸子"百家"之"言"。如果"百家"中的某家在其所"言"之中，有与黄帝之"言"相同、相近或相类的，那么由于他生在黄帝之后，我们也有理由推论，他之所"言"，是受了黄帝之"言"的影响，从而佐证"百家言黄帝"。《扬权》篇论"无为"而未引《黄帝四经》中关于"无为"的论述，也未谈及黄帝曾有"无为"之论，但韩非之"无为"与《黄帝四经》中之"无为"是大体一致的。思想言论都是有来源的，既然韩非与黄帝都"言"及"无为"，推论韩非之"无为"源于黄帝之"无为"，就有了一定的逻辑可能性。其余如韩非之"道"论、刑赏论等，也可做如是推论。而这，也符合当下弘扬中国传统文化而要求理出传统文化之源流关系的需要。

毫无疑问，解开"言"同黄帝之"言"这一个扣子，就可以为"百家言黄帝"提供极为丰富的佐证。因为只要不是与黄帝之"言"、之意相悖逆的乖谬，即可架起由此达彼的桥梁，即可借此探索先秦乃至秦汉以后各家各派与黄帝思想包括《黄帝四经》的关系，即可贯通式地梳理出从黄帝直至近现代的中国传统文化的源流关系来。王贵民、杨志清先生在主编《炎黄汇典·史籍卷》时写道："炎、黄史迹被载入史册者，广泛分布于经、史、子、集，内容繁复，数量可观，作为远古帝王，与别的同类人物相比，可称为首出。这种现象足以说明中华民族自始就将炎黄二帝看作自己的人文初祖。"[1]

---

[1] 王贵民、杨志清主编：《炎黄汇典·史籍卷》"前言"，吉林文史出版社2002年版，第1页。

黄帝之后，尧、舜、禹之前，还有少昊、颛顼、帝喾等的漫长时期，但是可资依据的浩瀚史籍确乎告诉我们，只有黄帝为后人、为"百家"所频频称道。王贵民、杨志清先生在主编《炎黄汇典·史籍卷》的"前言"中还写道："……伴随着道家出现，道教的产生和发展，人们就把黄帝认作道家的宗源而出现'黄老'之学，道家的学说并道教的道义，乃至其修炼、符箓、升仙之类都附会到黄帝（也间有炎帝）身上，进而编写论著，并托名黄帝谈论道家哲理；甚至竭力塑造黄帝成为宗道求教的形象。这当然是毫无根据的。"①

窃以为，道家出现、道教兴起之后，认黄帝"作道家的宗源"甚至出现"黄老"之学，足以说明黄帝思想与道家思想的关系，道家作为"百家"的一家，是"言"同了黄帝之某些"言"的。当然，这绝非附会，亦非"毫无根据"，与将修炼、符箓、升仙甚至房中术之类都"附会到黄帝"，不可相提并论。

实际上学术界亦已多有以"言同黄帝之言"来考求"百家"与黄帝、黄帝思想、"黄学"之源流关系的。例如，有这样论述著名的法家慎子（慎到）与黄帝的关系的："在《慎子》七篇中，有多处与《黄帝四经》相近的内容。"所举例子为《慎子·因循》云："是故先王见不受禄者不臣，禄不厚者不与人难。人不得其所，以自为也，则上不取用焉。故用人之自为，不用人之为我。"用以比况的是《黄帝四经·称》之"不受禄者，天子弗臣也；禄泊（薄）者，弗与犯难。故以人之自为□□□□□□□。"②

其实，不仅仅是道家，儒家、法家、墨家、阴阳家、名家、兵家、农家、杂家、小说家……九流八派，其源盖出自黄帝思想，只是关系有所远近罢了。至于后学在黄帝之后而大大丰富、大大发展，那只能说是符合事物发展的客观规律罢了。

第三，"言"及黄帝。这指的是诸子百家在其著作中谈到了黄帝。这当然可

---

① 王贵民、杨志清主编：《炎黄汇典·史籍卷》"前言"，吉林文史出版社2002年版，第1页。
② 王威威：《韩非思想研究：以黄老为本》，南京大学出版社2012年版，第53页。

以视作"百家言黄帝"之一个重要的方面。

"言"及黄帝的这一类别又可分为两种情形。一种是直接"言"及黄帝之活动、事迹。如《逸周书》之论述:"……赤帝大慑,乃说于黄帝,执蚩尤,杀之于中冀,以甲兵释怒。"① 又如《世本》记载:"黄帝居轩辕之丘,娶于西陵氏之子……产青阳及昌意。"② 另一种是虽未直接"言"及黄帝本人,却"言"及与黄帝关系十分密切的人,如《韩非子》之"言"及"嫫母""仓颉""神农"等。由于"嫫母""神农""仓颉"等与黄帝的关系特别密切,从他们的言论、行动、事迹中,多少可以窥测黄帝之思想,与"百家言黄帝"也有一定关系。也许,正是由于这个缘故,《炎黄汇典》中这一种类的"言"及黄帝的"百家"文字,据笔者的粗略统计,比直接"言"及黄帝本人的文字要多出三倍以上。

第四,评论黄帝之"言"。此处之"言"是百家之"言",而非黄帝之"言"。这里的"言"主要是指对黄帝思想、事迹的分析。如《大戴礼记》有如下一节文字:

> 公曰:"善哉!我则问政,子事教我!"
> 子曰:"君问已参黄帝之制,制之大礼也。"
> 公曰:"先圣之道,斯为美乎?"
> 子曰:"斯为美。……"③

"斯为美",是对"制之大礼"的"黄帝之制"的评价,既非直引黄帝之"言",亦非"言"同黄帝之"言",与"言"及黄帝也有所不同,而是对"黄帝之制"的评价。这种评价,自亦可认作"百家言黄帝"之"言"。

---

① 《逸周书》卷六《尝麦第五六》。
② 《世本》卷一《帝系》。
③ 《大戴礼记·虞戴德第七十》。

非常值得重视、强调的是，这里的"评论黄帝之'言'"，一边倒地都是赞美、歌颂黄帝，而非其他。而这，恰恰表明了中华儿女对黄帝的无限崇敬，对中华民族人文初祖的黄帝及黄帝思想的高度认同，对中华民族5000年文化传统的源流关系的清晰认识。

除以上直接从对《扬权》篇的分析中得出的关于"百家言黄帝"的四种理解外，顺便还想加上另一种"百家言黄帝"。

第五，司马迁之后的"百家言黄帝"。

前文曾述及王充所撰著的《论衡》中，有较多文字提到黄帝，较诸司马迁之前的"百家"要多得多。但由于王充为东汉时人，司马迁之"言黄帝"的"百家"自然不包括王充在内。但是，一者，"百家言黄帝"之"百"，只是极言"家"数之多，而非恰为一百家；"百家言黄帝"之"家"，亦无明晰的定义，大致是只要有所言说或著述且在社会上有一定的影响，即可入"选""百家"。也就是说，"百家"概念的内涵与外延，都是不确定的。二者，虽然《史记》中司马迁之"百家言黄帝"仅指在他之前的"百家"，但是"百家言黄帝"一语既出，即使是在司马迁身后，只要是对黄帝有所言说或著述且在社会上有一定影响的，都应列为值得今人重视并论其为"言"及黄帝的一"家"。如果以上二者可以成立，那么，古今中外"言黄帝"的就绝不只"百家"了。而这，对发扬黄帝思想，继承中华民族的优秀文化传统，是十分必要的。

实际上，有一些学者发表"言黄帝"之卓见业已举世皆知了。窃以为，廖凯原先生就是其中之一，而且是"百家"中的"大家"。他在《〈黄帝四经〉新见：中国法治与德治科学观的反熵运行体系》[①]及《轩辕运行体系2.0（4708—永远）》[②]等文中，对黄帝之言行思想就有非常精到的论述。当然，其中也不乏对黄

[①] ［美］廖凯原：《〈黄帝四经〉新见：中国法治与德治科学观的反熵运行体系》，关志国、黄列、支振锋译，《环球法律评论》2011年第2期。

[②] 徐炳主编：《黄帝思想与道、理、法研究》（轩辕黄帝研究 第一卷），社会科学文献出版社2013年版。

帝之"言"的引证。例如，廖先生写道："我认为，自黄帝始，中国就有了明确的法治和德治的观念，也有明确的个人自由的观念及对追求个人幸福的价值观念的肯定。"他引述《黄帝四经》之《道法》《正乱》和《立命》等篇予以力证。尤为重要且发人深省的是，廖凯原先生多处引证《黄帝四经》中关于"取""予"关系的文字，并赋予"熵"与"反熵"关系创新性解释，从而极好地弘扬了黄帝思想。他还以极大的热忱，反复引证《黄帝四经》中关于"亲民"的文字，赋予其现代意义，从而极好地弘扬了中华民族的价值观。

关于司马迁之后的"百家言黄帝"，廖凯原先生至少提到了董仲舒、王阳明、康有为、孙中山等人，为我们大大打开了认识"百家言黄帝"的视野。兴言及此，我们自可得出这样的结论：廖凯原先生是"言黄帝"之"百家"中，做出了特别重大创新性贡献的一位大家！

如果我们把"百家言黄帝"之"言"的范围确定于以上五个方面，那么司马迁所云"百家"之"言黄帝"也就大有文章可做了！

墨家"言黄帝"*

一、墨家之"隐言黄帝"

墨家在相当长的时期里曾是"世之显学",至少从韩非子时代(约前280—前233)直到司马迁时代(前2世纪中期—前1世纪前期)是如此。韩非子谓:"世之显学,儒、墨也。儒之所至,孔丘也。墨之所至,墨翟也。"① 而司马迁的父亲司马谈作《论六家要旨》,以"墨者"入"六家"之列,可见在当时影响仍大。十分有意思的是,虽然董仲舒倡"罢黜百家,独尊儒术"之后,墨学迅疾沉默,但历经近2000年的微弱发声、默默无闻之后,至清朝末年,却又几近突然地为国人重新发现、大加翊赞:邹伯奇先生提出了"西学源出墨学"之说法;张自牧先生谓"墨子为西学鼻祖";王闿运先生指《墨子》为西方宗教的源头;黄遵宪则认为西方的人权观、上帝论、平等博爱、物理学及器械制造等,均源于《墨

---

* 原载徐炳主编:《黄帝思想与先秦诸子百家》(轩辕黄帝研究 第二卷下),社会科学文献出版社2015年版,第300—323页。

① 《韩非子·显学》。

子》①。而从戊戌变法到五四运动时期，对墨子的尊崇，更是提高到史无前例的程度。如《民报》创刊号以墨子、黄帝、卢梭、华盛顿肖像刊列卷首，指其为"古今中外四大伟人"；梁启超针对濒临灭国的危急国情甚至提出了"今欲救之，厥惟墨学"的救亡图存口号。

上述情况说明，墨家乃中国古代以至近代都绝对不可轻忽，更不可能无视的极为著名的思想界奇葩，是"百家"中的大"家"、名"家"，亦即韩非子概称的"显学"。因此，"百家言黄帝"不包括墨家在内，无论如何都是说不过去甚至是不可思议的。但是，令人十分奇怪的是，翻遍《墨子》全书，竟找不着"黄帝"二字；甚至连与黄帝关系密切的炎帝、神农、嫘母、蚩尤各色人等，亦未见提及，而《炎黄汇典》洋洋五六百页，竟无墨子之踪影。这样一来，司马迁之"百家言黄帝"岂非大有缺憾或谓与史实相悖？

其实不然：《墨子》一书，虽未见"黄帝"二字，却是对黄帝多有所"言"的。只是《墨子》书中许多处"言黄帝"，都被"言'圣人'"取代了。

今存《墨子》一书只有53篇，比《汉书·艺文志》所云71篇少了18篇，且其中8篇有目无文，另10篇无目亦无文。从今存之《墨子》中可以看到，在其大部分遗作中，墨子都会提到"先王""昔之圣王""圣王""圣人""古者圣王""昔者三代圣王"等。细加分析，其中确有不少指的并非黄帝。如：

圣人为政一国，一国可倍也。大之为政天下，天下可倍也②。

这里的"圣人"是一般意义上泛指的"圣人"，如同今世常见的"伟

---

① 李小龙译注：《墨子》"前言"，中华书局2007年版，第1页。此处及以下涉及《墨子》的引文，均据此书。个别地方的有关引文，李注与同类译注［周才珠、齐瑞瑞译注：《墨子全译》（修订版），贵州人民出版社2009年版］在断句、标点方面略有不同，但不影响墨子原意。因此，除特加说明者外，均引自李注。
② 《墨子·节用（上）》。

人""名家"者流，并无特指，可以是张三，也可以是李四，可以包括黄帝，但也不一定包括，任一贤明的、卓有成就的当政者甚至非当政者均在"圣人"的外延之内。又如：

> 昔者圣王为法曰："丈夫年二十，毋敢不处家。女子年十五，毋敢不事人。"此圣王之法也。圣王既没，于民次也①。

这里的"圣王"绝非黄帝，因为黄帝虽然重视权衡法度，却还未使权衡法度细致到具体规定婚嫁年龄的程度。今人陈鹏著《中国婚姻史稿》谓："以诏令定婚龄，始于何代已难详考。"他认为墨子《节用》篇"此所谓圣王，果指何代之王？清俞正燮曰：'墨子所言圣王，时当有夏商方策可据。'（《癸巳存稿》）俞氏臆断之言，未可征信，惟春秋时诸侯间，已实有此制"②。陈鹏又谓："韩非子外储说：齐桓公……乃令男二十而室，女年十五而嫁……二十、十五之数，与墨子所说吻合，然则，墨子之言，或谓春秋时诸侯之制欤？"③婚龄之以"男二十""女十五"为制的具体年代暂无可考，但断言早于春秋2000多年的黄帝时期即有此制，显然失当。因此，《墨子·节用》篇提及的"圣王"，亦非黄帝。

> 今逮至昔者三代圣王既没，天下失义……④

这里的"三代圣王"包括黄帝吗？

---

① 《墨子·节用（上）》。
② 陈鹏：《中国婚姻史稿》，中华书局1990年版，第383页。
③ 陈鹏：《中国婚姻史稿》，中华书局1990年版，第383页。
④ 《墨子·节葬》。

> 是故先王之治天下也，必察迩来远……①

这里的"先王"包括黄帝吗？

> 故古者圣王之为政，列德而尚贤……②

这里的"古者圣王"包括"黄帝"吗？

诸如此类文句中的"圣王""先王"，或不包括黄帝在内，又或可包括黄帝在内，实难确定究竟是否包括，只能细加分析或者置而不论。而"昔之圣王禹汤文武，兼爱天下之百姓"③，"况乎兼相爱，交相利，则与此异。古者圣王行之。何以知其然？古者禹治天下……昔者文王之治西土……昔者武王将事泰山……此圣王之法，天下之治道也，不可不务为也"④，等等，诸如此类文句中的"圣王"，明显非指黄帝其时、其人，不包括黄帝在内。

但是，除以上所述外，在《墨子》中，有一种关于"圣王"的提法，虽然未见"黄帝"二字，却是确指黄帝，因而可证墨子也是"言"了黄帝的"百家"中之一"家"，只是此"言"为"隐言"罢了。例如：

> 子墨子曰："古之民，未知为宫室时，就陵阜而居，穴而处。下润湿伤民，故圣王作为宫室。为宫室之法，曰：室高足以辟润湿，边足以围风寒，上足以待雪霜雨露，宫墙之高足以别男女之礼，谨此则止。凡费财劳力不加利者，不为也……是故圣王作，为宫室便于生，不以为观乐

---

① 《墨子·修身》。
② 《墨子·尚贤》。
③ 《墨子·法仪》。
④ 《墨子·兼爱》。

也。故节于身，诲于民，是以天下之民可得而治，财用可得而足。"①

这里的"圣王"，虽然未言明为黄帝，但是，关于黄帝"为宫室"的传说与记载很多，墨子不可能于有关传说、记载之外，不指黄帝而别出心裁地指史书并无记载其"为宫室"的尧、舜、禹或周文王、周武王等。

关于"为宫室"的传说与记载可见诸：

天子三日舍于䳒鸟之山口。吉日辛酉，天子升于昆仑之丘，以观黄帝之宫（东晋郭璞注引《新语》："黄帝巡游四海，登昆仑山，起宫室于其上。"），而封丰隆之葬，以诏后世②。

黄帝之前，未有衣裳屋宇。及黄帝造屋宇，制衣服，营殡葬，万民故免存亡之难③。

轩辕氏以土德王天下，始有堂室，高栋深宇，以避风雨④。

上古山处于穴，栖于木，至是营宫室，制户牖，而猛暴禁⑤。

乃广宫室，壮堂庑，高栋深宇，以避风雨。作合宫，建鉴殿，以祀上帝，接万灵以采民言。……重门击柝，备不速客⑥。

---

① 《墨子·辞过》。
② 《穆天子传》卷二。
③ 《史记·五帝本纪》。
④ 《纬书集成·春秋编·春秋内事》。
⑤ 《皇王大纪》卷一。
⑥ 《路史》卷一四《后纪五·疏仡纪·黄帝纪（上）》。

及至黄帝，为筑宫室，上栋下宇，以待风雨①。

《事物纪原》更是将"宫""室""堂""楼""阁""庭"等分而记载之：

[宫]《易》曰：上古穴居而野处，后世圣人易之以宫室，上栋下宇，以待风雨。谓黄帝也。《内传》曰：帝斩蚩尤，因建宫室。《穆天子传》曰：登昆仑，观黄帝宫室。《白虎通》曰：黄帝作宫室以避寒暑，此宫室之始也……《管子》，黄帝有合宫。

[室]《尔雅》曰：宫谓之室。《风俗通》曰：室其外也，宫其内也。盖自黄帝始。而《周书》亦云黄帝作……

[堂]《管子》曰：轩辕有明堂之议。《春秋内事》曰：轩辕氏始有堂室栋宇。则堂之名肇自黄帝也。

[楼]《史记》曰：方士言于汉武帝曰：黄帝为五城十二楼，以候神人，帝乃立神台井干楼。则楼盖起于黄帝之时。

[阁]《韩诗外传》曰：黄帝时，凤巢于阿阁。则阁亦肇于黄帝矣。

[庭]《列子》曰：黄帝居大庭之馆。此庭名之起也②。

[门]《易·系辞》曰：神农氏没，黄帝、尧、舜氏作，重门击柝，以待暴客，盖取诸《豫》。《皇图要纪》曰：轩辕造门户。然则门户之制，其在上栋下宇之后乎？

[阶]《韩诗外传》曰：凤蔽日而至，黄帝降于东阶。则阶陛之制，自黄帝谓栋宇则设之也。

---

① 《帝王世纪·自皇古至五帝第一》。
② 《事物纪原》卷八《宫室居处部第四十三》。

[台榭]《黄帝内传》曰：帝既斩蚩尤，因之立台榭。此盖其始也①。

虽然上引文字大多出现于墨子之后，但墨子之后竟然有如此之多的关于黄帝造宫室的传说、记载，那么，墨子其时，谓此类传言为人尽皆知，应属恰当。而到夏禹、商汤、周文王、周武王之时，早已有"宫室"了。家喻户晓的"大禹治水，三过家门而不入"之说，就是力证。既然如此，墨子谓"圣王作为宫室……"中之"圣王"，非黄帝莫属。仅此，即可说墨子亦曾经隐然敬"言黄帝"，还有什么疑义呢？

又，墨子谓："古之民未知为衣服时，衣皮带茭，冬则不轻而温，夏则不轻而清。圣王以为不中人之情，故作，诲妇人治役修丝麻，捆布绢，以为民衣。为衣服之法：冬则练帛之中，足以为轻且暖；夏则絺绤之中，足以为轻且清。谨此则止。故圣人之作，为衣服带履，便于身，不以为辟怪也。为衣服，适身体，和肌肤而足矣，非荣耳目而观愚民也……故民衣食之财，家足以待旱水凶饥者，何也？得其所以自养之情，而不感于外也。是以其民俭而易治，其君用财节而易赡也。府库实满，足以待不然。兵革不顿，士民不劳，足以征不服。故霸王之业可行于天下矣。"②

这里的"圣王""圣人"，同样无所明指，但究其实，谓其所指为黄帝，也是无可厚非的。因为关于黄帝教民做衣服的传说与记载同样很多，墨子不可能置有关传说与记载于不顾而妄指尧、舜、禹或周文王、周武王。关于"为衣服"等的传说与记载可见诸：

神农尝百草、水土甘苦，黄帝造衣裳……③

---

① 《事物纪原》卷八《城市藩御部第四十四》。
② 《墨子·辞过》。
③ 《越绝书》卷八《越绝外传记地传第十》。

黄帝始制冠冕，垂衣裳……①

董巴《汉舆服志》曰：上古衣毛而冒皮，后世圣人易之以丝麻……黄帝、尧、舜垂衣裳，盖取诸《乾坤》，有文，故上衣玄而下裳黄②。

《事物纪原》更是将"冠""冕""衣裳""裘"等的创制分而论之：

[冠]《通典》曰：上古衣毛帽皮，后代圣人，见鸟兽冠角，乃作冠缨，黄帝始用布帛。或曰黄帝已前用皮羽也。

[冕]《说文》曰：黄帝初作冕。《世本》曰：黄帝作旒冕。……《通典》曰：黄帝作冕，垂旒，目不邪视也；充纩，耳不听谗言也③。

[衣裳]《易》曰：黄帝垂衣裳而天下治。《世本》曰：胡曹作衣。宋衷曰：黄帝臣。

[衮衣]《事始》曰：黄帝作画象日月星辰于衣上，以似天，故有衮龙之颂。《黄帝内传》曰：帝伐蚩尤，乃服衮冕，至舜始备十二章。

[裘]《黄帝出军诀》曰：帝伐蚩尤未克，梦西王母遣道人披玄狐之裘，以符授帝。然则彼时已有裘之名。

[履舄]《世本》曰：于则作扉履。宋衷曰：黄帝臣④。

---

① 《风俗通义·皇霸第一·五帝》。
② 《太平御览》卷六九〇《服章部七》。
③ 《事物纪原》卷三《冠冕首饰部第十四》。
④ 《事物纪原》卷三《衣裘带服部第十五》。

墨家"言黄帝"

诚如《墨子》所谓"圣王"之"为宫室",实即黄帝"为宫室"一般,上述《墨子》所云"圣人"之"为衣服",实即黄帝"为衣服"。

与上述"为宫室""为衣服"相同,《墨子》还议及"古之民未知为饮食时,素食而分处,故圣人作,诲男耕稼树艺,以为民食。其为食也,足以增气充虚,强体适腹而已矣。故其用财节,其自养俭,民富国治"[①]。"古之民未知为舟车时,重任不移,远道不至。故圣王作为舟车,以便民之事。其为舟车也,全固轻利,可以任重致远。其为用财少而为利多,是以民乐而利之。"[②] 这里的教民"为饮食""为舟车"的"圣人""圣王",都是指黄帝,而不是指尧、舜、禹或周文王、周武王。

显然,墨家诸如此类之"隐言"黄帝,是"百家言黄帝"的一种特殊形式,是必须承认,也有理由确认的一种"言黄帝"的形式。

除黄帝教民"为宫室""为衣服""为饮食""为舟车"外,古籍还大量记载了黄帝"始作""教民作"或指导其臣属如大挠、岐伯、仓颉及垂、伶伦、营援等人创造了甲子、医术、文字及钟等文化、器物,虽然其中不乏误会,但从中可知,关于黄帝的传说是极为丰富多彩的,而有关记录也是可以用"车载斗量"来形容其难计其数的。至于《墨子》中比较多地记载了有关传说,则与墨子本人乃精熟于工艺技术的能工巧匠有关。

毫无疑问,《墨子》之"言黄帝"教民制造舟车、衣服,教民建筑宫室,教民饮食等,乃"言黄帝"之"百家"中特殊的一"家",此"家"不但是不可或缺的,而且是颇具特色的,更是为完整地弘扬黄帝作为中华民族始祖、黄帝时期的文化作为中华民族文化源头所必需,因而具有特别重要的意义。

---

① 《墨子·辞过》。
② 《墨子·辞过》。

二、墨家之"言"同"黄帝言"

或谓：墨家之"言黄帝"，仅此而已乎？

否也！如果仅此而已，那么，墨家作为思想、文化、学术之一大家，作为曾经盛极一时的"显学"，似乎就远远逊色于儒家、道家、法家等了。为此，还必须"深挖"墨家"言黄帝"之所在。当然，如果囿于《墨子》中是否出现"黄帝"字样，那就只能"退避三舍"了；而若如前文那样，由表面的"圣人""圣王"入手，追索其"真实面目"，竟可知墨子"言黄帝"倒也不少。窃以为，我们至少还可从以下两个方面来探究墨家之"言黄帝"。

其一，以墨子"言""圣人"（"圣王"）"为宫室""为衣服"等目的、效果而"言黄帝"之利民、利国的根本性理念。

"圣王"为何"为宫室"？这是因为"古之民""未知为宫室"时，"就陵阜而居，穴而处"，因而"下润湿"而"伤民"。"圣王"即黄帝不仅教民"为宫室"，而且制定了"为宫室之法"。该"法"规定："室高足以辟润湿，边足以圉风寒，上足以待雪霜雨露，宫墙之高足以别男女之礼。"而且必须"谨此则止"；否则，"凡费财劳力不加利者，不为也"。总之，"圣王"之"为宫室"乃求"便于生，不以为观乐也"。其结果是"节于身，诲于民，是以天下之民可得而治，财用可得而足"。这些，就是"圣王"即黄帝"为宫室"的利民、利国的根本性理念。

这种利民、利国的根本性理念，是作为后人的墨子随心所欲地美化黄帝而添加上去的吗？完全不是，因为我们大可从《黄帝四经》中看到黄帝治国治民的指导理念就是如此。黄帝屡屡向世人宣告：

> 吾畏天爱地亲［民］，□无命，执虚信……吾爱民而民不亡，吾爱地而地不兄（荒），吾受民□□□□□□□死。吾位不［失］。吾句

（苟）能亲亲而兴贤，吾不遗亦至矣①。

"畏天""爱地""亲民"是黄帝治国理政、修身行事的根本性指导理念。以此三者作为治国理政、修身行事的指导性根本理念，如墨子所说，一方面，黄帝"亲民"，所以要教民"为宫室"，但另一方面，黄帝"畏天""爱地"，所以他规定"为宫室"的目的仅为遮风避雨，"便于生，不以为观乐也""谨此则止"。

如果没有确切的具体材料可用以推翻墨子论定的黄帝教民"为宫室"的目的与具体要求、具体规定，那么，由于墨子的论断与《黄帝四经》所表明的黄帝的"畏天""爱地""亲民"的理念是吻合的，因此，其论断的逻辑合理性即无可怀疑。黄帝还说：

> 天地有恒常，万民有恒事，贵贱有恒立（位），畜臣有恒道，使民有恒度。天地之恒常，四时、晦明、生杀、辎（柔）刚。万民之恒事，男农，女工②。

> 人之本在地，地之本在宜，宜之生在时，时之用在民，民之用在力，力之用在节。知地宜，须时而树，节民力以使，则财生，赋敛有度则民富，民富则有佴（耻），有佴（耻）则号令成俗而刑伐（罚）不犯，号令成俗而刑伐（罚）不犯则守固单（战）朕（胜）之道也。……苛事，节赋敛，毋夺民时，治之安。无父之行，不得子之用；无母之德，不能尽民之力。父母之行备，则天地之德也。三者备，则事得矣。能收天下豪桀（杰）票（骠）雄，则守御之备具矣。审于行文武之道，则天下宾

---

① 《黄帝四经·十大经·立命》。
② 《黄帝四经·经法·道法》。

矣。号令阖（合）于民心，则民听令。兼爱无私，则民亲上①。

天地、万民之"恒常""恒事"，要求治国理政要有"恒度""时之用在民，民之用在力，力之用在节""节民力以使""赋敛有度""节赋敛""毋夺民时"等，正是基于这样的认识并以之作为治国理政、立身行事的指导理念，才可能在教民"为宫室"的同时，止于"为宫室便于生，不以为观乐"。墨子之论断黄帝教民"为宫室"的种种举措，与《黄帝四经》所表明的黄帝的理念，同样是十分吻合的。因此，在墨子论断与黄帝理念之间所建立的逻辑推断的合理性，也是无可怀疑的。其他如《墨子》之记载黄帝教民"为衣服""为饮食""为舟车"，亦可作同样的对比分析，从而切实论定墨子曾屡屡敬"言黄帝"，虽然只是"隐言"。

其二，以墨子之"言"同"黄帝言"，而谓墨家乃"言黄帝"之"百家"中的一"家"。

这是指墨子虽未提及黄帝，但他在《墨子》中叙述、表达的他的观点、理念，有与黄帝之观点、理念相同、相似或相近的地方。略事检阅《墨子》，大致可知在以下几个方面，墨子之"言"是"同"黄帝"言"的。

首先是重视人才方面。

今存《墨子》之首篇《亲士》，即为墨子关于重视人才的专题论述。

墨子认为，一个国家兴亡盛衰的关键在于能否任用贤良之才。《亲士》篇首先将贤士的作用提到极高的地位，劈头即谓"入国而不存其士，则亡国矣。见贤而不急，则缓其君矣。非贤无急，非士无与虑国。缓贤忘士，而能以其国存者，未曾有也"。接着，墨子以晋文公、齐桓公和越王勾践之反败为胜的实例说明，即使失败了，但能善于任用贤良之才还"能达名成功于天下"；又以"反面教员"

---

① 《黄帝四经·经法·君正》。

夏桀、商纣来反证"亲士""用贤"的极端重要性。

除《亲士》外，在《墨子》中还有其他不少篇章反复论证人君必须重视贤良人才的问题。其中，最为集中地表达这一观点的是《墨子·尚贤》篇。在《尚贤》篇中，墨子提出，崇尚贤才是为政之本："子墨子言曰：今者王公大人为政于国家者，皆欲国家之富，人民之众，刑政之治。然而不得富而得贫，不得众而得寡，不得治而得乱，则是本失其所欲，得其所恶。是其故何也？子墨子言曰：是在王公大人为政于国家者，不能以尚贤事能为政也。是故国有贤良之士众，则国家之治厚；贤良之士寡，则国家之治薄。故大人之务，将在于众贤而已。"

在《尚贤》篇中，出现了两处"古者圣王"。一处谓：

> 是故古者圣王之为政也，言曰：不义不富，不义不贵，不义不亲，不义不近。

另一处曰：

> 故古者圣王之为政，列德而尚贤。虽在农与工肆之人，有能则举之。高予之爵，重予之禄，任之以事，断予之令。曰：爵位不高，则民弗敬；蓄禄不厚，则民不信；政令不断，则民不畏。举三者授之贤者，非为贤赐也，欲其事之成。故当是时，以德就列，以官服事，以劳殿赏，量功而分禄。故官无常贵，而民无终贱。有能则举之，无能则下之。举公义，辟私怨，此若言之谓也。

值得注意的是，同在《尚贤》篇中，既有两处"古者圣王"的措辞，又有一处"故古者尧举舜……禹举益……汤举伊尹……"的措辞。显然，"尧举舜""禹举益""汤举伊尹"，事较切近，虽然亦为传说，但因为切近而可说得比较明确；而"古者圣王"之"为政"而"列德尚贤"，时代久远，所以不能明指是黄帝抑或伏羲、神农。这说明墨子之著文用词是相当严谨的。也因此，我们可以论定，同一篇《尚贤》中，用"古者圣王"与"古者"尧、禹、汤之内涵、外延是不同的。从黄帝的诸多大臣都有许多创造发明，黄帝还不时极为谦逊地向他们垂询世事、政事之处理办法而未见关于伏羲、神农的类似记载，来推测《尚贤》篇中的"古者圣王"乃指黄帝，是合乎逻辑的判断。

那么，黄帝是怎么看待为政应当重视贤良人才问题的呢？

《黄帝四经》中有关于"士"与"国士"的议论，实即关于任用贤能的议论。如：

> 圣［人］举事也，阖（合）于天地，顺于民，羊（祥）于神鬼，使民同利，万夫赖之，所胃（谓）义也。身载于前，主上用之，长利国家社稷，世利万夫百生（姓）。天下名轩执□士于是虚。壹言而利之者，士也；壹言而利国者，国士也。是故君子卑身以从道，知（智）以辨之，强以行之，责道之并世，柔身以寺（恃）之时。王公若知之，国家之幸也。
>
> 国大人众，强国也。□身载于后，□□□□□□□□□□□□□□□□□□而不□□□□□□幸也。故王者不以幸治国，治国固有前道：上知天时，下知地利，中知人事①。

黄帝谓治国的"前道"即前人成功之道，在于"上知天时，下知地利，中知人事"。据此，黄帝认为，以一言而令君主获益的即为"士"，以一言而使举国得益的即为"国士"。而有道的贤人，都是待己谦卑、遵循天道并竭尽才智去认

---

① 《黄帝四经·十大经·前道》。

识天道，努力用天道指导自己的行动，并努力使世事符合天道的。如果国君懂得这些圣贤所掌握的道，任用他们来治国理政，那么国家即有大幸了。这不啻是墨子"尚贤"的另一种说法。

如果我们细究《黄帝四经》便可发现，黄帝与后世绝大多数君主的莫大不同，便是他总是十分谦恭地对待贤明的大臣们。《黄帝四经·十大经》之大部分篇章，都是黄帝与大臣们的对话记录，而且大多为黄帝谦恭垂询大臣而非黄帝教诲大臣。如《五正》篇是黄帝问阉冉"吾欲布施五正，焉止焉始？"黄帝向阉冉求教"吾身未自知，若何？""吾欲屈吾身，屈吾身若何？""勿争若何？"等；《果童》篇则是黄帝问四位辅佐大臣，在"兼有天下"的情况下，如何"畜而正之，均而平之"以及"谁敌（适）繇（由）始"；《成法》篇则为黄帝问大臣力黑"天下有成法可以正民者？"又问"天下有猷（犹）有一虖（乎）？""一者，一而已乎？其亦有长乎？"；等等。

不仅如此，还有一些史籍记载，黄帝曾不辞辛劳，跋山涉水，远赴他乡访贤问杰，甚至不耻下问，向小牧童求教。《庄子》载：

黄帝立为天子十九年，令行天下，闻广成子在于空同之上，故往见之，曰："我闻吾子达于至道，敢问至道之精。吾欲取天地之精，以佐五谷，以养民人；吾又欲官阴阳以遂群生，为之奈何？"

广成子曰："而所欲问者，物之质也；而所欲官者，物之残也。自而治天下，云气不待族而雨，草木不待黄而落，日月之光益以荒矣，而佞人之心翦翦者，又奚足以语至道！"

黄帝退，捐天下，筑特室，席白茅，闲居三月，复往邀之。

广成子南首而卧，黄帝顺下风膝行而进，再拜稽首而问曰："闻吾子达于至道，敢问：治身奈何而可以长久？"广成子蹶然而起，曰："善哉问乎！来，吾语女至道。至道之精，窈窈冥冥；至道之极，昏昏默默。……我为女遂于大明之上矣,至彼至阳之原也;为女入于窈冥之门矣,至彼至阴之原也。天地有官,阴阳有藏。慎守女身,物将自壮。我守其一以处其和。故我修身千二百岁矣,吾形未常衰。"

黄帝再拜稽首曰:"广成子之谓天矣!"①

《庄子》又载:

黄帝将见大隗于具茨之山,方明为御,昌寓骖乘,张若、谆朋前马,昆阍、滑稽后车;至于襄城之野,七圣皆迷,无所问涂。

适遇牧马童子,问涂焉,曰:"若知具茨之山乎?"曰:"然。""若知大隗之所存乎?"曰:"然。"

黄帝曰:"异哉小童!非徒知具茨之山,又知大隗之所存。请问为天下。"

小童曰:"夫为天下者,亦若此而已矣,又奚事焉!予少而自游于六合之内,予适有瞀病,有长者教予曰:'若乘日之车而游于襄城之野。'今予病少痊,予又且复游于六合之外。夫为天下亦若此而已。予又奚事焉!"

黄帝曰:"夫为天下者,则诚非吾子之事。虽然,请问为天下。"小童辞。

黄帝再问。小童曰:"夫为天下者,亦何异乎牧马者哉?亦去其害马者而已矣!"

黄帝再拜稽首,称天师而退②。

---

① 《庄子·外篇·在宥》。
② 《庄子·徐无鬼》。

《庄子》所记载的这些传说，也许仅仅是偏爱借寓言议论哲理、指陈时政的庄子的杜撰；而且，其内容本身也存在黄帝往访崆峒山向老子求教这样荒诞不经的淆乱时序的问题。但是，庄子拟借以说明黄帝之求贤若渴、礼贤下士、不耻下问，一定不悖社会上广为流传的黄帝之"尚贤"的品德。

在黄帝看来，对国家来说，士人的亲叛比城池的得失更加重要。《经法·六分》说：

> 王天下者有玄德，有〔玄德〕独知〔王术〕，〔故而〕王天下而天下莫知其所以。王天下者，轻县国而重士，故国重而身安；贱财而贵有知，故功得而财生；贱身而贵有道，故身贵而令行。〔故王〕天下〔者〕天下则之。朝（霸）主积甲士而征不备（服），诛禁当罪而不私其利，故令行天下而莫敢不听。自此以下，兵单（战）力挣（争），危亡无日，而莫知其所从来。夫言朝（霸）王，其〔无私也〕，唯王者能兼复（覆）载天下，物曲成焉①。

陈鼓应先生在《黄帝四经今注今译——马王堆汉墓出土帛书》中谓："称王天下的人要具备恒德，有了恒德，还要懂得王术，所以能称王天下而天下的人却不知其中的缘故。称王天下的人，看轻一城一地的得失而重视士人的归附，这样就使得国家稳固而自身安逸；看轻财利而尊重知识，所以功成（得，成也）而财生；卑屈己身而尊重有道之人，所以能使自身显赫而令行天下。因此，称王天下的人，天下人都会以其为表率。霸主积蓄兵力以征讨不听命令的诸侯国，诛伐理当治罪的国家而不图私利，所以能令行天下而没有敢于违抗命令的。除此之外，像那些不讲王术，只是凭借武力，为了私利而穷兵黩武的人，身危国亡指日可

---

① 《黄帝四经·经法·六分》。

待，而他们居然还意识不到是因为什么。至于说到霸王，因为他们能效法天地的覆载天下，公平无私，所以能使天下万事各得其宜。①

关于黄帝重视人才的归附问题，民间的传说一定很多，这可以黄帝之后约2000年的管仲亦有所闻而加明证。《管子·任法》篇有云："黄帝之治天下也，其民不引而来，不推而往，不使而成，不禁而止……"

如上所说，墨子在重视人才方面，"言"同了黄帝之"言"，可说是言而有据、论而成理的。

其次，墨子之言同于黄帝之言还表现在修身方面。

墨子十分重视修身。《墨子》列《修身》篇于《亲士》篇之后，详细讨论一个人怎样使自己成为贤才的问题，认为修身不仅事关个人修养，而且事关国家的兴衰治乱。

墨子首先指出，人之为人，有本末之分，而修身乃为人之本。例如，"学"与"行"，"行为本"，即做官虽要有才学，但品行乃是本，犹如"置本不安者，无务丰末"，即根茎不牢，不可能有丰茂的枝叶。

墨子还提出了一系列修身的原则与内容，如言而信、行必果、行事应明察是非、"名誉不可虚假""言无务为多而务为智"等。值得注意的是，《修身》篇中，也出现了未加明言的"先王"："是故先王之治天下也，必察迩来远。"这里的"先王"，墨子并未明言为尧、舜、禹或周文王、周武王。如同前文分析的那样，虽系泛指，因而既可实指尧、舜、禹等，亦可泛指墨子之前的一切贤明之王。又因当实指尧、舜、禹等"先王"时，墨子往往是"先王"与"尧、舜、禹……"连用的，所以，这里的"先王"，更可能是指比尧、舜、禹等更早、更久远的神农、黄帝等。而鉴之管仲之谓"黄帝之治天下也，其民不引而来，不推而往……"，与"先王之治天下""必察迩来远"云云，两相印证，更可见此处

---

① 陈鼓应注译：《黄帝四经今注今译——马王堆汉墓出土帛书》，商务印书馆2015年版，第98页。

之"先王",实指黄帝了。

那么,黄帝是怎么看待修身问题的呢?

在黄帝看来,修养之最为重要、最为根本的乃是去私立公、不偏执于一己之私,不结朋党、不营私纷争致生外内相争之患。黄帝首先指出:"兼人之国,修其国郭,处其郎(廊)庙,听其钟鼓,利其齎[资]财,妻其子女。是胃(谓)[重]逆以芒(荒),国危破亡。"①意即:"兼并了他国之后,便修治其城郭,占据其宫室,享有其钟鼓声乐,贪取其资财,霸占其子女。这些做法,是大逆天道的取败之道,必然导致国家危殆而最终灭亡②。黄帝认为:"故圣人之伐殹(也),兼人之国,隋(堕)其城郭,芬(焚)其钟鼓。布其齎[资]财,散其子女,列(裂)其地土,以封贤者……"③即:"所以圣人的征伐之道是,兼并他国后,要拆毁它的城郭,焚毁它的钟鼓,均分它的资财,散居其子女后代,分割其土地以赏赐贤德之人,总之不能独自占有④。

黄帝认为,因不知足而轻举妄动、言而无信、言过其实等,都是修养方面的重大问题。他说:

> 生有害,曰欲,曰不知足。生必动,动有害,曰不时,曰时而□。动有事,事有害,曰逆,曰不称,不知所为用。事必有言,言有害,曰不信,曰不知畏人,曰自诬,曰虚夸,以不足为有余⑤。

意为:"人一降生便有患害随之,这是因为人的原性中存在着欲望并且这种

---

① 《黄帝四经·经法·国次》。
② 陈鼓应注译:《黄帝四经今注今译——马王堆汉墓出土帛书》,商务印书馆2015年版,第42—43页。
③ 《黄帝四经·经法·国次》。
④ 陈鼓应注译:《黄帝四经今注今译——马王堆汉墓出土帛书》,商务印书馆2015年版,第46页。
⑤ 《黄帝四经·经法·道法》。

欲望永无止境。人生则好妄动，妄动必有患害，具体表现在不能相时而动，甚至还逆时而动。妄动必妄举事，妄举事则患害随之，具体表现为行事违逆事理，或者举事不量力而行，甚至行事不知功用何在。凡人举事都必有言说，有言说即有患害，具体表现为其言无征而爽信，或者口出大言而不知尊敬他人，或者明明做不到的事却声称能够做到，或者言过其实虚浮夸诞，甚或力所不及却偏扬言力量大有富余。"①

为了自我完善，黄帝甚至不惜退隐山林，以三年时间来修身养性。《黄帝四经·十大经·五正》记载：

> 黄帝曰：吾身未自知，若何？对曰：后身未自知，乃深伏于渊，以求内刑。内刑已得，后〔乃〕自知屈其身。黄帝曰：吾欲屈吾身，屈吾身若何？对曰：道同者，其事同；道异者，其事异。今天下大争，时至矣，后能慎勿争乎？黄帝曰：勿争若何？对曰：怒者血气也，争者外脂肤也。怒若不发，浸廪是为痈疽。后能去四者，枯骨何能争矣。黄帝于是辞其国大夫，上于博望之山，淡卧三年以自求也。

黄帝退隐山林之举，是按照阉冉的建议实施的。他离开王座而前往博望山淡然隐居、修身养性竟达三年之久。不必怀疑，这只是传说而已。但这一传说之能形成而且久久留传、广为流播，是后人对黄帝礼贤下士、尚贤重德、高度注重修养的赞颂。而关于黄帝的这些传说，无疑也为墨子所知并用他自己惯用的语言加以表达，成了他的"尚贤"之议的理论来源。

再次，墨子之言同黄帝之言还表现在治国理政应依法度方面。

《墨子》中有"法仪"的专节，专论了三个问题。

---

① 陈鼓应注译：《黄帝四经今注今译——马王堆汉墓出土帛书》，商务印书馆2015年版，第9页。

第一是必须依法为治。墨子从"天下从事者,不可以无法仪"起论,并以"百工为方以矩,为圆以规,直以绳,正以县"作比,指明"虽至百工从事者,亦皆有法""百工从事,皆有法所度",逻辑地推导出"今大者治天下,其次治大国,而无法所度,此不若百工辩也"的结论。

第二是不能"法不仁",必须"法天",即以天为法。墨子特别论证了"父母、学、君三者,莫可以为治法":"然则奚以为治法而可?当皆法其父母奚若?天下之为父母者众,而仁者寡,若皆法其父母,此法不仁也。法不仁,不可以为法。当皆法其学奚若?天下之为学者众,而仁者寡,若皆法其学,此法不仁也。法不仁,不可以为法。当皆法其君奚若?天下之为君者众,而仁者寡,若皆法其君,此法不仁也。法不仁,不可以为法。故父母、学、君三者,莫可以为治法。"墨子认为,因为"天之行广而无私,其施厚而不德,其明久而不衰",从而提出了"法天"的三条标准:一为"行广而无私",从而为下文推出墨家的核心理念"兼爱"埋下了伏笔;二为"施厚而不德",即虽然"施"予"厚"重,却不指望感恩,不要求报答;三为"明久而不衰",即坚持施法而不更改。

第三是以"圣王禹汤文武"与暴君"桀纣幽厉"做对比,前者得到的结果是"天下诸侯皆宾事之",后者则"身死为僇于天下",进一步强化了必须以天为法造福众生的理念。

在《法仪》篇中,也出现了两处"圣王"。第一处仅为"圣王"二字,第二处则为"圣王禹汤文武"。由此可见,在墨子那里,以数千年前的中华民族人文初祖轩辕(等)为"圣王"时,则往往仅以"圣王"二字指明,而若是特指"禹汤文武"(或如其他篇章加上尧、舜)时,则以"圣王禹汤文武"表示。

《墨子》此篇谓"圣王"依"法"为"仪"、不可"法不仁"而应"法天"等,我们都可以从《黄帝四经》中找到明确的相互对应的依据。

关于治国理政必须依"法"为"仪",《黄帝四经》中的相同议论比比皆是。例如《经法·道法》篇开首即谓:

> 道生法。法者，引得失以绳，而明曲直者殹（也）。故执道者，生法而弗敢犯殹（也），法立而弗敢废［也］。［故］能自引以绳，然后见知天下而不惑矣。

在墨子那里，"法"被视作检验得失之"仪"；在黄帝这里，"法"被称为"引得失""明曲直"之准"绳"。尤为引人注目的是，无论是墨子，还是黄帝，都以"矩""规""绳""县"等来比拟法度，都将"百工从事，皆有法所度"，来比拟"治天下""治大国"必须有法度；而且，他们同样都认为"生法"而"弗敢犯"，"法立"而"弗敢废"。

关于不能"法不仁"而只能"法天"，《黄帝四经》中也有大量类似的议论。例如《经法·道法》：

> 故同出冥冥，或以死，或以生；或以败，或以成。祸福同道，莫知其所从生。……是故天下有事，无不自为刑（形）名声号矣。刑（形）名已立，声号已建，则无所逃迹匿正矣。

在黄帝看来，"法"是由"道"出，即《黄帝四经》开篇所说的"道生法"。而这"道"，不是别的，就是"天道"、天之道。君主之以法为"仪"、以法为准"绳"来"明曲直""引得失"，就是依据"天道"制定的法度来判断是非曲直、成败得失。

《经法·论》又谓：

> 天建八正以行七法：明以正者，天之道也。适者，天度也。信者，天之期也。极而［反］者，天之生（性）也。必者，天之命也。□□□□□□□者，天之所以为物命也。此之胃（谓）七法。

上天建立"八正"以行"七法",其"明以正"的根本依据就是"天之道"。"天之道"是自然规律,万事万物就是以"天之道"本身之度数决定的。"天之道"的运行必须遵守,存亡兴替取决于依"天之道"确立的法度,丝毫不得悖逆。否则就是失理,就是逆,就要败亡。

关于遵行天道、严守法度与否必然导致不相同的结局,在《黄帝四经》中也以特殊的形式反复地进行了详尽的论述。《黄帝四经》中关于"三名""三壅""六顺""六逆""五毋""五逆""六柄""六危"以及"生死国""大中小国之祸"的议论,都与此相关。

总之,在关于治国理政应依法度方面,《墨子》与《黄帝四经》的许多议论几乎如出一辙,因此,说墨子"言"同"黄帝言",应属合理的判断。

最后,墨子之言同于黄帝之言还表现在兼爱广土众民方面。

《墨子》有《兼爱》之专篇,用以阐述墨子兼爱普天下广大民众的理念。"兼爱"是墨子最著名的理念、最突出的社会观点,也是墨家理论最鲜明的特色。"兼爱"广土众民也是墨家理论体系的核心。《墨子·兼爱》篇论述了有关的几个问题。

第一是兼爱的可行性。

墨子主张的"兼爱"以"兼相爱,交相利"为特色,具体而言就是"视人之国若视其国,视人之家若视其家,视人之身若视其身。是故诸侯相爱,则不野战;家主相爱,则不相篡;人与人相爱,则不相贼;君臣相爱,则惠忠;父子相爱,则慈孝;兄弟相爱,则和调。天下之人皆相爱,强不执弱,众不劫寡,富不侮贫,贵不傲贱,诈不欺愚"。关于"兼爱"的可行性,墨子反复这样论证道:"夫爱人者,人必从而爱之;利人者,人必从而利之;恶人者,人必从而恶之;害人者,人必从而害之。此何难之有!"墨子还以"禹治天下"时治水的业绩以及"文王之治西土""武王将事泰山"的故事来证明"兼相爱,交相利"乃"不可不务为"的"天下之治道"。

第二是"天道"乃是实施"兼爱"的根本依据。

在以"文王之治西土"为例说明必须以"兼爱"为"天下之至道"时，墨子写道："昔者文王之治西土，若日若月，乍光于四方于西土，不为大国侮小国，不为众庶侮鳏寡，不为暴势夺穑人黍稷狗彘。天屑临文王慈，是以老而无子者，有所得终其寿；连独无兄弟者，有所杂于生人之间；少失其父母者，有所放依而长。此文王之事，则吾今行兼矣。""天屑临文王慈"，意为"上天殷勤地察见了文王的慈爱"①，亦即"文王的慈爱"符合"天道"的要求，因而为上天所关照。

墨子以"天道"为务，用以解析"兼爱"，也以"天道"为根本性的指导观念来解说他的其他观点，如在《辞过》篇中，墨子论述"俭节"的必要性与必行性时写道：

凡回于天地之间，包于四海之内，天壤之情，阴阳之和，莫不有也，虽至圣不能更也。何以知其然？圣人有传：天地也，则曰上下；四时也，则曰阴阳；人情也，则曰男女；禽兽也，则曰牡牝雌雄也。真天壤之情，虽有先王不能更也。

在论述"亲士"时，墨子也以"天道"作比：

是故江河不恶小谷之满己也，故能大。圣人者，事无辞也，物无违也，故能为天下器。是故江河之水，非一源之水也；千镒之裘，非一狐之白也。夫恶有同方不取而取同己者乎？盖非兼王之道也。是故天地不昭昭，大水不潦潦，大火不燎燎，王德不尧尧者，乃千人之长也。

---

① 李小龙先生译为"上天殷勤地察看了文王的慈爱"，拙意为"察看"并"看见"了，故措辞以"察见"。见李小龙译注《墨子》，第71页。

在论述"法仪"时，墨子认为必须"法天"。他写道：

> 然则奚以为治法而可？故曰：莫若法天。天之行广而无私，其施厚而不德，其明久而不衰，故圣王法之。既以天为法，动作有为，必度于天。天之所欲则为之，天所不欲则止。然而天何欲何恶者也？天必欲人之相爱相利，而不欲人之相恶相贼也。奚以知天之欲人之相爱相利，而不欲人之相恶相贼也？以其兼而爱之、兼而利之也。奚以知天兼而爱之、兼而利之也？以其兼而有之、兼而食之也。

除上述外，墨子还专门写了一篇《天志》。李小龙先生评述《天志》篇道："每一个思想家都必须有一个最为核心的思想，其他具体的思想主张无不导源于此。墨子的'天志观'就是墨子思想的逻辑起点。'天志观'认为天是有意志的，正因如此，他的很多主张才找到了最终的证明，如法仪、尚同、兼爱、非攻等，其逻辑的最后阵地无不落脚于此；而像辞过、尚贤、节用、节葬等也都通过圣王而间接源于此。可见，这一主张虽然不像兼爱、非攻那么有名，但却很重要。"

墨子的"天志"观与其"天道"观是完全一致的，而这种"天道"观，正是"古圣王"黄帝的核心观念之一，黄帝之热爱广土众民，亦以"天道""天志"为根本的指导思想。

综上所述，墨家之"言黄帝"，既有以"隐言"的方式"直言"黄帝的，也有以"明言"的方式而"言"同黄帝"言"的。二者一起，无疑可以确认墨家也是"言"了黄帝的一家。当然，这也佐证了司马迁之"百家言黄帝"所论极是。

三、余论：墨家"言黄帝"之世界意义

古往今来，曾有不少学者注意到，在司马迁的《史记》中，虽然为老子、庄子、孔子、孟子、管子、韩非子、孙子、商鞅、苏秦、张仪等大"家"、名"家"单独列传，却没有给其父司马谈十分重视的"六家"之一"墨者"列传，而仅在《孟子荀卿列传》中，以少见的23个字捎带着提了一下墨子。这23个字是："盖墨翟，宋之大夫，善守御，为节用，或曰孔子时，或曰在其后。"学者们因此对墨子的种族、身世、来历等产生了疑问，并经研究提出了新见。例如，胡怀琛先生就在《墨翟为印度人辨》《墨子学辨》等书中，提出了墨子为印度人的观点。他的理由主要包括："墨翟"为"貊狄"或者"蛮狄"的转音；墨子肤色较黑，又极力主张"兼爱""非攻"，墨学与印度之婆罗门教的教义相近。又如，卫聚贤先生虽则不能肯定墨子为印度人，但他也未截然否定，而是持或为印度人，或为阿拉伯人的两可之说。还有苏雪林先生则力主墨子是"希伯来传教士"之说。他认为，《墨子》中的许多主张，与希伯来教义相仿[①]。

近期，朱大可先生全面考证了墨翟这一墨家祖师的出身、墨学的渊源流变，并将墨学与犹太/基督教做了相当详尽的、颇有说服力的对比。该文的结论为：

> 墨子作为中国先秦时代的诸子之一，其原型其实来自希伯来，他的先祖可能就是公元前6世纪犹太人"大流散"初期离开耶路撒冷的智者，属于人们暂时还无法知晓的派系。这些在大流散中向世界各地迁移的犹太人，其中的少数群体辗转列国而抵达东亚，成为晚期殷商帝国的臣民，继而又追随受周王室册封的微子启，被封为宋国贵族，住于宋城。根据比较语言学，可以知道"墨"姓是波斯祆教祭司"麻葛"的上古汉语转

---

① 苏雪林：《希伯来文化对中国之影响——中国传教文化与天主古教》，《苏雪林文集》，安徽文艺出版社1996年版。

音，而墨子之名"翟"的发音则更接近犹太精神导师"拉比"的词根。墨学学说也与犹太教教义和经文有诸多相似，墨子教义的受众在孔子及其儒家那里得到回响，这是"亚洲精神共同体"内部思想交换的必然产物①。

朱大可先生等的考证论述并非前无古人、后无来者的最终结论，在朱先生之前，有清代名儒俞正燮先生注意到墨学与宋国文化之间的逻辑关系。俞说后来得到冯友兰先生的认可。朱先生此文则比较有力地论证了墨学与犹太教教义之间的渊源流变。但要确证墨子来自希伯来、其学说与犹太教教义相似，还必须经过相当长的学术研究道路，提供更多的证据。笔者对此毫无研究。之所以不惜笔墨做以上转述性的介绍，主要是因为：朱大可先生认为，墨学与犹太教教义、经文之诸多相似以及墨子教义在儒学中的明显回响，乃是"亚洲精神共同体"内部思想交换的必然产物；而这十分有见地的观点启发笔者就墨家"言黄帝"发表一点"余论"。这"余论"，简而言之即为：墨家"言黄帝"具有世界意义。

笔者的看法是：不管墨子是不是希伯来人，但墨学与犹太教教义、与希伯来文化确有可比而可以求同之处；不管是否有一个"亚洲精神共同体"，亚洲地域之内以至世界范围内的文化、精神交流是必然存在的，在交流过程中，不同种族、不同民族、不同国家的人们形成文化、精神上的共同认识、共同追求，也是必然的；因此，墨家"言黄帝"不仅仅表明黄帝思想的深远影响，而且也表明黄帝思想有其世界意义。

实际上，近代意义上的国家疆土概念，在古代的世界各国并不存在；同样，在古代中国也不存在。其时建都中原的中国与北面、西面、南面的民族国家之间实际上没有明确的边界，所以，历史上的中国版图与疆域处于不断的变化之中。

---

① 朱大可：《在墨翟和拉比之间——论墨子学说的希伯来原型》"摘要"，《学术月刊》2014年第4期。

今天新疆喀什地区，在宋代大致为回鹘族的部族政治体，与中原的宋王朝处于互不干涉、互无战事而比较友好的关系之中。北宋西北的少数民族政权，如喀喇汗、于阗、高昌、甘州回鹘以及"大者千余家，小者百十家""无魁首统摄，并皆散漫山川"的蕃部，他们与北宋没有关系明确的领土接壤，而与北宋有政治、经济和文化的联系，交往也较频繁①。据史料记载，于阗、高昌、龟兹等地的部族政治体经常通过河西走廊向北宋王朝进贡马匹、骆驼、玉石、宝刀等。如：

> （大中祥符）三年……龟兹国王可汗遣使李延福、副使安福、监使翟进来进香药、花蕊布、名马、独峰驼、大尾羊、玉鞍勒、琥珀、碯石等。
>
> （大中祥符）六年，龟兹进奉使李延庆等三十六人对于长春殿，献名马、弓箭、鞍勒、团玉、香药等，优诏答之。
>
> 于阗国……熙宁以来，远不逾一二岁，近则岁再至。所贡珠玉、珊瑚、翡翠、象牙、乳香、木香、琥珀、花蕊布、硇砂、龙盐、西锦、玉秋辔马……②

> 真宗咸平四年二月，大回鹘龟兹国安西州大都督府单于军可汗王禄胜，遣派曹万通，奉表贡玉勒、名马、独峰无峰橐驼、宝刀……③

> 仁宗天圣二年四月，可汗王智海遣使来贡橐驼、马、玉、乳香④。

---

① 韦祖松：《帝国生存环境的诠释：北宋国家安全问题研究》，中国社会科学出版社2008年版，第110—111页。
② 《宋史》卷四九○。
③ 《宋会要辑稿·蕃夷四》第十三。
④ 《宋会要辑稿·蕃夷四》第十五。

宋"真宗咸平""大中祥符""仁宗天圣""神宗熙宁"，时在公元998年至1077年。其时宋王朝的边地、今新疆地区的少数民族与中原汉族处于和平友好的关系之中。在这种关系下，中原与边地可以说是无阻滞、无隔阂的，双方的人文交流在很大程度上取决于经济、人员来往的实际情况。正是约略在公元1000年至1070年期间，喀什地区出现了一位伟大的文学家，大名为优素甫（Yusuf），用回鹘语写成了一部长达13290行的题名《福乐智慧》的诗歌。他把这一长诗献给了喀什地区的行政长官"桃花石·布格拉汗"，为此荣膺"优素甫·哈斯·哈吉甫"（意为"御前侍臣"）的称号。比较研究《福乐智慧》与《黄帝四经》，可以发现二者在不少问题上，所"言"多有共同旨趣。

从宋史与宋代边疆各民族交流史可知，当时中原地区与西北地区的日常交流是相当活跃、频繁的，尤其是处于丝绸之路经济带上的喀什地区更是如此。中原地区之广"言"、热"言"黄帝，必定对西北边地、边民尤其是知识精英们，会产生较大的影响。而这，很可能就是优素甫所著《福乐智慧》中"智慧"来源的重要方面。也许，研究各个少数民族地区的文化遗存，同样可以发现其与中原文化包括黄帝文化的密切关系，可以发现中华民族之原始人文初祖轩辕黄帝对中原以外的各个地区文化的巨大影响。当然，这种影响绝不会只是单向的，一定是交互的、双向的。而且，这种影响还可能因为经济交流、军事交流包括征战争夺、宗教传播等，而从中原经边地扩展至更远的地方，包括阿拉伯地区，甚至包括欧洲与非洲。因此，墨家"言黄帝"的意义，由于墨子出身、家世、学问渊源之与其他各家"言黄帝"可能有所不同而具有世界性，这将启迪我们不仅研究"百家言黄帝"，而且还要研究"百族言黄帝"，研究以黄帝文化为内核的"亚洲精神共同体"，研究"百国言黄帝"，研究黄帝思想的世界影响。

黄帝思想与中国司法的优良传统[*]

我国古代的司法传统涉及司法理念、司法体制、司法原则、司法实践等众多方面。回顾我国司法传统,优劣兼具,良莠共存。去芜存菁,扬优弃劣,是当今推进司法改革的重要任务。中华文明有五千年之久的历史,科学地总结我国司法的优良传统,自应溯其源而清其流。

黄帝是中华民族的人文初祖,黄帝思想是五千年中华文明的源头。中国司法的优良传统,可以上溯到黄帝时期,它至少表现在《黄帝四经》中所言及的以下几个方面:一为以法为治;二为执法必须公正无私;三为赏罚并行;四为信赏必罚;五为赏罚有当。

一、黄帝思想是五千年中华司法文明的源头

黄帝是中华民族的人文初祖,要将中国司法的优良传统上溯至黄帝时期,尤其是直接上溯到"黄帝"和"黄帝思想",人们对此无疑会有这样的疑问:真有黄帝其人、其事、其文化文明吗?

---

[*] 原载陈晓枫主编:《中国传统法文化与司法文明》,武汉大学出版社2016年版,第53—67页。

类似的质疑，在路易斯·亨利·摩尔根时代，也曾提出过。不过，其时质疑的对象是梭伦、尤留斯·凯赛、罗木卢斯、勒克斯、赛尔维乌斯·土利乌斯等古希腊、古罗马的帝王。摩尔根是如何释疑的呢？他在《古代社会》这一世界名著中指出：

> 无论罗马那七位所谓的国王究竟真有其人或是神话人物，无论功归于他们的任何立法活动究竟实有其事或出自虚构，这对于本文所研究的问题来说均无关紧要；因为，有关拉丁社会古代组织的种种情况仍为罗马制度所吸收，从而流传到了有史时期。我们感到幸运的是：人类进步的事件不依靠特殊的人物而能体现于有形的记录之中，这种记录凝结在各种制度和风俗习惯中，保存在各种发明和发现中①。

马克思从1881年5月到1882年2月仔细研读了摩尔根的《古代社会》，陆续作了十分详细的摘录并写了批语，形成了我们今天能够看到的《摩尔根〈古代社会〉一书摘要》。在该书中，马克思详细摘录了上述摩尔根的观点并做了重要的呼应：

> 罗马皇帝是神话中的人物还是实有其人，完全不重要；是否存在过确实出自他们的王法，或者这些法律乃是臆造的结果，同样也并不重要。
> 标志着人类进步的事件，不以个别人为转移而得到了物质的体现：它们凝结在制度和习惯中而且保存在发明和发现中②。

---

① ［美］路易斯·亨利·摩尔根：《古代社会》，杨东莼、马雍、马巨译，商务印书馆1977年版，第302页。
② ［德］马克思：《摩尔根〈古代社会〉一书摘要》，中国科学院历史研究所编译组译，人民出版社1965年版，第210页。

尽管已有世人公认的两位先哲作过如此重要的论断，但是，古往今来仍然不断有人发出不同的声音。在关于黄帝之为中华民族的人文初祖、黄帝思想之为中华文明源头的问题上，20世纪二三十年代就有以顾颉刚先生为旗手的"疑古派"坚称有足够的史料为依据，作出否定性的判断。约100年后，21世纪的今天，也有个别人不断地宣称中华文明最多只能上溯至夏、商时期，距今4000年左右。好在我国的考古学界、历史学界在中华文明起源的问题上，"上穷碧落下黄泉，动手动脚找东西"（傅斯年），做了长达半个多世纪的扎扎实实的考证工作，终于以有力的证据向世人展示了"满天星斗"（苏秉琦）般的中华民族远古先人所创造的文化，从而使我们可以确信黄帝乃是中华民族的人文初祖，黄帝思想乃是中华文明的源头。

近几年来，习近平总书记就继承和发扬中国传统文化发表了许多高见，对我们理解继承和发扬中国传统文化的必要性和紧迫性、范围和重点、路径和方法、继承和创新的关系等，是重要的指示。习近平总书记指出："中华文化源远流长，积淀着中华民族最深层的精神追求，代表着中华民族独特的精神标识，为中华民族生生不息、发展壮大提供了丰厚滋养。"[1]"要讲清楚中华优秀传统文化的历史渊源、发展脉络、基本走向，讲清楚中华文化的独特创造、价值理念、鲜明特色，增强文化自信和价值观自信。"[2]研究源远流长的中华文化的源头，其中包括中国司法优良传统的源头，正是我们今天须做的重大课题。

关注与承认黄帝是中华民族的人文初祖，是中华优秀传统文化包括司法优良传统的源头，既是客观的，又是必要的，还是可行的。

谓其客观，是因为黄帝生当距今4700多年，史书上以及口头传说中有大量关于黄帝的资料，黄帝及其臣属和能工巧匠"为宫室""为衣服""造舟车""治饮食"，初步解决了当时人们的住、衣、行、食问题，还发明药物、创造文字、

---

[1] 王杰：《习近平传统文化观三个重要方面》，人民网·人民论坛，2014年8月22日。
[2]《习近平系列重要讲话读本：创造中华文化新的辉煌》，人民网·人民日报，2014年7月9日。

制定历法直至设定度量权衡制度，开始了以法为治的治国理政社会管理；谓其客观，还因为史籍的记载与口头的传说都表明，黄帝史迹昭然，无可否认。西汉的司马迁在《史记·五帝本纪》中还特地点明，其时曾形成"百家言黄帝"的风气与盛况。也就是说，春秋战国时期热烈争鸣的"百家"自身，就是以黄帝为中华民族的人文初祖，以黄帝时期产生的文化为自己的学术源头的。我治古史，除见到历朝历代的文人硕学以极其崇敬的语文歌颂黄帝外，否定性的评价几无所见。实际上，不仅如司马迁所云，其时是"百家言黄帝"，而且，考查史料不难发现，司马迁之时及之后，可说几乎是"人人言黄帝""百族言黄帝""百代言黄帝""百国言黄帝"。李学勤、张岂之先生总主编的《炎黄汇典》就不但汇集了历朝历代文人学士颂扬黄帝的文字，而且还汇集了先秦经汉、魏晋南北朝、隋、唐、宋、元直至明、清史籍的记载中极为丰富的颂扬黄帝的资料。

谓其必要，是因为一统中华的民族形成与文化发展总有一个起始阶段。在这个起始阶段中，如今可知的史实与主要人物，一为神农，一为蚩尤，一为炎帝，一为轩辕即黄帝。炎帝与黄帝都是少典之子。《史记·五帝本纪》谓：

> 轩辕之时，神农氏世衰。诸侯相侵伐，暴虐百姓，而神农氏弗能征。于是轩辕乃习用干戈，以征不享，诸侯咸来宾从。而蚩尤最为暴，莫能伐。炎帝欲侵陵诸侯，诸侯咸归轩辕。轩辕乃修德振兵，治五气，艺五种，抚万民，度四方，教熊罴貔貅貙虎，以与炎帝战于阪泉之野。三战，然后得其志。蚩尤作乱，不用帝命。于是黄帝乃征师诸侯，与蚩尤战于涿鹿之野，遂禽杀蚩尤。而诸侯咸尊轩辕为天子，代神农氏，是为黄帝。

黄帝之后，历经帝颛顼、帝喾、尧、舜、禹、夏、商、周、春秋战国……中国的历史就是这样如同长江大河，绳绳继继、源源汩汩、汹涌奔腾、一路向前。在这个过程中，中华大地上的千百个氏族、部族，不断地迁徙、交融、会合，逐渐形成了伟大的统一的中华民族①，创造和发展了从黄帝时期即已显露端倪的丰富多彩的文化。因此，中华文化的源头自应上溯至黄帝时期。

党的十八届四中全会吹响了中国司法体制改革的号角。改革之矢向，当然不是全盘否定既往的一切，而是在改革不适合当代社会需求的制度的同时，继承与弘扬传统司法制度的精华。因此，认清黄帝开创并为后世坚守的科学的司法理念、司法体制、司法原则，乃是司法体制改革的"题中应有之义"。

谓其可行，理由有三。

其一，对于黄帝之为中华民族的人文初祖，为中华五千年文明的源头，全世界的炎黄子孙认识基本上是一致的。黄帝陵基金会编的《黄帝文化志》（陕西人民出版社2008年版）一书收集有陕西黄陵县桥山黄帝陵自明太祖四年（1371）至2007年不同朝代、不同时期、不同政治主体、不同政治党派的祭文共约122篇，真可谓煌煌赫赫，蔚为大观。其中既有1937年国民政府的祭文，也有同年毛泽东、朱德的祭文。

前此及此后各党各派、各种政治团体，不同阶级、不同信仰、不同宗教的人对黄帝乃中华民族的人文初祖、为中华文明源头的共识，是坚如磐石般地牢不可破的。谁对此怀疑，谁否定这一点，势必为全世界炎黄子孙所同愤共弃。

其二，认黄帝为中华民族的人文初祖、中华五千年文明的源头，并非子虚乌有的心血来潮或基础不牢的空中楼阁。或许有人认为，黄帝虽为传说中赫赫有名的人物，但其事迹早已湮灭无闻，史料可称极为稀缺，即便认其为中华民族的人文初祖，又何从领悟其为中华文明的源头呢？其实，这种担心是对有关黄帝的知识太过缺乏造成的。关于黄帝的史料，尤其是与黄帝直接相关的文字资料，当然不可像当代的伟人、名家那样，有许多材料可资依据。但就黄帝而言，也并非全付阙如。我国的考古工作者于1973年在长沙的马王堆3号汉墓里发现了帛书

---

① 朱小丰：《中国的起源》，上海文艺出版社2014年版。该书为严肃的学术著作，作者以严谨的考据、生动的语言历述了中国的起源过程，其中多有极富新意的创见。

《黄帝四经》，约计11000字。其思想内容是相当丰富的，完全可供作为后人的我们研究、学习。此外，尤其可以看到，曾"言黄帝"的"百家"，也为我们提供了大量的关于黄帝、黄帝文化的信息①。

其三，中共中央总书记习近平对中华文化优秀传统的高度重视，当对有关研究、阐释、宣传工作，发挥根本性的指导作用，开辟最宽广的前进道路。

武汉大学法学院此次召开"中国传统法文化与司法文明"学术研讨会，各地学者前来共襄传承优秀的中国司法文化，正是"可行"之体现。

这里，我仅择《黄帝四经》中的三个方面，用以说明黄帝思想确为中国司法优良传统的源头。

二、《黄帝四经》所言以法为治

《黄帝四经》之"四经"，一为《经法》，二为《十大经》，三为《称》，四为《道原》。首经《经法》劈头即谓：

> 道生法。法者，引得失以绳，而明曲直者殹（也）。故执道者，生法而弗敢犯殹（也），法立而弗敢废［也］。［故］能自引以绳，然后见知下天下而不惑矣②。

黄帝其时，"天""地""人"三"道"之说乃是人们世界观的主流，谓天地万物乃至一切均来源于"天""地""人"之"道"。2000多年之后，老子表述为

---

① 对《黄帝四经》，多有认其为战国时人的伪托之作，但也有持不同见解者。清华大学法学院凯原中国法治与义理研究中心的观点是：《黄帝四经》是黄帝言行经世世代代的口耳相传、在流传过程中不时有后人的加增删改，至战国时期，被人记载于帛书之上。
② 《黄帝四经·经法·道法》。

"道生一，一生二，二生三，三生万物"①。正因如此，"法"当然亦为"道"之所"生"。"道"所"生"之"法"是干什么用的呢？"法"的作用就在于可以"引"之为准"绳"，亦即司法的依据而明晰"得失"，以求判断"曲直"。而对治国理政的"执道者"的要求就是"生法而弗敢犯""法立而弗敢废"，既不能"废"法，亦不能"犯"已"立"之"法"。

不仅如此，黄帝还认为，治国理政的"执道者"应"自引""道"所"生"之"法"，以求"见知天下"，永远立于"不惑"境界。总之，必须以法为治，不仅治世、治人，亦治自身。

黄帝关于"法"的这一总体思想，在《黄帝四经》的后文中被反复提及。例如，黄帝其时用以规范人的行为的最常用准则，就是日常生活随时都可能碰到的"度""量""衡"。因此，《黄帝四经》中的有关述说所在多有：

> 事如直木，多如仓粟。斗石已具，尺寸已陈，则无所逃其神。故曰："度量已具，则治而制之矣。"②

> 规之内曰员（圆），拒（矩）之内曰方，[悬]之下曰正，水之[上]曰平。尺寸之度曰小大短长，权衡之称曰轻重不爽，斗石之量曰小（少）多有数。绳准之立曰曲直有度。八度者，用之稽也③。

有意思的是，《黄帝四经》中述及"执道者"的治国策略时，提出了立法、司法的时序安排：

---

① 《道德经》第四十二章。
② 《黄帝四经·经法·道法》。
③ 《黄帝四经·经法·四度》。

一年从其俗，二年用其德，三年而民有得，四年而发号令，[五年而以刑正，六年而]民畏敬，七年而可以正（征）①。

意谓"君主为政治国的方针应该是，第一年遵从百姓的风俗习惯，第二年选拔有德行的人授予官职，第三年要使民富足。到了第四年便可以发号施令了，第五年可以用法律来治理百姓，第六年人民就会有了敬畏心理，第七年便可以指挥百姓从戎出征了"②。治国理政，先之以遵从民俗，选拔德行端正者为官，继之以立法（"发号令"），后之以司法（"刑正"）。黄帝以法为治、依法而治的思想，跃然纸上。

黄帝的这一思想，为其后我国之历代历朝"执道者"所重视。史籍所载之夏启发兵攻打有扈氏之前，召集部众发布号令谓：

王曰：嗟！六事之人，予誓告汝：有扈氏威侮五行，怠弃三正，天用剿绝其命，今予惟恭行天之罚。左不攻于左，汝不恭命；右不攻于右，汝不恭命；御非其马之正，汝不恭命。用命，赏于祖；弗用命，戮于社，予则孥戮汝③。

这是夏启出征之前的军事动员令，其主要内容就是告诫部众之左军必须奋勇"攻于左"、右军必须奋勇"攻于右"、御手必须御"其马之正"，并告之以"用命"与"弗用命"的后果。这一军事动员令相当于立法，夏禹之以法治军，被《尚书》记载得了了分明。

---

① 《黄帝四经·经法·君正》。
② 陈鼓应注译：《黄帝四经今注今译——马王堆汉墓出土帛书》，商务印书馆2015年版，第54—55页。
③ 《尚书·甘誓》。

对我国法史略有了解者，似都不难得出这样的结论：我国古代统治者，在其执政之始一般都是相当了解、相当重视而且往往都是身体力行于以法为治的。例如，夏之后的商代，商王曾仿夏启发出过内容相同甚至连字句也十分类似的军令；秦代之快速崛起于贫瘠的西陲，在很大程度上得益于商鞅相秦厉行法治；汉初、隋初、唐初的统治集团都以立法开道，在相当长的时期内厉行法治。囿于阶级本性与认识水平，在各个朝代中都出现过悖逆以法为治精神的人治主义逆流。但是，继起朝代的统治集团中，从政治家到思想家，都有许多人引前朝倾覆之教训，发出过必须以法为治的告诫。以"二十五史"为代表的浩瀚的我国史籍，不仅明确记载并赞扬了"成康之治""文景之治""开皇之治"与"贞观之治"，并连类而及这些"治世"时期的高尚司法理念与优良司法体制、司法制度、司法原则与司法实践。

而若从史籍关于夏、商、周经秦、汉、隋、唐、宋、元、明直至清代的立法、司法与法律思潮状况的记载来看，是确乎可以得出这样的结论的：我国司法之优良传统在以法为治方面，其源盖出于黄帝思想。例如，《大戴礼记》载：

公曰："善哉！我则问政，子事教我。"

子曰："君问已参黄帝之制、制之大礼也。"

公曰："先圣之道斯为美乎？"

子曰："斯为美……"①

《商君书》载：

公孙鞅曰："前世不同教，何古之法？帝王不相复，何礼之循？伏

---

① 《大戴礼记·虞戴德第七十》。

羲、神农教而不诛，黄帝、尧舜诛而不怒。及至文、武，各当时而立法，因事而制礼。礼法以时而定，制令各顺其宜。"①

《管子》载：

> 黄帝之治天下也，其民不引而来，不推而往，不使而成，不禁而止。故黄帝之治也，置法而不变，使民安其法也②。

《文子》更引老子之言曰：

> 老子曰："昔黄帝之治天下……法令明而不暗，辅佐公而不阿，田者让畔，道不拾遗……"③

文子而下，汉代陆贾之《新语》、伏胜之《尚书大传》、贾谊之《新书》、刘安之《淮南子》、司马迁之《史记》、王充之《论衡》，晋人皇甫谧之《帝王世纪》，唐人房玄龄等之《晋书》以及此后的《宋书》《梁书》《陈书》《魏书》《隋书》《通典》《古今纪要》《文献通考》……更是屡屡述及黄帝之时以法为治的史实，并对此礼赞有加。由此可见，我国自黄帝开始而经历代历朝相承相传的以法为治，确为司法体制、司法理念、司法原则的总纲。这一总纲无疑应当视为我国司法体制的优良传统。至于这一传统在古代贯彻实施中被削弱、破坏乃至相当彻底的鄙弃（如隋文帝仁寿年间、隋炀帝大业时期等），那是另一论域的问题，不能因此而否定这一优良传统之存在，也不应否定这一优良传统之可溯源于黄帝的

---

① 《商君书·更法第一》。
② 《管子·任法》。
③ 《文子·精诚》。

以法为治思想。

三、《黄帝四经》所言执法必须公正无私

《黄帝四经》中，言及执法必须公正无私的，比比皆是。例如：

法度者，正之至也。而以法度治者，不可乱也。而生法度者，不可乱也。精公无私而赏罚信，所以治也①。

公者明，至明者有功……无私者知（智），至知（智）者为天下稽②。

使民之恒度，去私而立公③。

上录黄帝之言，重在告知"执道者"即当政者，必须"去私""立公"而成为"天下"之"稽"即行为榜样。

天地无私，四时不息。天地立（位），圣人故载。过极失［当］，天将降央（殃）④。

圣人不为始，不剸（专）己……因天之则。失其天者死……⑤

---

① 《黄帝四经·经法·君正》。
② 《黄帝四经·经法·道法》。
③ 《黄帝四经·经法·道法》。
④ 《黄帝四经·经法·国次》。
⑤ 《黄帝四经·称》。

上录黄帝之言，重在告知"执道者"即当政者必须仿行天地之无私而以公心执法，否则，必"失其天"，"天"必"降殃"而致其"死"。

执法者必须公正无私，是自黄帝起就成了我国司法的优良传统的。

当然，"天"也者，毕竟虚无缥缈，黄帝其时的人们也只能如此认识与判断。所以，《黄帝四经》有"虚无刑（形），其裻冥冥，万物之所从生"①"恒无之初，迥同大（太）虚。虚同为一，恒一而止。湿湿梦梦，未有明晦……"②等对"天"的描述。因此，"则天"而行，包括"则天"执法，除在精神指导上认同"天覆地载"世上的万物而无偏私之外，最具体、最易理解的便是"以民为天"。从执法上来说，就是执法必须符合民心民意，维护民利民益。《黄帝四经》正是如此屡屡论及执法为民的，例如：

法者，引得失以绳，而明曲直者殹（也）③。

号令阖（合）于民心，则民听令。兼爱无私，则民亲上④。

吾畏天爱［地］亲民，立有命，执虚信。吾爱民而民不亡，吾爱地而地不兄（荒），吾受民□□□□□□□□死。吾位不［失］。吾句（苟）能亲亲而兴贤，吾不遗亦至矣⑤。

---

① 《黄帝四经·经法·道法》。
② 《黄帝四经·道原》。
③ 《黄帝四经·经法·道法》。
④ 《黄帝四经·经法·君正》。
⑤ 《黄帝四经·十大经·立命》。

四、《黄帝四经》所言赏罚并行

法有三大功能：一为组织管理；二为惩罚警诫；三为奖赏激励。但是，古往今来，我国之外的法学家们往往多只关注法的组织管理与惩罚警诫功能，忽视乃至无睹法的奖赏激励功能。其影响之巨大，竟至"法是无情的"之类说法流行四海、家喻户晓、被笃信不疑。但这是与法的本性背道而驰的，既不符合法的实际，也误导了人类对法的作用的认识。

窃以为，法不是人类从地狱释出的用以折磨自身的厉鬼，而是用以增进自身福祉的天使。有关观点，在《法哲学经纬》[①]及《批判与重建：中国法律史研究反拨》[②]《激励法学探析》[③]等拙著中曾较为详细地论述过。

上文说到"我国之外的法学家们""忽视乃至无睹法的奖赏激励功能"，至少应将法国的伏尔泰与美国的弗里德曼除外。这是因为伏尔泰曾在其《风俗论》中盛赞过中国的法律优于欧洲国家的法律，因为"在别的国家，法律用以治罪，而在中国，其作用更大，用以褒奖善行……"[④]而弗里德曼则在其《法律制度——从社会科学角度观察》一书中指出过"法学研究总的说来对奖赏注意不多"[⑤]。

而十分值得重视的是，"我国古代的法学家们"都是高度重视法的奖赏激励功能的。在拙著《激励法学探析》中，除正文多有论及我国历代政治家、思想家高度重视法的奖赏激励功能外，意犹未尽地另辟"附录"近100页，从三个方面介绍"一以贯之的中国古代激励法思想"。这三个方面是："中国古代激励法思

[①] 倪正茂：《法哲学经纬》，上海社会科学院出版社1996年版。
[②] 倪正茂主编：《批判与重建：中国法律史研究反拨》，法律出版社2002年版。
[③] 倪正茂：《激励法学探析》，上海社会科学院出版社2012年版。
[④] [法]伏尔泰：《风俗论》（上册），梁守锵译，商务印书馆2006年版，第250—251页。
[⑤] [美]弗里德曼：《法律制度——从社会科学角度观察》，李琼英、林欣译，中国政法大学出版社1994年版，第91页。

想在各个学派中的体现""中国古代激励法思想一脉相承地从无间断""中国古代激励法从无间断地体现在所有朝代的法制中"①。我相信，我国古代之充分发挥法的所有功能（包括法的奖赏激励功能）正是我国从古代直至清代的漫长历史时期里，无论是社会发展水平还是经济、文化、军事、科技发展水平都高踞世界各国水平前列的重要原因，也是举世仅有中华文明世代相传而未殒灭的重要原因。

这一举世赞叹的奇功伟绩，当然与我国司法之重视赏罚并行的优良传统关系密切。而它也可上溯到黄帝思想。这在《黄帝四经》中也处处可见。例如：

法者，引得失以绳，而明曲直者殹（也）②。

这里"法"不仅"引失"以"绳"，而且"引得"以"绳"，不仅"明曲"，而且"明""直"。"引""失"以"绳"，即为惩罚；"引得"以"绳"，即求奖赏。"明曲"、"明""直"，则是以司法之"明"，正确剖断是非曲直，而非枉断。明断奖惩，正是黄帝对"执道者"司法时提出的要求，因此，把它置于《黄帝四经》首经《道法》之最前面。

黄帝所言赏罚并行，还可见诸《黄帝四经》所云"刑""德"并行③、"杀""生"共举④等。黄帝的这些关于赏罚并行的言说，正是后世各家各派思想家、历代历朝政治家们在立法和司法中既罚又赏，既惩又奖的理念源头。管仲所云："是故阴阳者天地之大理也，四时者阴阳之大经也，刑德者四时之合也。刑德合于时则生福，诡则生祸……日掌阳，月掌阴……阳为德，阴为刑……德

---

① 倪正茂：《激励法学探析》，上海社会科学院出版社2012年版，第547—630页。
② 《黄帝四经·经法·道法》。
③ 《黄帝四经·十大经·观》："是［故］嬴阴布德……宿阳修刑……不靡不黑，而正之以刑与德……凡谌之极，在刑与德。刑德皇皇，日月相望，以明其当，而盈［绌］无匡。"
④ 《黄帝四经·经法·六分》："六顺六逆［乃］存亡［兴坏］之分也。主上执六分以生杀，以赏［罚］……"

始于春，长于夏；刑始于秋，流于冬。刑德不失，四时如一，刑德离向，时乃逆行。"① 韩非子所云："明主之所导制其臣者，二柄而已矣。二柄者，刑德也。何谓刑德？曰：杀戮之谓刑，庆赏之谓德。"② 这些都可证明黄帝赏罚并行的司法理念，是为后世所高度重视并一以贯之地加以实践的。当然，在实践中，其由于认识水平的高低不齐，社会环境的平顺恶逆而有所参差，并导致治国理政或成或败，但这是另一论域的问题，毫不影响始于黄帝而直贯后世的赏罚并行的立法、司法总体状况。

  我国司法的优良传统当然不只是以法为治、执法必须公正无私、赏罚并行等方面，它还漫及信赏必罚、赏罚有当以及执法者以德为先、不断追求自身修养的提高与坚守等。而所有这些，都可上溯到突出表达在《黄帝四经》中的黄帝思想。因此，为求继承与发扬我国的优良司法传统，认真分析《黄帝四经》、努力发掘黄帝思想，应当成为今天中国法律工作者的一项重要任务，也应成为探求与推进司法改革工作的一个重要组成部分。

---

① 《管子·四时》。
② 《韩非子·二柄》。

法律激励和取予得当的反熵治理*

充分发挥法律的激励功能，是法治国家建设中应予特别重视的一个方面。《黄帝四经》关于取予得当的论述，是其法律激励理论的核心内容。以取予得当的思想主导法律激励，是成功实施反熵治理的关键环节。廖凯原先生创立的"轩辕反熵运行体系2.0"，为成功实施反熵治理提供了重要的理论指导，值得认真研究。

一、法律激励功能的充分发挥与法治国家建设

法治国家建设涉及方方面面的问题。仅就法治系统本身而言，它所涉及的就包括立法、司法、执法与守法；而从法律功能方面看，则涉及组织管理、惩罚警诫和奖赏激励三大方面。法律三大功能之充分发挥是法治国家建设的"题中应有之义"，三者各有不同的重要作用。但就人们对法的认识而言，在我国的法治国家建设中，应予以特别重视的是要充分发挥法律的激励功能。

为此，必须走出对法律的认识误区。

---

* 原载［美］廖凯原主编：《黄帝思想与中华引擎（一）》（轩辕黄帝研究 第三卷），社会科学文献出版社2017年版，第162—181页。

法律史是人类解放自身的历史。人类以法律解放自身，主要不是依靠法律惩戒，而是依靠法律激励。新时期促进改革开放深入发展的政策，应以法律激励为主要保证。但是，对以上三者，长期以来，人们的认识往往是片面的甚至是错误的。

中国法律史就曾在相当长的时间里被简单化为阶级压迫史、阶级斗争史。妇孺皆知且被信以为真的"法律是无情的"的观念，长期在社会上流行。这不仅妨碍了人们对法律的认识，而且影响了人们将法律这一被"我"称为"增进人类福祉的天使"排拒在治国方略之外，以至时届今日还未能充分发挥法律的激励功能，不能更好地为治国理政、改革开放服务。

人类之以法律解放自身，无论是从法律产生的源头来看，还是从中外法律史的实践来看，都曾被无意地深深误解或刻意地歧解。究其原因，从认识论的角度看，大致可认为是来自法律发展道路本身的曲折性与复杂性。法律发展的道路与一切事物发展的道路一样，不是径情直遂的，而是进退迂回、曲折崎岖的。作为人类解放自身的创造物，在阶级社会里，法律曾惨遭异化，成了占人口极少数的剥削者、压迫者用以维护其剥削、压迫的工具，从而在很大程度上表现出了它的残酷性、野蛮性。但是，即使在法律产生之初，与惩戒并存甚至先于、重于、优于惩戒的，也是奖赏、激励。谓予不行，请看被普遍认为是中国"最早"出现的法律——夏启的军令《尚书·甘誓》。

其文为："王曰：嗟！六事之人，予誓告汝：有扈氏威侮五行，怠弃三正，天用剿绝其命，今予惟恭行天之罚。左不攻于左，汝不恭命；右不攻于右，汝不恭命；御非其马之正，汝不恭命。用命，赏于祖；弗用命，戮于社，予则孥戮汝。"当把法律史简单化为阶级压迫史时，往往会对"用命，赏于祖"这五个字视而不见。如果不抱偏见，是很容易理解这五个字的极其重要的意义的。其一，它出现在人们已知的中国最早的法律中。也就是说，最早出现的中国法律中，就有了奖赏激励性的条款。其二，"用命，赏于祖"被置于惩戒性条款"弗用命，戮于社"之前,"赏"先于、重于"罚",这是应有的结论。

在中国早期的法律、法令中,夏启军令里的奖赏激励性条款不是偶然出现的孤例。欲取夏而代之的商汤,在发动灭夏战争时所发布的军令中,同样也有奖赏激励性的规定。今文《尚书·汤誓》是汤在"鸣条之野"开始灭夏战争之前的动员誓师令。在该令中,汤首先讲述了灭夏战争的理由:"有夏多罪,天命殛之。"其重罪之一是"率遏众力,率割夏邑",即乱征劳役,竭尽民力,残酷地剥削。商王宣布:"尔尚辅予一人,致天之罚,予其大赉汝。尔无不信,朕不食言。尔不从誓言,予则孥戮汝,罔有攸赦。"意即你们如果辅助"我"恭行上天之命,征讨、惩罚夏国,"我"就大大地赏赐你们。你们不必对此怀疑,"我"一定会履行诺言的。但是,如果你们不听从"我"的命令,我就处死你们,绝不宽恕。显然,"汤誓"与"甘誓"如出一辙,都是把奖赏视作先于、重于惩罚的法律手段。今天,当我们进一步上溯中国法律史的源头,深究《黄帝四经》的有关论述时,完全可以肯定法之产生乃是为了增进人类自身的福祉,从自然与社会的压迫中解放自己。《黄帝四经》劈头即谓:"道生法。法者,引得失以绳,而明曲直者殹(也)。"① 早在夏启颁布"……用命,赏与祖;弗用命,戮于社……"之前近一千年的黄帝时期,即已昭告寰宇:法不仅"引""失"以绳、"明曲"而断,而且"引得"以绳、"明""直"而断。这就是以法律来激励人们积极求"得"、努力行"直"。如果进一步探索《黄帝四经》关于"道"所"生"之"法"的指导思想即"取予得当"②,或更进一步探求高于"取予得当"这一具体的治国理政理念的价值论根源在于《黄帝四经》所言的黄帝"畏天、爱地、亲民"时,就更加易于理解法律史是人类解放自身的历史了。法律之解放人类自身,最重要的乃是充分发挥法律的激励功能。

---

① 《黄帝四经·经法·道法》。
② 《黄帝四经·称》:"天制寒暑,地制高下,人制取予。取予当,立为[圣]王;取予不当,流之死亡。"

稍事回顾中国历史，谁都可以知道，在相当长的时间里，中国的经济、文化与军事发展水平都曾雄踞世界前列。这与古代中国重视法律激励是分不开的。在拙著《激励法学探析》中，我曾以近100页的篇幅概述了"一以贯之的中国古代法律激励思想"，包括以下三个方面：其一，"中国古代激励法思想在各大学派中的体现"；其二，"中国古代激励法思想一脉相承从无间断"；其三，"中国古代激励法思想从无间断地体现在所有朝代的法制中"①。近代，在中国政府鄙视或未能以法律来激励科技发展的时候，欧美国家却以法律来大力激励科学技术的发展。于是，各有关国家迅速崛起。

社会、经济、科技的发展都是由多因素造成的，但是，无可回避的客观史实是：美国这一只有200多年历史的超级大国，从前都说是"由于在两次世界大战中发了战争横财"而急速崛起，但实际情况远非如此。早在1790年，美国即颁布了"为天才之火浇上利益之油"的专利法，从而引爆了美国人发明创造的高度热情。据统计，1800年，美国人申请的专利数为46件，而到1900年则达到了460多万件。1900年以后的任何一年，获准专利的发明数量都等于或超过1860年以前美国历史上所曾有过的专利总数。法定的专利权不仅刺激了本国国民的发明创造精神，而且鼓励引进技术革新发明的专利制度也成为美国引进外国先进技术的一项重要法律措施。美国的专利申请在19世纪90年代约有21万件，20世纪的第一个10年就有28万件。其中，外国人在美国申请的专利也日益增多。1883年开始每年超过1200件，占美国专利数（3万件）的4%还多；1901年超过3200件，占6.4%；而南北战争前的1859年只有47件，占0.75%。② 其结果是，在英国之后，美国奋起直追，从1790年开始进行工业革命，到1870年时，美国工业总产值已占世界工业总产值的25%，当时只有英国（其工业总产值超过世界工业总产值的30%）的工业总产值超过了美国。19世纪80年代中期之后，即马

---

① 倪正茂：《激励法学探析》，上海社会科学院出版社2012年版，第547—630页。
② 黄安年：《美国社会经济史论》，山西教育出版社1993年版，第187页。

克思（1818—1883）、恩格斯（1820—1895）先后逝世时，美国已经取代了英国的领先地位。1900年，美国工业总产值约占世界工业总产值的30%，而英国只占20%，德国占17%，法国占7%。也就是说，早在1914年爆发第一次世界大战之前的二三十年，美国的经济实力就已雄踞世界首位了。法律激励的奇功伟力，由此可见一斑。

与此同时，顽固、保守、愚蠢、颟顸的清政府却视科学技术为"奇技淫巧"，大兴文字狱，打击、迫害知识分子，更不会以法律激励科学发展了。其结果是中国的强国地位一落千丈，成了殖民主义列强群起欺凌、瓜分豆剖的对象。

从上述中外史实的对比中可以看出，中国与西方国家对待本质上用以解放人类自身的法律的态度及相应的措施，在近代走上了截然不同的道路。为顺应"解放自身"的需要，近代西方国家纷纷开始重视以知识产权法来激励科技创新。由此出发，当代西方国家更进而借助法律将管制型政府转轨为服务型政府，化刚性管理为柔性管理。对于这样的转变，马克思和恩格斯在《共产党宣言》中早就作出过预言精准的相关论述。他们写道："资产阶级除非使生产工具，从而使生产关系，从而使全部社会关系不断地革命化，否则就不能生存下去。反之，原封不动地保持旧的生产方式，却是过去的一切工业阶级生存的首要条件。生产的不断变革，一切社会关系不停地动荡，永远的不安定和变动，这就是资产阶级时代不同于过去一切时代的地方。一切固定的古老的关系以及与之相适应的素被尊崇的观念和见解都被消除了，一切新形成的关系等不到固定下来就陈旧了。一切固定的东西都烟消云散了，一切神圣的东西都被亵渎了。"①

那么，资产阶级是如何"使生产工具，从而使生产关系，从而使全部社会关系不断地革命化"的呢？其中最重要的就是运用法律手段。特别是运用知识产权法律手段，激励科技创新、保护知识产权。知识产权制度所保护的是科技知识创新，而正是科技知识创新，才是永远不安定的和变动的；正是科技知识创新，才

---

① 《马克思恩格斯选集》，人民出版社1972年版，第254页。

使生产不断变革,才促使"一切社会关系不停地动荡";正是科技知识创新,才真正能够打破陈旧的曾"被尊崇的观念和见解",才真正能够有力并有效地使"一切固定的东西都烟消云散""一切神圣的东西都被亵渎"。当然,运用知识产权法律手段激励科技知识创新,只是从管制走向服务、以柔性管理取代刚性管理的一个方面。但是,第一,这是极端重要的,是使西方国家在极短的时间里取得把"天朝之国"的清朝远远抛在后面的辉煌成就的首位因素;第二,这与希特勒的纳粹德国把铁蹄到达之国的科学家掳掠而去,强迫他们去创造、革新是绝对不可相提并论的,所起的作用也绝对不能互较短长、相提并论。笔者不惮指出,这与新中国成立之后相当长的时期里,没有制定专利法等知识产权法,用"吃大锅饭"的办法管理科研,要求科技人员乃至一切知识分子都做"永不生锈的螺丝钉",总之是管制型的、刚性的管理,是很不相同的。不能说刚性管理下一点成绩也出不了,但柔性的服务型的管理之所以能充分调动知识分子的积极性是不言自明的。20世纪80年代以来,我国陆续制定了专利法、著作权法、商标法等一系列知识产权法。1993年还在世界各国中创新性地领先制定了《科学技术进步法》,从而大大激发了科技知识分子的积极性与创造性,加之改革开放政策的大力推行,现在我国的科学技术正一日千里、蓬蓬勃勃地飞跃发展。

在社会主义法治国家建设的宏伟工程中,加强激励法学研究,加快激励法治建设,是不可或缺的重要一环。

"文化大革命"结束以后,我国鉴于人民对"无法无天"的深恶痛绝,迫于"百废待兴"的紧急要求,面对刑事犯罪相当严重的社会混乱局面,不得不紧急制定了一批批组织管理类法与惩罚警戒类法,甚至错误地实施"从重从快"的"严打",以保证社会的基本稳定。在这种形势下,大力宣传的是"法网恢恢,疏而不漏""法律无情"之类的观点;大力实施的是刑事镇压一类的惩罚类法;全面推行的是要求人们"勿蹈法网"的一而再,再而三,再而四五六的"普法"。在这样的形势下,法律激励功能的发挥未能得到充分的重视;当然,更谈不上

"高度重视"。30多年过去了，现在情况有了很大的改变，我国已在2010年宣布建成社会主义法制体系。2014年中共十八届四中全会的召开，意味着我国将在法治国家建设的道路上迈开更大步伐。值此社会治理从观念到实际举措发生重大转变的伟大历史时期，加强激励法学研究、加快激励法治建设，应被提到最重要的议事日程上来。在这一方面，不应停留在少数学者对激励法学研究的既有成果上。即便是先行一步者，也应将视野扩大，加速前进。认真研究作为中华文明源头的黄帝思想；认真研究《黄帝四经》中业已存在的有关法律激励的观念、理论、具体的对策性举措；认真研究廖凯原先生从《黄帝四经》中提炼而得到的黄帝的"取予得当"观念，以及他综括东西、古今的人文社会科学与自然科学理论所提出的"反熵治国"理论——已经成为学术界的一项要务。

二、《黄帝四经》关于"取予得当"的论述，是其法律激励理论的核心性内容

法律激励是独立的概念，但又不是孤立的概念。《黄帝四经》关于"取予得当"的论述作为法律激励的核心性内容，不能片面地进行理解。正确处理"取"与"予"的关系，是有效实施法律激励的关键。

（一）法律激励是独立的但又不是孤立的概念

实施法律激励依据的是激励法，法律激励本身是独立的概念。这可以从两个方面理解：其一，举凡有突出的善行善举，只要符合激励法的有关规定，就应依法兑现，实施激励；其二，法律激励依据的是激励法，而法有其权威性、普遍性、稳定性与强制性，这使法律激励具有必行性，从而显示了它的独立概念的特点。但法律激励又不是孤立的概念，这也可从两个方面理解。其一，法律激励仅仅是法的三大功能之一，因而激励法也只是三大类法（组织管理类法、惩罚警戒

类法与奖赏激励类法)之一。法的三大功能以及由此而形成的三大类法,是互相依存、互相制约的。把法律激励孤立起来,例如一味单行法律激励,就势必同"城门失火,殃及池鱼"一样,由于整个法制系统的失衡而使法律激励失效。其二,法律激励自身有激励法的立法,还有激励法的司法、执法、守法。四者之中,缺一不可偏一也不可,是激励法立法、司法、执法、守法的统一整体。只有四者实现有机结合、良性实施,才能收到法律激励应有之效。

了解法律激励是独立的,但又不是孤立的概念十分重要。简要地说,就是既要重视法律激励,又不能唯法律激励为务。联系《黄帝四经》来看,就是要"取予得当"。

"取予得当"涉及"取"与"予",以及"得当"三个方面。

"取予"关系以有"取"有"予"为前提,只"取"不"予"或只"予"不"取"根本谈不上"得当",因为它从根本上否定了"取予"之"关系"。廖凯原先生曾指出:"如果人一直索取,会遭致灭绝,因为最终他将一无所获……最终人们会明白此人只索取而不给予,也将会拒绝再给予此人更多。"[1]他用以下公式表示"只取不予":

$$100 \longrightarrow 0$$

索取(一无所有)

横扫"六合"而成就了"天下一统"大业的秦王嬴政,虽承"七国争雄、天下大乱"之后,但毕竟夺得了其他六国的财富,且因长期战争已致人口锐减,从而在某种意义上倒也具备了雄立东方、建成伟业的基础,连他自己也扬扬得意地自称"始皇",深信可以二世、三世乃至"万世"永存。但是,他却继续对人民

---

[1] [美]廖凯原:《轩辕运行体系2.0(4708—永远)》(中译文),徐炳主编《黄帝思想与道、理、法研究》(轩辕黄帝研究 第一卷),社会科学文献出版社2013年版,第55页。

肆无忌惮地疯狂"索取",既造长城,又建阿房宫,甚至极尽疯狂地建造地宫、兵马俑……也就是"只取不予"。于是,"二世而亡"就成了理所当然、势所必然、事所实然。

同时,廖先生又指出:"同样地,如果人一直给予,那就会耗尽他仅有的100,最终一无所有,直至终结。因此,只予不取会导致灭亡。"① 他又用以下公式表示"只予不取":

$$100 \longrightarrow 0$$

给予(一无所有)

古今中外的统治者由于其贪婪的本性,在治国理政中实施总体上的"只予不取"是不可能的,但由于种种原因而局部地"只予不取",却也多有所见。毛泽东所说的宋襄公在宋楚之战中实施"蠢猪式的仁义道德",就是"只予不取"在军事战略上的表现②。第一次鸦片战争、第二次鸦片战争,其后的中法战争、中日甲午战争,以及清末政府对外交往中实施的对帝国主义侵略者的政策更是"只予不取"的表现,其结果一无例外地都是"失败"二字。

有鉴于"只取不予"和"只予不取"同样都会导致败亡,在法治政策上,就必须同时发挥法律的全部功能,使组织管理、激励与惩戒三类法律都各有其位、

---

① [美]廖凯原:《轩辕运行体系2.0(4708—永远)》(中译文),徐炳主编《黄帝思想与道、理、法研究》(轩辕黄帝研究 第一卷),社会科学文献出版社2013年版,第55页。
② 毛泽东:《论持久战》,《毛泽东选集》(第二卷),人民出版社1966年版,第482页。《毛泽东选集》中关于此例的原注为:宋襄公是公元前七世纪春秋时代宋国的国君。公元前638年,宋国与强大的楚国作战,宋兵已经排列成阵,楚兵正在渡河。宋国有一个官员认为楚兵多宋兵少,主张利用楚兵渡河未毕的时机出击。但宋襄公说:"不可,因为君子不乘别人困难的时候去攻打人家。"楚兵渡河以后,还未排列成阵,宋国官员又请求出击,宋襄公又说:"不可,因为君子不攻击不成阵势的队伍。"一直等到楚兵准备好了以后,宋襄公才下令出击。结果宋国大败,宋襄公自己也受了伤。故事见《左传》僖公二十二年。

各尽其力、各发其威而不偏废。

但是，有"取"有"予"仍可能因畸轻畸重而致"取予失当"。

《黄帝四经》谓："天制寒暑，地制高下，人制取予。取予当，立为圣王；取予不当，流之死亡。"①这是从总体上论述"取予"之"当"与"不当"的后果的。那么，"当"或"不当"是因何形成的呢？又何为"当"何为"不当"呢？

（二）"取予"之"当"或"不当"

关于"当"或"不当"所由形成的原因，《黄帝四经》有谓：

> 虚无刑（形），其裻冥冥，万物之所从生。生有害，曰欲，曰不知足。生必动，动有害，曰不时，曰时而□。动有事，事有害，曰逆，曰不称，不知所为用。事必有言，言有害，曰不信，曰不知畏人，曰自诬，曰虚夸，以不足为有余②。

这段话指出了有赖于"虚无刑（形）"且"其裻冥冥"的"道"而"生"存的人，有"不知足""不时""逆""不称""不知所为用""不信""不知畏人""自诬""虚夸"和"以不足为有余"等与生俱来的弱点。如果不能克服这些弱点，就极易产生许多不良的后果，其中就包括"取予不当"。

人的本性中存有"欲"望且"不知足"。这"不知足"，正是诱引人们妄行索取、只"取"不"予"、多"取"少"予"的原因。

人是有局限性的，不是全知全能的"神"，因此可谓"不知（智）"。"不知"而妄行其事，就可能陷入"取予不当"的陷阱。

"生"而为"人"却往往"虚夸""以不足为有余"，对己不知节用、对人只

---

① 《黄帝四经·称》。
② 《黄帝四经·经法·道法》。

"予"不"取",最终当然会因"取予不当"而"流之死亡"。

有鉴于此,《黄帝四经》反复强调,必须严格按照业已确立的法律制度行事。如说:"虚无有,秋毫成之,必有刑(形)名。刑(形)名立,则黑白之分已。""是故天下有事,无不自为刑(形)名声号矣。刑(形)名已立,声号已建,则无所逃迹匿正矣。""法者,引得失以绳,而明曲直者殹(也)。故执道者,生法而弗敢犯殹(也),法立而弗敢废殹[也]。"①

但是,法对人类行为的规范与制约是原则性的,不可能就每一件事具体指明如此如此、如彼如彼,同样也不可能就每一件事具体指明如此为"取予得当",如彼则"取予不当"。不过,结合《黄帝四经》中关于治国理政的重大事项,或可对我们厘定取予之"当"与"不当"有所启迪。

《黄帝四经》云:"故圣人之伐殹(也),兼人之国,隋(堕)其城郭,棼(焚)其钟鼓。布其𪧘(资)财,散其子女,列(裂)其地土,以封贤者,是胃(谓)天功。功成不废,后不奉(逢)央(殃)。"②陈鼓应先生"今译"谓:"所以圣人的征伐之道是,兼并他国后,要拆毁它的城郭,焚毁它的钟鼓,均分它的资财,散居其子女后代,分割其土地以赏赐贤德之人,总之不能独自占有,因为这功绩是天道促成的。这样才能功成而不失去,然后方能没有祸患。"③显然,圣人之伐敌国,有夺(即取)有予,而非"夺而无予"。关于"夺而无予"的"过极失当",《黄帝四经》中也有适例:"兼人之国,修其国郭,处其郎(廊)庙,听其钟鼓,利其𪧘(资)财,妻其子女。是胃(谓)[重]逆以芒(荒),国危破亡。"④意谓兼并他国之后,不但大兴土木为己所用,而且占据其宫室、享有其钟鼓音乐、掠夺其资财、霸占其妻女。这些贪鄙之行,乃是大逆天道的,必然会导致国家危殆败亡。

---

① 《黄帝四经·经法·道法》。
② 《黄帝四经·经法·国次》。
③ 陈鼓应注译:《黄帝四经今注今译——马王堆汉墓出土帛书》,商务印书馆2015年版,第46页。
④ 《黄帝四经·经法·国次》。

(三)"取予得当"与法律激励

正确处理"取"与"予"的关系,是有效实施法律激励的关键。因此,《黄帝四经》关于"取予得当"的论述,是其法律激励理论的核心性内容。

"予"若为法所肯定,即为法律激励;"取"或"夺"如为法律所禁行,即施法律惩罚。法律激励是"予"的具体表现,法律惩戒则严防擅"取"妄"夺"。关于二者在治国理政中的实际处理形式,《黄帝四经》作了大量的论述。这从所用的概念即可见一斑。《黄帝四经》中关于"取予"概念的另类表达语词有生杀、赏罚、文武、德虐、柔刚、德刑、雌节雄节等,如"精公无私而赏罚信,所以治也"①中的"赏"与"罚";"文德廏(究)于轻细,[武]刃于[当罪]"②中的"文"与"武";"……[德虐之行],因以为常……柔刚相成"③中的"德"与"虐"、"柔"与"刚";"……不靡不黑,而正之以刑与德。春夏为德,秋冬为刑……刑德皇皇,日月相望"④中的"刑"与"德";"雌节以亡,必得将有赏。夫雄节而数得,是胃(谓)积英(殃)……"⑤中的"雌节""雄节";等等。其中,"生""赏""文""德""柔""雌节"等指的都是或相当于"予",而"杀""罚""武""虐""刚""刑""雄节"等指的都是或相当于"取"。在提及或者阐述这一对概念时,实际上都涉及"取予关系",而法律激励即是"予",表现为其中的"生""赏""文""德""柔""雌节"等。当然,最直接关系到法律激励的是"赏",而"赏"又往往是与"引得""明……直"之"法"相连的。但是,在《黄帝四经》中,"生""文""德""柔""雌节"等与"赏"之为用,几乎是同义的,它们都是"取予关系"中"予"的具体化。这样,就不难理解

---

① 《黄帝四经·经法·君正》。
② 《黄帝四经·经法·六分》。
③ 《黄帝四经·十大经·观》。
④ 《黄帝四经·十大经·观》。
⑤ 《黄帝四经·十大经·雌雄节》。

"取予得当"与法律激励的关系了。

"取予得当"与法律激励的正确关系，全在一个"当"字。不得当的取予关系，如廖先生所说，只取不予"会遭致灭绝"，而只予不取则"最终一无所有"。那么，有"取"有"予"呢？《黄帝四经》告诉我们的是：即便有"取"有"予"，也应视具体情况而定。

《黄帝四经·经法·六分》篇有云：

> 文德廄（究）于轻细，[武]刃于[当罪]，王之本也。然而不知王述（术），不王天下。知王[术]者，驱骋驰猎而不禽芒（荒），饮食喜乐而不面（湎）康，玩好嬛（嬽）好而不惑心，俱与天下用兵，费少而有功，[战胜而令行，故福生于内，则]国富而民[昌。圣人其留，天下]其[与]。[不]知王述（术）者，驱骋驰猎则禽芒（荒），饮食喜乐则面（湎）康，玩好嬛（嬽）好则或（惑）心，俱与天下用兵，费多而无功，单（战）朕（胜）而令不[行。故福]失[于内，财去而仓廪]空[虚]，与天[相逆]则国贫而民芒（荒）。[至]圣之人弗留，天下弗与。如此而有（又）不能重士而师有道，则国人之国已（矣）。

"文德廄（究）于轻细"及"[武]刃于[当罪]"，都与"取予得当"有关。既"究""轻细"，又罚"罪"有"当"，二者并行，也就是取予得当。黄帝将此视为"王之本"，并对"王"即君主在"驱骋驰猎""饮食喜乐""玩好嬽好（珍宝女色）"以及"用兵""重士（重视知识分子）"方面应该如何恭行"王术"做出了正反两方面的指点。

综而观之，《黄帝四经》对"取予得当"是提出了不少原则性要求的，大致有以下四个方面。

第一，刑德相养、赏罚并行，即有予有取、予取相偕。

《黄帝四经·十大经·姓争》篇有云:"天地已成,黔首乃生。胜(姓)生已定,敌者生争,不谌不定。凡谌之极,在刑与德。"意谓天地已经形成,民众于是诞生。诸姓部落终于生成,于是,互相敌对而征战争夺。有鉴于此,不予解决,征战就不会停息。解决的最高明手段,就是刑罚与德赏。这种"刑与德"两手并用的解决争端的手段,《黄帝四经》认为,乃是遵行天、地、人三"道"所必需的。

《黄帝四经》写道:"刑德皇皇,日月相望,以明其当。望失其当,环视其央(殃)。天德皇皇,非刑不行;缪(穆)缪(穆)天刑,非德必顷(倾)。刑德相养,逆顺若成。刑晦而德明,刑阴而德阳,刑微而德章(彰)。其明者以为法,而微道是行。"①陈鼓应先生云:"刑罚与德赏昭彰显明,兼行并举,配合恰当。如果配合失当,上天会反过来降灾的。天德平正,但没有刑罚的配合是无法实行的;天刑威严,但没有德赏作依托也必然倾毁。刑罚与德赏相辅相成,逆与顺也便因此而定。刑罚属阴的范畴,因此具有微晦的特质;德赏属阳的范畴,因此具有名彰的特质。所以,秉执法度要彰明,施行道术要隐晦。"②德、刑之兼行并举被阐述得一清二楚。

第二,先德后刑、先赏后罚,亦即先予后取。

黄帝常以春、夏、秋、冬四时之交替运行来说明"先德后刑""先奖后惩"的道理。

《十大经·观》篇曰:"不靡不黑,而正之以刑与德。春夏为德,秋冬为刑。先德后刑以养生。"意为一年四季的顺序是以长养为务的春夏在先,以肃杀示威的秋冬在后。必须取法自然、顺应天道运行之时序,先行文德教化、奖赏激励,后施刑罚以惩凶顽。

对上所引"春夏为德,秋冬为刑。先德后刑以养生",《黄帝四经·观》篇结

---

① 《黄帝四经·十大经·姓争》。
② 陈鼓应注译:《黄帝四经今注今译——马王堆汉墓出土帛书》,商务印书馆2015年版,第266页。

合农事作了进一步的说明：

> ……是故为人主者，时挃（适）三乐，毋乱民功，毋逆天时。然则五谷溜孰（熟），民［乃］蕃兹（滋）。君臣上下，交得其志。天因而成之。夫并时以养民功，先德后刑，顺于天。其时嬴而事绌，阴节复次，地尤复收。正名修刑，执（蛰）虫不出，雪霜复清，孟谷乃萧（肃），此材（灾）［乃］生，如此者举事将不成。其时绌而事嬴，阳节复次，地尤不收。正名施（弛）刑，执（蛰）虫发声，草苴复荣，已阳而有（又）阳，重时而无光，如此者举事将不行。

陈鼓应先生谓："作为一个统治者，应在春夏秋农作物生长收获之时恰当地节制逸乐，使播种收获适时，不在农忙时兴徭役兵戎。这样的话农作物就能正常地生长成熟，人民也会不断地繁衍庶足。君臣上下，和谐融洽，这样的话，才会得到上天的护佑。顺应天时，以助民事。按照春夏德养在前秋冬刑杀在后的自然规律，而先行德政后施刑罚。在万物长养的春夏季节令时却实行肃杀严厉的政令，就会造成节令混乱，秋冬乖违次序而重复出现，地气不能发动长养万物而反再次敛缩。在政令上不顺应春夏长养的法则而布德施赏却违逆天时决狱刑罪，这样的话就会造成蛰虫春眠、雪霜复至、苗谷枯萎等一系列灾异的出现。在这样的政令下做任何事情都会失败。反之，在肃杀的秋冬季节却布德施赏，违逆天时，那么也会造成节令混乱，春夏乖违次序而重复出现，地气不能适时收缩，敛肃万物。在政令上不施刑诛而反颁德赏，这样就会造成蛰虫冬鸣、枯草秋茂、春夏重复等一系列灾异现象的出现，而长养万物的春夏虽然重复出现却因乖逆天时而无长养之功可言。在这样的政令下做任何事情都是行不通的。"[①]

---

① 陈鼓应注译：《黄帝四经今注今译——马王堆汉墓出土帛书》，商务印书馆2015年版，第227—228页。

第三,"二文一武",即赏重于罚、予重于取。

在议及"因天时,伐天毁"之"武刃"于敌国时,《黄帝四经·经法·四度》指出的是:"武刃而以文随其后……用二文一武者王",即在武刃杀伐之后,必须继之以文德安抚;而不吝使用二分文德、一分武功者,可以"王天下"。这就是赏重于罚、"予"重于"取"了。如前文所说,中国法制史学者中的某些人,曾有一时将夏启发兵攻打有扈氏时的军令《甘誓》肆行指斥为奴隶主阶级对奴隶的残酷镇压。对此,我曾指出这是断章取义。因为《甘誓》除"弗用命,戮于社,予则孥戮汝"外,其前还有"用命,赏于祖",说明其时是赏先于、重于、大于罚的。原以为夏启之军令乃中国历史上最早论及这一问题的,现在则进一步认识到:夏启之军令内容,源于《黄帝四经》所弘扬的"先予后取、先德后刑"思想。由此亦可见黄帝思想的重要意义。

第四,奖赏给予要看对象,不能随意而行。

一国之内,如前所说,应刑德兼行而先德后刑。那么,如果是针对入侵的敌国呢?

《黄帝四经·称》篇有"毋籍(借)贼兵,毋里盗量(粮)"之说,即指不要将武器赠予敌人,不要把粮食给予强盗。这是因为"籍(借)贼兵,里盗量(粮)",从而"短者长,弱者强"以致"赢绌变化,后将反佁(施)",即如果将武器赠予敌人,将粮食给予强盗,就能使他们从短弱者变为强大者,结果会反过来使自己受其所害。法律激励当然也是如此,激励错了对象,就会适得其反地使自己遭殃。但是,这与欲擒故纵、麻痹敌人,使之自进圈套、自取灭亡又是不同的。根据对象的不同,或取或予,或真或假,应具体分析具体对待。

《黄帝四经》所载黄帝对蚩尤一战,可视为黄帝根据对手的实际情况而慎行刑德、生杀的范例。《黄帝四经》记述了黄帝大战蚩尤的准备、交战、获胜与严惩的全部过程。黄帝的大臣力黑问太山稽说,蚩尤骄狂之极且阴险毒辣,该怎么办呢?太山稽回答道:凡事盛极必衰,现在要多多给予蚩尤而使之更加贪婪无度、挥霍不止，从而使之狂悖懈怠、恶贯满盈。当他坏事做绝时，连他的部众也都会奋起推翻他，使他自取灭亡。终于，在最后一战中，黄帝取得了大胜："……于是出其锵钺，奋其戎兵。黄帝身禺（遇）之（蚩）尤，因而禽（擒）之。勎（剥）其□革以为干侯，使人射之，多中者赏。䎃其发而建之天，名曰之（蚩）尤之䰯旌。充其胃以为鞠（鞠），使人执之，多中者赏。腐其骨肉，投之苦酭（醢），使天下喋之。"①

三、以"取予得当"的思想主导法律激励是成功实施反熵治理的关键

法律激励与反熵治理关系密切，应成为反熵治理的重要的有机组成部分，古今中外无数的历史经验与教训都从正反两个方面证明了这一点。法律激励应以《黄帝四经》所揭明的"取予得当"思想加以主导，这是成功实施反熵治理的关键。

（一）法律激励与反熵治理

法律激励与在治国理政中遵循的"反熵治理"对策有内在的逻辑联系。

法律激励的概念是指运用激励法来影响人们的思想、规范人们的行为，促进人们向上、向善。"激励法是对人的特定行为实施激励的法律"，"它有三层含义：一、激励法是法律；二、激励法是实施激励的法律；三、激励法作为法律是针对'人'的特定行为而实施激励的"②。

反熵治理的概念是廖凯原先生在《轩辕运行体系2.0（4708—永远）》（中译文）中首先提出并作了阐述的。他指出："社会主义中国的政府，应该是由一个

---

① 《黄帝四经·十大经·正乱》。
② 倪正茂：《激励法学探析》，上海社会科学院出版社2012年版，第87页。

统一的'反熵'社会主义政党所领导的政府。这样的政府，带领人们依据黄帝所提出的'科学法治观'来实现每一个人的梦想，以令每一个公民皆得无时无刻不生活在繁荣而和谐的社会之中，接受教育、身体健康且生活富足。这样的一种社会治理，我将其过程概括为'轩辕运行体系'。"①上引中的"'反熵'社会主义政党"是指中国共产党。廖凯原先生认为，为了实现"中国梦"，中国必须有"（1）强大的反熵公民，即'天命人'；（2）一个强大而统一的反熵中国社会主义政党；（3）强大的反熵营利和非营利组织和机构；（4）强大、统一并集权的反熵政府"②。

"反熵"是物理学概念，其对称的一概念是"熵"。

"熵"指不能再被转化做功的能量总和的测定单位。1865年，德国物理学家鲁道尔夫·克劳修斯首次提出了"熵"这个概念，而其原理则是由比鲁道尔夫·克劳修斯提出此说早41年的法国人沙迪·迦诺在研究蒸汽机工作原理时发现的。沙迪·迦诺注意到，在蒸汽机工作的过程中，燃料燃烧的热能转化成了机器运动的机械能，而且每次转化都是不可逆的。因此，熵的增加就意味着有效热能的减少。所以，每当自然界发生任何事情时，一定的能量就被转化成了不能再做功的无效能源，从而造成污染。污染就是熵的同义词。对地球人来说，其可用能量来自地球自身所蕴藏的和太阳以光照形式所传输的能量。这两种热能的来源，终有告罄的一天，那时被称为"热寂"——也就是污染达到了顶点，人类将随地球的"热寂"而灭亡。

但是，对于"熵"也有"乐观派"的反对性反应，其代表人物是"耗散结构理论"的创始人、1977年诺贝尔化学奖的获得者、比利时物理学家伊利亚·普

---

① ［美］廖凯原：《轩辕运行体系2.0（4708—永远）》（中译文），徐炳主编《黄帝思想与道、理、法研究》（轩辕黄帝研究 第一卷），社会科学文献出版社2013年版，第55页。

② ［美］廖凯原：《轩辕运行体系2.0（4708—永远）》（中译文），徐炳主编《黄帝思想与道、理、法研究》（轩辕黄帝研究 第一卷），社会科学文献出版社2013年版，第60页。

里高津(以下称普里高津)。普里高津认为,系统越复杂,耗能虽然越多,但同时它也越灵活、越善变地以适应新的情况。普里高津提出了"反熵"性的"耗散结构"论。他认为,社会界和自然界都存在着"有序度自增"的现象。例如,流体力学中的贝纳特花样、化学中的别洛索夫-扎鲍廷斯基试验、物理学中的激光等,都是无机界的系统在一定条件下自动组织起来形成的在时空中极为有序的状态。普里高津认为,自组织现象只有在非平衡系统中,在外界有着物质和能量交换的情况下,系统内各要素存在着复杂的、非线性的相干效应时才可能产生。普里高津把在这种条件下产生的自组织有序态称为"耗散结构"。在一定条件下,耗散结构系统能引进负熵流,从而使系统的熵值减少。实际上,生物自身就有产生负熵的机制,如植物的光合作用、动物的饮食消化都是在外界的作用下获得负熵,从而保持系统的有序和稳定。不仅生物界,人类和人类社会在一定条件下都是远离平衡态并且与周围环境存在能量交换的开放系统。在这里,"一定条件"是耗散结构引进负熵流,从而使系统的熵值减少的前提。人类的自觉活动是有可能铲除这"一定条件",从而造成熵增的;也有可能不断地创造"一定条件",促成"反熵",从而使人类发展、社会进步。

法律激励与反熵治理的关系就在于运用激励法,促成人们的思想、行为向上、向善,从而求得社会的进步。这里,"运用激励法"就是"创造一定条件"促成"反熵",从而使人类发展、社会进步。与此相反,排斥法律激励甚至倒行逆施,则必致人类相残、社会退步。我在《黄老思潮与汉初君臣之反熵治国》[1]一文中,曾议及中国历史上的战国末期和秦代以酷烈的战争大增国家与社会运行之"熵",从而导致燕、赵、韩、魏、齐、楚六国为秦所灭和秦代的二世而亡,并较为详尽地议及汉初、隋初、唐初时期,统治阶级上层如何以法律来激励社会生产的发展,从而创造了较好的社会生态环境这"一定条件",为社会的进步

---

[1] 原载徐炳主编:《黄帝思想与道、理、法研究》(轩辕黄帝研究 第一卷),社会科学文献出版社2013年版,第156—190页。

与发展注入了较为有利的"一定条件",促进"反熵",形成了中国历史上"文景之治""开皇之治"与"贞观之治"的出现。如果细细考察中国历史或他国历史、世界历史,必定也能发现大量史实,证明以法律激励创造"一定条件",从而促成"反熵",使社会进步;同样亦可证明,反此道而行,则必导致社会停滞、退步。

(二) 法律激励是反熵治理的重要的有机组成部分

对社会与国家的反熵治理,也就是说,为社会与国家的健康发展与持续进步创造"一定条件",应是多因素、全方位、长时期的。单一因素不行,方位片面不行,时间短暂也不行。战国后期,逐鹿中原、殊死"争雄"的燕、赵、韩、魏、齐、楚六国,也曾竭尽全力创造各种条件,力图富国强兵、战胜敌国。兴起西陲而一扫"六合",造就了"天下成一统"之伟业的秦国,最终也灰飞烟灭于历史烟尘之中。甚至,连创造了中国历史上著名"治世"的汉、隋、唐,竟也为波涛滚滚的历史大潮所吞没。可以说,这都与汉初、隋初、唐初之后悖逆了反熵治理,或未在"多因素""全方位""长时期"方面有所创行、有所坚持密切相关。

审视历史,应当指出:法律激励是反熵治理的重要的有机组成部分。这一断定有三层含义。

其一,法律激励是反熵治理的手段。社会与国家是由人组成的,当举国之人积极向上、向善时,社会与国家无疑会不期然而然的进步、发展。以法律来激励人们向上、向善,正是增进社会与国家形成有序的稳定性耗散结构的重要条件,从而大大"减熵"、不断进步。

其二,在社会与国家的反熵治理中,法律激励是重要的手段。组成社会与国家者的向上、向善之心如何调动?其手段种种,主要者为经济手段、政策手段、道德手段(包括宗教手段)等。但经济手段、政策手段、道德手段,除其自身作用外,还要依赖法律的奖赏激励功能。正因如此,法国伏尔泰有"欧洲法律不如中国"之叹;① 美国弗里德曼有"法学研究总的说来对奖赏注意不多"之憾②。也就是说,法律是社会治理与国家治理的手段,而激励则是法律手段中不可或缺的有机组成部分。

其三,法律激励并非反熵治理的全部手段。这可从两方面看,一是从社会与国家的反熵治理的全部手段看。如前所说,除法律手段外,还有经济的、政策的、道德(包括宗教)的手段,还有组织手段、技术(管理)手段、军事手段、外交手段,等等。二是从法律手段自身看,除法律激励外,还有法律行政、法律惩戒等。因此,既要重视法律激励,又不能单凭法律激励。

也许是因为与此有关,廖凯原先生强调,要实现"中国梦",必须既要有"强大的反熵公民",还要有"一个强大而统一的反熵中国社会主义政党""强大的反熵营利和非营利组织和机构""强大、统一并集权的反熵政府"。他概述道:"一切事物,包括每个个体、每个组织、每个机构和每个政府都在运用其拥有的一切资源,如同聚集的激光来指向特定的目标,去实现每个人的梦想和愿望。"③

(三)要以"取予得当"主导法律激励

在《激励法学探析》中,我探求了激励法的一系列原则,其中包括"法定性原则""违法无效原则""程序正当原则""公平性原则""诚实信用原则""信赖

---

① [法]伏尔泰:《风俗论》(上册),梁守锵译,商务印书馆 2006 年版,第 250—251 页。伏尔泰写道:"在别的国家,法律用以治罪,而在中国,其作用更大,用以褒奖善行。若是出现一桩罕见的高尚行为,那便会有口皆碑,传及全省。官员必须奏报皇帝,皇帝便给应受褒奖者立碑挂匾。"他举了一个农民拾得钱袋上交而被赐五品官的例子后写道:"应当承认,在我们国家,对这个农夫的表彰,只能是课以更重的军役税,因为人们认为他相当富裕。"
② [美]弗里德曼:《法律制度——从社会科学角度观察》,李琼英、林欣译,中国政法大学出版社 1994 年版,第 91 页。
③ [美]廖凯原:《轩辕运行体系 2.0(4708—永远)》(中译文),徐炳主编《黄帝思想与道、理、法研究》(轩辕黄帝研究 第一卷),社会科学文献出版社 2013 年版,第 60 页。

保护原则""激励适时原则"和"激励适当原则"①。略事分析,不难发现,所有这些原则,都与"取予得当"四字密切相关。

"法定性""违法无效"及"程序正当"三原则,都与依法激励相关;而"依法"之目的,就在于激励得当。就法律规定本身而言,遵行了法律也就意味着激励得当。至于该法为"良法"抑或"恶法",或者虽属"良法"却有瑕疵,等等,都与主观上激励得当与否无关。

《黄帝四经》谓:"道生法。法者,引得失以绳,而明曲直者殹(也)。故执道者,生法而弗敢犯殹(也),法立而弗敢废［也］。"其中之"引得""明……直"而"绳",即法定性;"生法而弗敢犯""法立而弗敢废"与"违法无效"直接相关。虽然在《黄帝四经》中找不到与"程序正当"相类似的指示,但从《经法·君正》中关于"一年从其俗,二年用其德,三年而民有德"直至"七年而可以正(征)",已可了然地感到黄帝的行政与施法之程序意识了。

"公平性原则"当然与激励得当相关,公平未必得当,不公平则必不得当。具体来说,"公平性原则"涉及"公开"、"平等"(包括"信息平等""机会均等""同功同赏"等)。在《黄帝四经》中,涉及依法公平处理国事的言论所在多有、比比皆是。例如"公者明,至明者有功"②"使民之恒度,去私而立公"③"天下大(太)平,正以明德,参之于天地,而兼复(覆)载而无私也……"④

"诚实信用原则"包括对激励方与受激励方的要求。对激励方的要求是激励目的的真实性、激励目的的公益性以及激励过程的一致性;对受激励方的要求是所提供的有关情况(可受奖事实等)必须真实。无论是从对激励方的要求看,

---

① 倪正茂:《激励法学探析》,上海社会科学院出版社2012年版,第347—407页。
② 《黄帝四经·经法·道法》。
③ 《黄帝四经·经法·道法》。
④ 《黄帝四经·经法·六分》。

还是从对受激励方的要求看，都直接影响"取予"是否"得当"。在《黄帝四经》中，诚实信用原则可见诸屡屡出现的"信"字上。如"以法度治者，不可乱也……赏罚信，所以治也"①"日信出信入……［月信生信死］……列星有数，而不失其行，信之稽也……"②"信者，天之期也……"③"信能无欲，可为民命；信能无事，则万物周扁……"④"……故言者心之符［也］……有一言，无一行，胃（谓）之诬……"⑤这些都反映了黄帝的"诚信"理念与坚持"诚信"的执着。

"信赖保护原则"涉及"信赖前提""信赖表现"以及"信赖权益保护"。"信赖前提"是激励方所做出的激励承诺、所确定的激励事项内容，即要求信守所公示的激励程序及具体的激励方案等。"信赖表现"是激励相对人基于对激励主体的信赖而做出的处分行为。二者都与激励得当直接相关，或者可说是激励得当的必备内容、必具条件。

"激励适时原则"与"激励适当原则"，或为激励在时间性上的表现，或与激励内容直接相关。联系"取予得当"来看，就是"适时"地"取、予"和"适当"地"取、予"。从《黄帝四经》看，"时"与"当"这两个概念，是占有相当突出的地位的。《黄帝四经》中，"时"字出现过64次，"当"字出现过41次，都是出现频次较高的单音词。尤为重要的是，出现此二字的绝大多数地方，都是与"天""地""人"三"道"相连的。例如《黄帝四经》有谓："天地无私，四时不息。天地立（位），圣人故载。过极失［当］，天将降央（殃）。"⑥天地运行、四时相继，无私而有序，为执道的圣人所遵行。如若"悖时""过极"而致"失当"，必遭天地之"道"的惩罚而罹灾受殃。《黄帝四经》又谓："始于文而卒

---

① 《黄帝四经·经法·君正》。
② 《黄帝四经·经法·论》。
③ 《黄帝四经·经法·论》。
④ 《黄帝四经·道原》。
⑤ 《黄帝四经·十大经·行守》。
⑥ 《黄帝四经·经法·国次》。

于武,天地之道也。四时有度,天地之李(理)也。日月星晨(辰)有数,天地之纪也。三时成功,一时刑杀,天地之道也。四时而定,不爽不代(忒),常有法式,[天地之理也]。一立一废,一生一杀,四时代正,冬(终)而复始,人事之理也。逆顺是守,功溢于天,故有死刑。功不及天,退而无名;功合于天,名乃大成,人事之理也。"①谓王者参用"天""地""人"三"道",按"四时有度"而行,"三时成功,一时刑杀","四时代正","终而复始"地做到"立"与"废"、"生"与"杀"的恰当处置。再如:"天道已既,地物乃备。散流相成,圣人之事。圣人不巧,时反是守。优未爱民,与天同道。圣人正以侍(待)之,静以须人。不违天刑,不襦不传。当天时,与之皆断;当断不断,反受其乱。"②更加明确地教诲后人务必"当天时"而行,否则必"反受其乱"。

总之,从法律激励的具体原则来看,都要从"取予得当"的要求出发,并以"取予得当"为法律激励之逻辑依归。

当然,从近5000年前的黄帝时代迄今,中国社会的发展已大大地复杂化了。中华儿女千百万倍地生育繁殖、茁壮成长,社会事务千头万绪、丰富繁杂,所当促进、奖掖、激励的人与事,其范围、数量、程度等也有了极大的变化。因此,如何以"取予得当"的思想来主导法律激励,以及如何使之成为成功实施反熵治理的关键环节,当然需要今天从事黄帝研究、法学研究与政治学研究的学者做进一步的努力,在新的高度上有所发现、有所发明、有所创造、有所前进。在这一方面,廖凯原先生是我们的榜样。

---

① 《黄帝四经·经法·论约》。
② 《黄帝四经·十大经·观》。

《黄帝四经》与"中式法治"之源*

廖凯原先生提出的"中式法治"概念，引起了中外法学界的关注。清华大学法学院凯原中国法治与义理研究中心全体同人对此衷心翊赞，正在展开深入研究。作为中心的成员，笔者的研究涉及以下几个方面问题：一为廖凯原先生是如何论述"中式法治"的；二为以《黄帝四经》为"中式法治"之源的理由是什么；三为"中式法治"的源头——《黄帝四经》中与法治有关的观点及其与我国法治发展的关系如何。本文作为初步研究成果，略述有关看法。是否得当，敬祈方家批评指正。

一、廖凯原论"中式法治"

古往今来，对世界各国包含法律治理在内的国家治理方式，学界多有不同见解。由于丝毫不用、绝对排斥法律治理的个案从未见到，所以不存在纯然的"人治"。即便像力主"哲学王"之治的柏拉图，也只不过是认为富有哲学睿智的国王能更好地运用法律来治国而已，绝非完全否定法律之治。至于力主以法为治的

---

* 原载［美］廖凯原主编：《黄帝思想与中华引擎（二）》（轩辕黄帝研究 第四卷），社会科学文献出版社2018年版，第143—162页。

柏拉图的学生亚里士多德，则认为"哲学王"之治是"一人之治"，以法律治国则是"众人之治"，而"众人之治"是当然优于"一人之治"的。柏拉图与亚里士多德在治国理念上的这一分歧，可以代表自古及今中外各国无不形成"法治"与"人治"之争的认识论缘由。同时，由于各国的人文环境不一，"法治"论与"人治"论在不同国家的具体表现及理论阐释，又会有所区别，但仍不出"人治"与"法治"两大范畴。由于地理、交通、通信的缘故，大略可将世界各国划入"东方"与"西方"两大类，而其治国理论也因历史发展的不同而有所区别。大略是东方以"人治"为重，西方以"法治"为重。①

中国近代，数千年一贯的中国式帝王治国方式，遭到了来自西方的法律治理方式的强烈冲击，因而造成了统治阶级上层和知识分子阶层在治国方式上的思考与纷争。大致从1840年鸦片战争开始，直至20世纪40年代，中国是实行传统的"帝王之治"还是西方的"法治"之争，时起时伏，从未停止。

20世纪70年代，国人切齿痛恨"文革""人治"之祸，就喊出了压抑心底的改行"法治"的迫切企求。从此，"人治"与"法治"的尖锐对立便被揭示于世人面前。廖先生注意到了国人包括法学界的有关议论，但他并未停留在关于"人治""法治"的区别以及我国自古以来帝王专制的"人治"祸害的层面上。他深入地思考了这样的似乎十分简单却不应无视、否定的史实：中国5000年文明史中，难道只有"人治"而无"法治"吗？这符合中国社会治理方式发展的史实吗？如果只有"人治"，中国为何能在5000年的历史发展中，在世界各大法系纷纷消失的情况下而保有中华法系的亘古长存、光辉永照？中国之国力包括经济、文化、军事、科技等的实力为何长居全球之首？正是在做了这样的深入思考之后，作为美籍华人思想家的廖先生形成了一个社会的治理实际上既有"人治"的

---

① 夏勇《法治源流——东方与西方》（社会科学文献出版社，2004年版）一书，就是详论有关问题的。值得注意的是，他把"东方与西方"各国全部归入了"法治"国的范畴，而无纯然的"人治"国。二者的区别，仅只是"源流"上的不同而已。

一面,也有与之并存的"法治"的另一面的观念。同时,由于各国国情的不同,无论是"人治"还是"法治",也决不能等量齐观、视同一律。也就是说,中国有中国的法治,美国有美国的法治,印度有印度的法治,等等。对这客观存在的法治一面,是不容否定也否定不了的。就中国与欧美国家的"法治"的异同而言,则有"西式"与"中式"之分。

于是,早在2008年4月30日,廖先生在复旦大学法学院所做的题为《探寻中式法治之道》的演讲中,就提出了"中式法治"的概念。他说:"当我在美国还是一个学生的时候,有幸偶然读到一本关于商鞅的书——《商君书》。商鞅富有创见的法治理念和厉行变法的改革勇气令我深深敬仰……他的法家思想遗产仍然流传至今……我认为商鞅的法治学说源于黄帝的法治理念。"2008年9月20日他在上海交通大学又发表了《中国特色的法治与礼治》的演讲,从演讲的主旨中,也可看出他越发坚定地相信"中式法治"之存在了。而在2011年公开发表的《〈黄帝四经〉新见:中国法治与德治科学观的反熵运行体系》[1]中,他则进一步明确阐述了"中式法治"的概念。直至2015年8月15日廖凯原先生在中国法律史学会年会上发表的主旨演讲中,仍然坚持"以轩辕之治为本的法治是中式法治"。

2011年廖凯原先生在他发表的论文中,就他关注的"长期以来,中西学者一直认为中国传统中没有法治观念,也没有任何关于个人自由与追求个人幸福的观念"的现象,提出批评,称"这些都是谬论"。他认为:"自黄帝始,中国就有了明确的法治和德治观念……"他指出:"黄帝阐明:中国法治及德治的观念都来源于道。道生法,法治确立了一个边界,用以明确何者为人们应为与不应为,从而确立了法律与秩序。没有人可以高于法律,法治与天理之下人人平等。"他指出:"学者们不应以偏见来看待中国,不应以理想的法治模型来套中国的实践,

---

[1] [美]廖凯原:《〈黄帝四经〉新见:中国法治与德治科学观的反熵运行体系》,关志国、黄列、支振锋译,《环球法律评论》2011年第2期。

这种比较是不公平的，也是不切实际的，因为即便是作为法治模范的美国也常常不能达到那种理想境界。"①

2014年9月，廖凯原先生在河北涿鹿黄帝城举行的"黄帝思想与先秦诸子百家"国际研讨会上，发表了《黄帝范例：轩辕反熵运行体系2.0》这一主旨演讲，演讲中他再次强调了"中式法治"的概念。为说明他的观点，该文中虚拟了一位美国法学家"张三教授"，并通过与之对话提出了一个观点，即"我发现美式英语里没有语法！……因为我发现美式英语里没有中文的语法！"针对此观点，廖评论道："好好想一下，这就是那些著名的中外法学者在中国的发现。他们用自己自由民主的价值观来断定中国没有美式法治，却不顾中国五千多年的绚烂文明……他们却仅凭美国那些标准就妄言中国没有法治。难道没有任何法治和义理之治，中国还能够成就这么多丰功伟业？"

廖又指出："五千年来直至今日，中国一直是一个持续遵行法治和义理的国家。中国是人的社会，而非天使社会②。……当然有法治和义理的观念并不等于中国在理论和实践上都很完美。中式法治和义理之治不总是被严格遵守的，而违反之人也未必会被逮捕和惩罚。但是这样的疏漏不等于中国就不是一个法治与义理之治的国家。比如美国，通常被视为拥有成熟且完整法治并秉持自由民主的国家，但也经常疏于惩罚戴罪之人，违背她法治与义理之治的理想。"

可以这样概述廖凯原先生"中式法治"概念形成的思想历程：他杂用类比推理与逻辑归谬的方法，以"隐含的美式英语有美式英语的语法，中文有中文的语法，不能因为美式英语里没有中文语法而谬认'美式英语里没有语法'"进行类比。其类比结论则是：美国有美国的法治模式，中国有中国的法治模式，不能因

---

① ［美］廖凯原：《〈黄帝四经〉新见：中国法治与德治科学观的反熵运行体系》，关志国、黄列、支振锋译，《环球法律评论》2011年第2期。
② 廖凯原原注：根据《圣经》，有正义天使，也有黑暗天使，因此，即使是天使社会也同样会存在理论与实践的问题。

为中国式法治里没有美国式法治而谬认中国没有法治。

上述廖凯原先生逐渐形成并提出"中式法治"概念的过程，可大致概括如下：

（1）商鞅的法治学说和以法治国实践，帮助廖凯原先生形成中国古代即有"法治"的概念；

（2）商鞅的"法治"学说源于黄帝的"法治"观念；

（3）中国有自己特色的"法治"与"礼治"，从而形成了"中式法治"；

（4）认为中国传统中没有任何关于个人自由与追求、关于个人自由与追求个人幸福的观念，是谬论；

（5）认为中国传统中没有"法治"的观念，也是谬论；

（6）以轩辕之治为本的"法治"是"中式法治"；

（7）黄帝建立了"轩辕反熵运行体系2.0"；

（8）中国的"法治"及"德治"观念都来源于"道"。

哈佛大学高道蕴[①]教授赞同廖凯原先生的上述观点。她结合自己研究《黄帝四经》的体会指出："事实上，正如廖凯原教授在其文中的有力论述，黄帝传统早已发展出一套关于自然法的先进理论。"[②]她认为："法治的理想从未在任何政体之中得到完满的实现，古代现代都概莫能外。""即使在西方世界法治理想的源头——古希腊、古罗马的法律体系中，也没有展现出一种现代法治。"[③]高道蕴教授认为"黄帝的观念确实符合法治"[④]。

[①] 高道蕴（Karen Turner），美国哈佛大学法学院东亚法律研究中心高级研究员，圣十字学院人文科学杰出教授。

[②] 高道蕴：《黄帝传统中的法、自然与道》，徐炳主编《黄帝思想与先秦诸子百家》（轩辕黄帝研究 第二卷下），社会科学文献出版社2015年版，第239—250页。

[③] 高道蕴：《黄帝传统中的法、自然与道》，徐炳主编《黄帝思想与先秦诸子百家》（轩辕黄帝研究 第二卷下），社会科学文献出版社2015年版，第246页。

[④] 高道蕴：《黄帝传统中的法、自然与道》，徐炳主编《黄帝思想与先秦诸子百家》（轩辕黄帝研究 第二卷下），社会科学文献出版社2015年版，第246页。

在中国学者中，认同廖凯原先生"中式法治"论以及与之相关观点的，也是大有人在的。例如，台湾地区的法史学者始终高度肯定"中华法系"的存在，并认为它是极为优越的法系。又如，李钟声先生在《中华法系（上）》"自序"中写道："中华法系在世界各法系中的历史地位……如同'高峰突兀群峰伏'，象征着人类在七千年前就有法律文化"；中华法系乃是"一种伦理化的法律制度，即道德法律与制定法共同组成的立体性体系"；"如珠玉镶嵌的皇冠，光华外发，照耀古今"；"中华法系关系国家复兴，且将改变世界历史"①。陈顾远先生论及中华法系时指出："中国固有法系由其创始至于建立，最晚距今为二千三百余年，推而上之，可有五千年之久"；"数千年来，中华民族永为中国法系下之法制所支配"，"中华法系……有其超然独立之地位……中华民族永为中国法系下的法制所支配，民族精神亦必息息与之相关……"②。李钟声先生还援引著名的历史学家汤恩比的断语而高度热情地讴歌了中华法系的辉煌远大的未来："汤恩比更认为：21世纪可能是中国世纪。足见为纾解当前世界危机，而重建未来世界的法律秩序，我国学术有积极意义及未来使命。因为人类生生不已，相生相养，将是以共存而绵延，中华法系以此为基本精神及实现方法，隶属一种人类共存的法律制度，行将弘扬于世界，开拓人类和平新纪元。"③张金鉴先生对中华法系同样给予了高度的评价，他指出："中国法系……具有独特的精神与久远的历史及光辉的价值，为他国法制望尘所不及者。世人对此实有研究的必要，并应其所以发扬光大的途径。"④

不必再多举例中外学者对"中式法治"的高度认同、肯定与阐释，我们完全可以认定廖凯原先生提出"中式法治"论点的正确性与科学性。

---

① 李钟声：《中华法系（上）》"自序"，台北华欣文化事业中心1985年版，第1、4页。
② 陈顾远：《中国法制史概要》，台北三民书局1977年版，第42—43页。
③ 李钟声：《中华法系（上）》"自序"，台北华欣文化事业中心1985年版，第3页。
④ 张金鉴：《中国法制史概要》"序言"，台北正中书局印行，出版年份不详，"序言"写于1963年。

毫无疑问，中国古代各个朝代的立法、司法方面确有严重的"人治"因素，当然也绝无现代国家那样的民选政府与整套立法、司法方面的民主制度与民主措施。但是，能够因此而完全否定其时有法律之治吗？恩格斯曾经指出："一切政府，甚至最专制的政府，归根到底都不过是本国状况所产生的经济必然性的执行者。它们可以通过各种方式——好的、坏的或者不好不坏的——来执行这一任务；它们可以加速或延缓经济发展及其政治和法律的结果，可是最终它们还是要遵循这种发展。"①"经济必然性"在人类社会孕育出氏族、部落、部落联盟直至国家的过程中，始终发挥着它的决定性作用。这种决定性的重要表现之一，就是无可回避地必须在实行"德治"（习俗之治）以外同时还实行"法治"。这种"法治"在不同的阶段会有不同的表现，但其总体趋势则是大致相同的，即从野蛮走向文明、从不民主走向民主、从不科学走向科学。这种"法治"在不同的国家也会有不同的特点，但决不能由于各有特点而排除其中蕴有"法治"的因素。中国的先民们（政治家和思想家们）自古以来就殚精竭虑于社会治理的有效手段，其中最为关注的就是"德治"与"法治"。因此，概括性地断定古老的中国即有"中式法治"是符合史实的科学论断。

那么，中华文化中的"中式法治"的源头在哪里呢？廖凯原先生认为，"中式法治"的源头在约五千年前的轩辕黄帝时期。足可凭证的是："白纸（帛）黑字"的《黄帝四经》即为"中式法治"之源。

二、为何说《黄帝四经》是"中式法治"之源

中华民族先祖所创行的"中式法治"，绵绵亘亘长达数千年之久。溯本求源，至今学界对我国法史之可上溯至夏朝，并无异议。举凡大陆学者张国华、饶

---

① 《恩格斯致尼·弗·丹尼尔逊（1892年6月18日）》，《马克思恩格斯选集》（第四卷），人民出版社1966年版，第495页。

鑫贤、杨鹤皋、杨一凡、俞荣根、陈晓枫、周密和台湾学者李钟声、陈顾远、林咏荣、张金鉴等人，其法史著作，都无不远自夏、商、周开篇述评。

但全世界的共识是中华文明有5000年的历史，而夏朝始于公元前21世纪，距今约4000年。那么，令人尴尬的问题必然被提出：中华文明史中最早的那1000年到哪里去了；那1000年里我国的社会治理是怎么进行的；等等。

在1973年从湖南长沙马王堆汉墓发掘出帛书《黄帝四经》之前，由于史无实据，因此无法明确回答这个问题。自从《黄帝四经》面世之后，这个问题的答案便有了可资依据的实物证明。对此，笔者有这样几点看法。

第一，从总体上看，我们可以认定：黄帝是中华民族的人文初祖，黄帝思想是中华文明的历史源头。

近代以来，学界的主流观点是，中华文化的源头是春秋战国时期的诸子百家。诚然，春秋战国时期由于政治环境较为宽松，社会思想相当活跃，儒、墨、道、法、阴阳、名家、兵家等学派，发表了大量观点各异、文采斐然的传世佳作，造就了"百花齐放，百家争鸣"的盛况，对后世社会的政治、经济、文化的发展产生了很大的影响。但是，将中华文化仅仅上溯到春秋战国时期，比仅仅上溯到夏代，更是短缺了两三千年，人们不得不面对更加令人尴尬的两个问题：首先，春秋战国距今2800年至2200年，那么，中华文化的历史岂非只有2000多年，这与5000年中华文明史不是大相径庭、天差地远吗；其次，"百家"观点虽然色彩纷呈，但各执己见、互相攻讦，如何鉴别其良莠优劣、是非短长。

关注与承认黄帝是中华民族的人文初祖，是中华优秀传统文化的源头，既是客观的，又是必要的，还是可行的。

谓其"客观"，是因为黄帝生当距今约4700年，史书上以及口头传说中有大量关于黄帝的资料，事涉黄帝大败蚩尤从而统一了中国，黄帝及其臣属和能工巧匠"为衣服""治饮食""为宫室""造舟车"，初步解决了中华民族先人们的衣、食、住、行问题，还发明药物、创造文字、制定历法直至设定度量权衡制度，开始了以法为治的社会管理。后人对此深信不疑。《史记·五帝本纪》说战国时"百家言黄帝"。也就是说,"百家"自身就是以黄帝为其人文初祖,以黄帝时期产生的文化为自己的学术源头的。实际上,不仅战国时"百家言黄帝",后来的史实还可谓"百代言黄帝""百族言黄帝""百国言黄帝"。其中,"百代言黄帝"便是公认的史实。李学勤、张岂之先生总主编的《炎黄汇典》①,不但汇集了历朝历代文人学士颂扬黄帝的文字,还汇集了先秦经汉、魏晋南北朝、隋、唐、宋、元直至明、清史志记载、颂扬黄帝的资料。至于"百族言黄帝""百国言黄帝",现在已经有人在搜检有关资料,想必也会卓有所成的。

谓其"必要",是因为一统中华的民族形成与文化发展总应有一个起始阶段。在这个起始阶段中,如今可知的主要人物,一为神农,一为蚩尤,一为炎帝,一为轩辕黄帝。炎帝与黄帝都是少典的子辈部族。《史记·五帝本纪》对此有详细记载。当今中国共有14亿人口,由56个民族组成"中华民族"的大家庭。这个大家庭不是2000多年前才形成的,而是近5000年前的黄帝时期大体形成的。

谓其"可行",理由有三。其一,对于黄帝之为中华民族的人文初祖,为中华5000年文明的源头,全世界的中华儿女在认识上是基本一致的。黄帝陵基金会编的《黄帝文化志》②一书,收集有陕西黄陵县桥山黄帝陵自明太祖四年(1371)至2007年不同朝代、不同时期、不同政治主体、不同党派的祭文共约122篇,可谓煌煌赫赫,蔚为大观。可以说,对黄帝乃中华民族的人文初祖、为中华文明的源头的共识,是坚如磐石般的、牢不可破的。其二,认黄帝为中华民族的人文初祖、中华5000年文明的源头,并非子虚乌有的心血来潮或基础不牢的空中楼阁,而是有着丰富文献资料证实的。尤其是出土帛书《黄帝四经》,约计1.1万字。其思想内容是相当丰富的,完全可供我们研究、学习。其三,

---

① 李学勤、张岂之总主编:《炎黄汇典》,吉林文史出版社2002年版。
② 黄帝陵基金会编:《黄帝文化志》,陕西人民出版社2008年版。

也是最重要的可行性理由。以习近平同志为核心的党中央对中华优秀文化传统高度重视，对推动有关研究、阐释、宣传工作，发挥根本性的指导作用，开辟了最宽广的前进道路。

第二，大量史料已经十分明确地认定我国历史、我国文明至少可以上溯到黄帝时代。

这些史料之纲，即为中外共同认可的我国"史圣"司马迁所著的《史记》中关于轩辕黄帝的记述。中华书局于1959年出版《史记》时，其编辑部所作的《出版说明》中曾详尽地论述了司马迁关于轩辕黄帝的记述的科学性。这一《出版说明》可谓"字字珠玑"，我们至少可以从中了解到以下几点极为重要的结论：其一，司马迁有极深的家学渊源，因此有极其难得的涉史问学的便利；其二，司马迁父亲死后，他继任"太史令"，即开始"搜集史料"，不仅能够"读到皇家所藏的古籍"，而且"到处游历"进行"实地调查"；其三，不幸成为"刑余之人"以后他发愤续作，把生命付给了《史记》的撰写。应当特别注意的是司马迁的"到处游历"进行"实地调查"这一点。在将关于轩辕黄帝的史实列为《史记》首卷的"太史公曰"即"跋"中，司马迁自己这样总结道：

> 学者多称五帝，尚矣。然《尚书》独载尧以来，而百家言黄帝，其文不雅驯，荐绅先生难言之。孔子所传《宰予问五帝德》及《帝系姓》，儒者或不传。余尝西至空桐，北过涿鹿，东渐于海，南浮江淮矣，至长老皆各往往称黄帝、尧、舜之处，风教固殊焉。总之不离古文者近是。予观《春秋》《国语》，其发明《五帝德》《帝系姓》章矣，顾弟弗深考，其所表见皆不虚。书缺有间矣，其轶乃时时见于他说。非好学深思，心知其意，固难为浅见寡闻道也。余并论次，择其言尤雅者，故著为本纪书首。

司马迁时没有飞机，没有高铁，也没有汽车，交通工具中最为快捷的不过是马匹和船只。要"西至空桐"即今甘肃平凉之崆峒山、"南浮江淮"即今江浙一带，几乎是走遍了当时的整个"中国"。其艰难困苦是可以想见的。

古往今来，有无数学问家、考据家对《史记》做过精心的研究。最为著名的是刘宋的裴骃、唐代的司马贞和张守节三人的集解、索隐和正义了。在这些著述中，我们找不出确切有力的材料可以推翻司马迁关于轩辕黄帝的记述。

第三，司马迁在《史记》卷一的"跋"中所云"尧以来……百家言黄帝"已为大量史料确证不虚。

李学勤、张岂之先生总主编《炎黄汇典》，从《尚书》《逸周书》《左传》《国语》等106种著名史籍，《史佚书》《申子》《田俅子》等33种辑佚简录，《群书治要》《艺文类聚》《玉海》等11种类书录存，《华阳国志》《水经注》《方舆胜览》等14种地理"志""记"，《孙子》《六韬》等8种兵法类书，《神农书》《古三坟》等8种托名言论，以及《神农本草经》《黄帝内经》等7种医药类书中，精心搜检出有关炎帝和黄帝的史料记述，在在都证明轩辕黄帝乃中华民族的原始人文初祖，其时的黄帝思想、黄帝文化乃是汩汩流传5000年之久的中华文明的源头。

本人在研究黄帝文化的过程中，比较具体地研析过司马迁所云"百家言黄帝"的具体情形，认为"百家"之"言黄帝"约略可以分为以下四种情形：

一为"直引黄帝之'言'"。如《韩非子·扬权》篇之直引"黄帝有言曰：'上下一日百战……'"。又如《庄子·在宥》之记载："黄帝立为天子十九年，令行天下，闻广成子在于空同之山，故往见之，曰：'我闻吾子达于至道，敢问至道之精。吾欲取天地之精，以佐五谷，以养民人，吾又欲官阴阳，以遂群生，为之奈何？'"《庄子》一书，可见其中载有庄子直引黄帝之"言"的，约计10处，分别见诸《庄子》之《在宥第十一》《天地第十二》《天运第十四》《知北游第二十二》《徐无鬼第二十四》等篇中。直引黄帝之"言"的，还可见诸《列子》

《吕氏春秋》《新书》《淮南子》等。这些直引黄帝之"言"的事实、记载当然十分重要：其一，可以说明"百家"之中确有名儒硕学对黄帝之崇敬；其二，可以从中探赜索隐，阐析黄帝之"言"对引者的影响；其三，可以从所引黄帝之"言"中进一步分析黄帝的思想及其对后世可能产生的影响；其四，更为重要的是，不仅有《黄帝四经》可供今人研析黄帝思想，而且有散见各种文本的黄帝之"言"为之佐证，为之提供研析黄帝思想的文字资料。而这，是前人所未充分关注的。①

二为"'言'同黄帝之'言'"。前一个"言"，是指诸子"百家"之"言"。如果"百家"中的某家在其所"言"之中，有与黄帝之"言"相同、相近或相类的，那么由于他生当黄帝之后，我们也有理由推论，如《韩非子·扬权》篇论"无为"而未引《黄帝四经》中关于"无为"的论述，也未谈及黄帝曾有"无为"之论，但韩非之"无为"与《黄帝四经》中之"无为"是大体一致的。思想言论都是有来源的，既然韩非与黄帝都"言"及"无为"，推论韩非之"无为"源于黄帝之"无为"，就有了一定的逻辑可能性。②

三为"'言'及黄帝"。这指的是诸子百家在其著作中谈到了黄帝。这当然可以视作"百家言黄帝"之一个重要的方面。"言"及黄帝的这一类别又可分为两种情形。一种是直接"言"及黄帝之活动、事迹。如《逸周书》之论述："赤帝大慑，乃说于黄帝，执蚩尤，杀之于中冀，以甲兵释怒。"③又如《世本》记载："黄帝居轩辕之丘，娶于西陵氏之子……产青阳及昌意。"④另一种是虽未直接

---

① 倪正茂：《试从〈扬权〉篇看韩非与黄帝的关系——兼论司马迁之"百家言黄帝"》，徐炳主编《黄帝思想与先秦诸子百家》（轩辕黄帝研究 第二卷上），社会科学文献出版社2015年版，第82页。
② 倪正茂：《试从〈扬权〉篇看韩非与黄帝的关系——兼论司马迁之"百家言黄帝"》，徐炳主编《黄帝思想与先秦诸子百家》（轩辕黄帝研究 第二卷上），社会科学文献出版社2015年版，第82—83页。
③《逸周书》卷六《尝麦第五六》。
④《世本》卷一《帝系》。

"言"及黄帝本人,却"言"及与黄帝关系十分密切的人,如《韩非子》之"言"及"嫘母""仓颉""神农"等。由于"嫘母""神农""仓颉"等与黄帝的关系特别密切,从他们的言论、行动、事迹中,多少可以窥测黄帝之思想,与"百家言黄帝"也有一定关系。也许,正是由于这个缘故,《炎黄汇典》中这一种类的"言"及黄帝的"百家"文字,据笔者的粗略统计,比直接"言"及黄帝本人的文字要多出三倍以上。

四为"评论黄帝之'言'"。此处之"言"是百家之"言",而非黄帝之"言"。这里的"言"主要是指对黄帝思想、事迹的分析。如《大戴礼记》有如下一节文字:

公曰:"善哉!我则问政,子事教我!"

子曰:"君问已参黄帝之制,制之大礼也。"

公曰:"先圣之道,斯为美乎?"

子曰:"斯为美……"①

"斯为美",是对"制之大礼"的"黄帝之制"的评价,既非直引黄帝之"言",亦非"言"同黄帝之"言",与"言"及黄帝也有所不同,而是对"黄帝之制"的评价。这种评价,亦可认作"百家言黄帝"之"言"②。这些都是指司马迁之前"百家"之"言黄帝"。除此之外,在司马迁之后,从东汉初至今,更有成百上千的"言黄帝"的大家、名家。所以,历史地看,"百家言黄帝"实有五种情形,可视为对司马迁所说的"百家言黄帝"的具体深化。除"韩非言黄帝"

---

① 《大戴礼记·虞戴德第七十》。
② 倪正茂:《试从〈扬权〉篇看韩非与黄帝的关系——兼论司马迁之"百年言黄帝"》,徐炳主编《黄帝思想与先秦诸子百家》(轩辕黄帝研究 第二卷上),社会科学文献出版社2015年版,第84—85页。

外，我还研究并发表过"墨家言黄帝"等论文①。因此我深悉历史上之著名"百家"确乎深深挚爱轩辕黄帝、沉沉纪念轩辕黄帝；同时也深悉研究黄帝其人、其事尤其是黄帝法治思想对后世乃至对今天的重要意义，想来不致有误。

行文至此，我想对仍然质疑"黄帝是中华民族的人文初祖"，质疑可将我国法治的优良传统上溯至黄帝时期、可以直接上溯到"黄帝"和"黄帝思想"的人们，分享一下先哲对同类问题的理论思考。

类似的质疑，在路易斯·亨利·摩尔根时代，也曾提出过。不过，其时质疑的对象是梭伦、尤留斯·凯赛、罗木卢斯、勒克斯、赛尔维乌斯·土利乌斯等古希腊及古罗马的帝王。摩尔根是如何释疑的呢？他在《古代社会》这一世界名著中指出："无论罗马那七位所谓的国王究竟真有其人或是神话人物。无论功归于他们的任何立法活动究竟实有其事或出自虚构，这对于本文所研究的问题来说均无关紧要；因为，有关拉丁社会古代组织的种种情况仍为罗马制度所吸收，从而流传到了有史时期。我们感到幸运的是：人类进步的事件不依靠特殊的人物而能体现于有形的记录之中，这种记录凝结在各种制度和风俗习惯中，保存在各种发明和发现中。"②

马克思从1881年5月到1882年2月仔细研读了摩尔根的《古代社会》，陆续做了十分详细的摘录并写了批语，形成了我们今天能够看到的《摩尔根〈古代社会〉一书摘要》。在该书中，马克思详细摘录了上述摩尔根的观点并做了重要的呼应："罗马皇帝是神话中的人物还是实有其人，完全不重要；是否存在过确实出自他们的王法，或者这些法律乃是臆造的结果，同样也并不重要。标志着人类进步的事件，不以个别人为转移而得到了物质的体现；它们凝结在制度和习惯

---

① 均见徐炳主编：《黄帝思想与先秦诸子百家》（轩辕黄帝研究 第二卷），社会科学文献出版社2015年版。
② [美] 路易斯·亨利·摩尔根：《古代社会》，杨东莼、马雍、马巨译，商务印书馆1977年版，第302页。

中而且保存在发明和发现中。"①

尽管已有世人公认的两位先哲作过如此重要的论断，但是，古往今来仍然不断有人发出不同的声音。在关于"黄帝之为中华民族的人文初祖、黄帝思想之为中华文明源头"的问题上，20世纪的二三十年代就有以顾颉刚先生为旗手的"疑古派"坚称有足够的史料为依据，作出否定性的判断。约100年后，21世纪的今天，也有个别人不断地宣称中华文明最多只能上溯至夏、商时期，距今4000年左右。好在我国的考古学界、历史学界在中华文明起源的问题上，"上穷碧落下黄泉，动手动脚找东西"（傅斯年），做了长达半个多世纪的扎扎实实的考证工作，终于以有力的证据向世人展示了"满天星斗"（苏秉琦）般的中华民族远古先人所创造的文化，从而使我们可以确信黄帝乃是中华民族的人文初祖，黄帝思想乃是中华文明的源头。徐炳教授在2014年于河北涿鹿黄帝城召开的黄帝思想国际研讨会上，曾提出过"关于黄帝思想研究的八大问题"，并一一做了回答。他断言："在孔子出生之前，《黄帝四经》的早期版本就已存在，孔子、老子一定认真研读过。因此，《黄帝四经》事实上就是中国最早的学术经典著作，在中国思想史上具有独占鳌头的地位！"②

除上述外，我们更可从我国社会治理的历史发展中明显了解到"中式法治"的种种优良传统，都能从表达了黄帝思想的《黄帝四经》中，找到二者的源与流的关系。关于这一点，笔者下面将专节述论。

---

① ［德］马克思：《摩尔根〈古代社会〉一书摘要》，中国科学院历史研究所翻译组译，人民出版社1965年版，第210页。
② 徐炳：《我们为什么要研究黄帝思想（代序）——关于黄帝思想研究的八大问题》，徐炳主编《黄帝思想与先秦诸子百家》（轩辕黄帝研究 第二卷上），社会科学文献出版社2015年版，"代序"第9页。

三、《黄帝四经》中的法治理论与我国法治的优良传统

关于我国法治的优良传统，古往今来的思想家，尤其是近代以来的法制史学家发表了大量的议论，真可谓车载斗量、汗牛充栋。

我国古代的"中式法治"涉及法治理念、法治体制、法治原则、法治实践等众多方面，略事回顾，可谓优劣兼具、良莠共存。去芜存菁，扬优弃劣，是当今推进社会主义法治建设的重要任务。"中式法治"的优良传统，在《黄帝四经》中表现为以下几个方面：一为以法为治，二为"生法度者""以法度治者"必须公正无私，三为赏罚并行。此外也对信赏必罚、赏罚有当进行了论述。

（一）以法为治

《黄帝四经》依次为《经法》《十大经》《称》和《道原》。其中《经法》劈头即谓：

> 道生法。法者，引得失以绳，而明曲直者殹（也）。故执道者，生法而弗敢犯殹（也），法立而弗敢废［也］。［故］能自引以绳，然后见知天下而不惑矣。

黄帝其时，"天""地""人"三"道"之说乃是人们世界观的主流，谓天地万物乃至一切均来源于"天""地""人"之"道"。2000多年之后，老子表述为"道生一，一生二，二生三，三生万物"[①]。正因如此，"法"当然亦为"道"之所"生"。"道"所"生"之"法"是干什么用的呢？"法"的作用就在于可以"引"之为准"绳"，亦即司法的依据而判断"得失"，以求明晰"曲直"。而对治国

---

① 《道德经》第四十二章。

理政的"执道者"的要求就是"生法而弗敢犯""法立而弗敢废",既不能"废"法,亦不能"犯"已"立"之"法"。

不仅如此,黄帝还认为,治国理政的"执道者"应"自引""道"所"生"之"法",以求"见知天下",永远立于"不惑"境界。总之是必须以法为治,不仅治世、治人,亦治自身。

黄帝关于"法"的这一总体思想,在《黄帝四经》的后文中被反复提及。例如,黄帝其时用以规范人的行为的最常用准则,就是日常生活中随时都可能碰到的"度""量""衡"。因此,《黄帝四经》中的有关述说所在多有:

> 事如直木,多如仓粟。斗石已具,尺寸已陈,则无所逃其神。故曰:"度量已具,则治而制之矣。"①

> 规之内曰员(圆),拒(矩)之内曰[方],[悬]之下曰正,水之[上]曰平。尺寸之度曰小大短长,权衡之称曰轻重不爽,斗石之量曰小(少)多有数。绳准之立曰曲直有度。八度者,用之稽也②。

十分有意思的是,《黄帝四经》中述及"执道者"的治国策略时,提出了立法、司法的时序安排:

> 一年从其俗,二年用其德,三年而民有得。四年而发号令,[五年而以刑正,六年而]民畏敬,七年而可以正(征)③。

---

① 《黄帝四经·经法·道法》。
② 《黄帝四经·经法·四度》。
③ 《黄帝四经·经法·君正》。

意谓"君主为政治国的方针应该是,第一年遵从百姓的风俗习惯,第二年选拔有德行的人授予官职,第三年要使民富足。到了第四年便可以发号施令了,第五年可以用法律来治理百姓,第六年人民就会有了敬畏心理,第七年便可以指挥百姓从戎出征了"①。治国理政,先之以遵从民俗,选拔德行端正者为官,继之以立法("发号令"),后之以司法("刑正")。黄帝以法为治、依法而治的思想,跃然纸上。

黄帝的这一思想,为其后我国之历代历朝"执道者"所重视。史籍所载之夏启发兵攻打有扈氏之前,召集部众发布号令谓:

> 王曰:嗟!六事之人,予誓告汝:有扈氏威侮五行,怠弃三正,天用剿绝其命,今予惟恭行天之罚。左不攻于左,汝不恭命;右不攻于右,汝不恭命;御非其马之正,汝不恭命。用命,赏于祖;弗用命,戮于社,予则孥戮汝②。

这是夏启出征之前的军事动员令,其主要内容就是告诫部众之左军必须奋勇"攻于左"、右军必须奋勇"攻于右"、御手必须御"其马之正",并告之以"用命"与"弗用命"的后果。这一军事动员令相当于立法,夏禹之以法治军,被《尚书》记载得了了分明。

对我国法史略有了解者,似都不难得出这样的结论:我国历朝历代的统治者,在其执政之始一般都是相当了解、相当重视而且往往都是身体力行于以法为治的。例如,夏之后的商代,商王曾仿夏启发出过内容相同甚至连字句也十分类似的军令;秦代之快速崛起于贫瘠的西陲,在很大的程度上得益于商鞅相秦厉行

---

① 陈鼓应注译:《黄帝四经今注今译——马王堆汉墓出土帛书》,商务印书馆2015年版,第54—55页。
② 《尚书·甘誓》。

法治①；汉初、隋初、唐初的统治集团都以立法开道，在相当长的时期内厉行法治。囿于阶级本性与认识水平，在各个朝代中都出现过悖逆以法为治精神的"人治"主义逆流。但是，继起朝代的统治集团中，从政治家到思想家，都有许多人发出过必须以法为治的告诫。以"二十五史"为代表的浩瀚的我国史籍，不仅明确记载并赞扬了"成康之治""文景之治""开皇之治"与"贞观之治"，而且记载了这些"治世"时期的高尚法治理念。

而若从史籍关于夏、商、周经秦、汉、隋、唐、宋、元、明直至清代的立法、司法与法律思潮状况的记载来看，是确乎可以得出这样的结论的：我国社会治理之优良传统在以法为治方面，其源盖出于黄帝思想。例如《大戴礼记》载：

> 公曰："善哉！我则问政，子事教我。"
>
> 子曰："君问已参黄帝之制、制之大礼也。"
>
> 公曰："先圣之道斯为美乎？"
>
> 子曰："斯为美……"②

《商君书》载：

> 公孙鞅曰："前世不同教，何古之法？帝王不相复，何礼之循？伏羲、神农教而不诛，黄帝、尧舜诛而不怒。及至文、武，各当时而立法，因事而制礼。礼法以时而定，制令各顺其宜。"③

---

① 史称秦代"二世而亡"，秦王嬴政于公元前221年自称"秦始皇"，至公元前206年秦王子婴投降刘邦起义军，秦亡，前后仅历15年。
② 《大戴礼记·虞戴德第七十》。
③ 《商君书·更法第一》。

《管子》载：

> 黄帝之治天下也，其民不引而来，不推而往，不使而成，不禁而止。故黄帝之治也，置法而不变，使民安其法也①。

《文子》更引老子之言曰：

> 老子曰："昔黄帝之治天下……法令明而不暗，辅佐公而不阿，田者让畔，道不拾遗……"②

《文子》而下，汉代陆贾《新语》、伏胜《尚书大传》、贾谊《新书》、刘安《淮南子》、司马迁《史记》、王充《论衡》、晋人皇甫谧《帝王世纪》、唐人房玄龄等《晋书》以及此后《宋书》《梁书》《陈书》《魏书》《隋书》《通典》《古今纪要》《文献通考》……更是屡屡述及黄帝之时"以法为治"的史实，并对此礼赞有加。由此可见，我国自黄帝开始而经历代历朝相承相传的"以法为治"，确为治政体制、治政理念、治政原则的总纲。这一总纲无疑应当视作我国自古以来社会的优良传统。至于这一传统在其贯彻实施中为"人治主义"所削弱、破坏乃至相当彻底的鄙弃（如隋文帝仁寿年间、隋炀帝大业时期等），那是另一论域的问题，不能因此而否定这一优良传统之存在，也不应否定这一优良传统之可溯源于黄帝的"以法为治"思想。

（二）执法公允

《黄帝四经》中，言及当政者"以法为治"必须公正无私的，比比皆是。

---

① 《管子·任法》。
② 《文子·精诚》。

例如：

> 法度者，正之至也。而以法度治者，不可乱也。而生法度者，不可乱也。精公无私而赏罚信，所以治也①。

> 公者明，至明者有功……无私者知（智），至知（智）者为天下稽②。

> 使民之恒度，去私而立公③。

上录黄帝之言，重在告知"执道者"即当政者，必须"去私""立公"而成为"天下"之"稽"，即行为榜样。

> 天地无私，四时不息。天地立（位），圣人故载。过极失［当］，天将降央（殃）④。

> 圣人不为始，不剸（专）己……因天之则。失其天者死……⑤

上录黄帝之言，重在告知"执道者"即当政者必须仿行"天地"之无私而以公心实现治法，否则，必"失其天"，"天"必"降殃"而致其"死"。

　　法治必须公正无私，执法者必须公正无私，是自黄帝起就成了我国司法制度

---

① 《黄帝四经·经法·君正》。
② 《黄帝四经·经法·道法》。
③ 《黄帝四经·经法·道法》。
④ 《黄帝四经·经法·国次》。
⑤ 《黄帝四经·称》。

的优良传统的。

当然,"天"也者,毕竟虚无缥缈,黄帝其时的人们也只能如此认识与判断。所以,《黄帝四经》有"虚无刑(形),其裻冥冥,万物之所从生"①"恒无之初,迥同大(太)虚。虚同为一,恒一而止。湿湿梦梦,未有明晦……"②等对"天"的描述。因此,"则天"而行,包括"则天"执法,除在精神指导上认同"天覆地载"世上的万物而无偏私之外,最具体、最易理解的便是"以民为天"。就是以法治国必须符合民心民意,维护民利民益。《黄帝四经》正是如此屡屡论及行法为民的,例如:

法者,引得失以绳,而明曲直者殹(也)③。

号令阖(合)于民心,则民听令。兼爱无私,则民亲上④。

吾畏天爱[地]亲民,立有命,执虚信。吾爱民而民不亡,吾爱地而地不兄(荒),吾受民□□□□□□□死。吾位不[失]。吾句(苟)能亲亲而兴贤,吾不遗亦至矣⑤。

(三)赏罚并行

法有三大功能:一为组织管理,二为惩罚警诫,三为奖赏激励。我国历代政治家、思想家高度重视法的奖赏激励功能,这种思想也可远溯到黄帝思想。这在

---

① 《黄帝四经·经法·道法》。
② 《黄帝四经·道原》。
③ 《黄帝四经·经法·道法》。
④ 《黄帝四经·经法·君正》。
⑤ 《黄帝四经·十大经·立命》。

《黄帝四经》中同样处处可见。例如：

> 法者，引得失以绳，而明曲直者殹（也）①。

这里"法"不仅"引""失"以"绳"，而且"引得"以"绳"，不仅"明曲"，而且"明""直"。"引""失"以"绳"，即为惩罚；"引得"以"绳"，即求奖赏。"明曲"、"明""直"，则是以法之"明"，正确判断是非曲直，而非枉断。明断奖惩，正是黄帝对"执道者"提出的最重要的法治要求，因此，把它置于《黄帝四经》首经《道法》之最前面。

黄帝所言"赏罚并行"，还可见诸《黄帝四经》所云"刑""德"并行②、"杀""生"共举③等。黄帝的这些关于"赏罚并行"的言说，正是后世各家各派思想家、历代历朝政治家们在立法和司法中既罚又赏、既惩又奖的理念源头。管仲所云："是故阴阳者天地之大理也，四时者阴阳之大经也，刑德者四时之合也。刑德合于时则生福，诡则生祸……日掌阳，月掌阴……阳为德，阴为刑……德始于春，长于夏；刑始于秋，流于冬。刑德不失，四时如一，刑德离向，时乃逆行。"④韩非子所云："明主之所导制其臣者，二柄而已矣。二柄者，刑德也。何谓刑德？曰：杀戮之谓刑，庆赏之谓德。"⑤这些都可证明黄帝"赏罚并行"的司法理念，是为后世所高度重视并一以贯之地加以实践的。当然，在实践中，其由于认识水平的高低不齐，社会环境的平顺恶逆而有所参差，并导致治国理政或成或

---

① 《黄帝四经·经法·道法》。
② 《黄帝四经·十大经·观》："是［故］嬴阴布德……宿阳脩刑……不靡不黑，而正之以刑与德……凡谌之极，在刑与德。刑德皇皇，日月相望，以明其当，而盈［绌］无匡。"
③ 《黄帝四经·经法·六分》："六顺六逆［乃］存亡［兴坏］之分也。主上执六分以生杀，以赏［罚］……"
④ 《管子·四时》。
⑤ 《韩非子·二柄》。

败,但这是另一论域的问题,毫不影响始于黄帝而直贯后世的"中式法治"总体状况。

"中式法治"的优良传统当然不只是"以法为治""执法公允""赏罚并行"等方面,它还漫及"信赏必罚""赏罚有当"以及执法者以德为先、不断追求自身修养的提高与坚守等。而所有这些,都可上溯到、突出表达在《黄帝四经》中的黄帝思想。因此,为求继承与发扬"中式法治"的优良传统,认真分析《黄帝四经》、努力发掘黄帝思想,应当成为今天中国法律工作的一项重要任务,也应成为探求与推进我国法治建设工作的一个重要组成部分。

以上简单论述了廖凯原先生对"中式法治"的见解,以及"黄帝四经"与"中式法治"思想的源流关系,那么这些理论观点有什么意义呢?我以为,它有许多重要意义,其首要即在于这是建立我们的文化自信,从而建设中国特色社会主义法治国家的基石。

我国的社会主义法治国家建设,一不能脱离我国法治建设的历史经验与教训,二不能脱离当今我国的国情,三必须兼收并蓄其他法系及其他国家法治建设的经验、优点与长处,四要有所发展与创新。

古往今来,中外各国法律的功能,在大致相同的同时,又有一定的区别。其中最主要的区别在于:其一,"中式法治"具有"伦理入法"的特点,这是为中外法学界所一致肯定的;其二,"中式法治"始终首肯法律激励。法国思想家伏尔泰曾一再感叹欧洲国家的法律不如中国的法律,因为中国的法律不仅用来惩罚犯罪,而且用来奖励善行[①];其三,"中式法治"同时包含罗马法系的成文法制度和普通法系的判例法制度,从古至今,在"中式法治"的数千年实践中,实际上同时运用着制定法与判例法以调节不同性质的社会关系。

任何一个不带偏见的学者,只要稍认真地比较研究中外法律文化的历史发

---

① [法]伏尔泰:《风俗论》(上册),梁守锵译,商务印书馆2006年版,第250—251页。

展，都会承认这样一些客观事实：古往今来的中国法史构成了举世闻名的"中华法系"；与中华法系大致同时形成并曾彪炳于世、熠熠闪光的古希腊法系、古埃及法系、古印度法系以及希伯来法系、斯特拉夫法系、凯尔特法系、美索不达米亚法系等，已经先后退出了历史舞台；当今世界，仅存的只有中华法系以及罗马法系、英美法系和伊斯兰法系。

也就是说，中国历史上，不仅有源自《黄帝四经》的"中式法治"，而且"中式法治"还具有其他形式的法治所没有的优越性，其生命力特别强大。我们完全可以继承与发扬"中式法治"的优点，信心十足地建设社会主义法治国家，做到如同政治、经济、科技、文化一样，走在世界的前列！

"中式法治"与中华发展法系建设

一、中华发展法系与法律的全球化

法律的全球化是必然的发展趋势,中华发展法系的建设当为法律的全球化开拓道路、提供经验并最终实现法律的全球化。

在浩渺无垠的茫茫宇宙中,我们所居住、生活和劳作的地球不过是一个"小小的地球村"。当今随着交通和通信的发达,在这"小小的地球村"中居住的人类,越来越关注经济生活、文化交往以及其他一切人类之间互联、互通、互相依存、互相交流、互相合作、互相提携的活动。为达成这一目的,必须创建一系列的前提条件,其中,最重要的条件便是法律的全球化。无法律的全球化,便无亿万人类共同遵守的行为准则,一切合作都无从谈起。正因如此,一门称作"比较法学"的法学学科,正为全球各国的法学工作者所孜孜青睐、高度瞩目。自从1900年世界性的比较法学会召开,"法律的全球化"便成了最受关注的议题。在拙著《比较法学探析》[①]一书中,我探讨过"比较法学的发展规律与发展趋势",认为:"第一,比较法学的发展是一个从立法比较与法律比较的实践向比较法学

---

① 倪正茂:《比较法学探析》,中国法制出版社2006年版。下引见该书第116—117页。

理论研究的拓展过程。""第二，比较法学的发展是一个从对外国法的研究、对本国历史上的法的研究，向与外国法的比较、与本国历史上的法的比较的变化过程。""第三，比较法学的发展是一个从学科寄生到学科独立的过程。""第四，比较法学的发展是一个内容不断丰富的过程，是一个范围不断扩展的过程。"

一百多年来比较法学研究的发展已经使我们信心十足地看到，具有数千年历史发展经验的中国法律，具有重要的世界性影响，而且必将在法律全球化的进程中逐步地为世界各国所接受。同时，也因其吸收与接受世界各国法律的优长之处，改进中国的法律，从而使中华法系在法律全球化方面发挥更大的作用。对此，有必要引入"中华发展法系"的概念，阐明中华发展法系与法律全球化的关系。

数千年的人类发展史上，曾经孕育出印度法系、中华法系、伊斯兰法系、罗马法系、英美法系、埃及法系、巴比伦法系、犹太法系、波斯法系、希腊法系等各有特色、影响较大的法系。这些法系随着它所承用、所影响的地域或国家的生生灭灭而不断变化。其中，许多法系由于它所附丽的国家被消灭或其他历史原因引起的变化，急遽地或者缓缓地消亡了。遗存至当今世界，则只留下了英美法系、罗马法系、伊斯兰法系和中华法系。

其中，英美法系的主要特征，一是依此前的法院判决为据，对后此的大致同类的案件进行判决；二是通行于英国、美国、加拿大、新西兰、澳大利亚及其他英语国家。但是，近代以来科技与经济的迅猛发展，提出了判定通行全球各国的涉科、涉商法律的迫切要求，因此，英美等国率先制定了适用同类案件的法律。这使得英美国家的"案例法制"特征逐渐淡化并倾向于消失。同时，英美法系各国无不与其他法系国家即非判例法制国家发生了越来越多的政治、经济、科技往来，一国的判例不可能为他国所轻易认同。因此，这同样导致了原英美系各国也日渐垂青于成文法典。

伊斯兰法系各国崇奉伊斯兰教，将"真主"的言论主要是《古兰经》作为判案的依据。这一法系曾通行在广袤的亚、非、欧三大洲的许多国家里,但近代以来世界经济的发展以及因交通、通信的发达而带来的国际交往的高速频繁化,同样导致"世俗法"的迅速发展。因此,伊斯兰法系的衰落业已显见端倪并且有日益加速的必然趋势。

罗马法系为广大的欧洲大陆各国所崇奉。马克思曾经这样指出:"当工业和商业进一步发展了私有制……的时候,详细拟定的罗马私法便立即得到恢复并重新取得威信。后来,资产阶级强大起来,国王开始保护它的利益,以便依靠它的帮助来摧毁封建贵族,这时候便在一切国家里……开始真正地发展起来了,除了英国以外,这种发展到处都是以罗马法系为基础的。但是即使在英国,为了私法(特别是关于动产的那一部分)的进一步发展,也不得不参考罗马法的诸多原则。"①罗马法的发展,使得制定法获得了成为罗马法系国家"定于一尊"的地位。但是,罗马法系的孜孜矻矻于法典化,都有失于割裂了法律与道德在调节社会关系中的互助、互补作用,使法律与道德不能相得益彰。在这一方面,历史悠悠的中华法系,恰恰是一个值得高度重视与精心研究的课题。

与上述英美法系、伊斯兰法系和罗马法系变化趋势大不相同的是,中华法系不但依然存在,而且正认真吸取其他法系的优长之处,从而使自己在发扬固有优点的同时,不断发展并且向我所称的"中华发展法系"方向逐步演进。对此,有必要明确指出以下几个重要之点。

第一,中华法系固有的兼行制定法与判例法的特点不仅始终长存,而且历经数千年的发展,变得更加鲜明。曾经有过一些学者认为中华法系以制定法为特点,而与判例法无涉。这显然是一种罔顾中国法律发展史实的误解与谬说;坚持"中华法系乃律例并行的法系"的观点,现已为中国法律史学者所普遍认同。

---

① 《马克思恩格斯全集》(第三卷),人民出版社1960年版,第71页。

第二，中华法系是千年不变的"伦理入法"的法系。这是中华法系与其他法系的重大区别。"伦理入法"的最显明表现，体现在"出礼入刑"四个字上。"非礼勿视，非礼勿听，非礼勿言，非礼勿行"作为道德规范，时刻告诫人们一切言行都须遵行"礼"的准则。但"礼"非空言，中华法系在强调"礼"的同时，还强调"出礼入刑"。所以，我称"礼"为"准法"。由于"礼"是与"法""刑"紧紧相连、密切相关的，所以在作为柔性的、劝诫性、告诫性规范的同时，又具有"柔中有刚""柔中见刚"的特性，也就是其他一切国家的"法"的"刚性"。毫无疑问，"伦理入法"是中华法系区别于、优长于其他法系的重要特点。这一特点，与整个中国法制同样源于中华民族人文初祖轩辕黄帝的伟大创造，可以见诸《黄帝四经》。

第三，中华法系是千年不变的激励入法的法系。本人对此所做的长期研究，已将有关的史实与观点详细表述在拙著《激励法学探析》[①]一书中。该书引述了著名的法国思想家伏尔泰在《风俗论》一书中的如下观点："在别的国家，法律用以治罪，而在中国，其作用更大，用以褒奖善行。"因此，伏尔泰认为，中国的法律优于欧洲国家的法律[②]。美国斯坦福大学教授弗里德曼也曾为"法学研究总的说来对奖赏注意不多"[③]而惋惜。在拙著《激励法学探析》中，笔者曾以近100页的篇幅概述了"一以贯之的中国古代激励法思想"，简介了"中国古代激励法思想在各大学派中的体现""中国古代激励法思想一脉相承从无间断""中国古代激励法思想从无间断地体现在所有朝代的法制中"[④]。毫无疑问，中国始于黄帝时期而后绵绵亘亘始终体现在历代法制中的激励入法，正是古代中国的经济、文化与社会发展长期占据世界各国前列的最重要原因之一。中华法系的这一特点毫无疑

---

① 倪正茂：《激励法学探析》，上海社会科学院出版社2012年版。
② ［法］伏尔泰《风俗论》（上册），梁守锵译，商务印书馆2006年版，第250—251页。
③ ［美］弗里德曼：《法律制度——从社会科学角度观察》，李琼英、林欣译，中国政法大学出版社1994年版，第91页。
④ 倪正茂：《激励法学探析》，上海社会科学院出版社2012年版，第547—630页。

问是可以为世界其他法系各国所学、所用并予发扬光大的。

如上所述,法律的全球化一不可能是英美法系的全球化,二不可能是伊斯兰法系的全球化,三不可能是罗马法系的全球化。那么法律的全球化是不是中华法系的全球化呢?我认为,也不可能是中华法系的简单的全球化。未来世界如果有全球化的法律的话,必然是我所称的"中华发展法系"。

所谓"中华发展法系",是吸收了世界现存的各大法系的优长而在中华法系基础上发展起来的法系。这样的法系不可能在中国之外的其他国家所属法系的基础上发展起来,因为其他法系不具备中华法系的律例并行、伦理入法、激励入法的传统性法律基础。同时,作为中华法系的历史性基础,中国近代以来恰恰又成为具备了世界上唯一一个实施其他法系优长的经验的国家,即世界上只有中国一个国家,除总体上具有实施中华法系的历史经验外,还同时具备实施其他法系的经验。具体来说就是:我国香港地区曾长期实施英美法系;大陆和台湾地区具有实施罗马法系和中华法系的经验;约有上千万穆斯林人口的边疆地区在实践中则有实施伊斯兰法系的经验。

历史和现实都告诉我们:实际上,中华法系正在努力向"中华发展法系"演进。这既是客观现实,也是必然趋势。正是在这种演进中,可以逐步达成法律的全球化。

总之,法律的全球化,端赖中华发展法系的成功建设。当然,这是不可能一蹴而就的长期任务。其重要前提是对中国存在古已有之的"中式法治"的肯定性认识,对始于黄帝而绵绵亘亘不断发展、不断完备的"中华法系"的肯定与认识。在此基础上,批判性地审视1949年新中国成立以来在中华法治史研究方面的失误,运用"侨易学"的思维方法,重视"熵"与"反熵"这两种截然相反的世界观在法史变迁中的不同作用,为建设起中华法治的科学的理论体系与学术话语体系从而为"中华发展法系"的建设积极开拓可行的全新途径,从而奠定法律全球化的坚实基础。

二、关于"中华发展法系"

1949年以后，我国大陆的不少学者纷纷武断中华法系"终止了""寿终正寝了"①。同时，国际法学界也有以"社会主义法"或"社会主义法系"的概念赋名我国法系的②。这不仅是对判明我国法系的属性，乃至是对判明整个中华民族在其5000年历史发展过程中创行的社会治理经验体系的科学性究竟如何正确认识的重大课题，而且也是我国法系发展方向抉择的重大课题，甚至还是世界"全球化"过程中如何在社会治理手段上趋求一致的重大课题。窃以为，经济上的"全球化"仅只是当代世界各国互融互动、共同发展的一个方面。它必然会驱动社会治理手段首先是法律治理手段的"全球化"并最终达成政治上的"全球化"，从而实现"世界大同"。

在社会治理手段的全球化方面，我曾在20多年前提出过"中华发展法系"的构想。20多年来，"中华发展法系"的简单构想，成了我无论如何都挥之不去的一个学术兴奋点。所思所想，形成了以下几个主要观点。

一是关于"发展法系"的含义。发展法系是在本法系的基础上，兼收并蓄其他法系的优点与长处而有所发展与创新的动态性法系。由于属于发展法系的有关国家在社会、经济、政治等方面都处在变动之中，所以，最终为全球各国共同接

---

① 例如张晋藩先生认为：中华法系形成于唐，终结于20世纪初清朝末期。见《再论中华法系的若干问题》（张晋藩：《法史鉴略》，群众出版社1988年版），又见乔伟："《唐律疏议》是中华法系的典型代表。此后经过宋元明清各朝的改革与充实，即清末沈家本等人修改法律时，中华法系才告解体。"［乔伟：《论中华法系的基本特点——礼法结合问题》，西北政法学院科研处编：《法史研究文集》（内部资料），1983年版。］

② 例如储有德先生详论了1949年后中国的法制"与世界上其他法系相比较，有本质的不同"，属于"社会主义法系"（储有德编著：《比较法学基础》，上海社会科学院出版社1988年版，第89、96页）。约翰·亨利·梅利曼也认为有"起源于十月革命"的"社会主义法系"，它是"一个年轻兴旺但又体现着混合性质的新法系"。详见［美］约翰·亨利·梅利曼：《大陆法系——西欧拉丁美洲法律制度介绍》，斯坦福大学出版社1969年版。转引自西南政法学院法制史教研室编：《外国法制史教学参考丛书（第一集）》（内部资料），顾培东、禄正平译，第1、3—5页。

受的发展法系迄今还是一种未定型的法系。尽管如此，其未来的大体状况却是可以预言的，这就是，发展法系是兼容各大法系优点而又最切合有关国家的实际的法系；是不断自我完善的法系。因此，发展法系是在本国原属法系的基础上吸收人类法律文化优良传统而有所创新并继续发展的最有前途的新型法系。

二是发展法系的形成基础在于各大法系有其共同的法律需求与共同的法律功能。现存各大法系所由形成并继续存在的法律需求，总体上都是一样的，即都是对社会关系进行有效的调节。一般的调节社会关系的法律功能，也是各大法系所具有的。

但是，古往今来，各大法系的法律功能，在大体相同的同时，又有一定的区别。如前文所说，其中最大的区别在于：一是中华法系具有"伦理入法"的特点，这是为中外法学界所一致肯定的；二是中华法系始终首肯法律激励。

除上述外，实行中华法系的我国还由于以下原因而具有形成全球各国共同实行的"中华发展法系"的特殊条件。发展法系是在本国原属法系的基础上吸收人类文化优秀传统而有所创新并继续发展的最有前途的新型法系。举凡成文化、法典化、制定法、判例法以及伦理道德恰当渗入法律和法律兼重奖惩等人类法律探索的成果，作为优秀的法律文化传统都将为发展法系所吸收。而在中华法系的基础上汲取各大法系长处的法治实践，正在中华大地上快速展开。如今，在全世界200多个国家中，只有中国同时具备实施中华法系、罗马法系、英美法系、伊斯兰法系和一些学者所称"社会主义法系"的实践经验。因此，在中国一定会形成以中华法系为基础而汲取各大法系优长的"中华发展法系"。"中华发展法系"不但会成为"发展法系"的楷模，也总有一天会像唐律远播日本、韩国和东南亚各国那样，流传到全世界各地去。未来世界会是"中华发展法系"的一统世界。当然，这是一个漫长的过程，必须待以长久的时日。

作为起点，首先应当是对中华法系的载体——我国法史有正确的认识，务必从解决我国法史研究中现存的根本性问题出发，首先解决对中华法系的载体的内涵与外延及研究方法、研究方向方面的若干理论认识问题。

我认为，应当丢弃久成定论的"中国法制史"概念，而让位于"中华法治史"的概念。为此，必须首先解决我国历史上有无"法治"的问题；具体必须认清我国的法治实际上不能囿于汉族统治阶级的政治活动，而应扩及中华大地上各个民族的社会治理活动。对中华法治史的研究，应当力避"中国法制史"研究中曾经出现过的大量失误；引进"侨易"概念，运用"侨易学"的思维方式与研究方法；重视研究"熵"与"反熵"两种截然相反的世界观在法史变迁中的不同作用，总结"熵"型法治的失败教训与"反熵"型法治的成功经验；对"中式法治"进行科学的学术探讨，建立起中华法治的学术理论体系与学术话语体系，从而为"中华发展法系"的建设开拓积极的新途径。

20世纪80年代以来，我国法史学者从正确地批判"人治主义"、努力学习西方国家的现代法治出发，在不知不觉之间，形成了新的偏见，认为我国从古代以来即无"法治"可言，因此，能够形诸笔墨的只能是"法制史"。于是，大量出现的我国法史著作，都以"法制史"相名了。但是，这是有失于错误的先验之见的。

人类大致在步入氏族、部落形成阶级之后，产生了运用与"习俗"不同的社会性手段来调节人们的相互关系亦即"社会关系"的必要。这种"社会性手段"从"习俗"发展而来，其时，惯常所用的"习俗"在调节人们之间的关系时，逐渐变得捉襟见肘。于是其中部分"习俗"便被赋予强制性并逐渐地演变成了法律。此外，强势集团从自己的利益出发，根据新的需求还会"创新"性地制定一些行为规则，以暴力手段迫使他人服从，从而扩展了社会治理手段，这些手段亦即后世所称的法律。而惯性地存在并仍具调节人们关系作用的另一部分并无强制性的"习俗"，倒可视同今日所谓的"习俗"。这些不绝地流行的"习俗"，作为调节人们行为的惯常规则，自后世直到如今，我们当然以"习俗"相称；而作为对指导人们行为的惯常规则的这些"习俗"的认识，予以认同的便是"道德"的，否则即为"不道德"的。这样，我们看到，从人类步入氏族、部落阶段起，便在"习俗"的基础上逐渐发展出自律性的道德规范与他律性的法律规范。史实告诉我们,法律就是这样产生的。也就是说,不管地处何方,只要人类的氏族、部落一旦形成,便必然地逐渐形成以强制力迫使人们遵行的法律规范。当然,这些法律规范不是初民用来观赏的,它一定要被遵行。也就是说,法律一旦产生,它就被付诸实施。那么,实施法律是不是可以被称为"法治"呢?对此,各国的史实都告诉我们:有时法律被当权者弃如敝屣,他们置既成的法律于不顾而另行一套有利于己的规则;或者与此相较而略好一点,把既成的法律专门用来对付别人,自己却置身法外,我行我素甚至无法无天。这种情形,今人便称为"人治"而非"法治"。同时,各国的史实又告诉我们:当权者不可能将法律彻底地完全地废弃,因为一旦彻底地、完全地废弃法律,就会使社会土崩瓦解,而当权者的末日也就到来了。所以,实际上从氏族、部落、部落联盟形成之后,尤其是国家出现之后,便出现了"人治"与"法治"并存的状态。这种"人治"与"法治"并存的状态,从来如此,各国皆有。只是到了近现代,随着人类的重大觉醒,人类对"法治"的重要性以及具体对策的认识大大提高,于是人类社会进入了"现代法治"阶段。这一阶段之前,或可称为法治的"前现代阶段",即"前现代法治"。"现代法治"是法治发展的最新、最高阶段,它建立在社会民主的基础上,以"法律面前人人平等""司法独立"等为根本原则而实行规则之治。

但是,在当今的"现代法治"阶段,在自诩有着"无比优越"的"法治"的一些西方国家里,果真有什么毫无瑕疵的"民主""平等"与"司法独立"吗?在财产不平等前提下,真的有什么"法律面前人人平等"吗?这些问题,前些年的美国总统选举已昭然无误地给出了答案。退一步看,可以用法治发展的现代阶段去否定前现代阶段吗?可以用法治发展的高级阶段去否定它的初级阶段吗?如果可以,那么,势必面临这样的尴尬处境:历史发展的必然逻辑,是随着人类社会的发展、道德水平的提高和纠纷解决机制的更加科学化、合理化以及必要的技术辅行手段的迅速发展,现代法治还将会有重大的发展。对后者,姑且名之为

"后现代法治"吧。那么,"后现代法治"时期的人们如果说"只有现时才能称得上法治,当今之前,全都只是人治",我们有何感想、做何反应呢,是反对、认同还是尴尬呢?由此可见,不应当用法治发展的现代阶段去否定它的前现代阶段,不应当用法治发展的高级阶段去否定它的初级阶段。如果对此能够达成共识,那么毫无疑问,可以进而得出以下几点结论:第一,古往今来,东西中外,各国都处于不同水平的法治建设阶段上;第二,各国的法治都有自身的特点;第三,中华民族在其形成、发展的漫长历史时期里,始终努力地与"人治"作斗争,艰难曲折地寻求法治水平的提高。

实际上,汉初、隋初与唐初,我国的法治水平是相当高的;而"王子犯法与庶民同罪""壹刑壹赏""同罪同罚"等观念甚至早在先秦时期就屡被思想家或当权的政治家们提出来过。

如果结合以"中华"代替"中国"而论我国法治史,我们还可举出中世纪时,像优素甫·哈斯·哈吉甫这样的优秀思想家及其作品来加以说明。

优素甫·哈斯·哈吉甫约生于1018年或1019年,时在我国的"大宋王朝"时期。他所著《福乐智慧》一书于1069年完成。其时,我国存在着"与宋王朝并存的几个政权:诸如北方契丹人的政权;青藏高原部分地区的吐蕃人政权;河西走廊的甘肃回鹘政权;吐鲁番盆地及其周围地区的高昌回鹘政权以及从库车西部到布哈拉、从伊赛克湖到和田的喀拉汗朝政权等"[①]。在《福乐智慧》一书中,优素甫·哈斯·哈吉甫用诗歌的形式以大量的文字呈献了他关于"正义""持法公允"、法律面前人人平等以及依法行政等事涉"法治"的理论思考。

从《福乐智慧》中我们看到,臣下向国王"日出"提出的一系列依法治国的建议,"日出"王都一一接受并付诸实施,而且收到了国家大治、天下太平的良效。诚然,《福乐智慧》乃是一部诗歌巨制,是文学作品,并非史学著作,但

[①] 优素甫·哈斯·哈吉甫:《福乐智慧》"译者序",郝关中、张宏超、刘宾译,民族出版社2000年版。

它反映了其时的社会现实与社会思潮。应当说，其时的社会就是前现代的法治社会，其时的社会思潮或曰主流社会思潮就是前现代的依法治国的思潮。

我之所以挑出优素甫·哈斯·哈吉甫及其伟大诗作《福乐智慧》为例以做说明，不仅仅是因为其时确已存在我之所谓"前现代法治"，而且，它所反映的不是中原地区大宋王朝的社会现实与社会思潮现实，而是大宋王朝势力范围以外的漠北地区喀拉汗王朝的社会现实与社会思潮现实。构成当时的漠北地区民众主体的，不是汉族而是维吾尔族。当今中国的版图包括历史上的"漠北地区"；这一版图之内的"中华民族"成员包括当时的和现今的维吾尔族。毫无疑问，"中华法治"的概念，应当而且必须涵盖"中华"与"法治"两个方面。

其中，"法治"这一概念至少包含"有法可依"与"依法为治"两个方面。"有法可依"表明社会存在着以各种方式制定的法；"依法为治"表明实施法律是社会治理的重要方式。前者即"有法可依"，可以"法制"的概念表述；后者即"依法为治"，则必须既包含"法制"，又包含"法制"的实施，只能以"法治"的概念表达。这样，仅以"法制史"来表述我国的"法史"，是偏颇的。而"中华法治"中的"中华"，表述的是古往今来中华大地上的法治状况，它既包含古代直至近代的逐渐形成中的中华大地上各个少数民族在其生存地区的法治状况，当然，也包含主要生存于广袤的中原大地的汉族地区的法治状况。这些，就是我拟以"中华法治"的概念取代"中国法制"的主要理由，也是刍议研究"中华法治史"的主要理由。

那么，如何研究"中华法治史"呢？

三、如何研究"中华法治史"

关于如何研究"中华法治史"的问题，窃以为首先必须记取此前的"中国法制史"研究的教训；其次应当引入新的思维方式与研究方法；再次应当借取其他学科的研究成果，用以指导"中华法治史"的研究。

毫无疑问，"中华法治史"研究必须力避"中国法制史"研究中曾经出现过的缺陷，力求首先在总体上理清"中华法治史"的发展脉络，贯穿法治史是人类解放自身的历史这一核心理论，将法治史的研究建立在翔实可靠的史料基础之上，用中国的学术语言记述与阐明中华法治的历史发展，论述与阐明中华法系的形成过程及经验、教训，从而汲取先人对中华法治的发展所提供的智慧与经验，以求为当今的法治国家建设及中华发展法系的建设贡献有价值的建议。

要达到这些要求，显然不可能一蹴而就。而且，即便组成了强大的中华法治史包括中华法系史研究队伍，并开始撰写"中华法治通史"及"中华法系史"，在前行的过程中，还会遇到许多新的问题。这就要求我们始终关注中华文化史的研究，始终关注当代学术发展中形成的新理论、新经验，努力汲取学术界同人的新发现、新创造，尤其是对比研究中外法律文化，对比研究各大知名法系的历史发展。自从 2002 年组织主持中国法律史学会的年会并提出了"批判与重建"的要求以来，中心时时牵念着"批判"的工作只是开了个头，至于"重建"的工作则毫未顾及。正因如此，多年来，我默默关注我国学术界活动中提出的关于学术研究的一些新见解，希冀得到启发、求取教益。其中，关于以"侨易"的观念、以"侨易学"的思维方式和研究方法来进行社会科学研究，关于引入物理学界引发的关于"熵"与"反熵"的两种世界观对学术研究的指导意义，窃以为与"中华法治史"研究及与建设"中华发展法系"研究的关系较为密切。

（一）关于中华法治史的侨易学研究

李石曾先生在《侨学发凡》中提出了"侨学"概念。他认为"侨学为研究迁移、升高、进步的学问"[①]；"侨学是一种科学，研究在移动中的若干生物，从此一

---

① 李石曾：《侨学发凡》（1942），中国国民党中央委员会党史委员会编《李石曾先生文集》（上册），台湾文物供应社 1980 年版，第 296 页。转引自叶隽：《变创与渐常——侨易学的观念》，北京大学出版社 2014 年版，第 3 页注 [1]。

地到彼一地，或从几个处所到另一个处所；研究他们的一切关系与活动上所表示的一切现象"①。

受李石曾先生的启发，中国社会科学院的叶隽研究员进而从文化交流史的实证研究等方面进行了深入的理论探讨，撰成了《变创与渐常——侨易学的观念》②一书，提出了"侨易学"的概念，阐发了有关"侨易学"的基本理论。周宁先生为《变创与渐常》一书所作的"序"文中指出："《变创与渐常——侨易学的观念》是一部理论奠基性著作，首先要明确的是'侨易学'的基本概念。'侨易学'的理论渊源一直可以追溯到《易经》，基本理念就是因'侨'而致'易'，前者强调空间维度的整合，后者关注时间维度的演进，其中既包括物质位移、精神漫游所造成的个体思想观念形成与创生，也包括不同的文化子系统如何相互作用与精神变形。侨易学三条基本原则：一为'二元三维，大道侨易'，二为'观侨取象，察变寻异'，三为'物质位移导致精神质变'，既可以理解为认识论原则，又具有方法论意义。'侨易学'是一种体现着'大设计'精神的理论。"③

《变创与渐常》一书的副标题为《侨易学的观念》。这一观念既涉及思维方式，也有关研究学问特别是科学发展史的重要方法。

"史"者也，必涉时间，也涉空间。而时间与空间的变化，常常致使涉事主体的思虑认识、精神观念和行为方式、行为内容及行为结果都发生变化。完全不变的情况，即使是被长期禁闭的囚犯如《基度山伯爵》中的邓蒂斯以及陶潜笔下的"桃花源中人"那样，也难发生。"变创与渐常"意指因为时空之"变"，行为主体有意无意地会随之改"创"其意念、认识，并用以指导其行为，其结果则逐"渐"地形成新的"常"态。

---

① 李石曾：《侨学发凡》（1942），中国国民党中央委员会党史委员会编《李石曾先生文集》（上册），台湾文物供应社1980年版，第332页。转引自叶隽：《变创与渐常——侨易学的观念》，北京大学出版社2014年版，第3页注［2］。
② 叶隽：《变创与渐常——侨易学的观念》，北京大学出版社2014年版。
③ 叶隽：《变创与渐常——侨易学的观念》"序"，北京大学出版社2014年版。

或许应加指出的是："侨易"与"比较"是密切相关的。"侨"而是否一定致"易"呢？假定某人从湖南"侨"迁到北京，但总是蛰居深闺，"两耳不闻窗外事"，那么，他是不可能有什么变"易"的。反之，假定某人虽然从未"侨"迁过，同样蛰居深闺，但他"一心只读圣贤书"，并开动脑筋思考，得出孔子等人"正确"、韩非等人"不正确"之类的结论，那么，我们可能说，此人做了"比较研究"。但这种"比较研究"从主体来说是"静态"的。而李石曾、叶隽先生等所云"侨易"的主体则是动态的。这样，"侨易"乃是一种"主体的动态比较"，而从前所说的"比较"则是"主体的静态比较"。无论是"主体的动态比较"还是"主体的静态比较"都十分重要。"秀才不出门"可以"全知天下事"。诸葛亮蛰居南阳隆中却对天下大势了如指掌，对比分析严密精深，引得刘备不耻躬身"三顾茅庐"，留下了千古佳话。尤其是今日通信技术的飞跃发展，即便是"宅男""宅女"，也可瞬间得悉千里万里之外的种种信息。如能勤于思考、善做比较，同样可以形成各种结论性见解。但是，作为联系中华法治史研究的"变创"而"渐常"的侨易学思维方法与思维方式，必须更加强调的不是个体性"主体"的"静态比较"，而是群体性的以至全民族性的"因侨致易"。也就是说，法治史上的"侨易"不是也不可能是个体性的或少数人的行为，而是群体性、全民族性的行为。中华法治史的变迁，则是中华大地上作为"动态比较主体"的各个民族的大规模的"侨易"结果。

法治史就是法治由"变创"而"渐常"的历史。"中华法治史"中之"变创"，主体是"中华民族"。中华大地上的各个部族、民族原先散居各处，乃至多达"万国"①。在数千年中，各地民众不断地迁移流徙、分分合合，才逐渐地形成这一那一民族，并最终形成"中华民族"。在民众迁移流徙的同时，还发生了

---

① 《史记·五帝本纪》载："轩辕之时……置左右大监，监于万国。"《史记·封禅书》载："黄帝时，万诸侯。"《汉书·地理志》载："昔在黄帝，作舟车以济不通，旁行天下，方制万里，画野分州，得百里之国万区……"

社会统治力量（统治阶级、统治集团）的变化，由一个朝代转变为另一个朝代。民众迁徙造成的民族成分变化与中华民族的形成、社会统治力量的变化造成的政权更迭，是中华大地上最重要的两大变化。还有极其多样、繁复的其他变化，如文化变化、习俗变化、宗教信仰变化、生产工具变化、劳动组织形式变化、城市的兴起和农村的兴革……所有这些，都不同程度地影响着并表现出法律制度及其实施状况的变化亦即法治状况的变化。法治之由"变创"而"渐常"的历史，是由上述众多因素决定而且不同程度上有所反映的。

夏代"五刑之属三千，而罪莫大于不孝"①。自此以后，"孝"在漫长的历史时期里，都为礼法所深切关注。这虽然与统治阶级企求政权的稳定有关，但更多的恐怕是为保持家族、部族、民族的血统、特性以及财产权利等而使之合情合理地有效传承，因而实际上是与民众流徙密切相关的。时至近代，在商品经济以空前迅捷的速度发展的同时，民众的流徙、居所的迁移对家庭观念形成了巨大的冲击，从而使得"孝"的观念迅速淡化。而这，正是决定"孝"之从法治中淡出，不再是法律观念而迁变为道德观念的原因。

秦代从立国经商鞅变法，到扫灭燕、赵、韩、魏、齐、楚六国而致"天下成一统"，直至秦二世而亡的600多年中，因为"时""空"的变化，因"侨"致"易"而有所"变创"并臻"渐常"即成为新的常态，才有今天种种"中国法制史"的专著、教材中的"秦法"。显然，从现行著作中，是难以看出秦代这600多年里法治状况变化之"史"的。甚至，"中国法制史"中的"秦代法制"往往只从官场斗争、政权变化上写秦始皇到秦二世的15年。其他朝代的"法制史"大体也是如此。其中，尤其难以翊赞的是北魏、元、清的"法制史"。

北魏登国元年（386）鲜卑族拓跋珪立国。越140余年，在农民起义风暴的猛烈摧击下分裂为东魏和西魏，后分别为北齐和北周所取代。公元581年，杨坚灭周建隋，迅疾颁行了《开皇律》并于2年之后的开皇三年（583）修订重颁了

---

① 《孝经·五刑》。

《开皇律》。隋文帝于开皇九年（589）灭陈，终于恢复了大一统的帝国，结束了魏晋南北朝以来约370年的分裂局面。但隋代国祚短暂，仅历38年即为唐所取代。唐承隋制，唐初的永徽律及《唐律疏议》即以《开皇律》为蓝本，而正是源自《开皇律》，直至明、清，使国家法律的体例定制为条分五百，编分十二而起始于《名例律》；此外，还开创了"死、流、徒、杖、笞"的"五刑"之制以及"十恶"大罪的名目等。在这一历史演化过程中，鲜卑之入主中原及南朝、北朝的分立、争斗，除体现了政权的更迭之外，影响法治变化的因素是极为多样的。其中，当然以鲜卑族与汉族的冲突、交汇、融合即"侨易"影响最大，而370年的风雨激荡，政权的更迭只是引发社会、法治制度变化的原因之一，其他方面的影响更当深究。例如，公元391年10月拓跋珪破柔然并徙之于云中；公元396年拓跋珪拔蓟地、取并州，擢引汉族士大夫，以法果为道人统；公元399年魏置五经博士、立太学（这当然是对文化水平相当低的鲜卑文化、制度的重大否定）；等等。我国的"法制史"著作对从北魏至隋唐的种种"侨易"现象极少提及，更鲜见具体分析。

蒙古族之入主中原建立元朝，满族之入主中原建立清朝，同样也存在大量的"侨易"现象，发生"侨易"过程，产生"侨易"结果。但我国的"法制史"著作对此几乎毫未涉笔，更不要说深究、细酌、详述、精评，也就难以承享我国法"史"之荣名。

其他朝代，同样有不少诸如此类忽视"侨易"的问题。我国的古代并不存在近代意义上的国家疆土概念，历史上我国的版图疆域处于不断的变化之中。葛剑雄先生曾指出："一般说来，一个中原王朝建立之后，他的主要统治区就可被称为'中国'，而它统治的边远地区以及统治范围之外就是夷、狄、蛮，就不是'中国'。"① 例如在宋代的相当长时期里，存在于新疆喀什地区的是与中原宋王朝

---

① 葛剑雄：《统一与分裂——中国历史的启示》，生活·读书·新知三联书店1994年版，第34页。

互不干涉、更无战事的比较友好的回鹘族部族政治体。其时该地区的法治状况，如前所述，反映在优素甫·哈斯·哈吉甫所著的《福乐智慧》①等著作中。除新疆喀什地区外，宋时的南方与西方以及北方、西北地区还有夷、匈奴、突厥、契丹等以游牧民族为主的边缘地区②。其时"南夷敢杀天子之命使，西夷敢有倔强之王，北夷敢有抗礼之帝……"③出现了"异方之法乱中国，夷敌之君抗天子"④的常态。

西南民族大学徐晓光教授坚持长年精心研究我国少数民族地区法制的历史变化，著有《中国少数民族法制史》⑤一书。该书所提供的少数民族法制演变的丰富资料及有关理论分析，实际上已经触及改易"中国法制史"为"中华法治史"这一重大问题，而且为进一步研究"中华法治史"发展中的"侨易"现象，奠定了重要的基础。法史界实应十分重视徐教授的开拓性研究。

近年来，中国法律史学会也开始重视边疆地区的法治发展问题的研究。2014年还召开了专题性的"中国边疆法律治理的历史经验"的理论研讨会，发表了大量卓有见地的综述边疆治理、少数民族地区法治建设经验的论文，对以"侨易观"研究我国法制史，有重大的启示与导引意义。

但是，毋庸讳言，徐晓光教授等的研究和我国法史界各位贤达的研究，大体与"侨易"学无涉，并未主动地采行"侨易"的思维方式与研究方法来研究我国法史。有鉴于此，不佞不惮提出，不仅要将"中国法制史"改从"中华法治史"的角度加以重建，而且还要引入"侨易"观，以"侨易"的思维方式与研究方法来重建我国法治史。

---

① 优素甫·哈斯·哈吉甫：《福乐智慧》，郝关中、张宏超、刘宾译，民族出版社2000年版。
② 朱宁等：《变乱中的文明——霸权终结与秩序重建（公元1000年—2000年）》，中国人民大学出版社2000年版，第71页。
③〔宋〕欧阳修：《本论》。
④〔宋〕李觏：《上范待制书》。这里的"中国"概念是地理概念，不是国家、政治体概念。
⑤ 徐晓光：《中国少数民族法制史》，贵州民族出版社2002年版。

（二）"熵""反熵"与"中华法治史"研究

我国法史的研究，还应引入"熵"与"反熵"的不同世界观，对中华法治做出科学的历史评价。

"熵"是一个"物理学"概念，是指不能再被转化做功的能量总和的测定单位。热力学有著名的第一定律即能量不灭、能量守恒定律，第二定律即能量只会不可逆地沿着一个方向转化。对人类来说就是从可利用向不可利用、从有效向无效的状态转化。例如，利用木柴、煤炭、石油等自然资源可以产生"热"从而转化成作为动力的"功"，但这些自然资源之以"热"化"功"是不可逆转的。同时，其数量是有限的，地球资源必有耗损殆尽的一天。地球人除自然资源外还可利用的是太阳能，但太阳上的黑子正在扩大，终有一天太阳的热力也将耗尽。因此，热力学第二定律告诫人们，地球人可能面临"热寂"的绝境。物理学意义上的"熵"，就是指不能再被逆转为"功"的能量。也有人以"污染"来摹称"熵"。有鉴于此，马萨诸塞理工学院的丹尼斯·米都斯等17人于1973年向罗马俱乐部提交了一份著名、详尽的报告，题为《增长的极限》，指出经济"增长"将达"极限"，人类命运前途堪忧。该书后被翻译成40余种文字，极大地震惊了世人。在这一背景下，美国学者杰里米·里夫金和特德·霍华德发表了《熵：一种新的世界观》[①]一书，推波助澜地把"熵"作为一种"新的世界观"提出。

但是，"熵"却是一种消极的世界观。1977年，比利时物理学家伊利亚·普利高津发表了他的"耗散结构理论"。该理论认为，系统越复杂，虽然耗能越多，但它同时越灵活、善变以适应新的情况。于是有与"熵"相对立的"反熵"。"反熵"指的是自然界有"自然"地"减熵"的功能，人类大可加以利用；而在社会界，主动采取措施，也可收"减熵"之效。在《熵：一种新的世界观》

---

① ［美］杰里米·里夫金、［美］特德·霍华德：《熵：一种新的世界观》，吕明、袁舟译，上海译文出版社1987年版。

中，杰里米·里夫金等把普利高津的理论仅仅作为对"熵"论的"乐观"的"反对派"而提及①。但是，"反熵"的"耗散结构理论"获得了诺贝尔物理学奖，人类的生产实践、科学实践和社会实践都证明了它的正确性，并认为它是一种科学的、积极的世界观。

"熵"和"反熵"虽然迟至20世纪才被作为对应的两种概念提出，但作为引导人们认识与对待世界的截然相反的世界观，却早已存在。对此，廖凯原先生曾经结合他对《黄帝四经》的研究，最先指出了《黄帝四经》中言及的黄帝对"取予关系"的论述②，恰与"熵"和"反熵"两种世界观相关。他认为，"取"就是"熵"，"予"就是"反熵"。只取不予在社会治理上的表现就是统治阶级以暴力维护其对平民百姓的穷凶极恶的无耻掠夺；"反熵"则行"先予后取""多予少取"，在社会治理上就是力主践行和谐社会的建设，在予民以利的基础上有节制地索取于民③。

我曾根据廖凯原先生对黄帝关于"取予关系"的分析和他将"取予关系"提高到"熵"与"反熵"这两种不同世界观高度所做的理论探讨，撰成过《黄老思潮与汉初君臣之反熵治国》④一文。我指出：战国七雄之逐鹿中原，战争打得极为惨烈。秦始皇一统天下之后，不仅不体恤逃过战祸残留下来的民众，"解民于倒悬"，反而变本加厉，造长城、建阿房宫、焚书坑儒……厉行熵型政治，结果激

---

① ［美］杰里米·里夫金、［美］特德·霍华德：《熵：一种新的世界观》，吕明、袁舟译，上海译文出版社1987年版，第220—225页。
② 黄帝曰："天制寒暑，地制高下，人制取予。取予当，立为圣王；取予不当，流之死亡。"陈鼓应注译：《黄帝四经今注今译——马王堆汉墓出土帛书》，商务印书馆2013年版，第362页。
③ 2008年廖凯原先生在北京大学中国经济研究中心应届毕业典礼上首次提及"熵"与"反熵"，指出人类的祖先"克服艰难，打破了所有事物和组织终将逐渐分解，由有序转变成无序……为了逃脱死亡，他们实现了反熵的转变。他们创造了生命！……"廖凯原：《〈黄帝四经〉新见：中国法治与德治科学观的反熵运行体系》，关志国、黄列、支振锋译，《环球法律评论》2011年第2期。
④ 徐炳主编：《黄帝思想与道、理、法研究》（轩辕黄帝研究 第一卷），社会科学文献出版社2013年版，第156—190页。本书第1—40页。

起了秦民的殊死抗争,终致"二世而亡"。汉初君臣接受了亡秦的教训,从经济到文化,从军事到法律,在在都"予"民以"利",实行"少取多予"的"反熵"型政策,仅仅三四十年,即收到了国泰民安、经济繁荣的良效。隋初、唐初大致也是如此。

以后,在不断反思我国法治发展的历程时,总有一个挥之不去的念想:即使仅仅联系政权的更迭来观察法治的历史发展,无论东西中外,都可见"熵"或"反熵"两种不同的世界观指导下形成的不同治术观及法治观,以及在不同治术观、法治观指导下的治国实践包括它所涵盖的法治实践。其成效必是以"熵"治国则逆则败,以"反熵"治国则顺则胜;并已为史实屡试不爽地一一验证确实如此。在这一认识的基础上,若能重新规划中华法治史的研究,想必可以为之开辟新途。

"大道至简"。"大道"之所以"至简",关键性的原因在于"道"也者,客观上表现为自然、社会以及精神的发展规律,主观上表现为人的世界观。人类在"熵"与"反熵"两种不同世界观的支配下处理任何问题时,都会产生不同的认识,采取不同的对策,从而造成不同的结果。此处所说之"认识",包括立法者的立法思想、思想家对法律的不同诠释。在解读社会问题时,他们会采取彼此迥异的法政对策。研究"中华法治史",包括以"侨易"的思维方式与研究方法探讨"中华法治史"的历史演变,如果能将有关问题提到"熵"与"反熵"高度来认识,窃以为当可使法治史研究走上新途、更富新意。

四、"中式法治"与中华法治史的学术话语体系

中华法系的研究,在相当大的程度上,还涉及关于对"中式法治"的认识,以及相关的学术话语体系问题。这两个问题如果不能在研究之始即很好解决,所谓"中华发展法系"的建设也绝无可能而只是画饼一张。

"中式法治"的概念是由廖凯原先生首先提出的。

2008年4月30日，廖凯原先生在复旦大学发表了题为《探寻中式法治之道》的演讲，谈道："当我在美国还是一个学生的时候，有幸偶然读到了一本关于商鞅的书——《商君书》。商鞅富有创见的法治理念和厉行变法的改革勇气令我深深敬仰……他的法家思想遗产仍然流传至今……我认为商鞅的法治学说源于黄帝的法治观念。"2008年9月20日他在上海交通大学又发表了《中国特色的法治与礼治》的演讲，从演讲的主旨中，也可看出他越发坚定地信赖"中式法治"之存在了。而2011年在公开发表的《〈黄帝四经〉新见：中国法治与德治科学观的反熵运行体系》①中，则进一步明确论述了"中式法治"的概念。直至2015年8月15日廖凯原先生在中国法律史学会年会上发表的主旨演讲中，仍然坚持提及"以轩辕之治为本的法治是中式法治"。

2011年廖凯原先生在他发表的论文中，就他关注"长期以来，中西学者一直认为中国传统中没有法治观念，也没有任何关于个人自由与追求个人幸福的观念"的现象，批评"这些都是谬论"。他认为："自黄帝始，中国就有了明确的法治和德治观念……"他指出："黄帝阐明：中国法治及德治的观念都来源于道。道生法，法治确立了一个边界，用以明确何者为人们应当为与不应当为，从而确立了法律与秩序。没有人可以高于法律，法治与天理之下人人平等。"他指出："学者们不应以偏见来看待中国，不应以理想的法治模型来套中国的实践，这种比较是不公平的，也是不切实际的，因为即便是作为法治模范的美国也常常不能达到那种理想境界。"②

2014年9月，廖凯原先生在河北涿鹿黄帝城举行的"黄帝思想与先秦诸子

---

① ［美］廖凯原：《〈黄帝四经〉新见：中国法治与德治科学观的反熵运行体系》，关志国、黄列、支振锋译，《环球法律评论》2011年第2期。
② ［美］廖凯原：《〈黄帝四经〉新见：中国法治与德治科学观的反熵运行体系》，关志国、黄列、支振锋译，《环球法律评论》2011年第2期。

百家"国际研讨会上，发表了《黄帝范例：轩辕反熵运行体系2.0》主旨演讲，演讲中他再次强调了"中式法治"的概念。为说明他的观点，该文首先引录了他所创作的一篇短篇小说。小说的故事情节很简单："记录"了他与美国法学家"张三教授"在美国的哈佛广场的一段对话。其中有这样关键性的几段：

一为：

廖：我发现美式英语里没有语法！

廖：因为我发现美式英语里没有中文的语法！

廖：好好想一下，这就是那些著名的中外法学者在中国的发现，他们用自己自由民主的价值观来断定中国没有美式法治，却不顾中国五千多年的绚烂文明……他们……仅凭美国的那些标准就妄言中国没有法治。难道没有任何法治和义理之治，中国还能够成就这么多丰功伟业？

二为：

廖：五千年来直至今日，中国一直是一个持续遵行法治和义理的国家。中国是人的社会，而非天使社会。①

当然，有法治和义理的观念并不等于中国在理论和实践上都很完美。中式法治和义理之治不总是被严格遵守的，而违反之人也未必会被逮捕和惩罚。但是这样的疏漏不等于中国就不是一个法治与义理之治的国家。比如美国，通常被视为拥有成熟且完整法治并秉持自由民主的国家，但也经常疏于惩罚戴罪之人、违背她法治与义理之治的理想。

---

① 廖凯原原注：根据《圣经》，有正义天使，也有黑暗天使，因此即使是天使社会同样会存在理论与实践的问题。

可以这样概述廖凯原先生形成"中式法治"概念的思想历程：他杂用类比推理与逻辑归谬的方法，从隐含的美式英语有美式英语的语法，中文有中文的语法，不能因为美式英语里没有中文语法而谬认"美式英语里没有语法"。其类比结论则是：美国有美国的法治模式，中国有中国的法治模式，不能因为中国式法治里没有美国式法治而谬认中国没有法治。

哈佛大学高道蕴教授赞同廖凯原先生的上述观点，她结合自己精心研究《黄帝四经》的体会强调指出："事实上，正如廖凯原教授在其文中的有力论述，黄帝传统早已发展出一套关于自然法的先进理论。"①她认为："法治的理想从未在任何政体之中得到完满的实现，古代或现代都概莫能外。""即使在西方世界法治理想的源头——古希腊、古罗马的法律体系中，也没有展现出一种现代法治。"②高道蕴教授认为"黄帝的观念确实符合法治"③。

我认为，"中式法治"的概念是可取的。且不说可从《黄帝四经》所载口耳相传的黄帝时期依法治理社会的状况，因为还存在着对《黄帝四经》的若干争议；④即使从后世夏、商、周直至宋、元、明、清的历朝历代史实来看，也不能排除"中式法治"的存在。例如隋代，早在杨坚夺取北周政权，改国号为隋的第一年（581），隋文帝即废除了北周的官制，制定了《开皇律》。颁行《开皇律》后，隋文帝密切关注着它的施行状况，发现"律令初行，人未知禁，故犯法者

---

① 高道蕴：《黄帝传统中的法、自然与道》，徐炳主编《黄帝思想与先秦诸子百家》（轩辕黄帝研究 第二卷下），社会科学文献出版社2015年版，第239—250页。
② 高道蕴：《黄帝传统中的法、自然与道》，徐炳主编《黄帝思想与先秦诸子百家》（轩辕黄帝研究 第二卷下），社会科学文献出版社2015年版，第244页。
③ 高道蕴：《黄帝传统中的法、自然与道》，徐炳主编《黄帝思想与先秦诸子百家》（轩辕黄帝研究 第二卷下），社会科学文献出版社2015年版，第246页。
④ 1973年在湖南省长沙马王堆汉墓中出土了帛书《黄帝四经》。国人对《黄帝四经》的认识大体上分为两派：一派认为是战国时人的伪托；一派认为是黄帝时期以来经世世代代的口耳相传而由战国时人记载于帛书之上。清华大学法学院凯原中国法治与义理研究中心的学者们基于后者的观点正致力于有关研究。

众""下吏承（北周）苛政之后，务锻炼以致人罪"，采取临时性法律对策，如建"登闻鼓制"，规定"有枉屈县不理者，令以次经郡及州，至省仍不治，乃诣阙申诉。有所未惬，听挝登闻鼓，有司录状奏之"①。开皇三年（583），隋文帝从刑部奏状中了解到每年狱讼断决仍达万条之多，深感律文还太严苛，又敕令苏威、牛弘等大臣修订《开皇律》，删削死罪 81 条，流罪 154 条，徒杖罪 1000 多条②，于开皇三年（583）"冬十月……戊子，行新律"③。隋初不仅制定了《开皇律》，而且颁行了《开皇令》30 卷，还有"格""式"等不同形式的法律法令。正是由于在隋初积极修律以及其他措施的综合作用下，隋文帝不仅结束了魏晋南北朝近 370 年的分裂与内战，而且收到了"君子咸乐其生，小人各安其业……人物殷阜，朝野欢娱"④的社会治理良效，并于开皇九年（589）一举平陈，统一全国。当然，仅仅是颁行律、令、格、式，还只是积极立法而已。隋初积极立法的同时，还比较注意法的实施。例如，开皇三年（583）隋文帝下令"置律博士弟子员。断决大狱，皆先牒明法，定其罪名，然后依断。"⑤开皇六年（586），又敕令各州长史以下到行参军一级的官吏都要学习律文，并在指定的日期在京城集中进行考试。从唐人魏徵所撰《隋书》，可以找到隋初 10 年里大量的自隋文帝本人至下层官吏厉行既定法律的实施的范例。

至于唐代，其《永徽律》更是以"唐律"的概称而闻名于世，中外法史学者，几可说是无不称颂有加、赞叹备至。如何敏在"总评"隋唐五代法制研究时就曾指出"唐代在中国封建历史上写下了最为光辉灿烂的一页，其完备的法制也堪为世界封建法律的典型"⑥。

---

① 《隋书·刑法志》。
② 《隋书·刑法志》。
③ 《隋书·高祖纪（上）》。
④ 《隋书·高祖纪（下）》。
⑤ 《隋书·刑法志》。
⑥ 参见张晋藩主编：《中国法制史研究综述》，中国人民公安大学出版社 1990 版，第 261 页。

毫无疑问，其时的立法、施法（司法与执法）有严重的"人治"因素，当然也绝无现代国家那样的民选政府与整套整套的立法、施法的民主制度与民主措施。但是，能够因此而完全否定其时有法律之治吗？恩格斯曾经指出："一切政府，甚至最专制的政府，归根到底都不过是本国状况所产生的经济必然性的执行者。它们可以通过各种方式——好的、坏的或者不好的——来执行这一任务；它们可以加速或延缓经济发展及其政治和法律的结果，可是最终它们还是要遵循这种发展。"① "经济必然性"从人类社会孕育出氏族、部落、部落联盟直至国家的过程中，始终发挥着它的决定性作用。这种决定性的重要表现之一，就是无可回避地必须在实行德治（习俗之治）以外同时还实行法治。这种"法治"在不同的阶段会有不同的表现，其总体趋势是从野蛮走向文明、从不民主走向民主、从不科学走向科学。这种法治在不同的国家也会有不同的特点，但绝不能由于各有特点而排除其中蕴有"法治"的因素。自古以来中国的先民们（政治家和思想家们）就殚精竭虑于探索社会治理的有效手段，其中最被关注的就是德治与法治。可以这样说：完全没有法治或与法治背道而行，一切国家都不可能存在。秦代之638年历史中，绝大部分时间里都是重视法治的。正因如此，它能崛起于贫瘠的西陲，日益强大并最终横扫六合，战胜燕、赵、韩、魏、齐、楚，而使"天下成一统"。可叹的是，嬴政自立为秦始皇后秦严重地背离了法治轨道，终于在短短的15年后，迅疾地亡国于秦二世手中。遗憾的是：我国史学家对秦代638年中的623年历史很少关注，法史学者涉笔的也仅仅是秦始皇至秦二世的15年。与此相仿，中外学者关于我国法史所特别关注的，往往只是我国历代法律实施最糟糕的时期，并从而得出了"没有法治只有人治"的错误结论。

除上述情况外，我还想特别指出：夏、商、周之后，除秦、隋二代国祚奇短之外，我国的重要朝代都历时弥长，如汉代历时426年（西汉231年，东汉195

---

① 《恩格斯致尼·弗·丹尼尔逊》（1892年6月18日），《马克思恩格斯选集》第四卷，人民出版社1966年版，第495页。

年），唐代历时289年，宋代历时319年，元代历时162年，明代历时276年，清代历时295年。在全世界上百个国家中，它们的历史上，极少有历时如此之长的。我国历史上的重要朝代除历时漫长的特点外，另一特点是：其最高统治集团，大体都是同属一个姓氏的。如汉代为刘姓，唐代为李姓，宋代为赵姓，明代为朱姓，等等。由此可能得出"中国历史是人治的历史"的结论，而往往忽视了另外两大问题：一是，作为最高统治者的家族集团是拿什么来统治的；二是，为何国祚都如此之长。尤其值得注意的是，自古以来（或谓汉以来）直至近代（大致是在清代中期，1840年鸦片战争时期），在约2000年间，我国的社会发展、经济水平、文化水平与军事实力都是高踞于世界各国之首的。在这2000年中，古埃及文明、古希腊文明、古印度文明都衰落直至消失了，而历经汉、唐、宋、元、明、清等朝代的中华文明，不但没有衰落、消失，却在惨遭鸦片战争以来的百年挫折之后，又在大放光华，异彩烨烨。一个"没有法治"的国家，一个没有法治文明的民族，靠什么绵延其强大生机呢？我初步思考的结论是：第一，我国是有其独特的法治文明的，这就是廖凯原先生概括的"中式法治"；第二，这种"中式法治"依存于或曰建立在家族统治之上。

必须回答的问题是：这种建立在家族统治之上的"中式法治"为何也有甚为强大的生命力呢？这是因为：虽为家族统治，但其时的"国家所有权"虽不合理，却是明晰的，汉代的"国家所有权"属于刘姓，唐代的"国家所有权"属于李姓，宋代的"国家所有权"属于赵姓……

所有权是一切经济利益（财权）的根本，同时它传导到了政治利益（政权）、文化利益（话语权）、军事利益（军权）等一切权益上去。因此，举凡只管享受占有所有权带来的利益而不关心它的增益的，势必为民众所反对直至推翻。为了占有国家所有权，汉、唐、宋、元、明、清的统治者们深悉必须有效规制治下官民的行为。于是必须"有法可依"，必须在一定程度上实行"法治"，甚至如朱元璋那样厉行"重典治吏"。早在周代，即已形成了"普天之下，莫非王土；

率土之滨，莫非王臣"的观念。这一观念很恰当地传递了"王"为"（国）土"及"（民）臣"之所有权拥有者的事实。"（国）土"及"（民）臣"既为王所有，即"王"为一国之中从物到人的一切所有权的掌控者，那么，他（王）及其同姓亲属，既可以任性索取、享受，也可能面临一旦失去了王权，则必定会失去一切，甚至身首异处，肝脑涂地的后果。史实告诉我们"王"们开始时一般都是怵怵惕惕、勤于政事，也就是努力地有所作为，以维护其作为一国所有者的权益的。为此，他们多半要进行法制建设，并以此规范王族、臣民的行为，调适社会矛盾，也就是实行法治。但到后来则日渐松弛，耽于淫逸享乐，终于失去政权，亦即失去国家所有权。

迄今为止，中外社会科学理论界似乎未对"国家所有权"予以应有的关注，亦未见现代各国的各种性质、各种类型的政党从"国家所有权"的角度来分析国家政权问题以及与之相关的为什么一些政权体制可以较为稳妥长久地保持下去，而另一些政权体制下的国家却很不稳定的问题。实际上，任何一种政治制度都是由掌权人及其行为来体现的。如果在一种政制下，掌权的人以"全民所有"之借口而可以对国家所有权不负任何责任，除了享用这种国家所有权给他带来的财富、荣耀与其他利益之外，不承担任何风险，不因肆意横行以致国弱民贫而负任何责任却以"下台"即告了事，那么，这种政治体制下的国家是一定很难长治久安的。实际上，古往今来，一切思想家、政治家不管是否自觉，只要在实际上关注"国家所有权"问题，就必然有所作为、有所成就；反之，必然无所作为、无所成就，或者胡作非为，甚至还搭进去身家性命，遗臭万年。

纵观我国数千年历史，之所以有若干朝代国祚绵长，就是因为各该朝代的统治者对"国家所有权"问题处理得较好，其中包括必须有法可依也大体上依法而治；反之，像秦隋二代，秦始皇时期、隋文帝仁寿年间尤其是承享了隋初鼎盛国力的隋炀帝时期，完全无视国家所有权问题，以为"普天之下，莫非王土；率土之滨，莫非王臣"即可任意玩弄举国臣民于股掌之上，根本不考虑什么法治不法治，肆行"和尚打伞，无法无天"且自得其乐、自鸣得意，甚至将前朝、本朝所立之法也完全废弃，而任情生杀，其结果，当然只能是国破家亡直至自己也身首异处，呜呼哀哉！

中华法治史的研究，如果始终关注各个朝代对有关"国家所有权"问题的态度，重视由此而形成的对以法为治、依法而治的史实的梳理，相信是可以取得与以往的"中国法制史"有所不同的成果的。

除上述之外，要使得成果丰硕，窃以为还应密切关注"中华法治史"所应有的学术话语体系问题。

《中国法制通史》从第一卷到第十卷整齐划一地受制于"西化"了的学术话语体系。例如，其第一卷（夏商周）除第一节都为"立法概况"外，其余依次大致都是"行政法规范""刑事法律规范""军事法律规范""经济法律规范""司法机构"以及有关"礼制"的末节。所不同的是，西周一章增加了"民事法律规范"与"婚姻法律规范"；此外，从夏商周分别有夏代的"礼制形成"、商代的"礼制的发展"和周代的"礼制的完善"（西周）与"礼制的衰败"（春秋时期）。其第四卷（隋唐），大体上是隋与唐的"立法概况"以及刑事、行政、经济、民事、婚姻家庭方面的法律和司法制度等。其第八卷大体上与此前各卷相同，增加了调整民族关系的法律和案例法以及涉外法律。从其内容看，除了"宪法"概念没有出现外，其余的法史、法律概念都与西方国家的相同、相近或相类似。其他各卷所涉内容大体如此。这样分类的好处是，读者对有关朝代调整社会关系的法律制度，可以一目了然。但是，显然不是我国自古以来关于调整社会生活的规范的类别实际。实际上，从古代到近代，我国用以调整社会生活的规范，有四大体系：一为调整皇权与各级行政权关系的行为规范；二为调节各级行政机关之间及行政官吏之间关系的行为规范；三为调节官民关系的行为规范；四为调节民人之间的行为规范。贯穿于这四大体系的行为规范则有"法"（即刑）与我称之为"准法"的"礼"之分别，一切以"礼"为行为准则，"出礼"则"入刑"。其中，调节民人之间的行为规范，有"家法""族规""乡规""民约"之分，"民约"之中，则有涉及经济的、婚姻的、家庭的等。

我国古代至近代，各个朝代所统领的疆域虽然大小有别，但大致可说都是十分辽阔广大的。在辽阔广大的国土上，京畿地区、畿外地区及"化外"地区在法律治理上又大有区别。"天高皇帝远"而不受"王法"约束，乃是常态；人口集中的城市与乡间又各不相同。整个社会的治理，在极大程度上依靠乡间的宗族；宗族社会的治理建筑在主要以礼教"软刀子"为凭而辅以"铁血"的世代相传的民间法基础上；而其精神基础，则为"父权""夫权"压倒一切的家庭自治方式。实际上，我国历史上的权力构成中，君权、族权、父权、夫权以及以各种方式在不同程度上支持此四权的神权，各有其特殊的作用，也各有其特殊的调节社会关系的方式。

如果计及中原汉族政权和汉化政权（如北魏、元、清等朝代）之外各个边疆地区的法治状况，我国的法史更不是以现代西方国家的法史学术话语所可表述的。

杭州师范大学范忠信教授等长期以来孜孜矻矻诉请法史界关注我国法史的特殊性，并身体力行从我国法史中挖掘出可供今日法治建设借鉴的优良之理。中国社会科学院法学研究所的杨一凡教授等则长期致力于研究我国各个朝代的独特的法治建设经验，发掘久为历史烟尘所掩埋的法律典籍，以及在乡村治理中发挥了特殊作用的乡规民约典籍。这些典籍作为司法指南性文献的汇编，是研究古代法治的必读资料，也是了解与研究我国古代以来的"中式法治"实践状况的珍贵资料。从中可以提炼出来的法治理论、"中式法治"体系、"中式法治"学术话语，一定是十分丰富，或可"压倒西风"的。长期以来，人们不断告诫要谨防"全盘西化"。但是实际上中国大陆的法学研究包括法史研究，早已严重地"西化"了。在法学的学科划分上，在各个法学学科的内容体系上以及所使用的学术术语体系上，几乎雷同于西方而基本上没有我国自己的东西了。对此，法学界几乎茫然无知，甚至有关管理部门也熟视无睹。之所以出现这种状况，只要略事回顾一下近代以来我国的历史境遇，就可大体了然了。

尽管如此，法律观念作为文化传统的衍生物，还是有其顽强的生命力的。1840年鸦片战争以来，中西法律文化的冲突随处可见、不时凸显。北京大学徐爱国教授对此做了这样的归纳：鸦片战争后的100年间，"西方现代法律"与"中国法律传统"发生了严重的冲突。清末"新刑律起草的时候，中西法律的冲突集中在西方个人主义和东方礼教的冲突，典型的，干名犯义、存留养亲、亲属相奸、亲属相盗、亲属相殴、故杀子孙、夫妻相殴、子孙违反教令和发冢行为，一直都是中国固有传统在法律上的体现，要么是因为这些行为违反了尊卑秩序，要么是玷污了中国人的善良风俗……我们曾经津津乐道的带有浓厚中国传统的礼教之法在法律世界消失"，"与公法上中西冲突的法律乱象和天翻地覆不同，私法之间的冲突则在暗流深处中西并存"，而"当下社会，现代西方法律观念与民众根深蒂固的行为模式和思想观念的冲突依然存在。即使在现行的法律中，对抗也无处不在"。[1]因此，了解、思考传统法律文化，是当下推进法治建设的"题中应有之义"。

当然，西方国家的一切都不应不加分析地批判、抛弃，新中国成立初期幼稚地排斥学习西方有益经验的粗糙做法不应再现。该学的不学或没有学好，不该学的却又不加鉴别、照单全收，理论、学术发展的这种状况应该认真地加以总结。无论是对西方国家的文化还是对我国的传统文化，包括法律文化，都应实事求是地实行学习、继承、发扬其精华，分析、批判、抛弃其糟粕的方针。

从法史研究的方法来说，建立符合"中式法治"发展的客观实际的学术理论体系以及学术话语体系，已经历史地落到当今的中国法史学者的肩上了！

有鉴于上述观点，笔者关于中华法系研究的初步设想涉及以下几个方面：

---

[1] 徐爱国：《中国百年法治的文化冲突论》，《民主与科学》2015年第4期，第21页。

一、中华法治史的逻辑发展

1. 中华法治的萌芽

2. 中华法治的发展

3. 中华法治的成熟

4. 中华法系的形成

5. 中华法系的演变

二、中华法系的重要特点

1. 儒家思想为理论基础

2. 神权法学束缚的解脱

3. 封建伦理为法学经纬

4. 皇帝操纵立法与司法

5. 官僚贵族有法定特权

6. 赏罚并用一以贯之

7. 行政与司法集于一身

8. 刑法与民法融为一体

三、中华法系产生的背景研究

1. 中华法系产生的经济背景

2. 中华法系产生的文化背景

3. 中华法系产生的政治背景

四、中华法系与中华法治思潮的交互作用

1. 中华法系对中华法治思潮的影响

2. 中华法治思潮对中华法系的影响

3. 二者在交互作用中的波浪式发展

4. 二者交互作用的几点法理学结论

五、中华法系的实践、经验与教训

1. 中华法系的实践

2. 中华法系的经验

3. 中华法系的教训

4. 中华法系的评价

六、中华法系的世界影响与法系地位

1. 中华法系的世界影响

2. 世界各大法系中的中华法系

3. 中华法系在当代世界

七、关于中华法系的若干理论歧见

1. 关于中华法系的时代蕴涵

2. 关于中华法系的历史评价

3. 关于中华法系的理论探讨

4. 关于中华法系的现实意义

中华法系的历史发展过程和建立在此基础上的关于中华法系以及中华发展法系的研究，是一项庞大的学术工程，不可能一蹴而就。仅仅关于提出这一任务来，就有评价为有一种"极强的冲击力"的。但"千里之行，始于足下"，我们不妨先就此一话题展开讨论，务求在"理论创新"方面有所进步，为尽早建成全面小康社会、实现中华民族的伟大复兴而贡献力量！使历史悠久的中华法系发扬光大，建成中华发展法系，为法律全球化贡献中华民族的文化伟力！

《淮南子》与"百家言黄帝"

西汉淮南王刘安网罗数千宾客合撰了《淮南子》一书,计二十一卷。《淮南子》内容非常丰富,上自天文地理,下至花木鸟兽、社会人世,亦及道德修养、风俗习惯。总之,自然、社会、精神及其运行规律,几无未加涉笔者。《汉书·艺文志》难概其全,遂将其列为"杂家类"。因为《淮南子》之内容涵盖极广,可与《吕氏春秋》一比,所以,又有认其理论指导及学说特色类同于且一脉相承于《吕氏春秋》的。例如宋人高似孙就认为:"淮南王尚奇谋,募奇士,庐馆以开,天下隽绝驰骋之流,无不雷奋云集,峰议横起,环诡作新,可谓一时杰出之作矣。及观《吕氏春秋》,则《淮南王》书殆出于此者乎?"①加之《淮南子·时则训》的基本内容及主要观点与《吕氏春秋·十二纪》十分相近,而《吕氏春秋》所涉笔的"太一""精气""无为无不为""以民为本""重农务耕""弃私立公""贵在重己"等理论观点或哲学范畴,在《淮南子》中都可找到相同、相近或相类似的概念、提法,这样,如同《汉书·艺文志》之将《吕氏春秋》列入"杂家类",自是"理所当然"了。诚然,顾迁先生译注《淮南子》一书,谓

---

① 《诸子集成·吕氏春秋附考》引。

其"融天道人事于一炉"①，可称得论。但是，关于贯穿《淮南子》全书的理论指导思想，却非一个"杂"字了得。何况，以"杂"指出其内容之包罗万象虽无不可，但若从揭橥其精华与要义而言，却是令人茫然的。当代以前，一则因《汉书·艺文志》以《淮南子》入"杂家"一类，异议者不多；再则，秦亡汉兴，虽然曾经有过黄老思潮风云蓬勃的汉初六七十年，但自汉武帝厉行"罢黜百家，独尊儒术"的国策之后，汉、魏、隋、唐、宋、元、明、清历朝历代，大体上是儒家的天下了。所以，对《吕氏春秋》《淮南子》之"杂"种性质评价，穷究精思者也不太多了。又因《淮南子》成书时间近于汉初文、景之世②，论者直谓其为"黄老之学"的也所在多有。所以，王贵民、杨志清先生主编《炎黄汇典》概述《淮南子》谓"一般认为是以道家的黄、老思想为主"③。东汉高诱为《淮南子》作注，以《叙目》谓《淮南子》"旨近《老子》，淡泊无为，蹈虚守静，出入经道。言其大也，则焘天载地；说其细也，则沦于无垠，及古今治乱存亡祸福，世间诡异瑰奇之事。其义也著，其文也富，物事之类，无所不载。然其大较归之于道，号曰'鸿烈'。鸿，大也；烈，明也，以为大明道之言也。"但也有不少学者认为刘安所述"大道"，既有老、庄之核心思想，又与儒家之道相一致。这样，我们可见，前人述评《淮南子》之指导性、贯穿性的理论，或谓"老"，或谓"庄"，或谓"黄"，或谓"儒"，或言"老庄""黄老"，或者干脆以一"杂"字包而裹之。窃以为，《淮南子》之理论主旨虽多有与老子思想相契之处，其《道应》篇竟至总计六个段落中的每一段落，均以"故老子曰：……"作结束语，但

---

① 顾迁译注：《淮南子》"前言"，中华书局2009年版，第1页。下引《淮南子》均出此书，只注篇名和页码。

② 据《汉书·淮南王传》，刘安招募宾客作《内书》《外书》《中篇》之后写道："时武帝方好艺文，以安属为诸父，辩博善为文辞，甚尊重之。每为报书及赐，常召司马相如等视草乃遣。初，安入朝，献所作《内篇》，新出，上爱秘之。"汉武帝即位初年刘安即献其所书，故成书时间当在此前，即近于文、景之世。

③ 王贵民、杨志清主编：《炎黄汇典·史籍卷·〈淮南子〉说明》，吉林文史出版社2002年版，第74页。

是,"老子思想"也不是"纯金"般的单一性的,《淮南子》只是择老子众多观点中的一部分,结合当时有关自然、社会、精神问题展开申论,此其一;其二,即便所择虽为老子的某些观点,但老子的这些观点也是有其来源的,因为老子生当战国时期,在他之前,中国文明史还有2000多年的酝酿与发展,所以,追根溯源,它还可能是黄帝思想的演绎;其三,《淮南子》中显然可见的还有"言黄帝"的成分,这些"言黄帝"的成分,或为"直引黄帝言",或为"言同黄帝言",或为"言及黄帝言",或为"评及黄帝言"。因此,探析《淮南子》与黄帝思想的关系,是重要的也是必要的。应当探析《淮南子》与黄帝思想的关系,厘清《淮南子》之"言黄帝"究竟"言"了些什么并从而为之"定性",视作疏浚中华文化传统的源流、传承关系不可或缺的一环。至于如何为之"分类""定性",或可在此基础上有所论列。

一、《淮南子》"主编"刘安其人其事

史书记载,刘安乃汉高祖刘邦的孙子、汉武帝刘彻的叔父。刘安的父亲厉王刘长是汉高祖的小儿子、汉文帝的弟弟,因为骄纵自大而罹罪,最后绝食自戕。这对刘安不可能不产生巨大的影响。因此,他从小就不同于许多皇家子弟,不喜狩猎游玩、声色犬马,而特别偏爱文学艺术。汉文帝八年(前172),因哀怜少弟刘长(西汉厉王),封刘安为阜陵侯,十六年(前164)复立刘安为"淮南王"。据《汉书》记载:"淮南王安为人好书、鼓琴,不喜弋猎狗马驰骋,亦欲以行阴德拊循百姓,流名誉。招致宾客方术之士数千人,作为《内书》二十一篇,《外书》甚众,又有《中篇》八卷,言神仙黄白之术,亦二十余万言。时武帝方好艺文,以安属为诸父,辩博善为文辞,甚尊重之。每为报书及赐,常召司马相如等视草乃遣。初,安入朝,献所作《内篇》,新出,上爱秘之。使为《离骚传》,旦受诏,日食时上。又献《颂德》及《长安都国颂》。每宴见,谈说得失

及方技赋颂，昏莫然后罢。"①其中的《内书》《内篇》即传世至今的《淮南子》。

一部《淮南子》，由"宾客方术之士数千人"集体创作，最后当然是刘安总其成，可见该书写作之认真、严肃。所以，轻率地以一"杂"字相况，似甚不妥。但毕竟该书涉笔面极广，以"杂"讥评也可理解。不过，透过"杂"的表面，或既可看到它的博大，亦可看到它的精深。但是仅仅是刘安活动的一面，另一面，却是准备谋反、夺权。

据《汉书·淮南衡山济北王传》所载，刘安编《淮南子》只是其表面行为，而其内心，却是"欲以行阴德拊百姓，流名誉……建元六年（前135），天见彗星，刘安即忖度，江湖天下有变，诸侯并争"，于是"愈善治政战具，积金钱赂选郡国"，甚至遣人偷偷进"入宫中，做着帝玺"，以及丞相、御史大夫、将军等的大印，备用于成功之时。总之是不时地积极伺机谋反。但谋反失败了，导致"吏因捕太子、王后，围王宫，尽捕王宾客在国中者，索得反具以闻。上下公卿治，所连引与淮南王谋反列侯、二千石、豪杰数千人，皆以罪轻重受诛"。在审"议"淮南王刘安如何发落时，"赵王彭祖、列侯让等四十三人议，皆曰：'淮南王安甚大逆无道，谋反明白，当伏诛。'胶西王端议曰：'安废法度，行邪辟，有诈伪心，以乱天下，营惑百姓，背畔宗庙，妄作妖言。《春秋》曰"臣毋将，将而诛"。安罪重于将，谋反形已定。臣端所见，其书印图及它逆亡道事验明白，当伏法。论国吏二百石以上及比者，宗室近幸臣不在法中者，不能相教，皆当免，削爵为士伍，毋得官为吏。其非吏，它赎死金二斤八两，以章安之罪，使天下明知臣子之道，毋敢复有邪僻背畔之意。'丞相弘、廷尉汤等以闻，上使宗正以符节治王。未至，安自刑杀"。刘安走了一条与他父亲刘长一样的不归之路。

刘安之所作所为与所思所想，被认为人前人后、白天黑夜，是了不相同的；在"主编"《淮南子》这一文人学士静心以赴的事业之外，刘安日思夜想的，不

---

① 《汉书·淮南衡山济北王传》。

能不是谋反之成败得失。胶西王刘端以刘安"废法度""行邪辟""有诈伪心"而其"书印图"及其他"逆亡道事验明白",在在都表明刘安之"乱天下,营惑百姓"铁证昭然。后人有认为最最昭然以示、揭明其心迹的,则是刘安自己的话。

在《淮南子》的最后一篇类同"自序"的《要略》里,刘安自谓:《淮南子》中"天地之理究矣,人间之事接矣,帝王之道备矣"。又谓:"若刘氏之书,观天地之象,通古今之事;权事而立制,度形而施宜;原道之心,合三王之风。以储与扈冶,玄眇之中,精摇靡览,弃其畛挈,斟其淑静;以统天下,理万物,应变化,通殊类。非循一迹之路,守一隅之指,拘系牵连之物,而不与世推移也。故置之寻常而不塞,布之天下而不窕。"这些话被认为是告示天下,我来当皇帝乃是最为恰当的。这当然会引起武帝刘彻的不满,因而对他的这位叔父严加治罪。这样推想不能说毫无道理,因为如果不是刘彻本人的支持,刘安还一定可以安然度过此一劫难的。

因此,在议《淮南子》"主编"刘安的思想、理念、观点时,不联系他的生平、他的作为、他的表里,是不妥的。在此前提下,我们来分析一下《淮南子》与"百家言黄帝"的关系,实即分析作为一"家"的刘安是如何"言黄帝"的。

二、《淮南子》之"直引黄帝言"

据《炎黄汇典·史籍卷》所载,《淮南子》中,"直引黄帝言"的,计有两处。一为:

> 主者,国之心。心治则百节皆安,心扰则百节皆乱。故其心治者,支体相遗也;其国治者,君臣相忘也。黄帝曰:"芒芒昧昧,从天之威,与元同气。"故至德者,言同略,事同指,上下一心,无歧道旁见者,遏障之于

邪，开道之于善，而民乡方矣。故《易》曰："同人于野，利涉大川。"①

顾迁先生"译注"曰："君主是国家的心脏。心脏健全正常，全身的筋骨脉络就畅通，心脏功能紊乱，全身的血脉也随之紊乱。所以，一个人的心脏如果正常，肢体也就相安无事；一个国家治理得好，君臣之间就各守其位，各司其职。黄帝说：'至德之人纯厚广大，能承顺上天的道德，精气能与上天的元气相通。'所以，至德之人的谋略与臣民同心同德，没有意见上的分歧，也就能堵塞歪门邪道，使人民都能朝正道走。所以《易经》上说：'君主在郊外聚集民众准备出征，由于上下同心，就一定能跋涉山川渡过难关，最终取得胜利。'"②

二为：

故法者，治之具也，而非所以为治也，亦犹弓矢，中之具，而非所以中也。黄帝曰："芒芒昧昧，因天之威，与元同气。"故同气者帝，同义者王，同力者霸，无一焉者亡……③

顾迁先生"译注"曰："所以法律只是治国的工具，而不是治国的根本，好比弓箭，只是射中目标的工具，而不是射中的关键。黄帝说：'茫茫昧昧，凭借着上天的神威，与天地元气相通为一。'所以与元气同一相通的人可以称帝，与道义同一的人可以称王，和强力同一的人可以称霸，三方面一个都不具备，就会灭亡……"④

对《淮南子》的这两处"直引黄帝言"，及其"今译"，我们至少可以有这

---

① 《淮南子·缪称》，第159页。
② 《淮南子》，第159—160页。
③ 《淮南子·泰族》，第286页。
④ 《淮南子》，第286页。

样一些看法。

一为，这两处"直引黄帝言"，或为"刘安们"的捏造，因此是假的；或非"刘安们"的捏造，因此是真的。但至今无"刘安们"捏造的证据，似亦无人持此疑问，论其为"假"，难以成立。而既然载诸《淮南子》，又流传至今，且无人责疑，那么，现在只能认其为真，即黄帝确乎说过这些话。

二为，由于从黄帝到西汉刘安，年代相隔久远，且又无任何其他文字可资依据，因此，如果黄帝确乎说过这些话，那么，这些话就只能是历经千百年的口耳相传而保存下来的。

三为，对黄帝两处所言之中的"芒芒昧昧"四个字，顾迁先生将第一处译为"至德之人纯厚广大"，而第二处则未做译解，谓"芒"通"茫"，保留"芒芒昧昧"的原文。之所以这样处理，揣测顾迁先生也许难以作答。窃以为，或可这样推断：黄帝确有"芒芒昧昧，因天之威，与元同气"之语，而其含义必须联系上下文加以厘定；可是，黄帝之言"芒芒昧昧……"的上下文又没有留传下来，因此，就只能凭引用此言者欲加之文、欲传之意而随机添加了。而由于"直引黄帝言"之第一处，"刘安们"要论述的重点是君主自身的修养，因此，其中的"芒芒昧昧"就可依随后的"至德者……"连解作"至德之人纯厚广大"；而第二处，"刘安们"要论述的重点已非君主的修养，而是综述治国的方术，论儒、道、法三者的短长以区分"帝""王""霸"三术的不同进路，因此，对"芒芒昧昧"四个字予以保留，不做任何译解，以便读者根据后文的不同，而相机连解。

议及这一点也许是必要的。由于黄帝时代不但距今遥远，而且与春秋战国及秦汉时期相距亦甚遥远，借助黄帝之言，尤其是借助当时社会上广为流传、因而为多数人确信的黄帝之言的信誉，来加强自己的论证力量，是可以理解的。至于直引黄帝之"言"究竟做何解释，就由作者、读者随机而定了。窃以为，借《淮南子》"直引"了"黄帝言"而肯定黄帝的这种或那种思想，这是最为重要的；而黄帝的指示、"教导"多么"英明"，倒是次要的。从黄帝迄今，近5000年过去了，时代发生了天翻地覆的变化，尤其是进入信息社会"知识大爆炸"的当代，"代沟"已很难以20—30年递差计算，而须以10年、甚至5年递差计算了。在这样的前提下，我们既要继承和发扬黄帝开创的中华文化的优良传统，又不"厚古薄今"，更不"泥古"，而要在新的历史条件下，创造性地发扬先人的智慧，为中华民族的腾飞做贡献。而就此两处"直引黄帝言"来说，重要的是黄帝有此演说，其意明确当然很好，即便不明确到"芒芒昧昧"的地步，也不打紧，因为它说明的是实有黄帝其人，黄帝是中华民族的共同祖先，黄帝时期的文化是中华文明5000年历史的源头。

毫无疑问，如果"直引"的"黄帝言"的含义是明确的，当然最好。

那么，在《淮南子》中，确如《炎黄汇典·史籍卷》所录的那样仅有2处文字为"直引黄帝言"吗？如果不是，还有没有与"直引黄帝言"有关的可以视同"直引黄帝言"的文字，而其含义又是如何呢？

三、《淮南子》中可视同"直引黄帝言"的文字

所谓"可视同'直引黄帝言'"是指：虽非以"黄帝曰……"的形式出现，但有关文字实际上指的是黄帝所"言"。这在《淮南子》中至少有以下几处。

其一，《淮南子》卷五《时则》篇有云：

> 中央之极，自昆仑东绝两恒山，日月之所道，江、汉之所出，众民之野，五谷之所宜。龙门、河、济相贯，以息壤堙洪水之州。东至于碣石，黄帝、后土之所司者，万二千里。其令曰：平而不阿，明而不苛，包裹覆露，无不囊怀。溥氾无私，正静以和；行稃鬻，养老衰，吊死问疾，以送万物之归。

《淮南子·时则》篇是论述时令的,"刘安们"概述其"要略"曰:"《时则》者,所以上因天时,下尽地力,据度行当,合诸人则,形十二节,以为法式,终而复始,转于无极,因循仿依,以知祸福,操舍开塞,各有龙忌,发号施令,以时教期,使君人者知所以从事。"① 顾迁先生今译为:"《时则》篇使人向上顺应天时,向下充分利用地力,依据自然法则,行为恰当,与人体构造相合,制定十二个月,作为法式,终而复始,运行无穷,人们因循仿效,来了解祸福的由来,掌握取舍开闭的原则,明白各种鬼神禁忌,正确地发号施令,按时令特点来教化民众,是君主之道施政的依据。"②

该篇上承所论"天""地",分"东方之极""南方之极""中央之极""西方之极"与"北方之极"五个地理区划,分述不同区划有不同的主管部门,这些主管部门分由伏羲、少昊、赤帝(炎帝)、祝融等依法负与地区、时令相关的管理之责。黄帝负责的是"中央之极":

中央之极,自昆仑东……东至于碣石,黄帝、后土之所司者……③

顾迁先生今译为:"中央广大的地区,从昆仑山以东起,越过恒山,到达日月普照地带,这是长江与汉水的发源地和流域,又是人口稠密的地区,这里适宜五谷生长,龙门、黄河、济水从这里穿过,是大禹用息壤堵塞洪水的地方,它东到碣石山,是黄帝、后土管辖的地域,共一万二千里。他们的政令是:处事要公正不阿,明察秋毫而不苛刻,能够包容滋润万物,无有遗漏。博大无私,这样就能使政治公平温和;要施舍麸粥、赈济贫困,扶养老弱,哀悼死者,慰问病者,

---

① 《淮南子·要略》,第292—293页。
② 《淮南子》,第293页。
③ 《淮南子·时则》,第82页。

使万物都有归宿。"①

《淮南子·时则》篇中，虽然未出现"黄帝"二字，但是，"所司者"既为"黄帝、后土"，而"后土"则为"土神""中央之极"，是"人神共管"的。"后土"是否发"令"可存而不论，十分显然，"刘安们"之谓"其令"当然是"黄帝"之令，这就可以视为"黄帝"之"言"了。

这里，以政令形式出现的黄帝之"言"，其内容，在《黄帝四经》中所在多有。例如，关于"平而不阿""溥氾无私"即"处事要公正不阿""博大无私"，就可见诸《黄帝四经》之如下文字：

> 公者明，至明者有功。至正者静，至静者圣。无私者知（智），至知（智）者为天下稽②。

> 使民之恒度，去私而立公。变恒过度，以奇相御。正、奇有立（位），而名［形］弗去。凡事无大小，物自为舍。逆顺死生，物自为名。名刑（形）已定，物自为正③。

> 法度者，正之至也。而以法度治者，不可乱也。而生法度者，不可乱也。精公无私而赏罚信，所以治也④。

> 苛事，节赋敛，毋夺民时，治之安。无父之行，不得子之用；无母之德，不能尽民之力。父母之行备，则天地之德也。三者备，则事得矣。

---

① 《淮南子》，第82页。
② 《黄帝四经·经法·道法》。
③ 《黄帝四经·经法·道法》。
④ 《黄帝四经·君正》。

能收天下豪桀（杰）枭（骁）雄，则守御之备具矣。审于行文武之道，则天下宾矣。号令阖（合）于民心，则民听令。兼爱无私，则民亲上①。

从《黄帝四经》的上述引文中我们看到，黄帝之论以法保证公正、平等，去私立公，毋行苛事，毋夺民时，等等，几可说与《淮南子·时则》所引黄帝之"令"，是字同、文同、意同、义同的。由于黄帝生当刘安之前，当然只能说是《淮南子》引了"黄帝言"，而非相反。

其二，《淮南子》卷五之《时则》篇除直接提到"黄帝"之外，还有以下文字：

制度：阴阳大制有六度，天为绳，地为准，春为规，夏为衡，秋为矩，冬为权。绳者，所以绳万物也；准者，所以准万物也；规者，所以员万物也；衡者，所以平万物也；矩者，所以方万物也；权者，所以权万物也。

绳之为度也，直而不争，修而不穷，久而不弊，远而不忘；与天合德，与神合明；所欲则得，所恶则亡；自古及今，不可移匡；厥德孔密，广大以容。是故上帝以为物宗。

准之为度也，平而不险，均而不阿；广大以容，宽裕以和；柔而不刚，锐而不挫；流而不滞，易而不秽；发通而有纪，周密而不泄，准平而不失。万物皆平，民无险谋，怨恶不生。是故上帝以为物平②。

以上引文中，有两处都出现了"上帝"二字。顾迁先生今译时仍以"上帝"称，译为："……所以上帝以它为万物的根本""……所以上帝以它为万物的正

---

① 《黄帝四经·君正》。
② 《淮南子·时则》，第88—89页。

宗"。① 但是，众所周知，今天中国人所称"上帝"，是特指的西方世界对"造物主""救世主"之属的特有称呼。古代中国的"上帝"，约略有以下解释。一为"天帝""天神"。如《书·盘庚》云："上帝将复我高祖之德。"《诗·大雅·荡》曰："荡荡上帝，下民之辟。"二为星宿之名，如《宋史·天文志》云："紫微垣东蕃八星……第二星为上帝。"三为"古代之帝王"。《素问·六节·藏象论》有谓："此上帝所秘，先师传之也。"实际上，古代中国并无与今人所指相同的"上帝"概念。今人习见之"上帝"，为基督教新教借用中国原有语词，如《书·立政》中的"吁俊尊上帝"，对其所信奉之神 God 的译称；天主教则译 God 为"天主"。因此，《淮南子·时则》中的"上帝"只是"古代之帝王"的意思，亦即所指为伏羲、炎帝、黄帝、少昊、颛顼等人。这样，这里的"上帝"至少包括黄帝在内。而浩瀚的中国史书中，并无关于伏羲、炎帝、少昊、颛顼创制度量权衡的记载，倒是有不少史料将创制度量权衡归功于黄帝。例如：

> 自黄帝观漏水，制器取则，三代因以命官，则挈壶氏其职也。后之作者，或下漏，或浮漏，或轮漏，或权衡，制作不一②。

这里的"制器取则"之"则"，是与度量权衡密切相关的。

又如：

> 黄帝使伶伦取竹于昆仑之嶰谷，为黄钟之律，而造权衡度量。盖因其所胜轻重之数而生权，以为铢两钧石，则秤之始也；因其所积长短之数而生度，以为分寸尺丈引，则尺之始也；因其所受多寡之数而生量，

---

① 《淮南子》，第 29、90 页。
② 《宋史》卷七六《志第二十九·律历九》。

以为合仑升斗斛，则斗之始也①。

尤为重要的是，在《黄帝四经》中，就有直接的关于度量权衡的议论：

规之内曰员（圆），拒（矩）之内曰［方］，［悬］之下曰正，水之［上］曰平。尺寸之度曰小大短长，权衡之称曰轻重不爽，斗石之量曰小（少）多有数。绳准之立曰曲直有度。八度者，用之稽也②。

称以权衡，参以天当，天下有事，必有巧验。事如直木，多如仓粟。斗石已具，尺寸已陈，则无所逃其神。故曰："度量已具，则治而制之矣。"③

需做补充说明的是，在《淮南子·时则》篇中，除上引之"绳之为度……""准之为度……"两段文字外，还有"规之为度……""衡之为度……""矩之为度……""权之为度……"等四段文字：

规之为度也，转而不复，员而不垸；优而不纵，广大以宽；感动有理，发通有纪；优优简简，百怨不起；规度不失，生气乃理。

衡之为度也，缓而不后，平而不怨；施而不德，吊而不责；当平民禄，以继不足；勃勃阳阳，唯德是行；养长化育，万物蕃昌；以成五谷，以实封疆；其政不失，天地乃明。

矩之为度也，肃而不悖，刚而不愤；取而无怨，内而无害；威厉而

---

① 《事物纪原》卷八《什物器用部第四十一》。
② 《黄帝四经·经法·四度》。
③ 《黄帝四经·经法·道法》。

不愳，令行而不度；杀伐既得，仇敌乃克；矩正不失，百诛乃服。

权之为度也，急而不赢，杀而不割；充满以实，周密而不泄；败物而弗取，罪杀而不赦；诚信以必，坚悫以固；粪除苛慝，不可以曲。故冬正将行，必弱以强，必柔以刚。权正而不失，万物乃藏①。

在这四段文字中，都不再出现"……上帝以为……"字样，但显然是可以上承文意，加上"是故上帝以为……"的。这样，当我们承顺《淮南子》关于"……上帝以为……"的判断，补加于这四段文字之后，并如同前释一样，说明《淮南子》之议度量权衡源自《黄帝四经》中记载的黄帝关于度量权衡等法度的观念，就更加切实了。

其三，迹近"直引黄帝言"的文字。

《淮南子》之首篇《原道》在论及"道"为何物之后，不像老子、庄子等人细加批陈、详为解说，而是迅即转入关于"道"之"用"的阐述，即说明"得道之柄"后"能"做什么、其结果会是如何等。有关文字为：

> 泰古二皇，得道之柄，立于中央，神与化游，以抚四方。是故能天运地滞，转轮而无废，水流而不止，与万物终始。风与云蒸，事无不应；雷声雨降，并应无穷；鬼出电入，龙兴鸾集；钧旋毂转，周而复匝。已雕已琢，还反于朴……②

其中开首的"泰古二皇"，原注说是指"伏羲、神农也"。窃以为，此注不确。我们看到，在"泰古二皇"之后，有"得道之柄，立于中央"八字。联系《淮南子·时则》篇中关于东西南北"极"以及"中央之极"的划分，和"中央之极"

---

① 《淮南子·时则》，第90—92页。
② 《淮南子·原道》，第3页。

为"黄帝、后土""所司",而"太皞"即伏羲所司者为"东方之极",可以推知"泰古二皇"是不包括伏羲的,推断其包括黄帝则是合理的。

上引之后,"刘安们"接着写道:

> 无为为之而合于道,无为言之而通乎德;恬愉无矜而得于和,有万不同而便于性;神托于秋毫之末,而大与宇宙之总。其德优天地而和阴阳,节四时而调五行;呴谕覆育,万物群生;润于草木,浸于金石;禽兽硕大,毫毛润泽;羽翼奋也,角骼生也;兽胎不贕,鸟卵不毈;父无丧子之忧,兄无哭弟之哀;童子不孤,妇人不孀;虹霓不出,贼星不行。含德之所致也①。

顾迁先生译谓:"顺应自然所做的事自动契合着道,朴实无华的言论也与德相合;恬静愉悦不躁不骄,求得广泛的和谐,包容万物不强求统一,来保持、顺应各自的天性;精神既能依托在毫末之上,又能扩展到广大的宇宙。两位圣皇的德行使天地柔顺、阴阳调和,四季有节而五行有序;他们关怀培育万物繁衍生长;滋润着草木,浸润着金石;飞禽走兽长得又肥又壮,羽毛润泽光亮;翅翼坚硬有力,兽的骨角生长正常;走兽不怀死胎,飞禽孵蛋成鸟;老父没有丧子的悲痛,兄长没有失弟的哀伤;孩童不会成孤儿,女子不会当寡妇;异常的虹霓不会出现,妖星不在天空运行。这些都是二位圣皇广怀德泽所致。"②

顾迁先生的译注中合乎逻辑地加上了"两位圣皇的德行……"导致阴阳和顺、万物繁衍、家庭欢乐、社会和谐等自然与社会的盛景。说其"合乎逻辑",是因为此段文字的译注,一开头便将"泰谷二皇"确定为伏羲、神农,后文当然也将一切功德归于"二位圣皇广怀德泽所致"。但如前面分析的那样,已经而且

---

① 《淮南子·原道》,第3—4页。
② 《淮南子》,第5页。

必须将伏羲排除在外，那么，是否可以理解作是黄帝与神农"得道之柄"，而以"合于道"的治国理政措施，得到了盛世景象的收获呢？窃以为，也不可以。因为，在古代的传说以及史籍的记载中，并无（或鲜有）神农治国理政而致盛世升平的繁荣景象，而关于黄帝之作为收获了社会繁荣的良好结果的记载，倒是连篇累牍的。由此可见，"得道之柄"的"泰古二皇"，是以黄帝为主、为中心的。"刘安们"之尊崇黄帝，由此亦可略见一斑。

四、《淮南子》之"言同黄帝言"

"百家言黄帝"之一解，可谓为"言同黄帝言"。即《淮南子》中所言及的问题，与黄帝之"言"包括《黄帝四经》中之"言"相同、相类或相近。之所以做此一解，是因为文化、思想、观念等是有一个前承后继的传承过程的，要梳理、辨明中国文化的源流关系，就必须弄清楚后代的文化、思想、观念从何而来。还因为前、后二者之"言"若有相同、相类或相近之处，即使后者不点明与前者之相同、相类或相近，作为今人的我们来述说、揭明二者之"言"相同、相类或相近，也是有意义的，且认二者之"言"相同、相类或相近也属客观，而非强加。何况，司马迁之"百家言黄帝"本就可以理解为：指"百家"言说黄帝曾经言说过的话，此其一；其二，司马迁并没有指出过"百家"之"同黄帝言"，必须是"同黄帝"之原话，意思相同、相类或相近也在"同"之概念内涵之内；其三，中国古代之文论，并没有形成如同今日般严格的"引文必须加以注明"之类的规定，甚至根本就没有形成过关于注明"引文出处"的习惯。所以，若是"言同黄帝言"，自可认其为"百家言黄帝"的一种形式。

揭明各家各派及各方后人"言同黄帝言"的事实，从而使司马迁的"百家言黄帝"更加落实，倒是今天辨明中国文化源流关系的必需。2014年2月24日习近平总书记在中共中央政治局第十三次集体学习时发表的讲话中指出："要讲清楚中华优秀传统文化的历史渊源、发展脉络、基本走向，讲清楚中华文化的独特创造、价值理念、鲜明特色，增强文化自信和价值观自信。"还指出："对历史文化特别是先人传承下来的价值理念和道德规范，要坚持古为今用、推陈出新，有鉴别地加以对待，有扬弃地予以继承，努力用中华民族创造的一切精神财富来以文化人、以文育人。"[1] 我们揭明诸子百家之"言同黄帝言"，正是为了"讲清楚中华优秀传统文化的历史渊源、发展脉络、基本走向"。2015年8月23日，第二十二届国际历史科学大会在山东济南开幕。习近平在致大会的贺信中指出："中国有着5000多年连续发展的文明史……""世界的今天是从世界的昨天发展而来的。今天世界遇到的很多事情可以在历史上找到影子，历史上发生的很多事情也可以作为今天的镜鉴"[2]。后人"言同黄帝"，正是为了确定"世界的今天是从世界的昨天发展而来的"以及"今天世界遇到的很多事情可以在历史上找到影子"。

《淮南子》之"言同黄帝言"者，可谓比比皆是，举其荦荦大端，可以同言"天道"为先。

《淮南子》是从"道"论开篇的，其卷一的标题即为《原道》。解题原注谓："原，本也。本道根真，包裹天地，以历万物，故曰'原道'，因以题篇。"而《淮南子》之末篇，相当于目录略解的《要略》篇，则对《原道》篇做了如下题解：

《原道》者，卢牟六合，混沌万物，象太一之容，测窈冥之深，以翔虚无之轸，托小以苞大，守约以治广，使人知先后之祸福，动静之利害。诚通其志，浩然可以大观矣。欲一言而寤，则尊天而保真；欲再言而通，则贱物而贵身；欲参言而究，则外物而反情。执其大指，以内洽

---

[1]《"习近平谈核心价值观"——民族的根与魂》，中国共产党新闻网，2014年7月31日。
[2]《习近平致第二十二届国际历史科学大会的贺信》，中央政府门户网站，2015年8月23日。

五脏，瀸渍肌肤，被服法则，而与之终身，所以应待万方，览耦百变也，若转丸掌中，足以自乐也①。

顾迁先生译注《淮南子》，释此节文字意谓："《原道》篇，考察天地四方，探索万物的混沌状态，描摹元气的形象，探测大道的深远，翱翔在虚无的境界，精神寄托在小处却能包容广大的世界，持守着简约的道术却能治理广泛的事物，使人们懂得祸福的先后次序，行为举止的利害关系，如果人们确实通达了以上那些旨意，那就可以胸怀宽阔，眼光远大了。如果要用一句话来说明其中的道理，那就是尊崇天道、保持真纯；如果要用第二句话来说明其中的道理，那就是轻视物欲、宝贵身体；如果再用第三句话来探究其中的道理，那就是摒弃外物而回归天性。把握住这些要旨，用它们来调和五脏、浸润肌肤，接受运用这些法则终身不离，就可以用来对付四面八方千头万绪的事物，观览和适应迎合事物的变化，好比在手中转弄弹丸那样，足以自得其乐呢"②。

顾迁先生这里说的是《淮南子·原道》篇的大略内容，但《淮南子》之"道"论，是贯穿全书的，几乎后续的每一篇都与"刘安们"的"道"的观念紧密相关，而且个个与黄帝之"道"的观念大略相同、相类似或相近。我们先来看《淮南子·原道》篇这一总纲。

《淮南子》这样解说何为"道"："夫道者，覆天载地，廓四方，柝八极；高不可际，深不可测；包裹天地，禀授无形。原流泉浡，冲而徐盈；混混滑滑，浊而徐清。故植之而塞于天地，横之而弥于四海，施之无穷而无所朝夕，舒之幎于六合，卷之不盈于一握。约而能张，幽而能明，弱而能强，柔而能刚。横四维而含阴阳，纮宇宙而章三光。甚淖而㴦，甚纤而微；山以之高，渊以之深，兽以之

---

① 《淮南子·要略》，第290页。
② 《淮南子·要略》，第290—291页。

走,鸟以之飞,日月以之明,星历以之行,麟以之游,凤以之翔。"①这是《淮南子》对"道"这个概念的描述。描述概念是为了帮助人们认识概念,起着概念定义的作用。为什么不直接给"道"下定义呢?原因在于:第一,囿于当时的思想认识水平;第二,主要是由于"道"作为概念所反映的对象的性质与具体事物(如苹果、山水或运动、选举或思维、观念等自然界、社会界、精神界的具体事物)有极大的不同,不可能给出逻辑意义上的、严格的定义。

关于这一点,不妨回顾一下列宁关于为了给"物质"和"精神"这两个概念下定义所引发的争议。列宁写道:"承认被唯心主义者和不可知论者所否认的那条哲学路线②,是以如下的定义表达的:物质是作用于我们的感官而引起感觉的东西;物质是我们通过感觉感知的客观实在;等等。"

"波格丹诺夫胆怯地避开恩格斯,装作只跟别尔托夫争辩,对上述定义表示愤慨,因为,你们要知道,这类定义'原来是简单地重复着'(《经验一元论》第3卷"序言"第16页)下面的'公式'(我们的'马克思主义者'忘记说:**恩格斯**的公式):对哲学上的一个派别说来,物质是第一性的,精神是第二性的;对另一个派别说来,则恰恰相反。所有的俄国马赫主义者都喜出望外地重复着波格丹诺夫的'驳斥'!可是这些人稍微想一想就会明白,对于认识论的这两个根本概念,除了指出它们之中哪一个是第一性的,实际上不可能下别的定义。下'定义'是什么意思呢?这首先就是把某一个概念放在另一个更广泛的概念里。例如,当我下定义说驴是动物的时候,我是把'驴'这个概念放在更广泛的概念里。现在试问,在认识论所能使用的概念中,有没有比存在和思维、物质和感觉、物理的和心理的这些概念更广泛的概念呢?没有。这是些广泛已极的概念,其实(如果撇开**术语上经常**可能发生的变化)认识论直到现在还没有超出它们。只有欺诈或极端愚蠢才会要求给这两个广泛已极的概念'系列'下这样一个'定

---

① 《淮南子·原道》,第2页。
② 列宁所说"……那条哲学路线"是指唯物主义者的思想路线。

义'，这个定义不是'简单地重复'二者之中哪一个是第一性的。"①

"道"实际上是比"物质"和"精神"这些概念更大的概念，可谓"其大无外，其小无内"，而且涵盖了物质（自然界、社会界）与精神及其运动规律，不可能按照下定义的逻辑要求"把某一个概念放在另一个更广泛的概念里"，即不可能把"道"这个概念放在比"道"更大的概念里。对于这类概念，除对两两相对的概念（如物质与精神）指出其区别（如何者为第一性、何者为第二性）之外，要使人们对它有所了解，就只有加以描述一法了。其实，指明物质是第一性的、精神是第二性的，也是一种描述，而非把"物质"（或"精神"）"放在另一个更广泛的概念里"。虽然后来列宁还是给"物质"下了定义，但列宁的物质定义也是描述性的②。

对"道"这样的"其大无外，其小无内"的比诸如"物质""精神"还要大的概念，除加以描述之外，别无妙法给予定义。应当说，《淮南子》所"原"之"道"，亦即给"道"下的描述性定义，确是让人们对"道"有了进一步的认识。在描述"道"为"覆天载地，廓四方，柝八极；高不可际，深不可测；包裹天地，禀授无形"之后，为了进一步释"道"，《淮南子》以"原流泉淳，冲而徐盈……"进一步详加描述，力图让人们对"道"有更深入的理解。

而作为生活于"刘安们"之前近3000年的黄帝，更只能是对"道"下一个描述性定义了。比较一下黄帝关于"道"的定义和《淮南子》关于"道"的定义，无疑可以发现，二者对"道"的描述，几乎是如出一辙的。《黄帝四经》写道：

---

① ［俄］列宁：《唯物主义与经验批判主义》，《列宁选集》（第二卷），人民出版社1972年版，第146页。黑体为原书所加。
② 列宁关于"物质"的定义如下："物质是标志客观实在的哲学范畴，这种客观实在是人通过感觉感知的，它不依赖于我们的感觉而存在，为我们的感觉所复写、摄影、反映。"《列宁选集》（第二卷），人民出版社1972年版，第128页。

> 虚无刑（形），其裻冥冥，万物之所从生①。

意为虚空无形的大道，幽冥深邃，万物由此而生。

> 道者，神明之原也。神明者，处于度之内而见于度之外者也②。

意为"道"是神明的根源。所谓神明，指既不逾越事物的根本之度，又能超乎事物之度外。

> 道无始而有应。其未来也，无之；其已来也，如之③。

意谓道无端始却化生万物。其未来之时，一切皆无；其既来之后，当一一承认、一一遵从。

从《黄帝四经》的以上引文中，我们已可大略了解《淮南子》之言"道"，与《黄帝四经》之言"道"是基本相同的。如果进一步细读《黄帝四经》，必可发现，《淮南子》之论"道"，与《黄帝四经》之论"道"，几近如出一辙，甚至是字句雷同了。《黄帝四经》写道：

> 恒无之初，迥同大（太）虚。虚同为一，恒一而止。湿湿梦梦，未有明晦，神微周盈，精静不熙（熙）。古（故）未有以，万物莫以。古（故）无有刑（形），大迥无名。天弗能覆，地弗能载。小以成小，大以成大。盈四海之内，又包其外。在阴不腐，在阳不焦。一度不变，能适

---

① 《黄帝四经·经法·道法》。
② 《黄帝四经·经法·名理》。
③ 《黄帝四经·称》。

规（蚑）侥（蛲）。鸟得而蜚（飞），鱼得而流（游），兽得而走。万物得之以生，百事得之以成。人皆以之，莫知其名。人皆用之，莫见其刑（形）①。

　　一者其号也，虚其舍也，无为其素也，和其用也。是故上道高而不可察也，深而不可则（测）也。显明弗能为名，广大弗能为刑（形）。独立不偶，万物莫之能令。天地阴阳，[四]时日月，星辰云气，规（蚑）行侥（蛲）重（动），戴根之徒，皆取生，道弗为益少；皆反焉，道弗为益多。坚强而不损，柔弱而不可化。精微之所不能至，稽极之所不能过②。

　　在《淮南子》中，对"道"的解说以"原道"名篇，而在《黄帝四经》中，则以"道原"名篇，二者的含义是一样的；更重要的是，二者对"道"的描述，或曰描述性定义，几乎是雷同的。

　　毫无疑问，《淮南子》关于"道"之"言"，是"同"了"黄帝言"的。顺便提一句，几乎所有的各家各派关于"道"的描述性定义，都如出一辙。这"辙"，就是关于"道"的描述的大同小异的文字；其"出"，则只能谓为"出"于黄帝、《黄帝四经》。又如百川归海，中国之"道"论，其源概出于黄帝、《黄帝四经》。而这，再次很好地证明了中国文化的源头，在于黄帝，在于《黄帝四经》等从黄帝时代经口耳相传留在中华民族记忆里的关于黄帝的语言文字。

　　对以上述论，必须做如下两点说明。

　　一是，《淮南子》之"道"论源出于《黄帝四经》之"道"论，并无直接的证据，只能凭二者之相同推论而得。虽然这仅仅是一种推论，但是，从事必有

---

① 《黄帝四经·道原》。
② 《黄帝四经·道原》。

因、物必有源而言，由于二者的"道"论居然如此的相同（或相类、相近），在别无可推的情况下，只能暂做如此推论。

二是，在《淮南子》之前，中国古代思想家的著作中，亦多有各自的"道"论。十分值得注意的是，他们的"道"论竟大同小异地互相一致并与黄帝之"道"论互相一致。

例如韩非。他是这样论"道"的：

道者，万物之始，是非之纪也……道在不可见，用在不可知①。

陈奇猷先生在《韩非子集释》注曰：

韩非所谓道，有广狭二义：所以成万物者为广义之道；顺道而立法，以术而治众，此人主之道，是为狭义之道②。

韩非既谓道为万物之始，则道与万物俱存，而万物皆出于道……韩子疑为道为万物之始，则所以成万物者道也，而成万物之理者亦道也③。

"万物"之"理"，指的是万事万物的运动变化、发展规律。在韩非子看来，"道"既是万事万物之源，亦为万事万物运动变化、发展规律之源。正因如此，韩非子又曰："道者，万物之所以成也""道者万物之所然也"。④

不过，陈奇猷先生又认为，韩非子的"道"论，"本"于《老子》，因为《老

---

① 《韩非子·主道》。
② 陈奇猷校注：《韩非子集释（上）》，上海人民出版社1974年版，第69页。
③ 陈奇猷校注：《韩非子集释（上）》，上海人民出版社1974年版，第69页。
④ 《韩非子·解老篇》。

子》第二十五章有云:"有物混成,先天地生,寂兮寥兮,独立不改,周行而不殆,可以为天下母,吾不知其名,字之曰道。"第十四章则云:"能知古始,是谓遵纪。"

那么,老子又是"本"于什么人呢?如果在老子之前无人论"道",或者虽然有人论"道",却是所论全然与老子不同,那么,当然可以认为是"老子天下第一",从而认定《淮南子》之论"道"源于韩非子,韩非子之论"道"源于老子。但是,如前文所引,早于老子之前2000多年,黄帝即已开始论"道",《黄帝四经》记载了黄帝论"道"之言。这样,逻辑顺序就只能是黄帝→老子→韩非子→《淮南子》……在黄帝与老子之间、老子与韩非子之间以及韩非子与《淮南子》之间,还可插入许多知名和不甚知名的论"道"之家,但那已是另外一个论域了。

不过,需要指出的是,从黄帝→老子→韩非子→《淮南子》虽然在"道"论的总体上是经纬于一线,有其纵贯的连绵踪迹可寻,但两两相对的后人对前人(如韩非子之对老子、《淮南子》之对韩非子)的承继,却不是如出一辙的。例如,在关于"气""元气""精气",尤其是在关于"气"之化为"阴阳二气"的观点上,我们可以看到:韩非子、《淮南子》之阴阳二气理论,并不能从老子那里找到承继的论据,却可从黄帝那里找到。也就是说,在"道"论的一个极为重要的分支问题上,即在气论—阴阳论的问题上,我们可以依"黄帝→韩非子→《淮南子》"的线索建立起相互之间的逻辑联系来,却难以敷衍出"黄帝→老子→韩非子→《淮南子》"的逻辑经纬来。

我们先来看《淮南子》。

古未有天地之时,惟像无形,窈窈冥冥,芒芠漠闵,澒蒙鸿洞,莫知其门。有二神混生,经天营地,孔乎莫知其所终极,滔乎莫知其所止息。于是乃别为阴阳,离为八极,刚柔相成,万物乃形。烦气为虫,精气为人……是故圣人法天顺情，不拘于俗，不诱于人，以天为父，以地为母。阴阳为纲，四时为纪。天静以清，地定以宁，万物失之者死，法之者生……①

阴阳"二神"源出"无形""无物"而"窈冥""芒芠"的"道"，而此源出于"道"的阴阳"二神"是天地万物之"纲"之"纪"。正是凭借此"纲"此"纪""经天营地"而产生了万物。《淮南子》谓：

道始于虚廓，虚廓生宇宙，宇宙生（元）气。气有涯垠，清阳者薄靡而为天，重浊者凝滞而为地……天地之袭精为阴阳，阴阳之专精为四时，四时之散精为万物。积阳之热气生火，火气之精者为日；积阴之寒气为水，水气之精者为月。日、月之淫（气）为精者为星辰②。

上引《淮南子》所云，表述的是：从"虚廓"之"道"生成了宇宙，宇宙生成了气，气有阴阳之别，正是从这阴阳之别的气产生了万物。

显然，《淮南子》之"道"论，引入了"气"及"阴阳"等概念，从而表现出了与老子"道"论之区别。在老子那里，是"道生一，一生二，二生三，三生万物"③。二者之区别是显然的。老子的"道生一……"之"道"论，是比较彻底的形而上理论，而《淮南子》之"道"论，经由"气"与"阴阳"概念的"中介"，已转向朴素唯物主义理论了。虽然，老子在"道生一，一生二，二生三，三生万物"之后，接着写到了"万物负阴而抱阳，冲气以为和"，似乎也注意到了、至少是提到了"阴阳"概念，但这是老子对"万物"之"负阴而抱阳"的状

---

① 《淮南子·精神》，第109—110页。
② 《淮南子·天文》。
③ 《道德经》第四十二章。

态的描述，而非如《淮南子》那样引入"气"和"阴阳"之类的概念，对世界做所由生成的物质性问题的探索。

在"刘安们"之前，韩非子在其著作中，也议及过"气"与"阴阳"等概念并有所论说。

以上，我们仅仅述及《淮南子》"言同黄帝言"的一点，即《淮南子》言"道"，"同黄帝"言"道"；而且仅仅指出二者同言"道"的概念这一点。但这就足够了。而如果一定要详加追究，窃以为，至少在以下"同言""道"论的各个细节方面，是大有文章可做的：一为，二者"同言"作为宇宙观的"道"；二为，二者"同言"作为性命观的"道"；三为，二者"同言"作为养生观的"道"；四为，二者"同言"作为治政观的"道"；五为，二者"同言"作为修养观的"道"；六为，二者"同言"作为阴阳变易发展观的"道"；七为，二者"同言"作为方术之源的"道"……

需加指出的是，《淮南子》与《黄帝四经》之言"道"有如此之多的相同点，岂非二者可以合一而论、视之如一？非也！《淮南子》之言"道"，与黄帝之言"道"，目的恰恰是了不相同，甚至可以说是相反的。

黄帝之论"道"并由此生发开去，阐述他的治国理政以及处理社会问题一切重大事项的观点，目的在于保护生民、保护环境、合理调节天人关系。因此，黄帝力主"畏天、爱地、亲民"[1]；公开地宣告"吾受命于天，定立（位）于地，成名于人"[2]；坦然地大战蚩尤并"因而禽（擒）之。勑（剥）其□革以为干侯，使人射之，多中者赏。翦其发而建之天，名曰之（蚩）尤之旌（旌）。充其胃以为鞠（鞠），使人执之，多中者赏。腐其骨肉，投之若酯（醢），使天下雔（噍）之……"[3]。而如前文所说，刘安网罗门客著书立说却另有目的。"刘安们"的目

---

[1]《黄帝四经·十大经·立命》。
[2]《黄帝四经·十大经·立命》。
[3]《黄帝四经·十大经·正乱》。

的是在为"谋反"创造理论根据，为"谋反"鸣锣开道，为"谋反"成功之后之治国理政奠定基础。因此，他所著之书、所立之说，在理论上是不彻底的，论述是隐晦的，论证中时时会显出言不由衷或者逻辑混乱来。当然，这又是另一论域的问题。但必须简要指明的是：刘安集合门客集体撰写《淮南子》时，汉武帝刘彻已经即位。① 即位后6年，即公元前134年，董仲舒上"天人三策"。汉武帝对董仲舒之论极为欣赏，下令"罢黜百家，独尊儒术"。但是刘安们却在背地里起劲地密议谋反，在《淮南子》中大肆反儒。例如《淮南子》中写道：

今夫儒者，不本其所以欲，而禁其所欲，不原其所以乐，而闭其所乐，是犹决江河之源而障之以手也。夫牧民者，犹畜禽兽也，不塞其囿垣，使有野心，系绊其足，以禁其动，而欲修生寿终，岂可得乎？②

《淮南子》中甚至以大儒孔子之高足颜回、季路等人的横死来影射尊儒的恶劣结局：

夫颜回、季路、子夏、冉伯牛，孔子之通学也，然颜渊夭死，季路菹于卫，子夏失明，冉伯牛为厉，此皆迫性拂情而不得其和也③。

《淮南子·齐俗》篇中还对儒家强调的"礼法"做了强烈的、深刻的讽刺。而在《氾论》篇中，"刘安们"更是公然提出：

今儒、墨者称三代、文武而弗行，是言其所不行也；非今时之世而

---

① 汉武帝即位于公元前140年。
②《淮南子·精神》，第123页。
③《淮南子·精神》，第124页。

弗改，是行其所非也。称其所是，行其所非，是以尽日极虑而无益于治，劳形竭智而无补于主也……夫存危治乱，非智不能；而道先称古，虽愚有余。故不用之法，圣王弗行；不验之言，圣王弗听。

意谓：现在的儒、墨两家，称颂三代、周文王和周武王的古法，可自己又不实施，这等于在宣扬一套行不通的东西；非议眼前的社会现实，但又不去改造，实际上是听任自己反对的东西存在下去。称赞自己以为正确的，做的却是自己认为错误的，因此整天伤透脑筋却对治国毫无益处，劳损身体殚精竭虑，却对君主没有帮助……挽回危局、治理乱世，没有聪明才智是办不到的；但只是称颂古代，即使让笨蛋来干也绰绰有余①。甚至，他公开说对集合自己和广大门客智慧的《淮南子》抱有很大信心，认为其中"天地之理究矣，人间之事接矣，帝王之道备矣"②。这几可说"刘安们"取汉武帝刘彻权位而代之的急迫心情，已呼之若出了。因此，时当汉武帝如日中天之时，他们最后的悲惨结局，更是所在必然了。

① 《淮南子》，第209页。
② 《淮南子·要略》。

刘勰"言黄帝"

一、刘勰是怎样"言黄帝"的

刘勰虽然生当南朝之齐、梁之间（约生于465，约卒于532），比司马迁晚了五六百年，司马氏谓"百家言黄帝"之本义当然不包括刘勰在内，但是，司马迁之"百家言黄帝"一语既出，更因黄帝谓中华民族的公认始祖，黄帝时期的文化为公认的中华文明的源头，因此，刘勰之"言黄帝"，也属"百家言黄帝"之范畴。

关于"刘勰是怎样'言黄帝'的"，我们可以分从两个方面来看：一为从哪些方面"言黄帝"；二为在"言黄帝"时遵守什么样的原则，即刘勰"言黄帝"的自我要求是怎样的。

（一）刘勰从哪些方面"言黄帝"

刘勰遗著不多，长期仅见《文心雕龙》。文学理论界评价他的《文心雕龙》虽在"宗经"（即以儒家经典为指导文学创作、评论文体和文章得失的根本纲领）上"显示出保守意识，但在关于文学创作、文学史、文学批评的众多问题上，在总结前人经验的基础上有了显著的提高，提出了相当系统而富于创新的意见，成为中国古代文学理论一次空前的总结，其成就十分重大"。赵仲邑先生更高度评价了刘勰和他的文学理论巨著《文心雕龙》，指出：刘勰，是我国文学史上最伟大的文学理论家和批评家，也是著名的骈文作家。他的文学理论巨著《文心雕龙》，体大思精。其成就是杰出的、空前的，是举世公认的。它是我国文学理论遗产的瑰宝，对于我们现在从事文学创作、文艺批评以及建立社会主义的文艺理论体系都有重要的参考价值，对于研究由上古至南齐以前我国文学的发展，更是不可缺少的依据，值得我们重视，好好研究。正因如此，谓刘勰为"百家"中之一"家"自无问题，甚至还可说他是"百家"中的"名家""大家"。不仅如此，由于刘勰为文学奇才，他之"言黄帝"往往带有明显的文学色彩，所以，还可谓刘勰乃"言黄帝"之"百家"中的佼佼者。所以，了解刘勰是如何"言黄帝"的，与了解其他各家之"言黄帝"有何不同，或许更有兴味。

综览《文心雕龙》，略事分析，刘勰之"言黄帝"，大致可以分为以下几种方式。

其一为直言黄帝事。这是指刘勰在《文心雕龙》中直接写到或根据刘勰所写可以推断黄帝做了些什么。这一方式，在《文心雕龙》中出现得最多，约有17处。例如：

> 至如黄帝有《祝邪》之文，东方朔有"骂鬼"之书。于先后之遣咒，务于善骂。

> 若乃羲、农、轩、皞之源，山、渎、钟律之要，白鱼赤乌之符，黄金紫玉之瑞，事丰奇伟，辞富膏腴，无益经典而有助文章。

> 皇帝御宇，其言也神。渊嘿黼扆，而响盈四表，其唯诏策乎！昔轩辕唐虞，同称为命。

> 碑者,埤也。上古帝皇,纪号封禅,树石埤岳,故曰碑也。

> 夫音律所始,本于人声者也。声含宫商,肇自血气,先王因之,以制乐歌。

上引刘勰在《文心雕龙》中之"直言黄帝事",又可大略分为两类。一类是点明为黄帝(轩辕)之事者,如黄帝有《祝邪》之文,轩辕开了谶纬之"源",轩辕之言为"命"。这可称为"明言黄帝事"。另一类是虽未明言为黄帝之事,却以"隐言"的方式而之言黄帝之事,如"封禅""制乐"。例如:

> 夫音律所始,本于人声者也。声含宫商,肇自血气,先王因之,以制乐歌。

这里的"先王","隐言"的是轩辕黄帝,因为人们已可从其他许多史籍中得知,中国历史上首制乐歌、乐舞的是黄帝时期。如《史记·乐书》云:"咸他,备也。"《集解》:"郑玄曰:'黄帝所作乐名,尧增修而用之。'"《汉书·律历志》云:"律以统气类物……吕以旅阳宣气……有三统之义焉。其传曰:黄帝之所作也。黄帝使泠纶,自大夏之西,昆仑之阴,取竹之解谷,生其窍厚均者,断两节闲而吹之,以为黄钟之宫。"《纬书集成》曰:"用声和乐于中郊,为黄帝之气,后土之音,歌《黄裳》《从容》《致和散灵》。"

其二为直言与黄帝关系密切之人,以资了解黄帝。例如:

> 人文之元,肇自太极,幽赞神明,《易》象惟先。庖牺画其始,仲尼翼其终。……炎、皞遗事,纪在《三坟》……

唯英才特达，则炳曜垂文，腾其姓氏，悬诸日月焉。昔风后、力牧、伊尹，咸其流也。

开辟草莱，岁纪绵邈，居今识古，其载籍乎？轩辕之世，史有仓颉，主文之职，其来久矣。

"庖牺"即伏羲，略早于黄帝、制作了八卦的人物；"炎"即炎帝，为黄帝的兄弟；"皞"即"太皞"，为早于黄帝的伏羲氏，大致均为略早或晚于黄帝时期的著名人物。仓颉则是黄帝同时代的人。"言"及他们，当然有助于了解黄帝。风后、力牧则是黄帝的大臣，"言"及他们，更有助于了解黄帝。

其三为评及黄帝。例如：

史肇轩黄，体备周孔。世历斯编，善恶偕总。腾褒裁贬，万古魂动。辞宗丘明，直归南董。

若乃汤之问棘，云蚊睫有雷霆之声；惠施对梁王，云蜗角有伏尸之战。

若夫君子拟人必于其伦，而崔瑗之诔李公，比行于黄、虞；向秀之赋嵇生，方罪于李斯。

夫三皇辞质，心绝于道华；帝世始文，言贵于敷奏；三代春秋，虽沿世称缛，并适分胸臆，非牵课才外也。

上引四例，或言"史"之由来而评史传之渊源流变乃肇始于黄帝；或以语言评论黄帝的哲理睿思；或评文病而及黄帝之德行；或议文人之"养气"而述及黄帝时之质朴文风。

（二）刘勰"言黄帝"的自我要求

通读《文心雕龙》，可见刘勰对为文、用字的要求是相当严格的，在"言黄帝"方面也是如此，大致可以概括为以下几个方面。

一为，对前人的著作所提供的史料，必须认真分析，不可轻信。刘勰写道"自鸟迹代绳，文字始炳；炎、皞遗事，纪在《三坟》；而年世渺邈，声采靡追。唐虞、文章，则焕乎盛"。《易经》有谓，"上古结绳而治，后世圣人易之以书契"，即易之以文字。汉代许慎说黄帝的史官仓颉因为看见鸟兽足迹而得到启发，创造了文字，正是此意。因为有了文字，炎帝、少皞的遗事就被记载在《三坟》这部书里。《三坟》主要是记载伏羲、神农、黄帝的书，也记载了炎帝、少皞的遗事。但刘勰认为，"……《三坟》，而年代渺邈，声采靡追"，即遗事亦不可考查核实了。显然，刘勰作为一个严肃的学者，对"年代渺邈"的《三坟》记事，是抱谨慎相对的态度的。"声采靡追"，既非否定，亦非肯定，如实地说明他认为"难以考究"有关的"炎皞遗事"。既然如此，不以《三坟》记事为凭而展开论述，就是负责的态度了。刘勰的这种谨慎、求是的为文态度，在《文心雕龙》之开篇《原道》中即作表示，是有特别重要意义的。顺《原道》而下，刘勰在不少篇章中还一再重申了为文必须真实、史料必须确凿之类的观点。

二为，即使是对必须作为"经"典来看待的圣人之文辞，也首先要学习他们的"情信""该情""佩实"，即符合真情、实况。

紧接《原道》之后，在《文心雕龙·征圣》篇中，刘勰表达的中心论点是："圣人之情，见乎文辞"，因此后学为文必须"宗于'经'""征于圣"，即以"圣人"之文为典范。而"圣人"之文，"情信而辞巧"，即语言文辞要巧妙，其前提是"情信"，即感情真实，此其一。其二，下笔为文，"或简言以达旨，或博文以该情，或明理以立体，或隐义以藏用"，总之，虽然"繁略殊形，隐显异术"，但均以"该情"既符合实际情况为前提。其三，"圣文之雅丽"，"固衔华而佩实者也"，"衔华"之"雅丽"，必须以"佩实"即符合实际为基础。"情信""该情""佩实"，这是"征圣"为文，特别是"辞巧"方面的最基本的要求。

《征胜》篇后，刘勰续以《宗经》篇。在《宗经》篇中，刘勰指出："'经'也者，恒久之至道，不刊之鸿教也。"因此，必须以"经"为学习写作的宗师。刘勰认为"皇世"（包括黄帝之世）的《三坟》，帝代（包括黄帝之后的少昊、颛顼、高辛、唐尧、虞舜）的《五典》，因"岁历绵暖，条流纷杂"，即年代悠渺、枝蔓杂糅，而不可全然凭信。只是经过孔子"删述"之后，《三坟》《五典》之属，才如瑰宝而光耀四方。刘勰总结古往今来的各种经典，提出了六条"宗经"为文的守则："一则情深而不诡；二则风清而不杂；三则事信而不诞；四则义贞而不回；五则体约而不芜；六则文丽而不淫。"这里，"不诡""事信而不诞""义贞""不淫"等，都与文章、言辞的可靠、可信直接相关。

刘勰特别反对为文不实、瞎编乱造。他着意把一些"纬"书提出来加以严肃的批评。"纬书"是用来"配经"的。刘勰在《正纬》篇中强调指出，许多纬书的作者喜欢伪造，所以是不可靠的："但世夐文隐，好生矫诞；真虽存矣，伪亦凭焉。"他概括指出"按经验纬，其伪有四：盖纬之成经，其犹织综，丝麻不杂，布帛乃成。今经正纬奇，倍摘千里，其伪一矣。经显，圣训也；纬隐，神教也。圣训宜广，神教宜约。而今纬多于经，神理更繁，其伪二矣。有命自天，乃称符谶。而八十一篇，皆托于孔子，则是尧造《绿图》，昌制《丹书》，其伪三矣。商周以前，图箓频见，春秋之末，群经方备，先纬后经，体乖织综，其伪四矣"。特别反对以伪造、伪托的手段，"或说阴阳，或序灾异。若鸟鸣似语，虫叶成字。篇条滋蔓，必假孔子"。刘勰还特地指出，关于"（伏）羲、（神）农、轩（辕）、少昊"之时的某些传说，如"白鱼赤乌之符""黄金紫玉之瑞"，虽"事丰奇伟，辞富膏腴"，却"无益经典"，而为张衡奏请禁绝。因此，刘勰主张对真伪错杂的前代文书，应加甄选，"芟夷谲诡，糅其雕蔚"，即剔除混杂其中的荒诞谲诡的成分，而采用其精美的文采。

《正纬》篇是《文心雕龙》首次述及轩辕黄帝的文字。《文心雕龙》全书直接述及黄帝的，约有19处之多。由于年代久远，刘勰关于黄帝的思想、言行、事迹的信息，当然只能是间接知识而非直接经验，因此，有一个去伪存真的问题。从《正纬》篇看，刘勰对此是认真的、慎重的、严肃的。

三为，对自己不知道的情况，不加论列。

如在《诔碑》篇首，刘勰即谓："周世盛德，有铭诔之文。大夫之材，临丧能诔。诔者，累也，累其德行，旌之不朽也。夏商以前，其详靡闻。"《文心雕龙》全书对文体的渊源流变做了详尽的考察与评论，刘勰的写作态度是十分严肃认真、实事求是的。上引之"夏商以前，其详靡闻"即夏、商以前有无铭、诔这种文体，自己并不知道，所以不加论列。

《诔碑》以下，还有《哀吊》《杂文》《谐隐》等篇，刘勰分别考评了"哀"、"吊"、"杂"（包括"对问""七""连珠""典""诰""誓""问""览""略""篇""章""曲""操""弄""引""吟""讽""谣""咏"等）、"谐"（即笑话）、"隐"（谜语）等文体的来龙去脉、优长短劣，同样未及"夏商以前"。其原因，可能是这些文体在"夏商以前"并未出现，也可能是刘勰对此"其详靡闻"。因此，刘勰之不予置评，同样是科学的态度。

四为，即便是评价黄帝，也要实事求是，好即为好，不好即为不好，不能违心而论。

从《文心雕龙》全书来看，刘勰对黄帝是非常尊重、非常崇拜的，但刘勰并不是一个毫无原则的人，所以，《文心雕龙》中竟出现了他对黄帝的负面评价。

在《文心雕龙·祝盟》篇中，刘勰写道：

……至如黄帝有《祝邪》之文，东方朔有"骂鬼"之书，于是后之谴咒，务于善骂。

这就是说，"务于善骂"的"谴咒"，是受了黄帝的《祝邪》之文和东方朔的"骂鬼"之书的不良影响而逐渐形成的。

《文心雕龙·祝盟》篇，考查、评述的是祝辞（祭文）和盟书的起源和发展。其中的论述祝辞的部分，刘勰极口称颂了伊耆氏、帝舜、商汤等的真诚祭告。刘勰甚至引述了帝舜、商汤的祭祷之文并大加颂扬。如：

舜之祠田云："荷此长耜，耕彼南亩，四海俱有。"利民之志，颇形于言矣。

意谓：帝舜的祠田之辞说："我肩挑着这把长犁，在南山的田上翻土，希望对四海都有好处！"为人民谋福利的感情意志，已大致从话中表现出来了。

至于商履，圣敬日跻，玄牡告天，以万方罪己，即郊禋之词也；素车祷旱，以六事责躬，则雩禜之文也。

意谓：到了商汤，圣明虔诚的品德修养，一天比一天有所增长。他用黑色的公牛作牺牲来祭告天帝，把各地方的罪过都当作自己的罪过。这就是他郊祀告语的大意。他乘着素车来为天旱祷告，以六大罪状来责备自己。这就是他求雨禳灾祭文的内容。

将刘勰之颂扬帝舜、商汤与所述"黄帝有《祝邪》之文……"两相对比，明显可知刘勰之所褒与所贬。

窃以为，客观地、实事求是地有所褒贬，即便褒贬失当，也是一种认真的老实的态度。就此而谓刘勰"言黄帝"，较之胡乱极口称颂黄帝反而更符实际，更加恰当、更加可信。

由此，还可得出结论："百家言黄帝"未必都是"百家颂黄帝"，不必都是"百家颂黄帝"，也不该都是"百家颂黄帝"。只有这样，我们的黄帝研究才是有意义的。

二、刘勰"言黄帝"创制乐舞

刘勰在《文心雕龙·明诗》篇中，议及"黄帝《云门》，理不空绮"，他认为："人禀七情，应物斯感；感物吟志，莫非自然。"意谓人禀受了天赋的"喜、怒、哀、惧、爱、恶、欲"这七种情感，当人在受到外物刺激时就会有所感受并做出反应；因此，"感物吟志"而以音乐、舞蹈表达出来，是十分自然的事。而黄帝时所创作的名为《云门》的乐舞，其"理"即内涵、内蕴，绝非"空绮"，即绝非无缘无故地载歌载舞，而是"应物斯感，感物吟志"的表达。

"百家言黄帝"不能狭义地理解为仅仅"言黄帝"的哲学伦理观念、政治法律思想、治国理政谋略等。黄帝作为中华民族的始祖，可谓伟大、崇高；黄帝文化作为中华民族文明的源头，可谓光辉、灿烂。但黄帝是一个活生生的人，他有七情六欲；黄帝的生活是有"作"也有"息"，有征战也有歌舞；当然，还有饮食起居、人来客往……中国文化也绝不只是哲理、政法……方面的文化遗存。因此，"百家"之"言黄帝"，虽然可以而且也应该择取黄帝言行之有重大影响者予以阐释，但是，只要是"言"及黄帝者，都在"言黄帝"的范畴之内。所以，此处"言"及黄帝时的《云门》乐舞，不能谈是"言不及义"。何况，人类社会的发展，此一时或此一地重在哲理思辨，彼一时或彼一地又重在社会政治，又一时或又一地却垂青饮食、歌舞，所以，全然不必将"言黄帝"作茧自缚于某一两个所谓"重大问题"上。谁又能谈若干年后，歌舞不会成为社会生活的重大或极重大领域呢？此其一。其二，值此黄帝研究方兴未艾之际，更须放开手脚于

"言"论范围,给予"言论自由"为重要指针、重大原则。有鉴于此,笔者不惮于此展开述论刘勰所"言"之"黄帝《云门》"。

刘勰《文心雕龙》所涉笔的"黄帝《云门》",是否为一种客观的、真实的存在呢?我认为,首先,鉴于前文所说刘勰对文字真实性的高度重视,那么,既然刘勰认其为真,我们亦可论其为实。其次,更重要的是,对《云门》已有大量史籍予以证述。

关于刘勰"言黄帝"时的音乐舞蹈,可以《云门》为例述论如上。但《文心雕龙》中并非仅有关于《云门》这一处的刘勰就音乐舞蹈而"言黄帝"。除《明诗》篇外,刘勰还写道:

> 乐府者,声依永,律和声也。钧天九奏,既其上帝;葛天八阕,爰乃皇时。自《咸》《英》以降,亦无得而论矣。

意谓:乐府是"声依永"即声调依存歌咏、"律和声"即以律吕来协调声音的乐章,传说原先是在天堂上演奏给天帝欣赏的。而传说黄帝时的《咸池》、帝喾时的《六英》等,所有这些乐曲由于年代久远而无从考究了。

其实,和对《云门》的记载一样,经史子籍关于《咸池》也有不少记载。例如《史记》卷四二《乐书第二》、《汉书》卷二二《礼乐志第二》、《纬书集成·乐编》、《前汉纪·孝惠皇帝纪卷第五》等,均郑重其事地述及黄帝时的乐舞《咸池》。

值得注意的是,刘勰对上古的音乐舞蹈,除黄帝时的《云门》《咸池》以及帝喾时的《六英》等以外,此前的"钧天九奏""葛天八阕"以"无德而治"不予置评;"南音""北音""东音""西音",以"匹夫庶妇,讴吟土风;诗官采言,乐音被律"而采取否定性的态度;并以"先王慎焉,务塞淫滥"的评价,颂扬了黄帝时的乐舞。由此可见,刘勰特别注重的是音乐舞蹈及其以诗歌、乐府形式所作的文字反映的内涵,要求艺术、文学"务塞淫滥""必歌九德",从而达成"情感七始,化动八风"。

还应注意的是,对上古至中古的音乐舞蹈,刘勰做出了"可考"与"不可考"的不同评论:其中,"钧天九奏""葛天八阕"以及"《咸》《英》以降",都是"无德而论"即"不可考"而无从评论的"可考",从而可加评论的则有两类,一类是黄帝时的《咸池》和帝喾时的《六英》,另一类是夏禹时分别由涂山氏之女、有娀氏二女,夏代的孔甲、商代的整甲所开创的"南音""北音"与"东音""西音"。

显然,刘勰对上古至中古的音乐舞蹈等文艺形式的考证、评论,是相当认真郑重的。有鉴于此,说刘勰在音乐舞蹈方面曾经"言"及黄帝并做了比较科学的评价,应属可信。

三、刘勰"言黄帝"之"刻舆"自警与重视文字

(一)刘勰"言黄帝"之"刻舆自警"

在《铭箴》篇的篇首,刘勰即以"昔帝轩刻舆几以弼违",来颂扬轩辕黄帝在座车、几案上录刻警语箴言,以随时提醒自己要加注意的问题,不要犯错。

黄帝开创的这一自我警诫的优良作风,后世的君主有继承的,也有悖逆的。

继承的如:刘勰所云"大禹勒笋簴而招谏",即夏代的大禹在悬挂钟磬的架子上刻文告示、请人进谏;"成汤盘盂,著'日新'之规",即商代的汤王在盘盂等器皿上刻写了自我激励要"天天向上"的规谏之语;"武王户席,题必戒之训",即周武王在门口、席上都题写了必须引以为戒的教训;"周公慎言于金人",即周公从"金人铭"的铭文中了解,必须谨言慎行;而"仲尼革容于欹器",即孔子因从欹器中得到启迪而为之改容易色。总之,"先圣鉴戒,其来久

矣",随时自我告诫、自我审察、自我激励,已经久久形成优良传统。而这优良传统的源头,就是轩辕黄帝之"刻舆几以弼违"。

悖逆的如:"正廉有石椁之锡,灵公有蒿里之谥。"

"正廉"又作"蜚廉"。蜚廉"父子俱以材力事殷纣",是暴虐荒淫的纣王的忠实走狗。周武王讨伐商纣,杀了蜚廉的儿子恶来。商纣为周武王杀死后,却以石椁报答蜚廉,石椁上有铭文"帝令处父不与殷乱,赐尔石棺以华氏"。"处父"为蜚廉的别号。铭文意为:纣王命令蜚廉不要参与"殷乱",特赐予石棺以资表彰。

"灵公有蒿里之谥",是指荒淫的卫灵公死后,占卜谓葬于祖先墓地不利,卜葬沙丘则极力。结果是在沙丘上掘地几丈,发现了一具石棺,清洗干净一看,上有铭文曰"不冯其子,灵公夺而里之",意即不必依据子孙制作棺椁,灵公可取而居之。此事的来龙去脉,简而言之是:孔子问史官大弢、狶韦等"卫灵公饮酒湛乐,不听国家之政……",为何称为"灵公"呢?史官们就述说了上面一番事。对此,庄子诘问道:"夫灵公之为灵也久矣,之二人何足以识之",即灵公之谥名为"灵",已很久了,这两个史官怎么能知道呢?

对"正廉有石椁之锡,灵公有蒿里之谥",刘勰十分感慨地说:"铭发幽石,吁可怪矣!"刘勰还进而感慨:"赵灵勒迹于番吾,秦昭刻博于华山。夸诞示后,吁可笑也!"刘勰不仅感慨于"可怪""可笑"的悖逆黄帝以来铭、箴本意的事,更强烈地指斥了"至于始皇勒岳,政暴而文泽",即指斥秦始皇政治上是暴虐的,铭文却宣扬了他的德修。

显然,从刘勰以史实为据,爱憎分明地表达了他对"箴""铭"这类文体的渊源流变的观点,同时也表明了他对黄帝之勤政、廉政、严政的尊崇,表达了对黄帝开启的这一优良传统的重视。因此,刘勰在《铭箴》篇末总结道:"赞曰:铭实表器,箴惟德轨。有佩于言,无鉴于水。秉兹贞厉,敬言乎履。义典则弘,文约为美。"意为"铭"文是先圣用作鉴戒的,"箴"语是道德规范,用以防

"病"治"病"的。要把铭、箴之言作为佩玉时时提醒,而不要把不能真实反映客观的流水作为鉴镜。要秉持纯正的操守,谨言慎行。只有如此,"铭""箴"之义才是高尚宏伟的,其文字虽然简约却是美好的。

黄帝要"刻舆"自察,那么在舆几上刻写什么呢?其所刻内容,今天已不可知;但其形式,必定是文字或图画。这就要说到黄帝时的文字。

(二)刘勰"言黄帝"重视恩子的作用

《文心雕龙》有《练字》之专篇,不过谈的不是练习书法,而是议论为文用字须认真选择、提炼,使之合乎规范。在《练字》篇首,刘勰即言及黄帝:

> 夫文爻象列而结绳移,鸟迹明而书契作,斯乃言语之体貌,而文章之宅宇也。仓颉造之,鬼哭粟飞;黄帝用之,官治民察。先王声教,书必同文,轺轩之使,纪言殊俗,所以一字体,总异音。

意谓:古代圣人画了八卦,便代替了结绳记事;进一步从鸟兽的足迹得到启发,便创造了文字。文字是语言的形体,是文章的宅第。仓颉创造了文字,鬼在夜间号哭,粟从天上飘落。轩辕黄帝用上了文字,政治清明,民情审察。过去的圣君明王,凭着他们的声威教化,要求天下一定用同一种文字书写;坐着轩车的使臣,到各地记录不同方俗的语言:两种措施,为的就是统一字形,统一方音。

上引《练字》篇首中,刘勰从两个方面"言"及黄帝。

其一,黄帝之大臣仓颉创造了文字。

史籍述及仓颉造字,多有所见。例如:

> 沮涌、仓颉作书。并黄帝史官。

> (黄帝)其史仓颉,又取像鸟迹,始作文字。史官之作,盖自此始。

记其言行，策而藏之，名曰书契。

昔在黄帝，创制造物。有沮涌、仓颉者，始作书契，以代结绳，盖睹鸟迹以兴思也。

延昌三年之月［江］式上表曰："臣闻伏羲氏作而八卦形其画，轩辕氏兴而灵龟彰其彩。古史仓颉览二象之爻，观鸟兽之迹，别创文字，以代结绳，用书契以维事。"

此外，《荀子》、《韩非子》、《吕氏春秋》、《淮南子》、王充的《论衡》、文中子的《中论》等亦有关于仓颉造字传说的记载。

后世统一的中国，无论来自何方的侵略者都不能征服。其中，中国文化之巨大功劳，可谓首屈一指。而文化的基础便是文字。所以，黄帝时期创造中国文字，其功厥伟，是要永远纪念的。对于黄帝时期仓颉造字的功绩，刘勰赞以"鬼哭粟飞"四个字。这也是不少古籍所一致的赞语。例如《纬书集成》记有"仓帝史皇氏，名颉……创文字。天为雨粟，鬼为夜哭，龙乃潜藏"。《淮南子》曰："昔者仓颉作书，而天雨粟，鬼夜哭。"王充的《论衡》也提到"……即仓颉作书，鬼夜哭"。虽则无神论者王充是根本不信有什么"鬼"的，但他和其他人之引用"天雨粟，鬼夜哭"，表明人们普遍认为，文字有助于将如害人鬼魅之恶行罪状记录下来，因此"鬼"也怕得哭泣了；而上天则因有文字的发明，乃与民同喜，普天同庆，所以向人间抛撒鲜花粟米以示祝贺。而从今天的认识来看，文字的创造，文化的发展，中国传统文化的传承与发扬，则绝非"天雨粟，鬼夜哭"所能概括的。

其二，黄帝用仓颉所造的文字于治国理政之中，达到了"官治民察"即政治清明、官吏清廉、民情审察、皆大欢喜的良好效果。

黄帝时期"官治民察"的具体详情，史籍中甚少所见。司马迁《史记》所载"轩辕之时"的史迹，以记功为主，文字极为简略，难见"官治民察"之详。倒是《黄帝四经》因为主要表述的是黄帝治国理政的大政方针，倒是可以从中了解黄帝如何做到"官治民察"的。

是否可以做这样的揣测：《黄帝四经》中所记载的黄帝治国理政的大政方针和黄帝及其大臣们对社会、自然、人生、治国等方面的种种思考以及经思考而形成的种种观念、观点，当时是可能有所记录的；这种记录可能杂以结绳、比较简单的刻契（包括文字和图画）。当时黄帝、黄帝的臣属以及文化水平较高的官吏和民众，可能只要见到表示一定意思的结绳、刻契，就可大致想起它们所表达的内容。在漫长的历史时期内，一方面，人们可以结绳、刻契帮助记忆；另一方面，人们必须求助于不断重复结绳与刻契所表达的意义。这样，结果必然是：其中一部分被人们记住并经口耳相传，保存了下来；另一部分则遗忘、散逸以致不知所之、永不可考了。也许，随着历史遗存考古工作的开展，可以了解到黄帝时期的更多史迹，从而有助于达成对黄帝时期的史实与《黄帝四经》的关系的科学诠释。其中，战国时期"伪托"而成的《黄帝四经》，当会更加有力地证明刘勰的"黄帝用之，官治民察"，所言不虚。

四、刘勰"言黄帝"："轩辕之世，史有仓颉"

刘勰在《文心雕龙·史传》篇中写道："轩辕之世，史有仓颉。"虽然仅仅八个字，却有重要意义：一者，这是刘勰"言黄帝"重要一例；二者，对仓颉这个黄帝身边的人物做了"定职"为"史官"的工作；三者，肯定了黄帝设置史官的功绩；四者，为"史传"体文指明了源头。除此以外，《文心雕龙·史传》篇还反复述说了撰写史传，从建史立传之大体，到遣词造句之细节，都必须确保真实的必要性和具体要求。

刘勰谓"轩辕之世，史有仓颉"，是刘勰"言黄帝"的重要一例。

司马迁在《史记》中写道："学者多称五帝，尚矣。然《尚书》独载尧以来，而百家言黄帝……"

这"百家言黄帝"五个字中的"百"字,并非实指的数目"百、千、万"的"百",而是概言其"多"。如通常说的"百家姓",并非说一百家的姓氏,而是指成百上千家、多而又多之家的姓氏。又如通常说的春秋战国时期的"百家争鸣",也不是确指"一百家"的争鸣,而是指其时有极多的思想家在争鸣,因而可以理解为"家家言黄帝"。"百家言黄帝"的"家",在司马迁时,也不是如同后人所理解的那种以一个代表人物为主、其周围聚集一批著名的思想家或学生,从而形成一个有鲜明的学术特点或思想主旨的学派。司马迁的父亲司马谈曾撰有《论六家之要旨》的名文,所指"六家"分别为儒、墨、道、法、名、阴阳。但在行文中,司马谈却分别具体措辞为"儒者""墨者""道家""法家""名家"与"阴阳之术"。到司马迁时,也没有明确形成有如后世所认定、所理解的那种"家"的概念。因此,"百家言黄帝"的"百家",也就是指"很多很多的名家、大家"。至于今天我们仍然沿用司马迁的"百家言黄帝"的说法,就应添加上新的含义:因为司马迁生当汉代,他说的"百家言黄帝",自是指在他之前、至多包含与他同时代的许许多多的名家、大家都在"言黄帝";但他所概括的"百家言黄帝"表达了"百家"对中华民族人文初祖轩辕黄帝的无比尊崇。所以,在司马迁身后,自汉代直至今天乃至后世,中华民族的所有成员都认黄帝为中华民族的人文初祖,其中的大家、名家若有"言黄帝"者,都是"百家言黄帝"的一"家"。有鉴于此,加之自古及今"言黄帝"者不计其数,因此,我们完全有理由将"百家言黄帝"理解为"家家言黄帝"。

那么,"百家言黄帝"的"言黄帝"又是如何理解呢?这里的"黄帝"是具体的、确定的,但"黄帝"有其人、其言、其行、其事、其臣属、其亲友;而作为"言黄帝"的主体的"百家",其"言"当然或可"言黄帝"本人,或可"言黄帝"之思想、言论,或可"言黄帝"之行为、事迹,或可"言黄帝"之臣属、亲友,以求对黄帝有更加具体的了解。

在《文心雕龙·史传》篇中，刘勰虽然仅仅写有"轩辕之世，史有仓颉"八个与黄帝直接相关的字，却是刘勰"言黄帝"的重要一例。

查《文心雕龙》一书，其中刘勰笔涉黄帝的计有19处之多。这"轩辕之世，史有仓颉"一处之所以特别重要，有如下原因。

这不仅是当时黄帝治国理政的一项重要措施，而且是黄帝作为中华民族之人文初祖的一项重要创制。正是因为有此重要创制，才有近5000年绵绵亘亘、绳绳继继、不绝如缕久久传承。在全世界当今的200多个国家中，唯独中国有如此完整的关于国史的史传记载。其伟大意义，是无论如何评价都不为过、都不够高的！

刘勰"言黄帝"的其他18处当然也是重要的，诸如黄帝创制乐舞、刻舆自省、封禅祭天、设明台议政等，但与创制中国历史相较，当然是后者为重、为高、为要、为大！

黄帝深深地认识到，作为最高统治者，要治好政、理好国，就必须加强自身的修养。但人不可能完全不犯错，而犯了错就要审证教训，时时警惕。不但要记住自己的犯错教训，也要记住别人的犯错教训，使自己不蹈"覆、辙"。为此，黄帝曾在座车上、几案上刻上警醒自己的箴言。这就是刘勰所说的"昔帝轩刻舆几以弼违"。"违"即"违反"，指违反规则，指错误；"弼"，本义"帮助"，这里指帮助纠正错误。这就是箴言的缘起。人们常把对自己特别有意义的箴言作为"座右铭"裱写出来或审证心头。但箴言只是对个人的，即使像黄帝这样有最高统治者的身份，"刻舆几以弼违"也只及黄帝自身或黄帝一世。但黄帝高瞻远瞩，不仅自身自世强加"弼违"，而且寄厚望于后世、千秋万代都加强"弼违"。所以，他创设了"史官"一职，让发明了文字、能做史实记录的仓颉先生担任史官。从黄帝时起，中国的历代史官就把朝朝代代的史实都记录下来了。当然，后世也有后世的创新。《文心雕龙·史传》篇据《曲礼》之"史载笔，左右"谓："史者，使也。执笔左右，使之证也。古者，左史记事者，右史记言者。"关于黄帝以后直至刘勰之前历朝历代约3000年的史官记述史实的情况，刘勰高度概括地做了介绍：

> 唐虞流于典谟，商夏被于诰誓。自周命维新，姬公定法，䌷三正以班历，贯四时以联事，诸侯建邦，各有国史，彰善瘅恶，树之风声。自平王微弱，政不及《雅》，宪章散紊，彝伦攸斁。昔者夫子闵王道之缺，伤斯文之坠，静居以叹凤，临衢而泣麟。于是就太师以正《雅》《颂》，因鲁史以修《春秋》，举得失以表黜陟，征存亡以标劝戒。褒见一字，贵逾轩冕；贬在片言，诛深斧钺。然睿旨存亡幽隐，经文婉约，丘明同时，实得微言，乃原始要终，创为传体。传者，转也。转受经旨，以授于后，实圣文之羽翮，记籍之冠冕也。及至从横之世，史职犹存。秦并七王，而战国有策。盖录而弗叙，故即简而为名也。汉灭嬴项，武功积年，陆贾稽古，作《楚汉春秋》。爰及太史谈，世惟执简；子长继志，甄序帝绩。比尧称典，则位杂中贤；法孔题经，则文非元圣。故取式《吕览》，通号曰纪。纪纲之号，亦宏称也。故本纪以述皇王，列传以总侯伯，八书以铺政体，十表以谱年爵，虽殊古式，而得事序焉。尔其实录无隐之旨，博雅弘辩之才，爱奇反经之尤，条例踳落之失，叔皮论之详矣。及班固述汉，因循前业，观司马迁之辞，思实过半。其十志该富，赞序弘丽，儒雅彬彬，信有遗味。至于宗经矩圣之典，端绪丰赡之功，遗亲攘美之罪，征贿鬻笔之愆，公理辨之究矣。观夫左氏缀事，附经间出，于文为约，而氏族难明。及史迁各传，人始区详而易览，述者宗焉。及孝惠委机，吕后摄政，班史立纪，违经失实，何则？庖牺以来，未闻女帝者也。汉运所值，难为后法。牝鸡无晨，武王首誓；妇无与国，齐桓著盟；宣后乱秦，吕氏危汉：岂唯政事难假，亦名号宜慎矣。张衡司史，而惑同迁、固，元帝王后，欲为立纪，谬亦甚矣。寻子弘虽伪，要

当孝惠之嗣；孺子诚微，实继平帝之体；二子可纪，何有于二后哉？至于后汉纪传，发源《东观》。袁、张所制，偏驳不伦。薛、谢之作，疏谬少信。若司马彪之详实，华峤之准当，则其冠也。及魏代三雄，记传互出。《阳秋》《魏略》之属，《江表》《吴录》之类。或激抗难征，或疏阔寡要。唯陈寿《三志》，文质辨洽，荀、张比之于迁、固，非妄誉也。至于晋代之书，繁乎著作。陆机肇始而未备，王韶续末而不终，干宝述《纪》，以审正得序；孙盛《阳秋》，以约举为能。按《春秋经传》，举例发凡。自《史》《汉》以下，莫有准的。至邓璨《晋纪》，始立条例。又摆落汉魏，宪章殷周，虽湘川曲学，亦有心典谟。及安国立例，乃邓氏之规焉。

对于黄帝创立史官、创设记载国史的制度，刘勰"赞曰：史肇轩黄，体备周、孔。世历斯编，善恶偕总。腾褒裁贬，万古魂动。辞宗邱明，直归南、董"。

黄帝创设史官之制，始以仓颉为史官的事迹，史籍之记载并非仅见于刘勰的《文心雕龙》。例如：《世本》云："沮涌、仓颉作书。并黄帝史官。"《帝王世纪》云："〔黄帝〕其史仓颉，又取像鸟迹，始作文字。史官之作，盖自此始……"《晋书》曰："黄帝之史，沮涌、仓颉……"此外如《纬书集成》之《春秋元命包》、《魏书》之《术艺》《法书要录》、许慎的《说文解字·序》以及《陕西通志》《白河县志》，或先于刘勰、或后于刘勰，都曾提及黄帝的史官仓颉。但是，所有这些记载，都仅仅"提及"而已，十分简略，更未论及黄帝创设史官、创建史官记载国史制度的重要意义和黄帝创建此制之后的乘虚、演变。由此可见，刘勰"言黄帝"而及有关论述、有关史实，不仅是刘勰"言黄帝"多处中十分重要的一处，也是记述评论"百家言黄帝"之创建此制史实中最重要的一处。

五、刘勰"隐言黄帝"及其他

刘勰《文心雕龙·诸子》篇从头至尾未及"黄帝"二字,但加细酌,实可谓一"言黄帝"并再"言黄帝"且所涉对理解"言黄帝"及今之研究黄帝有重要的意义。

《诸子》篇之一"言黄帝",是指"言"及史书明载、人所共知的黄帝臣属。《诸子》篇首云:

> 诸子者,入道见志之书。太上立德,其次立言。百姓之群居,苦纷杂而莫显;君子之处世,疾名德之不章。唯英才特达,则炳曜垂文,腾其姓氏,悬诸日月焉。昔风后、力牧、伊尹,咸其流也。

意谓:号称"诸子"的,都是以论说道理而表达、宣扬其主张的著作。古人认为,最崇高伟大的人,以"立德"即在人格、精神上树立光辉榜样为务;其次则是著书立说。芸芸众生、平民百姓苦于世事纷繁复杂而无由显示其才华品德;上流社会的士人君子则为"名德之不章"而忧虑。只有才华出众者,才可能以其著作彰显自己,使其姓氏四海传扬,如同日月光华四射。而风后、力牧、伊尹他们,都是如此。

在刘勰之时,风后、力牧都是"上古"时代黄帝的大臣,早已是如雷贯耳、人尽皆知的史实。对此,刘勰时代之前的史籍所载,比比皆是。

《诸子》篇之再"言黄帝",是指刘勰在该篇中写道:

> ……若乃汤之问棘,云蚊睫有雷霆之声;惠施对梁王,云蜗角有伏尸之战;《列子》有移山跨海之谈,《淮南》有倾天折地之说,此踳驳之类也。

意谓《列子·汤问》篇写商汤向他的臣子夏棘即夏革请教哲学问题，夏革答云"由于黄帝得道，所以能听见停在文字睫毛上的小虫所发出的打雷似的声音"；《庄子·则阳》篇记载，惠施问戴晋人，戴晋人把自己回答梁惠王话对惠施说：两国交战于蜗牛的角上，直打得血流成河、伏尸遍地。《列子·汤问》篇中又有愚公移山、龙伯图的巨人一步跨过汪洋大海的传说。《淮南子·天文》篇还有共怒而以头颅猛撞不周山，以至"天柱折，地维绝"即擎天大柱因此折断，而维系天地的绳子也断了。看来，刘勰虽然对文章体裁研究得极为细致，成就了"我国文学史上最伟大的文学理论家和批评家"的丰功伟绩，连对刘勰多有苛求的复旦大学章培恒、骆玉明教授等，也以《文心雕龙》为"中国古代文学理论一次空前的总结，其成就十分重大"作评，但是，刘勰对哲学理论似乎未予充分关注。因此，在涉笔古代思想家论述哲理问题时，多有不解之处，竟至将有关哲理的形象探讨，贬作"踳驳"驳杂。不过，这并不影响我们认定刘勰在《文心雕龙·史传》篇中再次"言"及黄帝这一事实。

有鉴于刘勰"言黄帝"的此一失误，似应对"百家"之"言黄帝"做这样的判定：不管所"言"或对或错、是否准确，只要是对黄帝有所"言"，就可认其为"言黄帝"。窃以为，这样判定是十分必要的。一者，不认其为"言黄帝"，那么，是"言"何人、"言"什么呢？二者，尽管有涉讹言，但至少表明黄帝影响十分巨大。因为只有对影响巨大者，才会引起他人关注并给予或褒或贬地加以评论啊！何况，三者，刘勰所予评论的，并非黄帝本人，而是列子、庄子的某些文句。

需加说明的是，刘勰在《诸子》篇中之"言黄帝"，既非直引黄帝之"言"，亦非直述黄帝之事，而是言及黄帝之近臣。这种对黄帝的演说，当然并非"明言"，而是"隐言"。所以本节以"刘勰'隐言黄帝'"为题。本文篇首所云《诸子》篇一而再地"言黄帝"，其"所涉对理解'言黄帝'及今之研究黄帝有重要的意义"，除上述之外，主要是指：在《史传》篇首，刘勰述及"……昔风后、力牧、伊尹，咸其流也"之后，写下了这样一行十分重要的话：

篇述者，盖上古遗语，而战伐所记者也。

上引之"战伐所记者也"中的"战伐"，实为"战代"之误，指的是"战国时代"。全句是说：黄帝时的风后、力牧和商朝的伊尹都有著作传世，他们都属于盖世英才。但他们的所谓著述，大抵都是上古流传下来的他们所说的话，到战国时代才记录下来。

查《汉书·艺文志》可知：汉时有《风后》13篇，《力牧》15篇，属阴阳家；又有《力牧》22篇，属道家；有《伊尹》51篇，也属道家，又有《伊尹》27篇，属小说家。现在，这些著作都湮没无闻了。但十分重要的是刘勰提及《风后》《力牧》以及《伊尹》等著作的形成过程，先是风后、力牧、伊尹有相关的言论，但到战国时代才由他人根据口耳相传加以记录，成为他们的著作。

这说明，根据口耳相传，战国时代的人们把几千年前的风后、力牧等人的言论记录成为"著作"了。

风后、力牧、伊尹他们的这些著作，或因年代久远而逐渐湮失；或因秦始皇的"焚书坑儒"而焚于烈火、化为灰烬；或因汉武帝"罢黜百家，独尊儒术"而被众人弃置直至逐渐消失。不过，考古事业的开展，或许还有可能重新发掘出一些消失了的古代著作，《黄帝四经》之于1973年被从长沙马王堆二号汉墓中发掘出来，就是重要的一例。

六、刘勰明言轩辕之"命"

刘勰"言黄帝"之一例，可见诸《文心雕龙·诏策》篇。该篇起首即谓：

> 皇帝御宇，其言也神。渊嘿黼扆，而响盈四表，唯诏策乎！昔轩辕唐虞，同称为命。命之为义，制性之本也。其在三代，事兼诰誓。誓以训戒，诰以敷政，命喻自天，故授官锡胤。《易》之《姤》象："后以施命诰四方。"诰命动民，若天下之有风矣。降及七国，并称曰令。令者，使也。秦并天下，改命曰制。汉初定仪则，则命有四品：一曰策书，二曰制书，三曰诏书，四曰戒敕。敕戒州部，诏诰百官，制施赦命，策封王侯……

由于刘勰在《诏策》篇中笔涉轩辕，也就是"明言"而非"隐言"黄帝，因而无须复议刘勰是否"言黄帝"了。值得研究的是，"轩辕唐虞，同称为命"的"命"，究竟是什么意思，即其内涵是什么呢？

轩辕、唐、尧、虞、舜"同称为命"的"命"，后来曾以"诏""策"表述，且有"响盈四表"即响彻普天之下四面八方之伟力，所以，刘勰在《文心雕龙》中以"诏策"的专篇加以述评。而轩辕、唐、虞之"命"何来此等伟力呢？此等伟力，其源概出于"其言也神"。由于"命"之"言也神"，所以，一旦发表即可"响盈四表"。那么，为什么"皇帝御宇"即皇帝莅临天下所诏告之"命"，"其言也神"呢？刘勰写道："《诗》云'有命在天'，明为重也。"显然，刘勰是赞同《诗经》所云"有命在天"的。因为"有命在天"，所以其"重"无比，"其言也神"，从而一旦发布，便"响盈四表"。

刘勰所理解、笔述的以上关于"其言也神"的"命"，关于"有命在天"而以"命""明重"，关于帝"命"一出则将"响盈四表"，等等，是符合黄帝其时的情况的。

《黄帝四经·十大经·立命》中记有黄帝所云："吾受命于天，定立（位）于地，成名于人。唯余一人［德］乃肥（配）天，乃立王、三公，立国置君、三卿。数日、磿（历）月、计岁，以当日月之行。允地广裕，吾类天大明。"虽然黄帝之"受命于天"因而能够"……类天大明",但黄帝没有因此而忘乎所以,逆天而行,为天所弃。黄帝坚持他的价值观:"吾畏天爱[地]亲民,立有命,执虚信。吾爱民而民不亡,吾爱地而地不兄(荒)。吾受(亲)民□□□□□□□死……"①对其权位、力量,均因"有命在天",黄帝是牢记在心并时时用以指导自己的思想、言论、行动的。所以,他告诫曰:"人主者,天地之[稽]也,号令之所出也,[为民]之命也。不天天则失其神。不重地则失其根……[天天则得其神。重地]则得其根……八正不失,则与天地总矣。"②"明明至微,时反(返)以为几(机)。天道环[周],于人反为之客。争(静)作得时,天地与之。争不衰,时静不静,国家不定。可作不作,天稽环周,人反为之[客]。静作得时,天地与之;静作失时,天地夺之。"③

对"轩辕唐虞,同称为命"的"命"的含义,刘勰的结论性判断是:

命之为义,制服性之本也。

刘勰的这一判断,紧接在"昔轩辕唐虞,同称为命"之后,赵申邑先生译作"命的意义,本来指姓的制定"。赵先生解释他这样的今译的理由是:"后文'性',据范文澜《文心雕龙注》校作'姓'来译。"

窃以为,范文澜先生之校"性"为"姓"和赵申邑先生据范之校改而译"命之为义,制性之本"为"命的意义,本来指姓的制定",是值得商榷的,我以为,校"性"为"姓",不能不说是改得离谱。

"性"之本义有四。一为人的本性。如《论语》云:"性相近也,习相远也。"《荀子》云:"生所以然者,谓之性"。二指事物的本质、特点。如《孟子》曰:

---

① 《黄帝四经·十大经·立命》。
② 《黄帝四经·经法·论》。
③ 《黄帝四经·十大经·姓争》。

"是岂水之性哉？"《淮南子》曰："不待脂粉芳泽而性可说者，西施阳文也。"三为生命、生机。如《左传》载："怨讟并作，莫保其性。"《吕氏春秋》载："靡曼皓齿，郑卫之音，务以自乐，命之曰伐性之斧。"四为性情、脾气。如《韩非子》谓："西门豹之性急，故佩韦以自缓。"张拾遗诗谓："官资清贵近丹墀，性格孤高世所稀。"《庄子》谓："然后民拾惑乱，无以反其性情而复其初。"

"姓"的本义有三。一为用以表明家族系统的称号。古代母系社会必从母而姓，因此称呼其人之"姓"从"女"、从"生"。如古代姓氏有"姒""姬""姜""嬴"等从"女"者。又如《左传》云："天子建德，因生以赐姓，胙之土而名之字。"二指平民或百官。《尚书》云："惟宫室台榭，陂池侈服，以残害于尔万姓。""万姓"，指平民，《诗经》云："群黎百姓，偏为尔德。"《传》云："百姓，万官族姓也。"三为以"姓"为姓（氏）。如《汉书》有云："临菑姓伟，訾五千万。"

显而易见，"姓""性"之义，天差地远，用上海人的话说，是"浑身不搭界"也！怎能校"性"为"姓"呢？何况，"命"可"制性"且为"制性之本"，却难"制姓"。众所周知，由古至今，先是母系社会之从母姓，后来则是父系社会之一反既往而从父之姓，再后来则是随心所欲地父母双从而无不可，甚至既不从父姓、亦不从母姓，而是兴之所至则随意"逾矩"。

尤其是，如果"命之为义"乃"制姓之本"，轩辕唐虞之后，到"三代"之时，怎么可能又忽地"事兼诰誓"呢？如刘勰总结的那样，"誓以训戒，诰以敷政"，"诰""誓"都是国家头等重要的大事，又怎能从"制姓"之"命"而来，不是从"制性"之"命"而来呢？正因如此，在"誓以训戒，诰以敷政"之后，刘勰紧接着书曰"命喻自天，故授官锡胤。《易》之《姤》象：'后以施命诰四方。'诰命动民，若天下之有风矣"。显然，"诰命动民，若天下之有风"，与"皇帝御宇，其言也神……响盈四表，唯诏策乎"是前呼后应的。

不仅如此，"轩辕唐虞，同称为命"的"命"，经"三代"而逐渐演变为

"诰""誓"。"三代"之后,"命"这一"制性之本"的"诰"形式,还不断地演变。其演变情况,刘勰总结概括大致如下:

> 降及七国,并称曰令。令者,使也;
> 秦并天下,改命曰制;
> 汉初定仪则,则命有四品:一曰策书,二曰制书,三曰诏书,四曰戒敕。

轩辕、唐、虞之"命",历经朝朝代代的演变,虽然名称有所变动、内容有所更新,但有一点是始终不变的,即"制性之本"的"命之为义",乃"喻自天"。所以,"命"以"令"代,还往往"命令"连用,至今犹然;而"诰命""策命""制命"则经汉、魏晋南北朝、隋唐五代、宋元明清,无论怎么变化多端,"命喻自天"以为"制性之本",都将始终如一。所以,刘勰在《文心雕龙·诏策》篇末"赞曰":

> 皇王施令,寅严宗诰。我有丝言,兆民尹好。辉音峻举,鸿风远蹈。腾义飞辞,涣其大号。

总之,轩辕之"命",因"喻自天",虽仅"丝言",却为"兆民尹好"而致"辉音峻举,鸿风远蹈。"。轩辕之"命",辞"腾""命""义",于是涣然而起,"响盈四表",不仅"命诰四方""诰命动民,若天下之有风矣",而且"涣"然高扬轩辕之"黄帝"大号。刘勰《文心雕龙·诏策》篇之明言轩辕之"命",功莫大矣!

七、由刘勰谓"三皇辞质"所想到的

刘勰《文心雕龙·养气》篇有云:

> 夫三皇辞质,心绝于道华;帝世始文,言贵于敷奏;三代春秋,虽沿世弥缛,并适分胸臆,非牵课才外也。战代枝诈,攻奇饰说;汉世迄今,辞务日新,争光鬻采,虑亦竭矣。

意谓伏羲、神农、黄帝这"三皇"时代,表达语言的文辞比较质朴,人们的心里根本想不到什么说话要漂亮、文辞得华美。到少昊、颛顼、高辛、唐尧、虞舜的五帝时代才开始注意文采,但更看重的还是陈述的内容。夏商周三代和春秋时期,虽然随时代的沿革演变,辞采一代比一代繁复,并有适当的胸臆抒发,但都没有矫揉造作的东西。战国时代则不同了,人们常使诡诈之术,习用奇诡的语言,粉饰自己的议论。从汉代到今天,竞用新辞丽语,用以争光献彩,其结果反而是思想的源泉枯竭了。

从仅见的一些"三皇"遗文来看,其时确是"文质"的。例如,后汉建初中会稽人赵晔所撰《吴越春秋》中,记录了一则黄帝时期的诗歌,名曰《断竹》,其歌词为:

> 断竹,续竹。
> 飞土,逐肉。

意为:截断竹子,系上绳线。弹出泥丸,打下鸟儿。

刘勰在《文心雕龙》也提到了这首歌谣,并与唐尧之时的歌谣《在昔》、虞舜之时的《卿云》及夏禹时的《雕墙》做了文、质方面的对比,指出:

> 是以九代咏歌，志合文则。黄歌《断竹》，质之至也；唐歌《在昔》，则广于黄世；虞歌《卿云》，则文于唐时；夏歌《雕墙》，缛于虞代。

刘勰指出，三代之"文"总体上十分质朴，而以黄帝时的《断竹》为最；尔后一则仍然质朴，而文采则代有所进了。

如上所议，在刘勰，当然是他"言黄帝"的一例，但他是为了阐明文学作品的继承与创新的关系；在笔者看来，则是因为受启迪而做如下揣测。

黄帝之时的"文质"，不仅仅表现在《断竹》这一歌谣上，一定会表现在全部日常语言和语言的文字载体上。

对于"文质之至"的《断竹》，刘勰是多所思考的。我们可从《文心雕龙》上看到，他对《断竹》还有以下分析与判断：

> 若夫笔句无常，而字有条数。四字密而不促，六字格而非缓。或变之以三五，盖应机之权节也。至于《诗·颂》大体，以四言为正；唯"祈父""肇禋"，以二言为句。寻二言肇于黄世，《竹弹》之谣是也；三言兴于虞时，《元首》之诗是也；四言广于夏年，《洛汭》之歌是也；五言见于周代，《行露》之章是也；六言七言，杂出《诗》《骚》；两体之篇，成于西汉。情数运周，随时代用矣。

"肇于黄世"的"《竹弹》之谣"，就是《吴越春秋》所载的《断竹》。"黄世"者，黄帝之世、黄帝时期之谓也。但"黄世"之文（包括歌谣）流传下来的极少极少。《断竹》是在距"黄世"3000余年以后的东汉建初中期（约公元80年）由赵晔录入他的《吴越春秋》的。赵晔之前，如刘勰所分析的那样，语言与文字由二言至三言至四言、五言、六言、七言加速度地演变了，不仅言数大增，而且文采巨变。其中,从"黄世"到春秋战国时期的变化,就极客观、可惇复可叹。这只要从《断竹》之"断竹,续竹。飞土,逐肉"与屈原之《离骚》及韩非子、庄子的极为精彩以至今人都叹为观止的诗歌、文论略事比较,即可答出"巨变"之结论。这样,我们自然会注意到以下两个问题。

一是,《断竹》之"二言",或者反过来看"二言"之《断竹》,是否足以代表"黄世"之文的全部状况。我们不妨先行比较一下汉代的民间歌谣与文人创作的区别。汉代的民间歌谣为官方机构"乐府"所采录、记载,就成了称为"乐府"的诗歌。"乐府民歌作为民间的创作,是非主流的存在。它与文人文学虽有一致的地方,但更多不一致之处。"这"不一致"之一,就在于"乐府"之"文质"。"乐府"歌谣文字之质朴是显而易见的,如《东门行》:

出东门,不顾归。来入门,怅欲悲。盎中无斗米储,还视架上无悬衣。拔剑东门去,舍中儿母牵衣啼:"他家但愿富贵,贱妾与君共铺糜。上用仓浪天故,下当用此黄口儿。""今非!咄!行!吾去为迟!白发时下难久居。"

又如《上邪》:

上邪!我欲与君相知,长命无绝衰。山无陵,江水为竭,冬雷震震,夏雨雪,天地合,乃敢与君绝!

将汉代文人作品与乐府民歌相较,其文思之繁复深邃、文字之绮丽精准、句式之复杂多变、修辞之新奇严谨,不仅达到了空前的程度,而且还成了后世的范文。这只要看看司马迁的《史记》、贾谊的《吊屈原赋》《鵩鸟赋》、枚乘的《七发》、司马相如的《子虚》《上林》二赋等,即可了然二者的差距何止十万八千里。

我们不能将汉乐府中"今非！咄！行！"之平直质朴与司马迁、贾谊、枚乘等作品的体大思精、文采斐然相提并论。也就是说，民间文学与文人文学是有相当大区别的。那么，可以"文质"之"断竹，续竹。飞土，逐肉"代表黄帝时代的一切作品吗？可以论定黄帝时代还未形成完全脱离"断竹""续竹"而"飞土，逐肉"生活的文人阶层，但是，无疑已经形成了与"逐肉"阶层有所区别的黄帝及其大臣仓颉、风后、力牧、阉冉、大挠、伶伦、岐伯等人组成的另一个阶层。后者之言、之文，也如《断竹》般简单、平直、质朴吗？也就是说，如《黄帝四经》那样较为复杂一些的关于社会、自然、精神以及治国、理政、人事的作品的出现，难道是不可能的吗？

语言与思维是同步发展的，但语言、思维与文字却不是同步发展的。因此，如果我们可以推定黄帝时代有一个高级阶层（姑且以此指代黄帝及其大臣们），他们比较复杂的思维包括对社会、人生的思考以及用以表达的语言，和民众之比较简单的日常生活、比较简单的对环境和生活的思考以及比较简单、平直、质朴的语言有所区别。这不是顺理成章、合乎逻辑、无可怀疑的吗？

既然如此，黄帝时代形成了诸如"道生法。法者，引得失以绳，而明曲直者殹（也）""过极失［当］，天将降央（殃）""毋阳窃，毋阴窃，毋土敝……""人主者，天地之口也，号令之所出也……"等在"文质"与思考内容上与"断竹，续竹……"有相当差距的言论，不是很自然的吗？但是，由于语言、思维与文字的发展不是同步的，黄帝时期的较质朴平直的民间文化相较高若干层次的高级阶层的文化，只能通过口耳相传的形式而非文字实录的形式保存下来。而在"口耳相传"的过程中，必然在有所保存的同时，既有所遗失，又有所添加。遗失什么，又添加了什么，现在都已无所可考了。窃以为，《黄帝四经》之出现于战国时期，就是这种既有遗失、又有添加，但基本上保存了黄帝思想的结果。

关于《黄帝四经》，有一种"伪托"之说，认为是战国时期的好事之徒"伪托"黄帝之名而写了《黄帝四经》并抄录于帛书之上。但如是"伪托",那么,"伪托"者何不用战国时代业已相当发达的文字,以业已相当绮丽的文采,做相当精彩的表述呢?

比较一下平直质朴、佶屈聱牙、逻辑混乱的《黄帝四经》与思路缜密、表述谨严、逻辑通畅的老子的《道德经》,我们不能不为"伪托"者叫屈,你们为什么不把《黄帝四经》"伪托"得像老子《道德经》或者《黄帝内经》那样用词精准、表述谨严、逻辑贯通呢?毫无疑问,《黄帝内经》是"伪托"的作品,因为黄帝时代还没有《黄帝内经》中出现的那么多的文字,也不可能有那么多的医学知识,以至后世直至今天的人们还叹为观止。对此,似乎从来没有什么人横发异议。其实,《黄帝内经》中的"黄帝"二字,只是一种"族号""招牌"或"商标",它不是"内经"的定语,犹如"东风公社""红旗轿车"中的"东风""红旗"只是一种"牌号"一样。"东风"与"公社"并无内在联系,完全可以、可能改为"巨风"或"雄风"什么的;"红旗"与"轿车"也无内在联系,完全可以、可能改为"工农"或"青年"什么的。同样,《黄帝内经》也可以、可能改为"尧舜内经"或"秦汉内经"。但是《黄帝四经》却不能改为别的什么,它表明的只是"黄帝的四经"的含义。

参考文献

[1] 章培恒、骆玉明主编:《中国文学史(上)》,复旦大学出版社1996年版。

[2] 赵仲邑译注:《文心雕龙译注》,漓江出版社1982年版。

[3] 上海古籍出版社编:《纬书集成》,上海古籍出版社1994年版。

[4] 陈鼓应注译:《黄帝四经今注今译——马王堆汉墓出土帛书》,商务印书馆2015年版。

[5]〔汉〕许慎:《说文解字》,中华书局1963年版。

［6］徐宗元辑：《帝王世纪辑存》，中华书局1964年版。

［7］《易经·系辞（下）》。

［8］《史记·秦本纪》。

［9］《庄子·则阳》。

［10］《晋书》卷三六《列传第六·卫瓘》。

［11］《魏书》卷九一《列传第七十九·术艺》。

［12］《淮南子·本经训》。

［13］《论衡·订鬼篇》。

［14］《史记·五帝本纪》。

［15］《世本》卷九《作篇》。

［16］《论语·阳货》。

［17］《荀子·正名》。

［18］《孟子·告子（上）》。

［19］《淮南子·修务》。

［20］《左传·昭公八年》。

［21］《吕氏春秋·本生》。

［22］《韩非子·观行》。

［23］〔南唐〕李中编著：《碧云集·献张拾遗诗》。

［24］《庄子·缮性》。

［25］《左传·隐公元年》。

［26］《尚书·泰誓（上）》。

［27］《诗经·小雅·天保》。

［28］《汉书·货殖传》。

《黄帝四经》与法律激励

一、序

（一）

近几年来，习近平总书记就弘扬中华民族大团结的精神、继承和发扬中国传统文化，发表了许多高见，对我们理解继承和发扬中国传统文化的必要性和紧迫性、范围和重点、路径和方法、继承和创新的关系等，是重要的指示。

习总书记指出："中华文化源远流长，积淀着中华民族最深层的精神追求，代表着中华民族独特的精神标识，为中华民族生生不息、发展壮大提供了丰厚滋养。""要讲清楚中华优秀传统文化的历史渊源、发展脉络、基本走向，讲清楚中华文化的独特创造、价值理念、鲜明特色，增强文化自信和价值观自信。"[1]

源远流长的中华文化的源头何在？这是我们首先要做出回答的。

近代以来，学界的主流观点是，中华文化的源头是春秋战国时期热烈争鸣的诸子百家。诚然，春秋战国时期由于政治环境较为宽松，社会思想相当活跃，

---

[1] 戚义明：《文化自信壮行复兴路——学习十八大以来习近平同志关于继承弘扬中华文化的重要论述》，共产党员网，2014年6月9月。

儒、墨、道、法、阴阳、名家、兵家等个个登台表演,"指点江山,激扬文字",发表了大量观点各异、文采斐然的传世佳作,造就了"百花齐放,百家争鸣"的盛况,对后世的社会、政治、经济、文化的发展产生了很大的影响。但是,将中华文化仅仅上溯到春秋战国时期,至少有两个问题:其一,春秋战国时代距今约2700年,那么,中华文化的历史岂非只有2700多年?这与5000年中华文化史不是大相径庭、天差地远吗?其二,"百家"观点虽然色彩纷呈,但各执己见、互相攻讦,如何鉴别其良莠优劣、是非短长?

我认为,关注与承认黄帝是中华民族的人文初祖,是中华优秀传统文化的源头,既是客观的,又是必要的,还是可行的。

谓其客观,是因为黄帝生当距今4700多年,史书上以及口头传说中有大量关于黄帝的资料,事涉黄帝大败蚩尤从而统一了中国,黄帝及其臣属和能工巧匠"为宫室""为衣服""造舟车""治饮食",初步解决了中华民族始祖的衣、食、住、行问题,还发明药物、创造文字、制定历法直至设定度量权衡制度,开始了以法为治的治国理政社会管理。谓其客观,还因为史籍的记载与口头的传说都表明,黄帝史迹昭然、无可否认。西汉时的司马迁在《史记·五帝本纪》中还特地点明,其时曾形成"百家言黄帝"的风气与盛况。也就是说,春秋战国时期热烈争鸣的"百家"自身,就是以黄帝为中华民族的人文初祖,以黄帝时期产生的文化为自己的学术源头的。我治古史,除见到历朝历代的文人硕学以极其崇敬的语文歌颂黄帝外,否定性的评价几无所见。实际上,不仅如司马迁所云,其时是"百家言黄帝",而且,几乎是"人人言黄帝"。依司马迁的句式,后来的史实还可谓"百代言黄帝""百族言黄帝""百国言黄帝"。其中,"百代言黄帝"便是公认的铁的史实。李学勤、张岂之先生主编的《炎黄汇典》不但汇集了历朝历代文人学士颂扬黄帝的文字,而且还汇集了先秦经汉、魏晋南北朝、隋、唐、宋、元直至明、清史志记载、颂扬黄帝的资料。至于"百族言黄帝""百国言黄帝",现在已经有人在搜检有关资料,想必也会卓有所成。

谓其必要，是因为一统中华的民族形成与文化发展总应有一个起始阶段。在这个起始阶段中，如今可知的史实与主要人物，一为神农，一为蚩尤，一为炎帝，一为轩辕即黄帝。炎帝与黄帝都是少典的子辈、部族。《史记·五帝本纪》谓：

> 轩辕之时，神农氏世衰。诸侯相侵伐，暴虐百姓，而神农氏弗能征。于是轩辕乃习用干戈，以征不享，诸侯咸来宾从。而蚩尤最为暴，莫能伐。炎帝欲侵陵诸侯，诸侯咸归轩辕。轩辕乃修德振兵，治五气，艺五种，抚万民，度四方，教熊罴貔貅䝙虎，以与炎帝战于阪泉之野。三战，然后得其志。蚩尤作乱，不用帝命。于是黄帝乃征师诸侯，与蚩尤战于涿鹿之野，遂禽杀蚩尤。而诸侯咸尊轩辕为天子，代神农氏，是为黄帝。

当今中国共有 14.1 亿人口，由 56 个民族组成。这 56 个民族都是血肉相连、生死与共的总称为中华民族的大家庭成员。这个大家庭的成绩不是 2000 多年前才存在的，而是近 5000 年前的黄帝时期即陆续出现、逐渐形成、互相融汇、终成一体的。黄帝就是这个大家庭的最早的人文初祖。全中国、全世界的中华儿女共同确认黄帝是中华民族的人文初祖，由来已久，且绳绳继继，不绝如缕，代相沿袭，引以为荣。

黄帝之后，历经帝颛顼、帝喾、尧、舜、禹、夏、商、周、春秋战国……中国的历史就是这样如同长江大河，千律万派源源汩汩，汹涌奔腾一路向前。在这个过程中，中华大地上的各个民族汇合交融，形成了伟大的统一的中华民族，创造和发展了从黄帝时期即已显露端倪、多所发明的丰富多彩的文化。因此，中华文化的源头自应上溯至黄帝时期。

中国人民在历经 70 多年的艰苦奋斗之后，业已甩脱"东亚病夫""一穷二白"的帽子,不仅经济总量跃居世界第二位,而且社会、文化、教育、科技、军事等各个方面都取得了辉煌的成就,并以世人惊叹的速度继续发展。完全有理由确信,中华民族伟大复兴的中国梦必将实现。值此高歌猛进之时,认清黄帝为中华民族的人文初祖,从而进一步实现中华民族的大团结和全世界中华儿女的大团结;认清黄帝文化即为中华文化的源头,从而更加努力地学习、汲取、继承、发扬中华文化的优秀传统,为中国人民和全世界人民造福,当然是绝对必要的。

谓其可行,理由有三。

其一,对于黄帝之为中华民族的人文初祖,为中华近5000年文明的源头,全世界的中华儿女认识基本上是一致的。尤其是当今国共两党分别执政于中国台湾和中国大陆,纵有百般歧见、千种异议,对黄帝的认识却大体相同。黄帝陵基金会编的《黄帝文化志》一书收集有陕西黄陵县桥山黄帝陵自明太祖四年(1371)至2007年不同朝代、不同时期、不同治政主体、不同政治党派的祭文共约122篇,真可谓煌煌赫赫,蔚为大观。其中,有1937年国民政府的祭文曰:

> 惟帝制周万物,泽被瀛寰。拯群生于涂炭,固国本于金汤,涿鹿征诸侯之兵,礜野成一统之业。干戈以定祸乱,制作以开太平。盛德鸿规,于今攸赖。今值清明之良辰,爰修禋祀之旧典。园寝葱郁,如瞻弓剑之威仪;庭燎通明,恍接云门之雅奏。所冀在天灵爽,鉴此精诚;默启邦人,同心一德;化灾沴为祥和,跻一世于仁寿。庶凭鸿贶,以集丕功。备礼洁诚,伏维歆格!

同年又有毛泽东、朱德的祭文曰:

> 赫赫始祖,吾华肇造;胄衍祀绵,岳峨河浩。聪明睿知,光被遐荒;建此伟业,雄立东方。世变沧桑,中更蹉跌;越数千年,强邻蔑德。

琉台不守，三韩为墟；辽海燕冀，汉奸何多！以地事敌，敌欲岂足？人执笞绳，我为奴辱。懿维我祖，命世之英；涿鹿奋战，区宇以宁。岂其苗裔，不武如斯；泱泱大国，让其沦胥。东等不才，剑屦俱奋；万里崎岖，为国效命。频年苦斗，备历险夷；匈奴未灭，何以家为？各党各界，团结坚固，不论军民，不分贫富。民族阵线，救国良方，四万万众，坚决抵抗。民主共和，改革内政；亿兆一心，战则必胜。还我河山，卫我国权；此物此志，永矢勿谖。经武整军，昭告列祖；实鉴临之，皇天后土。尚飨！

此前及此后各党各派、各种政治团体，不同阶级、不同信仰、不同民族的人们对黄帝乃中华民族的人文初祖、为中华文明的源头的共识，是坚如磐石般的牢不可破的。谁对此怀疑，谁否定这一点，势必为全世界中华儿女所同愤共弃。因此，捐弃信仰的差别、主义的不同，以黄帝为号召，是万千政治方案之中最为现实的一种。

其二，认黄帝为中华民族的人文初祖、中华近5000年文化的源头，并非子虚乌有的心血来潮或基础不牢的空中楼阁。或许有人认为，黄帝虽为传说中赫赫有名的人物，但其事迹久已湮灭无闻，史料可称极为稀缺，即便认其为中华民族的人文初祖，又何从领悟其为中华文明的源头呢？其实，这种担心，是对有关黄帝的知识太过缺乏造成的。关于黄帝的史料，尤其是与黄帝直接相关的文字资料，当然不可能像当代的伟人、名家那样，有许多材料可资依据。但就黄帝而言，也并非全付厥然。我国的考古工作者于1973年在长沙的马王堆3号汉墓里发现了帛书《黄帝四经》，约计1.1万字。其思想内容是相当丰富的，完全可供作为后人的我们研究、学习。此外，尤其要看到，曾"言黄帝"的"百家"，也为我们提供了大量的关于黄帝、黄帝文化的信息。现在，在廖凯原先生的全力支持下，清华大学法学院还成立了专门的机构，对黄帝为中华民族的人文初祖、黄帝文化为中华文化的源头问题进行研究，有关成果已开始陆续向国人公布，从而为我们厘清史实、确立科学的中国传统文化发展史观，提供了一定的依据。

其三，也是最重要的可行性理由为：中共中央总书记习近平之对中华文化优秀传统的高度重视，当对推动有关研究、阐释、宣传工作，发挥根本性的指导作用，开辟最宽广的前进道路。2014年2月24日，习近平总书记主持十八届中共中央政治局第十三次集体学习时指出："要认真汲取中华优秀传统文化的思想精华和道德精髓，大力弘扬以爱国主义为核心的民族精神和以改革创新为核心的时代精神，深入挖掘和阐发中华优秀传统文化讲仁爱、重民本、守诚信、崇正义、尚和合、求大同的时代价值，使中华优秀传统文化成为涵养社会主义核心价值观的重要源泉。要处理好继承和创造性发展的关系，重点做好创造性转化和创新性发展。"①

让我们按照习总书记的指示，沿着习总书记指明的方向，在中国传统文化研究方面努力做出贡献，从黄帝这一中华优秀传统文化的源头汲取智慧，为建成有中国特色的社会主义社会，为中华民族的伟大复兴而努力奋斗吧！

（二）

习近平总书记强调指出要"讲清楚中华文化的独特创造"。

这一指示有两项重要的内涵。

其一，中华文化与世界各国的文化意义，都有许多创造。

为明确这一点，有必要对"文化"的内涵略事思索。

中国学者冯天瑜等在《中华文化史》中，为"文化"下了一个较为科学的定义，它指明了"文化"的实质。该定义云："文化的实质性含义是'人类化'，是人类创造的文化价值，经由符号这一介质在传播中的实现过程，而这种实现过程

---

① 徐平：《优秀传统文化是中华民族伟大复兴的坚强基石》，光明网，2014年9月22日。

包括外在的文化产品的创造和人自身心智的创造。"因此,"文化可划分为技术体系与价值体系两极",而"文化的价值体系与特定民族的生产方式相适应,构成以语言为符号传播的价值观念和行为准则";从文化形态的角度看,文化包括了:(1)由人类在社会实践中组建的各种社会规范构成的制度文化层;(2)由人类在社会实践,尤其是人际交往中约定俗成的习惯型定势构成的行为文化层;(3)由人类在社会实践和意识活动中长期细蕴化育出来的价值观念、审美情趣、思维方式等主体因素构成的心态文化层;等等。此外,笔者认为,作为制度文化、行为文化的物质载体,还有物态文化层;作为行为文化与心态文化的精神载体,还有人这一主体文化层,人类本身就是文化的一个组成部分,是文化的表现。

细检"文化"的内涵与外延,一则因中国历史的悠久,再则因中华民族以"海纳百川"的心态对外来文化进行刻苦的学习,三则因中国各族人民天长日久地、毫不停顿地、坚持不懈地、夜以继日地努力创造,举凡世界各国的文化,可以自豪地说,中华民族都曾拥有,因而完全可以坚持中华民族的文化自信。

其二,中华文化还有自己的"独特创造"。

众所周知,中国古代的"四大发明"(指南针、火药、印刷、造纸)就是中华民族古时候的"独特创造"。

这"四大发明"都是物质性的。也许因此有人会以为中华文化的"独特创造"仅只是"形而下"的"物质",至于"形而上"的非"物质"的文化,则极缺乏。

应当说,这是一种极错的误解与误判。

产生这种误解、误判,客观上是由外国入侵、欧美中心主义肆虐所造成的,主观上则是由于盲目崇洋错误所致。

历史上的中国曾经是"世界的中心"。在经济、军事、文化与社会发展上,都曾高踞世界前列。近代以来,先是1840年之后几乎所有的殖民主义国家都以坚船利炮和野蛮兵痞疯狂屠掠中国,并长期以武力作为后盾,大肆推销其文化观、文明观、价值观及其制度、治术；接着是太平天国运动波及之处，荡涤了孔孟文化；中华民族的传统文化在1919年的五四运动中再次遭到了冲击；而新中国成立之后，尤其是"文化大革命"中，中国的传统文化更是遭到了破坏。

改革开放以来，中国人民痛心疾首于传统文化的失落，也曾痛感于必须尽快地重新学习、继承与发扬传统文化的精华，并做出了相当的努力。但是，改革开放以来的前30年，由于解决经济问题的急迫需要，关注的重点是生产力的恢复与发展，对继承与发扬传统文化只是做了初步的工作。加之30年中，大批学子从西方国家学习归来，所带回的除西方国家现今的科学技术、管理经验之外，还有半生不熟的西方价值观、理政观、治术观等意识形态。因此，现在加强学习、继承与发扬优秀的中国文化传统，应当急切地提高到它所应有的地位上来。正因如此，习近平总书记在党的十八大前后反复强调学习、继承与发扬中国文化的优秀传统，可谓极其及时，极其重要。而对中国文化的"独特创造"的学习、研究、继承与发扬，更应成为当代中国学者的重要任务。

当然，深入阐释中国文化的"独特创造"，还有必要对它的来龙去脉、渊源流变以及发展趋向加以研究与说明。所以，习近平总书记还高瞻远瞩地指出："要讲清楚中华优秀传统文化的历史渊源、发展脉络、基本走向……"

在学习习近平总书记上述指示的过程中，通过研究，我认为：重视法律激励是中国法律文化优良传统，其源可上溯至《黄帝四经》中的多处明示。研究《黄帝四经》中的有关论述，可帮助我们从认清源流的角度，更好地了解法律激励这一中国法律文化的优良传统的历史发展，更好地了解中外法律文化在法律激励问题上的差异，启迪我们更加重视法律的激励功能，更加重视法律激励对加强我国立法的意义，更加重视法律激励重要原则的实施，进一步完善我国的社会主义法治国家建设。

法律激励是指以法律手段（包括立法、司法、执法）以及法律宣传、教育等来激发、鼓励人们实施积极向上、向善的行为。

法律自身有三大功能。一为组织管理功能。人类众多，事务繁杂，因此必须加以组织、管理，于是以行政法为代表的组织管理类法应运而生。二为惩戒功能。九流八派的各色人等，良莠不齐，优劣杂处，其中的莠劣之徒往往不但不服从管理，而且倒行逆施、为非作歹，危害社会、祸及他人。于是以刑法为代表的惩戒类法呱呱坠地。三为激励功能。广土众民之中，多有积极向上、为善积功之人，对他们中的佼佼者，当然应予褒扬奖赏；而这，也可收激发鼓励其他人众之良效。于是，以奖赏激励为目的的激励类法纷纷面世，如各种行政奖励法、知识产权法等。

激励法是对人的特定行为实施激励的法律。它有三层含义。一、激励法是法律；二、激励法是实施激励的法律；三、激励法作为法律是针对"人"的特定行为而实施激励的。

激励法是法律这一层含义，使激励法与计谋、方法、政策以及其他的激励规范区别开来。有所谓"激将法"。激将法是一种计谋，但计谋不全是激将法。"望梅止渴""画饼充饥"等都是计谋，但不是激将法，更不是激励法。没有任何一部法律规定画饼充饥、望梅止渴；否则，画饼者和曹操都负有供饼与供梅的法律责任了。总之，"激将法"不是法律激励。作为计谋的激将法有时当然也是行事的必要方法、可行方法、有效方法，但它不是方法的全部，还有说理的方法、奖赏的方法以及多种多样劝导或诱导人们做出说理者、奖赏者希望看到的结果的方法。这些方法也带有或竟充满着对说理对象、授奖对象的激励，但仍不能称为激励法，与法律激励也是两回事。因为激将法不具备法律的权威性、普遍性、稳定性与强制性。同样的理由，道德激励与激励政策都不是法律激励。

激励法作为法律的权威性，在于它是立法机关按一定的程序制定的，高于任何政党、政治家的决策，任何政党、团体、个人都不能违反。

激励法作为法律的普遍性在于，它在具体的激励法规定的施行范围内普遍有效，而不像公司老总、团体领导、学校老师的奖励那样只涉及有关部门。

激励法作为法律的稳定性，见诸具体激励法生效期间始终有法律效力，除非它被依法废止，或依法修改了它的生效日期。

激励法作为法律的强制性，在于具体激励法或法律的激励规范所规定的激励主体（如政府主管部门）必须为激励作为，否则将被追究责任。

根据我的初步研究，完全可以这样自豪地说：激励法思想是中国法律思想库中的一块瑰宝，它一以贯之地存在与发展，予以总结与研究，对弘扬中国优秀传统文化，对进一步发展法理学，对今天的社会主义法治国家建设，都极有启迪。

所谓中国激励法思想的一以贯之的发展，其含义有三：其一，它几乎体现在所有的思想学派中；其二，它从古至今相承相传，从无间断地存在与发展；其三，它有其制度法律文化的载体，在各代法制中都有所体现。

关于中国古代思想家的激励法思想，法学界鲜有论及者。论及的几篇短文，都存在这样几点共同性问题：一是不分激励法思想与激励思想；二是似乎只有某一学派（如法学家派）才有激励法思想；三是只有先秦和春秋战国时代的法家才有激励法思想。其实不仅法学家，儒家、墨家、阴阳家、杂家、理学家、心学家等，也都无不以各种形式力主弘扬激励之法的思想。这种激励法思想，推源求始，可一直上溯至黄帝思想；尔后，则有文字记载作为铁证地始于夏商周，中经秦汉、隋唐、宋元明清，直至今天。林林总总，不一而足，源源汩汩，不绝如缕，而且无不在历朝历代的法律制度中得到体现。

据史籍记载，中国明确地启用激励法的第一人是夏禹的儿子夏启。也就是说，一进入阶级社会，奴隶主阶级的领袖人物就懂得运用激励法了。夏启在发兵攻打有扈氏时宣布了一条军令："王曰：嗟！六事之人，予誓告汝，有扈氏威侮五行，怠弃三正，天用剿绝其命。今予惟恭行天之罚……用命，赏于祖，弗用命，戮于社。予则孥戮汝。"这条军令表明：

（1）夏启具有激励法思想；（2）夏启把"用命，赏于祖"置于"弗用命，戮于社"之前，说明他更重视的是法律激励而不是法律惩罚、法律镇压；（3）奴隶制社会初期，奴隶与奴隶主阶级既对立又统一，其"统一"表现在利益与意志的某些共同性上，如保证本部落、本部落联盟的安全、推动生产力的发展等。正因如此，夏启军令的法律激励才有其实际意义，而不是像后来的某些统治者那样，只是把奖赏当作一种仁慈的伪饰或用作一种欺骗手段。

夏启以后，几乎所有的政治家都有一些关于法律激励的言论，可以从中探明他们的激励法观念。

1. 法家的激励法思想

法家管仲相齐，设盐官与铁官管理盐铁业，采取了渔盐出口不纳税、铸铁有成受奖赏的法律与政策。他还鼓励人们开垦荒地、种植桑麻。管仲的激励法思想可概括为"赏罚并重"、"重赏重罚"、赏罚必信的主张。他提出，为保证法令的贯彻，必须"劝之以赏赐，纠之以刑罚"；他还指出："圣人设厚赏非侈也，立重禁非戾也；赏薄则民不利，禁轻则邪人不畏。"管子的法律激励思想，在许多重大观点上都可谓源于黄帝。

《黄帝四经》有谓："以法治者，不可乱也。而生法度者，不可乱也……"在黄帝看来："道生法。法者，引得失以绳，而明曲直者殹（也）。"法既"引""得""明""直"，亦即判断行为向善之"直"，行为结果有成之"得"；同时亦判断行为向恶之"曲"，行为结果为恶之"失"。赏罚之并重，非由主观随意，而是针对客观实际之必须，也就是为政治国既应有赏、亦应有罚。在《黄帝四经》中，还有许多关于"重赏""重罚"亦即"赏罚必信"等的议论，都成了后人包括管子有关论述的思想源头、观众前导。

与《管子》成书大致同时，法家代表人物申不害、慎到也纷纷在其著作中表达了他们的激励法思想。例如，申不害的激励法思想，一是把法律激励作为他所强调的"法治"的一环。他认为："法者，见功而与赏，因能而授官。"这与"今君"之"设法度而听左右之请"是相反的。后者不是"法治"而是"人治"，必然导致失败。二是法律激励的大权要掌握在君主的手中。他说，"为人君者操契以赏其名",即以激励法之"契"来对臣下进行任免、监督、考核。慎到十分崇尚激励法。他说,"定赏分财必由法"。他指出"君人者舍法而以身治,则诛赏夺予从君心出矣。然则受赏者虽当,望多无穷……";"君舍法而心裁轻重,则是同功而殊赏,同罪而殊罚也。怨之所由生也",而"事断于法",做到"法之所加,各以其分",他特别强调依法赏罚,以求"怨不生而上下和"。

与申不害、慎到大致同时的商鞅和他们之后的韩非子,乃法家中论述法律激励相当详尽的法律思想家。商鞅力主"重刑""重赏",还专门写了一篇《重刑》,力主赏罚必须出以公正而不能"释法任私"。这些同样可在《黄帝四经》中找到类似的论述。如《黄帝四经》有云:"故执道者之观于天下殹(也),无执殹(也),无处也,无为殹(也),无私殹(也)……公者明,至明者有功……无私者知(智),至知(智)者为天下稽……使民之恒度,去私而立公。"① "……精公无私而赏罚信,所以治也。"② 韩非子有君主治国必须紧握"二柄"之论。"二柄",一为"赏",一为"刑"。刑赏"二柄"之用,必须依法而行,绝不能徇私枉法。韩非子主张"刑过不避大臣,赏善不遗匹夫",必须做到"不明按法以治众""有功者必赏,有罪者必诛……"。这些关于依法赏罚、赏罚并重等的议论,都可从《黄帝四经》中找到源泉性的黄帝议论。

孙子用兵之道中的法律激励思想与黄帝法律激励之间,也存在着上承下续的关系。这从《孙子兵法》中屡屡言及黄帝用兵之神,可以略知一二。例如其《行军篇》就论及"……此黄帝之所以胜四帝"的诸多兵法之道;而《银雀山汉墓竹简孙子兵法》也论及黄帝伐赤帝、青帝、黑帝、白帝的赫赫战绩。

汉代以后,比较杰出的法家代表人物,在三国期间有"揽申商之法术"的曹操与"标准的法家学说的实行者"诸葛亮,在唐代是柳宗元,在宋代是王安石,此后,法家学说本身即日渐式微了。

---

① 《黄帝四经·经法·道法》。
② 《黄帝四经·经法·君正》。

曹操、诸葛亮戎马一生、军旅倥偬，著述甚少，且无系统。但他们在军事、政治事件中，却不乏激励法思想的体现。

例如，曹操虽然屡屡强调"拨乱之政，以刑为先"，而且公开宣布"礼不可以治兵""吾于军中持法是也"，但是实际上他十分重视法律激励。这表现在他打破"门第""德行"的限制，实行"唯才是举"而"选贤任能"的主张。为了选取称职的官吏，曹操屡颁《求贤令》，激励有实际才干的人自荐为官，激励知情者举荐虽无德行却有才干的人任官；他严明法律，赏功罚过，多次下令重"赏功能"。每逢大战取胜之后，必下令论功行赏；他赞成《孙子》的主张，"施无法之赏，悬无政之令"，认为"军法、令，不应预施悬"，而应按《司马法》"见敌作誓，瞻功作赏"。同时，曹操还强调在军队中，"赏善不逾日"。

诸葛亮的法律激励思想有以下几个特点。一为"先教令而后赏罚"。诸葛亮认为："先教令而后赏罚，则人亲附，畏而爱之，不令而行。"二为赏罚严明，执法公平。诸葛亮曾指出："孙吴所能制天下者，用法明也。"他把"赏罚不明"视作国之"五危"之一。他说："赏罚之政，谓赏善罚恶也。赏以兴功，罚以禁奸，赏不可不平，罚不可不均。赏赐之所施，则勇士知其所死；刑罚知其所加，则邪恶知其所畏。故赏不可虚施，罚不可妄加。"三为奖赏依法，不临事擅断。诸葛亮在同法正的争论中表示坚决反对"专权自恣"，不仅在处罚上如此，而且在行赏上也如此。他说："良将之为政也，使人择之，不自举；使法量功，不自度。故能者不可蔽，不能者不可饰，妄誉者不能进也。"

柳宗元法律激励思想的最大特点是坚持与弘扬了法律激励的唯物主义法哲学观。他从唯物主义法律奖惩观出发，对奖赏与时令的关系做了精辟的分析。他认为，赏罚都要及时，"赏务速而后有功，罚务速而后有惩"。他主张，对为善作恶者的奖惩，均应"不越月逾时"，只有这样，为善者才能受到及时的鼓励。

宋代的王安石，曾被誉为"中国十一世纪时的改革家"。他的法律激励思想主要体现在他的法律改革实践中。他从"人之情所愿得者，善行、美名、尊爵、厚利也"的"人情"即人性出发，针对北宋的弊政，提出了一系列法制改革方案。这些改革方案中，颇多涉及法律激励。王安石关于法律激励的言论不多，《九变而赏罚可言》可谓代表作。文中，王安石引庄子的话说明赏罚的由来与依据："先明天而道德次之，道德已明而仁义次之，仁义已明而分守次之，分守已明而形名次之，形名已明而因任次之，因任已明而原省次之，原省已明而是非次之，是非已明而赏罚次之。"从"明（透彻了解）天"开始，直到"明是非"，最后才行赏决罚。

2. 儒家的激励法思想

儒家主张礼治、德治、人治，似乎是根本反对法治的，既然如此，似乎当然无所谓激励法思想。其实，这一看法在大前提上就有偏颇。首先，在古代中国，"礼"与"法"不是截然分开、互相对立的，"出礼入刑"，"礼"本身就是行为规范。"夫礼者，所以定亲疏，决嫌疑，别同异，明是非也……道德仁义，非礼不成；教训世俗，非礼不备；分争辨讼，非礼不决；君臣、父子、上下、兄弟，非礼不定；宦学事师，非礼不亲；班昭治军，莅官行法，非礼威严不行；祷祠祭祀，非礼不诚不庄。""决嫌疑""明是非""分争辨讼"都依"礼"为裁判的标准，所起的就是法律规范的作用。其次，儒家创始者及其世世代代的传人，都毫无例外地遵行其所处时代的法律法规，有的还是当代法律法规的起草者，不少人更是行政司法长官，其处事决断的主要规范就是当代的法律法规。再次，汉唐以来，儒学成了"正统"，被赋予了"独尊"的地位，但是，那只是赋予儒家经典以法律的资格，如用《春秋》的词句即可"决狱"，加上同时施行详尽周密的制定法已久，绝非弃置法律，否定法治。因此，汉唐以来中国的法制只不过是以儒学为伪装的儒法合流而已。明确了以上几点，有如拨云见日，我们便可了然揭示儒家的激励法思想了。

儒家从孔子、经孟子直到隋代的文中子等，无不以"宗周""吾从周"，即以周代的礼、法观念、制度为宗旨，因此，其激励法思想可以《周礼》为代表。

《周礼》十一卷，从《天官冢宰》到《冬官考工》，有大量文字涉及法律激励规范，其源盖出于法律激励思想。这里撷录若干，即可见其一斑。

《天官冢宰》规定："太宰之职……以八柄昭王驭群臣：一曰爵，以驭其贵；二曰禄，以驭其富；三曰予，以驭其幸；四曰置，以驭其行；五曰生，以驭其福；六曰夺，以驭其贫；七曰废，以驭其罪；八曰诛，以驭其过。"太宰"八柄"中，五为奖赏激励，三为诛罚惩戒。

《冬官考工》规定：大司徒之职"十有一曰，以贤制爵，则民慎德；十有二曰，以庸制禄，则民兴功"。意思是说按照贤行颁予爵位，那人民都会崇尚德行，相劝为善；按照功绩颁与俸禄，那么人民都会努力职事建立功业。奖赏激励之教与法的规条超出了诛罚惩戒之教与法。

十分有意思的是关于"秋官""大司寇"的规定。"大司寇"作为"秋官"，与"春官""夏官"不同。"春""夏"之官为"生""予"之官，多有激励奖赏不足为奇；"秋""冬"之官，因天之"肃杀"，为刑、罚之官，主要职责是诛戮惩戒。但即使如此，其"以五刑纠万民，一曰野刑，上功纠力；二曰军刑，上命纠守；三曰乡刑，上德纠孝；四曰官刑，上能纠职；五曰国刑，上愿纠暴"，虽然都以"刑"标榜，主旨却仍在激励——以纠举行为作为激励标准。由此可见奖赏激励法之受儒家重视的程度。

当然，法律激励思想也体现在从孔子经孟子到荀子等"大儒"的言行中。

孔子法律思想体系的核心是所谓"仁"。一部《论语》，仅1万余字，谈"仁"之处达五十有八，"仁"字则一百零五见。在孔子的心目中，唯"仁"者可从政、可为官，连皇上也应是"仁"者。因此，择官的标准也就是"仁"，而行"仁"者当然要加以勉励、鼓励。什么是"仁"？最好的解释是孔子自己说的"克己复礼为仁"。所谓"克己复礼"，就是克制自己，使自己的言行都符合周礼，做到"非礼勿视，非礼勿听，非礼勿言，非礼勿动"。凡违反周礼的，孔子都加反对。反之，言行视听符合周礼的，他就称赞不已。行"仁"合"礼"，是他所竭力鼓励的。他主张"为国以礼""以礼让为国",认为"礼乐不兴,则刑罚不中"。这里,"礼乐"之"兴",与"刑罚"之"中"是两两相对的。对"兴礼乐"者恰与对"中刑罚"即处以刑罚的对象,待遇是相反的,虽然未做明言,却无疑可以推定"兴礼乐"即可加官晋爵。在这个前提下,他要求"举贤才"在"近不失亲"的原则下同时做到"远不失举",即让非贵族出身的"贤才"也能参与政事。他认为"举直错诸枉,则民服;举枉错诸直,则民不服"。而"枉""直"是以"仁"否、合"礼"否为标准的;民之"服"与"不服"也就以"礼"而"仁"者是否得到荐举(为官)的奖赏激励为依归了。

孟子一生极力推崇孔子为"圣之时者也",表示过"乃所愿,则学孔子也"的决心,被后世称为"亚圣"。他主张"人性善":"孟子道性善,言必称尧舜"。从"人性善"出发,孟子把孔子以"仁"为核心的思想体系发展成"仁政"学说。又从"仁政"出发,孟子主张"尊贤使能,俊杰在位",使"贤者在位,能者在职",让有道德、有才能的人都有官位。他认为实施这样的激励办法,"则天下之士皆悦而愿立于其朝矣"。为向统治者奉献"长治久安"之策,孟子强调"劳心者治人,劳力者治于人;治于人者食人,治人者食于人"。结合孟子的"徒善不足以为政,徒法不足以自行"的主张,可见他以法律激励"劳心者"去"治人"并收"食于人"之效的观念。

与此同时,孟子还提出了要爱民、要富民的激励思想与激励措施。要爱民,指要"与民同乐":"乐民之乐者,民亦乐其乐,忧民之忧者,民亦忧其忧,乐以天下,忧以天下,然而不王者,未之有也。"孟子猛烈抨击了那些不关心百姓疾苦、整日寻欢作乐的国君。他告诉齐王说,君王独自欣赏音乐,独自乐于田猎,反倒会引起百姓对君王更深的怨恨,只有关心百姓疾苦的人,百姓才能与君王共同欣赏音乐。要富民,即指"菽粟如水火,而民焉有不仁者乎?"意思是百姓的吃穿满足了,人心就可以安定,仁道就能够实行。孟子还具体设计了富民的激励措施,一是不违农时,鼓励耕种,即"民事不可缓";二是给百姓以恒产,百姓拥有一定数量的财产是巩固社会秩序、维持良好社会风气的必要条件，他说："民之有道也，有恒产者有恒心，无恒产者无恒心，苟无恒心，放辟邪侈，无不为己。"三是薄税敛，凡民"所欲，与之聚之；所恶，勿施尔也"，意思是租税是否增加或征收决定于对百姓是否有利。

孔、孟之后约100年的荀子被许多学者视为战国末期儒家的主要代表。他比孔、孟更直接而鲜明地论述了法律激励问题。在他所处的时代，"以世举贤"，即以家世、身份为"举贤"的前提或依据还相当盛行。但家世、身份是不可选择、难以争取的，若"以世举贤"，就不可能实行选官举吏上的法律激励。因此，荀子强烈地希望实行"无德不贵，无能不官，无功不赏，无罪不罚"。欲"贵"、达"官"、受"赏"，则必须有"德"、畜"能"、立"功"，这就有了法律激励的可能。荀子的法律激励思想还表现在主张"无功不赏"；"爵当贤则贵，不当贤则贱"；"庆赏刑罚必以信"。这是法律激励的三条重要原则：一为"无功"不予奖赏；二为功赏相当；三为奖赏有信。孟子说："凡爵列官职庆赏刑罚，皆报也，以类相从者也。一物失称，乱之端也。夫德不称位，能不称官，赏不当功，罚不当罪，不详莫大焉。"他解说此论之理由是，"赏不欲僭，刑不欲滥。赏僭则利于小人，刑滥则害及君子"。有鉴于此，荀子进而强调"赏功罚过"必须"无恤亲疏，无偏贵贱"，"内不可以阿子弟，外不可以隐远人"，略事对比，不难发现荀子的这些法律激励思想与法家的法律激励思想，几有异曲同工之妙，实为如出一辙之论。

3. 墨家的激励法思想

墨家在论述法律起源的过程中，展示了他们的法律激励思想。他们认为"古者民始生，未有刑政之时"，即国家与法律产生以前的远古时期，人自为政，各行其是，"一人一义，十人十义"又"各是其义，以非人之义"，其结果则是"天下之乱，若禽兽然"。为了解决这个问题，需要"选择天下之贤可者，立以为天子"和各级"正长"，然后由"天子发宪布令于天下之众"，自上而下地"一同天下之义",即统一社会的意志与行为规范,于是法律产生了。此后,"天下之众"必须逐级向上报告"善与不善"的见闻,使"爱利天下者,上得而赏之;恶贼天下者,上得而罚之"。这里有"天下之众"对天子的报告以"上同乎天子","天子之所是,亦必是之;天子之所非,亦必非之";而且有下级向上级、民众向官长的报告,"上之所是,必皆是之;上之所非,必皆非之"。这就是墨家著名的"尚同"论。不过,墨家并不简单地主张下以"壹同"于上、臣民"壹同"于天子,他们还主张"上有过则规谏之,下有善则傍荐之"。总之是有善则赏,有罪则罚。

除"尚同"论外,墨家还有"尚贤"论,其法律激励思想在论述"尚贤"的过程中得到了进一步的发挥。当时依据周礼规定了宗法世袭制和"任人唯亲"的"亲亲"原则。对此,墨家表示了坚决的反对,指出"今王公士人其所富,其所贵,皆王公大人骨肉之亲,无故富贵,面目美好者也",让这些人治国理政,"则其国家之乱可得而知也"。他们进而指出,由于世袭,人们无法"学而能",于是必然"沮丧",必定不肯努力向善、努力为善,根本不可能激励其向善、为善。因此,他们主张"不党父兄,不偏富贵,不嬖颜色。贤者举而上之,以为官长;不肖者抑而废之,贫而贱之,以为徒役","官无常贵而民无终贱",只要是"贤者","虽在农与工肆之人,有能则举之,高予之爵,重予之禄"。为此,他们相应地主张以法律予以保证,"赏当贤,罚当暴"而不能"赏不当贤,罚不当暴",做到"尚贤罚暴勿有亲戚兄弟之所阿"。

此外,墨家与商鞅等法家任务一样,也主张奖赏"举善""告奸":"若见爱利天下以告者,亦犹爱利天下者也,上得则赏之";"若见恶贼天下不以告者,亦犹恶贼天下者也,上得则罚之"。

4. 阴阳五行家的激励法思想

以邹衍为代表的阴阳五行家的法律激励思想集中表现在"时令说"上。司马谈《论六家之要旨》归纳阴阳五行家的学术要点是"序四时之大顺,不可失也";

《汉书·艺文志》则指出:"敬顺昊天,历象日月星辰,敬授民时,此其所长也。"

"时令说"即春夏庆赏行德、秋冬严刑行罚而不可违背四时之序的学说。《礼记·月令》曰:"凡举大事,毋逆大数;必顺其时,慎因其类。"具体来说,春属"木德",万物生长,欣欣向荣,宜用庆赏,"命相布德和令,行庆施惠,下及兆民";夏属"火德",万物繁荣,宜行教化,举荐人才,"命太尉赞桀俊、遂贤良、举长大,行爵出禄";秋属"金德",万物凋谢,宜于选兵练军,施行刑罚,"命将帅选士厉兵、简练桀俊、专任有功","戮有罪,严断刑""斩杀必当,毋或枉桡";冬属"水德",万物隐藏,"可以罢官之无事,器之无用者,涂阙廷门闾,筑囹圄,此所以助天之闭藏也"。

阴阳五行家解释"时令说"理论时引用管子之言指出:"阴阳者,天地之大理也;四时者,阴阳之大经也;刑德者,四时之合也。刑德合于时则生福,诡则生祸。"他们认为"时令说"符合"春生夏长秋收冬藏"的"天道之大经"。

阴阳五行家的"时令说"对奖赏与刑罚的地位关系,依时令之次序,认为德教奖赏在先而刑罚在后,因为如果没有春生夏长的万物繁荣,秋冬的肃杀、蓄藏也就失去了对象。如果加以颠倒,秋冬行德行赏而春夏行刑行罚,就如"春凋、秋荣、冬雷、夏有霜雪"一般,这是"气之贼","贼气速至则国有多殃",因此,可认定为大的"易节失次"。至于小的"易节失次",则是指庆赏不当、刑罚枉滥。

阴阳五行家"时令说"中所反映的虽属唯心主义,但其本身具有法律激励思想,是不可否定的。

5. 杂家的激励法思想

杂家的代表作是《吕氏春秋》,凡160篇,"备天地万物古今之事",是一部相当系统的巨著。《吕氏春秋》的作者们"取道家的自然观而不绝礼弃学;取法家的变法理论而不否定道德教化;取儒家的伦理道德而不取其法古守旧;取墨家节葬而不取其非攻;取阴阳家的'五德终始'而避其怪迂之谈;取人性'好利恶害'而主张人性可以改造；取赏罚之道而反对严刑酷罚；主张尊君而反对君主独裁；取重农而不困工贾；重'贤士'而不轻视法制"。清代汪中也曾指出《吕氏春秋》"诸子之说兼有之"的特色。

《吕氏春秋》把"赏罚有当"放在"以法治国"高度上加以观察和运用，认为治理泱泱大国不能单靠君主个人的权势与才干，"圣人因而兴制，不事心焉"。"兴制"就是制定法律以行赏决罚，做到"凡举事必循法以动"，使有司"以死守法"而众庶"不敢议法"。《吕氏春秋》主张对于"攻伐救守"者要大力奖赏激励，"以家听者，禄之以家"，"以国听者，禄之以国"，"选其贤良而善之"。

《吕氏春秋》的法律激励思想建立在人性"欲荣利恶辱害"的理论基础上，认为人性有"欲"与"恶"两个方面："人性欲生而恶死，欲荣而恶辱"。这种有"欲"有"恶"且"欲""恶"并存的人性，是与生俱来、人皆有之的："欲与恶受于天也，人不得与焉，不可变不可易。""贤不肖之所欲与人同，尧桀幽厉皆然。"《吕氏春秋》指出："民之于利也，犯流矢、蹈白刃、涉血执肝以求之……虽圣人不能禁。"

这种有"欲"有"恶"的人性，被《吕氏春秋》看作是统治者用为"纲纪"、实施法律奖惩从而治国理政的关键："用民有纪有纲。壹引其纪，万目皆起；壹引其纲，万目皆张。为民纪纲者何也？欲也，恶也。何欲何恶？欲荣利，恶辱害。辱害所以违罚充也，荣利所以为赏实也。赏罚皆有充实，则民无不用焉。"《吕氏春秋》批评介子推"离俗远矣"，因为他功成而拒赏，远避山林。《吕氏春秋》认为，只要统治者懂得运用奖赏激励来"从人所欲"，就可以使人们"犯白刃、冒流矢、赴水火，不敢却也；晨寤兴、务耕疾庸、祀为烦辱，不敢休也"，因为"人之欲多者，其可得用亦多"，所以"善为上者能令人得穷，故人可得用亦无穷也"。

在人性"欲荣利，恶辱害"基础上建立起来的法律激励思想，在《吕氏春秋》中得到了明晰的表述，它指出："赏罚，法也。"正因为赏罚是法，因此，它成了激励人们为善、立功与警诫人们避害、远祸的最有力的工具；同时，建立区分人们行为是非善恶的法律标准，实施对人们行为的评价与奖惩，就成了正确把握奖惩的前提了。为此，《吕氏春秋》强调"正名审分是治之辔"，"贤主之使其下也，义（宜）审赏罚，然后贤不肖尽为用矣"。

在春秋战国时期诸家之中，《吕氏春秋》所表达的杂家的法律激励思想以奖赏重于惩罚为其重要特点。《吕氏春秋》认为惩罚的作用比较有限，因为"威不能惧，严不能恐，不可服也"。而奖赏的激励作用却不同，"赏一人而天下之为人臣莫敢失礼"，"赏重则民移之，民移之则教成矣"，连"罚"也可不用了。

和其他各家一样，杂家也主张"信赏必罚"，认为"当功以受赏，当罪以受罚"，"赏罚不信，则民易犯法"，因此，君主不可以个人好恶任行赏罚，"人臣以赏罚爵禄之所加知主。主之赏罚爵禄之所加者宜，则亲疏远近贤不肖皆尽其力以为用矣"，"赏，非以爱之也；罚，非以恶之也，用观归也。用归善，虽恶之，赏；所归不善，虽爱之，罚。此先王之所以治"。

6. 心学家王守仁的激励法思想

王守仁（1472—1529），字伯仁，号阳明子，世称阳明先生。他创行了"心学"。认为"心"是万物的本原，宇宙的主宰；人类与生俱来有所谓"良知"，只要"闭目沉思，求理于吾心"，就可获得"天理"，认识世界，指导行动。

王守仁的激励法思想可概括为以下几点。

其一，"赏罚，国之大典"。

王守仁把"奖赏"视作"国之大典"，十分重视法律激励对治理国家的重要作用。他说："刑赏之用当，而后善有所劝，恶有所惩。劝惩之道明，而后政得其安。"

王守仁所说"赏罚，国之大典"，不仅仅指赏罚之法对于被统治阶级的运用，而且也指对统治阶级内部的运用。他认为，对统治阶级本身也要赏罚严明、"行法振威"，从而使纲纪肃然。

王守仁之"赏罚，国之大典"说，有两层含义：一为"赏罚"皆法；二为赏、罚之法为国家"大"法。这与有的人不以奖赏为法、不以奖赏入法是不同的，也与有的人以"德""教"为先、为重的看法是不同的。王守仁认为，赏、罚可使"善者益知有所劝，则助恶者日衰；恶者益知有所惩，则向善者益多"，赏、罚是以法律治国理政不可须臾轻忽的两手。

其二，"信赏""重赏"，力行"激励之方"。

和历代思想家一样，王守仁主张"信赏""赏而有信"，反对"赏罚不信"。他说："法令不明，赏罚不信，虽有百万（兵），何益于用！"当时农民起义此伏彼起，王守仁站在封建地主阶级的立场上深感忧虑，他分析"盗贼之日滋，由于招抚之太滥；招抚之太滥，由于兵力之不足；兵力之不足，由于赏罚之不行"，其结果是使人感到"进而效死，无爵赏之劝；退而奔逃，无诛戮之及"，造成"进而必死而退存幸生"，于是"退而奔逃"乃成必然选择。正因如此，"信赏"就是非常必须、非常重要的了。

王守仁也和历代思想家一样主张重赏。他相信"盗贼之性虽皆凶顽，固亦未尝不畏诛讨"，因此，厉行重赏，驱使士兵无情镇压，"悬非格之赏，以倡勇敢，然后士气可得而振"。他甚至亲订赏格："首级每颗银一两，贼首银三两，生擒每名银二两。"

就笔者之所见，中国古代第一个在法律意义上使用"激励"一词的，是王守仁。他在《收复九江南康参失事官员疏》中说："今年以来士气不振，兵律欠严，盖由姑息履行，激励之方不立，规利避害者获免，委身效职者难容，是以偷靡成习，节义鲜彰。"虽然这里没有直接使用"法律激励"或"激励法"字样，但"激励之方"实指激励的法律法令，而不是一般意义上的激励"方法"。

其三，奖赏及时，速奖速赏。

王守仁说："古者赏不逾时，罚不后事。过时而赏，与无赏同；后事而罚，与不罚同。"至于"过时而不赏，后事而不罚"，就更用不着说了。王守仁主张

"赏格止行于大军征剿之日，而不行于寻常用兵之际"；他建议"所统兵众有能对敌擒斩功次，或赴敌阵亡，从实开报，核勘是实，转达奏闻，一体升赏"；他还要求皇上"假臣等以赏罚重权，使得便宜从事"以收"举动如意，而事功可成"之效。

上述儒家、法家、墨家、阴阳五行家、杂家、心学家等的法律激励思想大同小异又各具特点。

溯根求源，中国古代各家各派的法律激励思想从何而来？当然，这些法律激励思想绝不是从天而降，也不是思想家们头脑中固有的。虽然有的思想家可说是明显地承继了黄帝的法律激励思想，而有的暂时还找不到有文字记载可作源自黄帝的凭证，但是，他们之言论与黄帝之有关言论大同小异，而黄帝在先，他们在后，因此，认为他们的法律激励思想源于黄帝，或同于黄帝，不能说是武断的。

二、《黄帝四经》中关于法律激励的总体性论述

《黄帝四经》中关于法律激励的总体性论述，主要涉及以下三个方面：一为奖赏激励是遵行天道的要求；二为奖赏激励的现实必要性；三为赏罚并用，以法保证所行奖赏达到激励的目的。

（一）奖赏激励是遵行天道的要求

体现于《黄帝四经》的"黄帝思想"，以"道"为宇宙的最高本体，认为至高无上、神秘莫测的"道"，非普通的人所能认识与掌握，只有圣人才能认识与掌握，所谓"故唯圣人能察无形，能听无声，知虚之实"是也。而由圣人所"知"的"道"，乃是"天"之"道"，即"天道"。这"天道"，是人们必须切实遵行的："周迁动作，天为之稽。天道不远，入与处，出于反。"意谓天道自然往返，人的一切行为都应遵循天道。天道并不远离人事，人一切的活动都与之

相伴。

在黄帝看来，对"道"所依存的"天"，必须有敬畏之心。

《黄帝四经》有云：

> 吾受命于天，定立（位）于地，成名于人……吾畏天爱地亲[民]，□无命，执虚信。①

黄帝自称"受命于天"且恭谨"畏天"，与他的法律激励思想有何关系呢？

1. 黄帝的"畏天"观念与法律激励

黄帝所谓"吾畏天"之"畏"，乃"敬畏"之"畏"而非"畏惧"之"畏"。有鉴于此，可从以下几个方面考察黄帝之"畏天"观念：一、何为黄帝"畏天"之"天"；二、黄帝为何"畏天"；三、应该如何"畏天"；四、在治国理政实践中的具体"畏天"举措；五、"畏天"举措与法律激励的关系。

黄帝所敬畏之"天"，在黄帝看来有一个形成的过程。他说：

> 黄帝曰：群群□□□□□□为一囷。无晦无明，未有阴阳。阴阳未定，吾未有以名。今始判为两，分为阴阳，离为四[时]，□□□□□□□[德虐之行]，因以为常。②

意谓：宇宙之初是混混沌沌、窈窈冥冥，"无晦无明，未有阴阳"，即昼夜不分、光明与黑暗无别的，因此"未有以名"。后来一"判为两"，即判分为天、地"二仪"。"阳之清者升上而焕丽也，则日月星辰在焉"，这才有了今人所谓的"天"。文子有谓："天地未形，窈窈冥冥，浑而为一，寂然清澄，重浊为地，精

---

① 《黄帝四经·十大经·立命》。
② 《黄帝四经·十大经·观》。

微为天,离而为四时,分而为阴阳……刚柔相成,万物乃生。"

为何必须对"天"敬"畏"?这是因为天地既分、阴阳既别、春夏秋冬四时离析,才有了万物之生成。既然万物包括人类自身皆因此而生成,能不对天敬畏吗?不仅如此,天地既分、阴阳判定、四时相离、刚柔互济从而产生了奖赏惩罚的必要,并作为制度而"因以为常",能不遵行、能不对天敬畏吗?黄帝在论及"人主"即君主时指出:"人主者,天地之[稽]也,号令之所出也,[为民]之命也。不天天则失其神……"①意谓君主唯天地为"稽",即必须取法天地之道,因此,不敬畏天命、顺从天道,就会失去天助神佑,必将导致败亡。在《经法·亡论》中,黄帝指出:"凡犯禁绝理,天诛必至。"在《经法·论约》中,黄帝指出:"怀(倍)天之道,国乃无主。"若"功不及天",则"退而无名";而若"功合于天",则"名乃大成"。综观《黄帝四经》,可以说是自篇首至篇末,处处都有黄帝关于必须敬"畏"上"天"的谆谆教诲。

那么,应该如何敬"畏"上"天"呢?在黄帝看来,敬"畏"上"天",首要的就是"无执""无处""无为""无私"。他说:"故执道者之观于天下殹(也),无执殹(也),无处也,无为殹(也),无私殹(也)……"②即"执道"之君主,应无所偏执、不居功自傲、顺应天时而不妄作为、处事公正而不存私心。这些讲的是出发点。其次,在具体行动上,要"与"天"俱行",即依照天道规律行事,而不能悖逆天道。黄帝认为:"过极失[当],天将降央(殃)。人强朕(胜)天,慎辟(避)勿当。天反朕(胜)人,因与俱行,先屈后信(伸),必尽天极,而毋擅天功。"③意谓如果因为处事失当而超过了上天允许的极限,违反了天道的顺逆趋势,上天将降下祸殃。因此,一定要谨慎规避做悖逆天道的不当之事;而天道有利于人时,要顺应天道,与天道俱行。这样,先屈后伸,"尽天极"

---

① 《黄帝四经·经法·论》。
② 《黄帝四经·经法·道法》。
③ 《黄帝四经·经法·国次》。

而不"擅天功",就能持久成功。再次,以此来应对文武之道,黄帝指出:"天有死生之时,国有死生之正(政)。因天之生也以养生,胃(谓)之文;因天之杀也以伐死,胃(谓)之武;[文]武并行,则天下从矣。"①说的是:天道之下,万物之死生交替各有其时,而国之政事,也各有与天道相应的生死之机。因应天时而并行文武,就可使天下顺从。由此可见,黄帝之敬"畏"上"天",不是消极的,而是积极的;不是主观上的不思作为、客观上的无所作为,而是主观上寻求符合天道、客观上顺应天道的生杀之机而文武并行、积极作为。

关于敬"畏"上"天"的治国理政具体举措,《黄帝四经》有大量的论述,其中有不少是涉及法律激励的。

《黄帝四经》劈头即谓"道生法",而"法"是"引得失以为绳,而明曲直者殹(也)。故执道者,生法而弗敢犯殹(也),法立而弗敢废殹[也]",即法是以得失为依据明辨是非曲直的。"引得失以绳"中,既有"引……失""以为绳",亦有"引得""以为绳"。"引……失""以为绳"说的是依法惩戒,而"引得""以为绳",就是法律激励了。

《黄帝四经·称》云:"天制寒暑,地制高下,人制取予。取予当,立为[圣]王;取予不当,流之死亡……时极未至,而隐于德;既得其极,远其德……"意谓:天定寒暑,地掌高下,人司取予。区域得当,立为圣王;取予不当,会陷于死亡……时机未到之时,要隐居不出,自修其德;时机成熟,就要广布德惠……这里的"予"与"予"人以"德惠",即包含给予奖励。关于"德惠",《黄帝四经》把它提到了事关国家兴亡的高度:"德溥(薄)而功厚者隋(隳),名禁而不王者死。"②即武威杀伐之功"厚"而德惠薄施即吝于奖赏的国家必遭灭亡。"德"之"厚""薄"是与功赏联系在一起的。参之以《韩非子·二柄》中所说的"杀戮之谓刑,庆赏之为德"可证"德惠"包括甚至主要是

---

① 《黄帝四经·经法·君正》。
② 《黄帝四经·经法·亡论》。

指庆赏。

关于应当遵循天道而适当施行"德惠"即实施奖赏的道理，在《黄帝四经》中《十大经》篇之《姓争》一节，做了详尽的分析："凡谌之极，在刑与德。刑德皇皇，日月相望，以明其当……刑德相养，逆顺若成……其明者以为法，而微道是刑。明明至微，时反（返）以为几（机）。"意谓平定纷争所应遵循的原则，即刑杀与德惠并用。运用刑杀与德惠，必须像日月交辉那样光明正大，以向天下表明行使之确当。刑杀与德惠相配合，悖逆与顺应天道之事就能确定。效法日月的盛满光耀以公行爵赏，仿佛日月的亏损薄食以隐遁刑杀。明了依循天道而公行爵赏、隐遁刑杀的关键，在于掌握天道往还的时机。

越2700余年，直到东汉之时，大思想家王充还是秉承黄帝思想，认赏刑之举为遵行天道之要求的。他在《论衡》中反复指出："黄、老指甲，论说天道，得其时矣……用刑非时，刑气寒而天宜为温；施赏违节，赏气温而天宜为寒。变其政而易其气，故君得以悟知是非。……人君何时将能觉悟，以见刑赏之误哉？"又指出："天不告以正道，令其觉悟，若二子观见桥梓，而顾随刑赏之误，为寒温之报，此则天与人君俱为非也。"显然，王充论刑赏，是与"黄、老"之"天道"联系在一起并以刑、赏的"天道决定论"为出发点的。

2. 黄帝的"爱地"观念与法律激励

除上引《黄帝四经·十大经·立命》中黄帝所云"吾畏天爱［地］亲民……"之外，《黄帝四经》中还有不少文字用以表述他的"爱地"观念。例如：

> 吾爱地而地不兄（荒）……①

> 人主者，天地之［稽］也，号令之所出也，［为民］之命也。不

---

① 《黄帝四经·十大经·立命》。

天天则失其神。不重地则失其根……［天天则得其神。重地］则得其根……①

显然，黄帝之"爱地"观念，是与他的"畏天"观念紧紧相连、密切相关的。"天"与"地"构成了黄帝其时人类的全部外在环境即自然环境。因此，黄帝常常"天""地"联讲，并用以共同表述"道"之来源与依存。不仅如此，"天道"与"地道"还是相辅相成的。在黄帝看来，"民"是"卬（仰）天而生，侍（待）地而食"的，因此，必须"以天为父，以地为母……"。当黄帝问果童等"四辅"大臣"我要养育并治理万民，使天下均平，应当如何去做"时，果童即回答说："不险则不可平，不谌则不可正。观天于上，视地于下，而稽之男女。夫天有［恒］干，地有恒常。合［此干］常，是以有晦有明，有阴有阳。夫地有山有泽，有黑有白，有美有亚（恶）。地俗德以静，而天正名以作……"②黄帝其时，君臣上下对天地之相辅相成关系，认识是相当一致的。因此，在对"天"敬"畏"的同时，当然对"地"也挚爱。

关于黄帝之"畏天"观念与"爱地"观念的紧密联系，清华大学法学院凯原中国法治与义理研究中心曹峰研究员在其《黄帝的"法天则地"与〈老子〉的"人法地，地法天"》一文中，做了全面的探讨，提出了许多精到的见解。他指出：司马迁为其《史记》作《太史公自序》时，以"法天则地"四个字对《史记》的开篇《五帝本纪》做了高度精练的总结："无论是传世文献还是出土文献，用'法天则地'四个字来形容黄帝都是最为合适的"；黄帝"法天则地"所涉范围极其广泛，主要可以总结为通过把握天地间运行规则和原理以知道政治人事、指导医疗养生、指导军事行动。关于黄帝之"法天则地"的内容，曹峰研究员概括为"一是效法天地的固有秩序，二是效法天地的运行原理"。从秩序方面看，

---

① 《黄帝四经·经法·论》。
② 《黄帝四经·十大经·果童》。

天地之道有其绝对性、永恒性，是历经世世代代的验证、颠扑不破的规则。因此，"执道者"即负有治国理政重任的君上臣下必须"参之于天地之恒道""定祸福死生存亡兴坏之所在"。从原理方面看，"简而言之，'天道'表现为循环往复、盛极必反、阴阳互补、交替不已"，这些原理在《黄帝四经》中主要由"阴—阳""男—女""内—外""刑—德""文—武""动—静""柔—刚""雌—雄""逆—顺""生—杀""取—予""吉—凶""兴—废"等相互对立的概念表现出来。"这些概念总体上都可以用阴阳概括，而阴阳正是以天地为法则的。"

黄帝的"爱地"观念与法律激励的关系，恰是黄帝"法天则地"的一个重要内容。略事分析，上述"总体上可以'阴阳'概括"的相互对立的概念"刑—德""取—予""文—武""逆—顺""生—杀""兴—废"中，"德""予""文""顺""生""兴"等，都是与激励直接相关的。《黄帝四经》有云：

> 始于文而卒于武，天地之道也。四时有度，天地之李（理）也。日月星晨（辰）有数，天地之纪也。三时成功，一时刑杀，天地之道也。四时而定，不爽不代（忒），常有法式，[天地之理也]。一立一废，一生一杀，四时代正，冬（终）而复始。人事之理也。逆顺是守。功溢（溢）于天，故有死刑。功不及天，退而无名；功合于天，名乃大成。人事之理也。顺则生，理则成，逆则死，失"则无"名。怀（倍）天之道，国乃无主。①

3. 黄帝的"亲民"观念与法律激励

黄帝的"亲民"观念是十分突出的，除"吾畏天爱[地]亲民"之所说外，

---

① 《黄帝四经·经法·论约》。

在《黄帝四经》中，几乎篇篇节节都可见其"亲民"之论说。例如：

  道生法。法者，引得失以绳，而明曲直者殹（也）。故执道者，生法而弗敢犯殹（也），法立而弗敢废［也］。［故］能自引以绳，然后见知天下而不惑矣①。

  一年从其俗，二年用其德，三年而民有得。四年而发号令，［五年而以刑正，六年而］民畏敬，七年而可以正（征）。一年从其俗，则知民则。二年用［其德］，民则力。三年无赋敛，则民有得……六年［民畏敬，则知刑罚］。七年而可以正（征），则朕（胜）强适（敌）②。

  夫是故使民毋人执，举事毋阳察，力地毋阴敝。阴敝者土芒（荒），阳察者夺光，人执者摐兵。是故为人主者，时控三乐，毋乱民功，毋逆天时。然则五谷溜孰（熟），民［乃］蕃兹（滋）。君臣上下，交得其志。天因而成之。夫并时以养民功，先德后刑，顺于天③。

  圣［人］举事也，阖（合）于天地，顺于民，羊（祥）于神鬼，使民同利，万夫赖之，所胃（谓）义也。身载于前，主上用之，长利国家社稷，世利万夫百生（姓）……④

  黄帝的"亲民"观念，直接体现了黄帝的价值观。

---

① 《黄帝四经·经法·道法》。
② 《黄帝四经·经法·君正》。
③ 《黄帝四经·十大经·观》。
④ 《黄帝四经·十大经·前道》。

人生存于天地之间，作为主体而与其生存的"天""地"即自然环境一类客体发生种种错综复杂的关系。对作为"主体"的个体的人而言，这里的"客体"，除"天""地"之外，还有该个体之外的其他人所构成的社会环境。正是从主体与客体之交互作用中，产生了人们对所有主体与客体交互作用结果的评价。诸如"好坏""美丑""善恶""是非""利害""福祸""得失""优劣"之类，就是作为主体的人对其与客体交互作用结果的评价。这种"评价，是一定价值关系主体对这一价值关系的现实结果或可能后果的反映"。"好""美""善""是""利""福""得""优"之类人们乐于接受的积极评价结果，取决于人们的行动；而人们的行动是由这样那样的思想观念指导的。这种指导人们行动的思想观念，首先在于他的价值观。

当然，法律激励作为一种政治家的活动或作为全体社会成员处理社会关系时的行动，必有其指导性的思想观念。这种指导性的思想观念，同样首先在于价值观。黄帝法律激励思想的价值观渊源，就表现在他的"亲民"思想上。

天、地、人三者构成了人类包括政治家活动的全部自然环境与社会环境。如何对待"天""地""人"从而取得有利于主体一切行动的积极结果，是黄帝全部行动的出发点，当然也是他在治国实践中采行法律激励措施的出发点。而《黄帝四经》中从头到尾贯穿的"亲民"价值观势必会在法律激励的具体举措中体现出来。

黄帝谓："夫民之生也，规规生食与继。不会不继，无与守地；不食不人，无与守天。"① 为"民之生"而"赢阴布德""正之以刑与德""先德后刑以养生""刑德皇皇，日月相望……"等，即为"民之生"而"布德"激励。

黄帝又谓："俗者，顺民心殹（也）。德者，爱勉之［也］。［有］得者，发禁拖（弛）关市之正（征）殹（也）。号令者，连为什伍，巽（选）练贤不宵

---

① 《黄帝四经·十大经·观》。

（肖）有别殹（也）。以刑正者，罪杀不赦殹（也）。[畏敬者，民不犯刑罚]殹（也）。可以正（征）者，民死节殹（也）。"① 从民之"俗"以"顺民心"，并且以"德"惠"爱勉"民众、激励民心，从而选拔贤能的人，使其勇于赴"死"，保卫或造福国家。

黄帝亲民的价值观，又是与他的"畏天""爱地"与"法天则地"思想紧密相连的。这在前文中已略论及。

4. 取予得当与奖惩有道

奖惩、赏罚、文武、生杀、德刑等，其根本性的指导原则，为取予关系的正确处理。在《黄帝四经》中，有多处直接阐明了处理取予关系的准则。其中，可确定为最明确、最直接、最完整地阐说取予关系的是《黄帝四经》第三经的《称》篇。《称》篇有云：

> 天制寒暑，地制高下，人制取予。取予当，立为[圣]王；取予不当，流之死亡。天有环刑，反受其央（殃）。

意谓：天道掌控着寒来暑往的时间机会，地道掌控着上下高低的空间利弊。根据天道、地道而生存发展的人间正道在于处理好取予关系：取予得当，可立为圣王；取予不当，必定流徙离散以致身死国亡。天道有周全之法度，有刑有德、有杀有生、有惩有奖、有罚有赏，取予不当，必定自取祸殃。

《黄帝四经》议及得当取予的还包括以下文字：

> 国失其次，则社稷大匡。夺而无予，国不遂亡②。

---

① 《黄帝四经·经法·君正》。
② 《黄帝四经·经法·国次》。

夺之而无予，其国乃不遂亡①。

天固有夺有予……②

诸阳者法天，天贵正；过正曰诡，□□□□祭乃反。诸阴者法地，地［之］德安徐正静，柔节先进，善予不争。此地之度而雌之节也③。

《黄帝四经》在议论得当取予这一原则时，往往与治国理政的实践联系起来加以说明。例如，黄帝多次在议论攻伐兵战时，将"取"与"予"关系与用兵之道联系起来加以说明。

《黄帝四经》之《十大经》有《本伐》篇，论述攻伐征战的一系列原则及可能的结局。其中有曰："道之行也，繇（由）不得已。由不得已，则无穷。故围者，赿者［也］；禁者，使者也。是以方行不留。"指出用兵之具体策略包括伺机先行退却以求更好地进攻夺取，在对军队立禁设罚的同时，更好地庆赏以促其立功。黄帝认为，做到这一点，挥师征伐，就可畅行无阻、无往不胜。那么，攻伐而取得胜利之时，又该如何处置呢？《十大经·行守》篇谓："夺之而无予，其国乃不遂亡。"即攻战胜利、夺得了敌国的领土并尽行占取，而不分封给该国的贤人，那么，由于他们没有得到封赏而不予配合，被攻占的国家就不会最终灭亡。由此可见，赏罚之事即便在战胜之后，也应谨慎对待，该奖则奖，该赏则赏，以必要的奖赏争取敌国贤人的支持。

（二）奖赏激励的现实意义

《黄帝四经》中，对奖赏激励在黄帝其时的意义，做了多方面的大量的说明。我们不妨依《黄帝四经》之文序录述有关议论如下。

---

① 《黄帝四经·十大经·行守》。
② 《黄帝四经·十大经·兵容》。
③ 《黄帝四经·称》。

其一，《黄帝四经》之首经《经法》，在其第一篇《道法》中劈头即云：

> 天地有恒常，万民有恒事，贵贱有恒立（位），畜臣有恒道，使民有恒度。天地之恒常，四时、晦明、生杀、輮（柔）刚。万民之恒事，男农，女工……畜臣之恒道，任能毋过其所长。使民之恒度，去私而立公……

遵行天道之法，是由"道"所"生"的；而"道"所生之"法"，包含着对"得""直"与"失""曲"两个方面的规范。"直"与"曲"二者，分别为对人们的行为的评判标准；而"得"与"失"二者，则为法对人们的不同行为相应地或予以"得"或使之"失"的规定。当然，法的规定是："直"者有所"得"，而"曲"者使之"失"。也就是"直"者予以"得"的奖赏，"曲"者予以"失"的惩罚。因此，奖赏激励的现实意义就表现为两个方面：一方面，"直"者得到激励；另一方面，"执道者"收"见知天下而不惑"的治国之效：天下"不惑"，政通人和，社会稳定。

其二，《经法》之第二篇《国次》，两次论及兵戎攻伐中奖赏激励的重大意义：一谓"……夺而无予，国不遂亡"，指的是攻夺他国之地后，要分封给贤者，否则便不能真正灭亡其国而真正占有它；二谓"故圣人之伐殹（也），兼人之国，隋（堕）其城郭，焚（焚）其钟鼓，布其齎（资）财，散其子女，列（裂）其地土，以封贤者……"，即征伐、兼并他国之后，除拆毁它的城郭、焚毁它的钟鼓、均分它的资财、散居它的子女后代之外，还要分割它的土地以赏赐贤德之人。这里的"夺"而有所"予"及"列（裂）其地土，以封贤者"，都是对"贤者"的奖赏激励。

关于有"夺"有"予"、以"予"激励，在《黄帝四经》之次经《十大经》中也多次提及。如《十大经·行守》："夺之而无予，其国乃不遂亡"；《十大经·兵容》："天固有夺有予。"

其三，《经法》之第三篇《君正》，在开首述及"一年从其俗，二年用其德，三年而民有得……"，继而又云："俗者，顺民心殹（也）。德者，爱勉之[也]。[有]得者，发禁拖（弛）关市之正（征）殹（也）。号令者，连为什伍，巽（选）练贤不宵（肖）有别殹（也）……可以正（征）者，民死节殹（也）。"从民之"俗"，使"顺民心"；擢用贤"德"之人，以练兵员……总之，从各个方面，以各种方式示爱行赏、激励"德"者"贤"者，以达到最终的"朕强适"即战胜强敌的目的。如果说前面一点是从征战兵戎过程中的奖赏激励来述说其意义的话，那么，这里则是关于征战胜利之后、再行征战之前的备战阶段力行奖赏激励的意义的论述了。

其四，《经法》之第四篇《六分》阐述国家兴衰存亡的"六顺""六逆"，取决于施赏行罚以及兴兵征战的正确判断与合理施行。《六分》篇谓："六顺六逆[乃]存亡[兴坏]之分也。主上者执六分以生杀，以赏[罚]，以必伐。天下大（太）平，正以明德，参之于天地，而兼复（覆）载而无私也，故王天[下]。"意谓："六顺与六逆是决定国家存亡兴坏的分界。君主掌握判断六顺、六逆的标准，并以此来施行生杀、赏罚及果决征战。天下安定宁和，在于君主执度公正以明其德，同时再效法天地公平无私，这样就可以称王天下。"①《六分》篇还论及"文德厩（究）于轻细"及"[武]刃于[当罪]"乃"王之本"。这里的"文德"即指奖赏，"文德厩（究）于轻细"有释译为庆赏公正直接关系小老百姓的利益。这乃是王道之根本的首要方面。《六分》篇的后文还议及"王天下者有玄德，有[玄德]独知王术，[故而]王天下……"，进一步说明了包括庆赏公正在内的"王术"对治国理政的重要意义。

其五，《经法》之第五篇《四度》提出"审知四度"则"可以定天下，可安

---

① 陈鼓应注译：《黄帝四经今注今译——马王堆汉墓出土帛书》，商务印书馆2015年版，第87页。

一国"。这里的"四度",指衡量一个国家政策得失的四项准则。这四项准则有关君臣、贤不肖、耕战与赏罚四个方面。其中,君臣、贤不肖各"当立"即各当其位,就包含了奖赏贤能、拔擢贤能从而使之安于其位;耕战与生杀有当,也包含了对耕战有功者的奖赏得当。这些,当然是有关奖赏激励在现实社会生活中的意义、作用的阐说。《黄帝四经》关于"四度"的阐说,从能否理顺"君臣""贤不肖""动静""生杀"四对决定治国理政成败利钝的矛盾关系展开,先从反面论述如果不能理顺必将失本、失职、失天、失人,再从正面论证如能理顺则可收"安""治""明""强"之效,而要达到"安""治""明""强",就包括"参于天地、合于民心"恰当地躬行奖赏这一重要方面。

其六,《黄帝四经》之次经《十大经》"主要讲形名、刑德、阴阳、雌雄等对立统一及相互转化的关系"。其第二篇《观》为对黄帝与大臣力黑关于治国理政的对话的记录,大意为:"黄帝委派大臣力黑隐藏身份微服出访,巡视各国,考察人们品德上有否不合规范的地方,并为之制定行为准则。力黑仔细考察各种事物现象,发现丑恶的品行便加以惩罚,发现善良的品行便加以褒奖。凡属天道所养护的便善待之,属天道所诛伐的则唾弃之。对于人们所显示出的取舍好恶则用以作为借鉴参照:人们冬闲时需要静息则听其自便,农忙时需要劳作便任其自为。当力黑已建立并颁布了各项规章制度并要以此顺正民情时,便对黄帝说:'大自然已经形成,人类也随之诞生,但此时是非善恶尚无区分的标准,奖赏惩罚也因之没有定则,闲息忙作尚缺乏规律性,贵贱尊卑还没有确定的名分。现在我想使这些都变得恰当得体,使是非善恶能有分界,使奖赏惩罚能有准度,闲息忙作能有规律,贵贱尊卑能有确定的名分,使之成为矫正天下的范式。并以此来规范约束人们的行为,这样做怎么样呢?'"黄帝回答力黑之问时指出:"天地未生之前,先天一气,看去混混沌沌,窈窈冥冥,浑聚昏暗,如一谷仓。此时阴气阳气未分,无所谓明暗昼夜。阴气阳气聚散未定,所以一切都无法称名。现在天地既分,阴阳有别,离析而为春、夏、秋、冬四季,刚柔的相互更迭推衍,便有了万物的生成，因此奖惩赏罚须兼行并举，并要将其作为一项制度确定下来，而奖惩赏罚的施行，要取法自然规律，二者须相互配合。"还指出："在治理百姓时，不要人为强制性地去对人民约束羁縻，要因顺取法刑德生杀的自然规律去布施赏罚而使民情归于正道。四时节序，春夏之长养在先，而秋冬之肃杀在后，人事亦当取法此自然法则，始于德教，而继之以刑罚，四时节序之交替更迭而长养万物，人事之德赏刑罚相互为用以教化众生。"①黄帝还一而再，再而三地教诲要"正之以刑与德"，要"先德后刑以养生""先德后刑顺于天"。

其七，《十大经·姓争》篇论述了力黑与高阳的对话。力黑强调了"凡谌之极，在刑与德"，指出伐正准则之一"极"为德赏；还反复强调了"刑德皇皇""天德皇皇""刑晦而德明""刑阴而德阳""刑微而德章（彰）"，即与刑并重的德赏乃是"皇皇"的"天德"，如同太阳般彰明皎著。

在《姓争》篇后，《黄帝四经》继之以《雌雄节》篇，指明举凡表现为婉顺、温和、谦恭、卑让等"雌节"为治国修身处世准则的，应予福报也必得福报，即应予奖赏也必得奖赏；又继之以《兵容》篇，指明"天固有夺有予"即"天道"有剥夺有赏赐；如"不乡（飨）其功，环受其殃"，即不奖赏功臣，反而就会遭遇灾殃。

（三）有赏有罚、赏罚并行

有赏有罚、赏罚并行，是《黄帝四经》中关于法律激励的总体性的重大原则。对这一总体性的重大原则，《黄帝四经》从它是"天道"规律的要求、遵从与否的必然后果、施行后果的利钝成败等方面，做了详尽的分析。

1. 奖赏激励与惩凶罚罪相辅相成

《黄帝四经·经法·道法》谓："法者，引得失以绳，而明曲直者殹（也），

---

① 陈鼓应注译：《黄帝四经今注今译——马王堆汉墓出土帛书》，商务印书馆2015年版，第209、216、221页。

故执道者，生法而弗敢犯殹（也），法立而弗敢废［也］。［故］能自引以绳，然后见知天下而不惑矣。"这里，《黄帝四经》指明了"法"包含"引得失""明曲直"两大方面内容，即"法"既是行为规范，也是判案依据；同时，也指明了"法"既要"引得"，也要"引……失"；既要"明曲"，也要"明直"。由此可见，在《黄帝四经》看来，"法"包括奖赏激励，即"引得""明直"，与惩凶罚罪，即"引失""明曲"，二者是互相倚重、相辅相成、不可偏废、不可或缺的。在说明了上述道理后，《黄帝四经》指出"执道者""生法而弗敢犯""法立而弗敢废"，并进而指出"自引以绳"即遵行"道"所"生"之"法"，才可能"见知天下而不惑"，治好国家、理好政事。这样，所引《经法·道法》的这一段话，就是从法理上对立法、司法、行政三者的关系做了简要的说明，其中包含了关于无论是立法、还是司法、抑或行政都要将"赏"与"罚"两个方面结合起来的理论要求。

为什么不仅要奖赏激励，而且要惩凶罚罪呢？《黄帝四经·经法·道法》指出："虚无（刑）形，其裻冥冥，万物之所从生。生有害，曰欲，曰不知足。生必动，动有害，曰不时，曰时而口。动有事，事有害，曰逆，曰不称，不知所为用。事必有言，言有害，曰不信，曰不知畏人，曰自诬，曰虚夸，以不足为有余。"谓："万物"包括人"之所从生"的世界上，存在着致人为非作歹的邪恶"欲"念；"不知足"以及"不"时而"动"之"害"；还有悖"逆"之事、"不称"之事、"不知所为用"之事而"动"之"害"；此外还有举"事必有"的"不信""不知畏人""自诬""虚夸""以不足为有余"等之"害"。既然如此，唯以奖赏激励为务，而不相辅行罚，当然不可能治理好国家。

关于赏罚并行，在《黄帝四经》中曾屡屡议及，不过有时是以"文武"并行表述的。《黄帝四经·经法·六分》篇云："文德厩（究）于轻细，［武］刃于［当罪］，王之本也。"在黄帝看来，"王之本"在于"文德"与"武刃"。其中，"文"与"武"相对，"德"与"刃"相对，"文武""德刃"与"生杀""赏罚"

相对。《管子》所说"赏诛为文武",正是对文武、赏罚含义的阐说。又如《经法·君正》:"审于行文武之道,则天下宾矣"中,"文"指的是奖赏激励,"武"指的是惩非罚恶。黄帝的要求是:执道者,必须兼行"文武之道";必须"审于行""文武之道"。黄帝认为,若能如此,则"天下宾",即普天之下皆宾服。需加注意的是,在《黄帝四经》以及其他许多古代文献中,"文武"有时指奖惩赏罚,有时确实指其本义,即"文"指文礼教化,"武"指武力攻伐。例如《黄帝四经·经法·君正》云:"天有生死之时,国有生死之正(政)。因天之生也以养生,胃(谓)之文;因天之杀也以伐死,胃(谓)之武;[文]武并行,则天下从矣。"其中"[文]武并行,则天下从矣"指的就是文礼教化、武力攻伐并行而使天下宾从。有人释其与"……文武之道……天下宾"同义,是值得商榷的。

关于赏罚并行,在《黄帝四经》中有时也以"德虐相成"表述。

在答复黄帝之问时,大臣果童也谈到了"静作相养,德虐相成"的观点。他说:"夫天有[恒]干,地有恒常。合[此干]常,是以有晦有明,有阴有阳。夫地有山有泽,有黑有白,有美有亚(恶)。地俗德以静,而天正名以作。静作相养,德虐相成。两若有名,相与则成。阴阳备物,化变乃生。"①意谓"天地之间本就存在着永久不变的法则,比照于这个法则,可知晦明、阴阳、山泽、黑白、美恶等矛盾对立体原就存在,人事也是如此。自然法则是地以静的方式来养育其德,天以运动的方式来正定名分。动静、生杀相互涵养、相辅相成。这两组矛盾体是各有名分的,它们相互依赖、相辅相成。而阴、阳二气含赅于万物之中,二者相互作用,便使得万物生生不已"②。显然,在黄帝君臣那里,生杀并用、德虐相成、奖惩共举、赏罚兼行的治国理政举措,是他们的共识。

"德虐"有时也表述成"刑德"或颠倒过来作"德刑",都是一个意思。例如,在议及如何解决相互敌对的部族之间的争斗时,黄帝指出:"不靡不黑,而

---

① 《黄帝四经·十大经·果童》。
② 陈鼓应注译:《黄帝四经今注今译——马王堆汉墓出土帛书》,商务印书馆2015年版,第244页。

正之以刑与德……姓生已定，而适（敌）者生争，不谌不定。凡谌之极，在刑与德。刑德皇皇，日月相望，以明其当，而盈[绌]无匡。"①意谓：在治理百姓时，不人为地强制约束人民、羁縻百姓，而要取法自然、因顺阴阳，以德刑生杀分别应对，使其归于正道。能够区别婚姻和贵贱的氏族社会已经形成，其中相互敌对的部落和阶级之间便不断发生战争和争斗，对这种斗争不予伐正社会就不会安定。而刑与德、诛伐与文教并用，便是对其予以伐正的准则。刑与德相互配合使用的道理是极为简单显明的，这就如同日月交替运行一样，懂得了恰当地使用刑德的道理，那么进退动静就不会有什么偏颇了。

赏罚并举的精神也可用之于对敌斗争。

生杀、德虐、赏罚、奖惩之兼行并举，有施行对象不同的重大区别。对己方之臣民，对周边的友邻部族，不仅仅是"兼行并举"，而且要文德在先、杀伐在后，奖赏在先、惩罚在后。但是，对于像蚩尤那样的反叛者或敌对者，就要"反其道而行之"。《黄帝四经·十大经·正乱》篇就此做了很好的说明。《正乱》中，黄帝对力黑关于如何对付骄奢淫逸、阴险恶毒的蚩尤之问时说："子勿患也。夫天行正信，日月不处。启然不台（怠），以临天下。民生有极，以欲涅（淫）洫（溢），涅（淫）洫（溢）[即]失。丰而[为][杀]，[加]而为既，予之为害，致而为费，缓而为[衰]。忧桐（恫）而窘（君）之，收而为之咎；累而高之，部（踣）而弗救也。将令之死而不得悔。子勿患也。"②黄帝告诉力黑"不必担心"，他指示力黑应多多给予、施赠蚩尤，使之更加贪婪淫逸，因而弛缓懈怠，从而亡于自身的衰败而无可救药。黄帝告诉力黑，天道是公正确当的，又如日月之沿着既定轨道不停运行，因此，人类之追求物欲必有极限，无穷无尽的贪婪挥霍，必致衰竭败亡。

不过，事物的发展不是一帆风顺而是曲折复杂的。力黑他们与蚩尤大战六十

---

① 《黄帝四经·十大经·观》。
② 《黄帝四经·十大经·正乱》。

多个回合却未能战胜蚩尤，蚩尤似乎得天之助而有恃无恐。这使力黑十分不安，不知道该如何是好。黄帝对力黑说："子勿言佑，交为之备，[吾]将因其事，盈其寺，轧其力，而投之代。子勿言也。上人正一，下人静之；正以侍（待）天，静以须人。天地立名，□□自生，以隋（随）天刑。天刑不偾，逆顺有类。勿惊[勿]戒，其逆事乃始。吾将遂是其逆而僇（戮）其身，更置六直而合以信。事成勿发，胥备自生。我将观其往事之卒而朵焉，寺（待）其来[事]之遂刑（形）而私（和）焉。壹朵壹禾（和），此天地之奇也。以其民作而自戏也，吾或使之自靡也。"①黄帝嘱咐力黑，现在必须上下一心共同对敌。他谈，或将顺蚩尤之所为，使其进一步倒行逆施直至恶贯满盈。黄帝认为，天道是永恒不败的，完全就不必惊慌失措。他说，"我们不要去惊动蚩尤，而要促使他更加骄狂，做尽坏事，静观其事，等待时机，凭借蚩尤部族的人们自己起来推翻他，使他自取灭亡。"果不其然，不可一世的蚩尤终于被黄帝亲自擒获。其时，"勃（剥）其□革以为干侯，使人射之，多中者赏。籾其发而建之天，名曰之（蚩）尤之䰉（旌）。充其胃以为鞠（鞠），使人执之，多中者赏。腐其骨肉，投之苦酭（醢），使天下雝（噍）之。"即"剥下蚩尤的皮制成箭靶，令人射之，射中多的给予奖赏。剪下他的头发来装饰旗杆并将这种旗子高高悬挂，称之为'蚩尤旗'。在他的胃中用毛塞满制成皮球，令人踢之，踢入坑多的给予奖赏。把他的骨头剁碎，掺在加苦菜的肉酱中，令天下的人来吮吸"。

赏罚不但应当"并举""并行"，而且要根据客观情势的变化交替使用。《黄帝四经》中，以"变""化"二字表达了这一观点。黄帝谓："变则伐死养生，化则能明德除害。""变"，指善于应变，是黄帝"六枋（柄）"中之第五枋（柄）；第六枋（柄）"化"指交替改变。"变"与"化"合在一起，则既"伐死"亦"养生"，既"明德"又"除害"。"伐死""除害"为惩罚，"养生""明德"为奖赏。

---

① 《黄帝四经·十大经·正乱》。

但不是机械地、刻板地"伐死养生""明德徐(除)害",而是随机地按照"变"与"化"的要求,交替着使用。但"变"与"化"不是客观地随意妄为的,其前提一曰"观"即了解实际情况;二曰"论"即分析综合加以论辩;三曰"僮(动)"即付诸对等性的行动;四曰槫即以法决断。然后才表现为"变"与"化"之"僮(动)",以达到"伐死养生""明德徐(除)害"之效。

2. 赏罚并行是天道、地道、人道的要求

为什么必须赏罚并行?黄帝认为,这是天道、地道、人道的要求。需加说明的是,在《黄帝四经》中,地道、人道源于天道,天道、地道、人道是一致的。因此,议及赏罚并行乃至其他一切问题时,黄帝大多天、地、人三道并提,而仅提天道时,实际也并指地道、人道。

《黄帝四经》以"道生法"破题开篇之后,将"得失"连用、"曲直"并提,从而喻人以"引得失""明曲直"之"法"皆"生"之于"道"。"得失"皆"引","曲直"共"明",亦即依法并行赏罚乃天道的要求,被以寥寥数字言简意赅地表述得清清楚楚。

在《黄帝四经》中,指明赏罚并行乃天道、地道、人道之要求的文字,所在多有。《黄帝四经·经法·道法》谓:"应化之道,平衡而止。轻重不称,是胃(谓)失道。"应对、化解、存亡、生死、祸福等事物变化的方略,以掌握平衡和适度为原则。奖赏惩罚当然也是如此。而如果"轻重不称",即赏罚不公不平、失当,就是"失道"。显然,在黄帝看来,奖赏惩罚之"称""公""平""当"乃是道的要求,是行道的表现,反之,即是"失道"。这可说是从反面喻示一切法度包括奖惩之法,均来源于道。例如,黄帝谓:"王天下者之道,有天焉,有地焉,又(有)人焉。参(三)者参用之,[然后]而有天下矣。"①天道、地道、人道是"王天下者"权衡参合而治国理政的根本性指导理念。所以《十大经·前

---

① 《黄帝四经·经法·六分》。

道》有云："治国固有前道：上知天时，下知地利，中知人事。"《经法·四度》亦云："参于天地，阖（合）于民心"，"天地之道也，人之李（理）也"，"天之稽也……地之稽也……人之稽也"；《十大经·果童》亦有云："观于天上，视于地下，而稽之男女……"天、地、人"三道"作为治国理政的根本性指导理念，当然也要贯彻到奖惩赏罚中去。

黄帝有天、地、人"三稽"之议，与赏罚并行乃源于天、地、人"三道"，二者所表达的是相同的意思。《黄帝四经·经法·四度》有谓："日月星辰之期，四时之度，［动静］之立（位），内外之处，天之稽也。高［下］不敝（蔽）其刑（形），美亚（恶）不匿其请（情），地之稽也。君臣不失其立（位），士不失其处，任能毋过其所长，去私而立公，人之稽也。美亚（恶）有名，逆顺有刑（形），请（情）为有实，王公执［之］以为天下正。"《黄帝四经·经法·论》又谓："人主者，天地之［稽］也，号令之所出也，［为民］之命也。不天天则失其神。不重地则失其根，不顺［四时之度］而民疾……［天天则得其神。重地］则得其根。顺四［时之度］□□□而民不［有］疾。"

《黄帝四经·经法·论》篇比较集中地论述了"天道"即取法"天道"的"人理"，即取法"天道"的君主治国之理论依据。黄帝认为，"天道"可具体化为治国实践中的"八政""七法"，它体现为"人理"的"六柄""三名"，君主应该取法"天道"实行"八政""七法"来"执六柄""守三名"。为什么？因为"人主者，天地之［稽］也，号令之所出也，［为民］之命也。""稽"，"准则"的意思。君主是天地准则的施行者、"号令之所出"者。《经法·论》篇以春夏秋冬四时节候之具体应对、"死生之国"与"存亡兴坏"的分别对待等做了说明，指出："观则知死生之国，论则知存亡兴坏之所在，动则能破强兴弱，榑则不失讳（毚）非之［分］，变则伐死养生，化则能明德徐（除）害。六枋（柄）备则王矣。"主张"［死国］伐之""生国养之"。这里的"明"之、"徐（除）"之、"养"之、"伐"之，与生死、奖惩是相对应的。赏罚并用、奖惩互动、

"养""伐"共举、"明""除"兼行，都源于法所依据的"天道"。

赏罚并用之取法天道，可谓贯穿《黄帝四经》全文的根本性论点，在《经法·论》篇之后，还屡屡论及。如《经法·论约》谓：

> 始于文而卒于武，天地之道也。四时有度，天地之李（理）也。日月星晨（辰）有数，天地之纪也。三时成功，一时刑杀，天地之道也。四时而定，不爽不代（忒），常有法式，[天地之理也]。一立一废，一生一杀，四时代正，冬（终）而复始，人事之理也。

"文武"并用且"始于文而卒于武"；春夏秋冬"四时有度"，春生、夏长、秋收、冬藏，始于"生""长""收"而卒于藏，春、夏、秋"三时成功"与季"冬"之"一时""刑杀"；总之是"一立一废""一生一杀"，类似于有"奖"有"惩"、有"赏"有"罚"、有"文德"有"武伐"，且先之以"立""生""奖""赏""文德"，后之以"废""杀""惩""罚""武伐"，这一切，全都源出于"天地之道""天地之李（理）""天地之纪"，也源出于与天地之"道""理""纪"相通的"人事之理"。

黄帝有"尽天极""用天当"之指示，他说："故唯圣人能尽天极，能用天当。天地之道，不过三功。功成而不止，身危又（有）殃。"① 对黄帝此段论述，陈鼓应先生的《黄帝四经今注今译》和余明光先生的《黄帝四经》，所译中文各有不同，但对"天极""天当"之即为"天道"，意见大体一致。同时，黄帝此论中又有"天地之道，不过三功"之说，对其中的"三功"，各家也有不尽相同的解释。其中，有一解释乃引《黄帝四经·经法·论约》之"三时成功，一时刑杀，天地之道也"，以为有依此而论"三功"之可能。这些，都是有待深究的。

---

① 《黄帝四经·经法·国次》。

但《论约》中的"三时成功,一时刑杀,天地之道也"所透露的信息,至少对理解"成功""刑杀"均为"天道"是有助益的。

值得注意的是,黄帝在此论之后,又续之以下文:"故圣人之伐殹(也),兼人之国,隋(堕)其城郭,梦(焚)其钟鼓,布其廥(资)财,散其子女,列(裂)其地土,以封贤者……"这里,"圣人之伐",不仅有"兼人之国,隋(堕)其城郭,梦(焚)其钟鼓……"的刑杀惩罚举措,而且还在"布其廥(资)财"和"……以封贤者"之后,直接指明"是胃(谓)天功",意即此乃"天功"。这样,"天地之道,不过三功""功成而不止"中的"功",既是指"刑杀惩罚",也包括奖赏激励,就是"题中应有之义"了。总之,"天极""天当""天功"之为"天道",是毫无疑义的;而且,"天道"既涵盖"刑杀惩罚",也涵盖"奖赏激励",同样是毫无疑义的。

对天、地之道,黄帝又从阴阳相分的角度加以阐释。

《十大经·观》篇云:"黄帝曰:羣羣□□□□□□为一囷,无晦无明,未有阴阳。阴阳未定,吾未有以名。今始判为两,分为阴阳。离为四[时],□□□□□□[德虐之行],因以为常……"黄帝指出,天地未生之前,窈窈冥冥,混沌一团。其时阴阳不分,一切都无法定名。现在终于一剖为二,分出阴阳,离析为春夏秋冬四个季节,从此万物生成,奖惩赏罚兼行并举成了惯常之制……

一阴一阳,是黄帝思想中的一对重要概念;阴阳相分,成了黄帝分析判断天地万物的基础理论。奖赏惩罚作为治国理政的最重要举措之一,就是从阴阳相分、一阴一阳的基本概念与基础理论中演绎出来的。上引的黄帝议论中,"德虐之行"便是黄帝关于奖惩赏罚的具体指示,而奖惩赏罚则源于阴阳之分。

黄帝谓:"凡论必以阴阳□大义。"即讨论一切问题,都要从"阴阳"这个总原则出发。黄帝将世间万事万物都按阴阳作了大类划分:"天阳地阴……"在总论"凡论必以阴阳□大义"并划分时间万事万物之分属阴、阳之后,黄帝特地进而制定"予阳受阴",并指明"诸阳者法天,天贵正;过正曰诡,□□□□祭乃反。诸阴者法地,地[之]德安徐正静,柔节先定,善予不争。此地之度而雌之节也"①。对这段话,陈鼓应先生"今译"为:"给予为阳而接受为阴。凡属阳的都是取法天道,而天道最讲究正常的准度;跨过这个正常的准度就称作邪僻……超越了极度就会走向反面。凡属阴者都是取法地道,地道的特点便是安然舒迟正定静默,以雌柔正定天下,擅长于给予却不去争夺。这便是地道的准度和谦退柔弱的'雌节'。"②

3. 违反"三道"不遵行有赏有罚的后果

违反天道、地道、人道这"三道"的要求而不行有赏有罚、赏罚并举,其必然结果就是败亡。

《黄帝四经》云:"故同出冥冥,或以死,或以生;或以败,或以成。祸福同道,莫知其所从生。见知之道,唯虚无有。虚无有,秋毫成之,必有刑(形)名,刑(形)名立,则黑白之分已。故执道者之观于天下殹(也),无执殹(也),无处也,无为殹(也),无私殹(也)。是故天下有事,无不自为刑(形)名声号矣。刑(形)名已立,声号已建,则无所逃迹匿正矣。"③"冥冥",指深邃玄远之"道"。这"冥冥"之"道",以"虚无有"的形式存在着。但这"虚无有"的"冥冥"之"道",是外化为"刑(形)名声号"明示天下的。或死或生、或败或成、或祸或福等,总之,或惩或奖、或罚或赏,"刑(形)名已立,声号已建"亦奖惩制法业已建立,"执道者"以此"观于天下",必将是劣迹之辈惩罚将"无所逃",而奖赏之"正""无所……匿"。综观上引全段文字,十分明晰的是,黄帝认为,外化为"刑(形)名声号"的奖惩法,来源于"同出冥冥"的"虚无有"的"道"。因此,赏罚并行作为天道的要求,是不可违逆的。

---

① 《黄帝四经·称》。
② 陈鼓应注译:《黄帝四经今注今译——马王堆汉墓出土帛书》,商务印书馆2015年版,第396页。
③ 《黄帝四经·经法·道法》。

《黄帝四经·经法·国次》谓"夺而无予，国不遂亡"；《十大经·行守》谓"夺之而无予，其国乃不遂亡"；《十大经·兵容》又谓"无固有夺有予"；有其事《称》篇谓"天制寒暑，地制高下，人制取予。取予当，立为[圣]王；取予不当，流之死亡。天有环刑，反受其央（殃）"。在在都将取、予（夺、予）视作"天"之所定，乃"天道"的要求，违反天道不但是不行的，而且后果十分严重：从国家来说，是国破家亡；从个人来说，是"流之死亡"，因为这是"天"之"环刑"使之"反受其央（殃）"。当然，这里的"予"与"取"，和"奖赏"与"惩罚"是相类似的，在一定意义、一定程度上，可以"罚而无赏"取代"夺而无予"以致"反受其央（殃）""国不遂亡""其国乃不遂亡""流之死亡"。

"兼人之国，修其国郭，处其郎（廊）庙，听其钟鼓，利其齍（资）财，妻其子女。是胃（谓）[重]逆以芒（荒），国危破亡。"①意谓兼并了他国之后，便大兴土木，占宫夺室，享受其钟鼓声乐，齍取其资财为己所用，霸占其妻女以供淫乐。这些贪鄙做法，是倒行逆施、违背天道的，必然导致"国危破亡"。黄帝在这里着重教诲的是唯惩而无奖，且所惩亦大逆不道，因此必将导致"国危破亡"的恶果。

与上述议论相关的是，对违反"三道"而不遵行赏罚并举必致执道者迷惑，黄帝也有过一些论述，兹于此处略议如下。

黄帝曰："道生法。法者，引得失以绳，而明曲直者殹（也）。故执道者，生法而弗敢犯殹（也），法立而弗敢废[也]。[故]能自引以绳，然后见知天下而不惑矣。"其中，"□能自引以绳，然后见知天下而不惑矣"中之缺文（□），陈鼓应先生补为"[故]"，并"今译"该句为"……所以说如果能够以绳墨法度自正，然后才可以人事天下万物之理而不会迷惑"②。该"今译"中之"所以"当然可以对应于所补之"故"字。那么，"如果"呢？似无着落。谷斌等先生之

---

① 《黄帝四经·经法·国次》。
② 陈鼓应注译：《黄帝四经今注今译——马王堆汉墓出土帛书》，商务印书馆2015年版，第5页。

《黄帝四经注译·道德经注译》未补缺文，今译此句为"□能够以自己为根据规范自己，然后使天下皆知而不迷惑"。虽然此译中的"……以自己为根据规范自己"云云似甚不妥，因为"自引以绳"并非"以自己为根据"而是以"道"所生之"法"为根据，但是，从译文全句的上下文来看，保留缺文的"□"则明显是"如果"的意思。尤为重要的是，谷斌先生等之所译中，"皆知而不惑"的主体是"天下"，而陈鼓应先生之"今译"中，"……才可认识天下万物之理而不会迷惑"的主体是"执道者"。

显然，谷译与陈译是有明显差异的。窃以为，"执道者"能"弗敢犯""弗敢废"天"道"所"生"之"法"，可见已经达到"见知天下"并"不惑"的境界，因此，"见知天下而不惑"的主体不是"执道者"，而是"天下（之人）"。细辨《黄帝四经》开篇首段文字的各位名家解释的区别，结合本书之写作意图，是为说明："执道者"依法"引得失""明曲直"而并行赏罚、奖惩从而使"天下（人）""不惑"的重要性。当然，这也同时体现了黄帝关于奖惩共举赏罚并行的法律激励思想。

三、奖赏激励、赏罚并行的具体原则

（一）赏罚并举必须依法而行

1."法度者，正之至也"

赏罚并行根据什么？怎样才能做到信赏必罚？用什么来判断赏罚的公正性？

《黄帝四经·经法·君正》谓："法度者，正之至也。而以法度治者，不可乱也。而生法度者，不可乱也。精公无私而赏罚信，所以治也。"这几句话，文字不多，含义很丰富。其一，"法度"乃"正之至"，即法度是至为公正的。为什么？因为"道生法"，法是由道而生的，诚如管仲所云："法者，天下之至道也。"

其二,"生法度者,不可乱也",即制定法度者,"不可乱"即不可与"道"相悖。这里的"乱",之法度不一,可以理解为既指前后立法不一、变化无常,也指在同一次立法中互相矛盾、彼此抵牾。后来观众申论"生法度者,不可乱也",曰:"法不一,则有国者不详""数处重法而不克其罪,则奸不为止"。其三,"以法度治者,不可乱也"。这里是指"执道者"即统治者必须依据业已制定的法来治国理政而"不可乱"。这是与《经法·道法》之"执道者……法立而弗敢废殹[也]"相呼应的。其四,要达到天下大"治"之目的,必须"以法度治",从"精公无私"出发,做到"赏罚信",即"信赏必罚"。后世的管仲有"赏罚莫若必成,使民信之""赏罚必信密,正民之经也"之论,都是对必须依法信赏必罚的很好论说。

2. "是非有分,以法断之"

《黄帝四经·经法·名理》谓:"天下有事,必审其名。名□□循名厩(究)理之所之,是必为福,非必为材(灾)。是非有分,以法断之。虚静谨听,以法为符。审察名理冬(终)始,是胃(谓)厩(究)理。"意为应对天下之事,必须先行审察其名。名既审察,那么,循名究理,分清是非,把握其发展方向,如此行事必得其福;否则,必定遭殃。是非之分,不能凭借主观臆想,而要"以法断之";采取虚静审慎的态度,以法为依据而作决断。所谓"究理",就是要在审察名理的全过程中,始终都"以法为符"、以法为断。

关于赏罚依法,《黄帝四经·经法·四度》篇还有翔实的论述:"规之内曰员(圆),拒(矩)之内曰[方],[悬]之下曰正,水之[上]曰平。寸尺之度曰小大短长,权衡之称曰轻重不爽,斗石之量曰小(少)多有数。绳准之立曰曲直有度。八度者,用之稽也。日月星辰之期,四时之度,[动静]之立(位),外内之处,天之稽也。高[下]不敝(蔽)其刑(形),美亚(恶)不匿其请(情),地之稽也。君臣不失其立(位),士不失其处,任能毋过其所长,去私而立公,人之稽也。美亚(恶)有名,逆顺有刑(形),请(情)伪有实,王公执[之]

以为天下正。"陈鼓应先生"今译"曰:"规用来画圆,矩用来画方,悬用以测端正,水用以测水平。用尺寸度量小大短长,用权衡称量轻重,用斗石比量多少,用绳准来测度曲直。以上八种度量标准,是人们日常生活中实际应用的准则。日月星辰都遵循着固定的运行周期,四时更迭都有一定的次序,自然界的消息盈虚进退出入自有一定的守则,事物的适度与非适度自有分际,这些都是天道自有的法则。地势高下各有定位,不至隐蔽不明;土地肥瘠本自不同,不至隐匿不清,这些都是地道所含有的法则。国君臣子都各居其位,士人也得其所哉,擢用贤能量才授官,治理百姓秉公办事,这是人道所应遵守的法则。是非善恶各有名分,背于道理或合于道理自有客观情形作依据,真实虚假自有事实来判定,君主只要掌握上述准则就可以成为天下的楷模。"① 黄帝依法赏罚的思想,是后世思想家有关论述的理论源泉。韩非子所云:"古之全大体者,望天地,观江海,因山谷。日月所照,四时所行,云布风动,不以智累心,不以私累己。寄治乱于法术,托是非于赏罚,属轻重于权衡,不逆天理,不伤情性。不吹毛而求小疵,不洗垢而察难知。不引绳之外,不推绳之内。不急法之外,不缓法之内。守成理,因自然。"

度量权衡作为"以法为治"的手段,可使治政理国不会混乱。在《黄帝四经·称》篇中,黄帝指出:"奇从奇,正从正,奇与正,恒不同廷。凡变之道,非益而损,非进而退。首变者凶。有义(仪)而义(仪)则不过,侍(恃)表而望则不惑,案法而治则不乱。圣人不为始,不〈刬〉(专)己,不豫谋,不为得,不辞福,因天之则。失其天者死,欺其主者死。翟其上者危。心之所欲则志归之,志之所欲则力归之。故巢居者察风,穴居者知雨,忧存故也。忧之则□,安之则久;弗能令者弗得有。"意为:"用非常规的手段处理特殊的事情,用常规手段处理常规事物,特殊与常规,各有其位,不能混淆。凡出现改变常规超越准度

---

① 陈鼓应注译:《黄帝四经今注今译——马王堆汉墓出土帛书》,商务印书馆2015年版,第117—118页。

的情况时，那么应付的方法便是谦抑退让、虚静无为。最初改变常规的必有凶祸。依据仪器来测量就不会有误差，依靠仪表来观测就不会迷惑，用法度来治理就不会混乱。"① 总之是要"因天之别"，即依顺法度来处理各种不同的事，包括行赏施罚。

度量权衡是指既定的法度，由中央政府统一颁行、统一实施。但社会生活的方方面面，不是尽可以既定的法度加以度量权衡的，另有一些则只能测之于共同的认识。其中，就有所谓"六顺""六逆"，在既定的度量权衡之外，则以"六顺""六逆"以指定奖惩赏罚。

3."六顺""六逆"与依法赏罚

《黄帝四经·经法·六分》篇论述"六顺""六逆"可决定国家的存亡兴废，因此，君主施行文武、赏罚的最重要依据即在正确判断"六顺""六逆"。

所谓"六逆"，是指一、"其子父"；二、"其臣主"；三、"谋臣在外立（位）"；四、"主失立（位）"；五、"主暴""臣乱"；六、"主两"。意谓：一、儿子攫取了君父的权威；二、大臣拥有了君主的权威；三、谋臣"人在曹营心在汉"，不能尽忠于本国；四、君主失位致使国失其本；五、君主暴戾无道，因而"生杀不当"，臣乱则贤不肖并立，致使贵贱不分、位次混乱；六、王、妃争权导致"国有乱兵"。黄帝之处，因此"六逆"，不是国家虽强大，君主却不能名实相符地称王天下；就是国家不安宁，致使强国成为"颓国""危国"甚至"亡国"。

所谓"六顺"是指"主不先其立（位）则国[有本，臣]失其处则下无根，国忧而存。主惠臣忠者，其国安。主主臣臣，上下不赿者，其国强。主执度，臣循理者，其国朝（霸）昌。主得[位]臣楅（辐）属者，王。"意谓"六顺"，即：一为君主不失其位，则国本稳固；二为臣下虽不能尽职，致使君主失去依

---

① 陈鼓应注译：《黄帝四经今注今译——马王堆汉墓出土帛书》，商务印书馆2015年版，第351页。

托,但是国家虽然处于更换之中,却还可勉强存在;三为君主慈惠爱下,大臣衷心事上,则国家安定;四为君臣名实相符、互不错位,上上下下一心一德,其国则强;五为君主执法有度,臣下治政循理,则国家昌盛,可称雄天下;六为君主位尊而牢靠,臣下如辐辏抟象在君主周围,则可称王天下。

以上"六顺""六逆",在黄帝看来,"[乃]存亡[兴坏]之分也"。"顺"则存、则兴;"逆"则亡、则废。因此,"主上执六分以生杀、以赏[罚]……",君主必须以"六顺""六逆"为准则以法施行生杀、赏罚。

4. 黄帝因循天道而依法赏罚

黄帝因循天道而躬行法度、依法奖惩,源于他对自己的认识。

《黄帝四经·十大经·立命》篇叙述了黄帝对黄帝部族的渊源、使命的认识。该篇之篇首云:

> 昔者黄宗,质始好信,作自为象,方四面,傅一心,四达自中,前参后参,左参右参,践立(位)履参。是以能为天下宗。

因以"昔者黄宗"起讲,被注译者判定为"本篇记述的是黄帝神话中关于黄帝的形貌传说和即位时的演说"。这一判定中,有"神话"与"传说"两个概念,而且二者是互无区别的。其时,神话是神话,传说是传说。

窃以为,这里是黄帝对其传说中的远古祖宗的追述。轩辕黄帝生当距今4700多年,为黄帝部族中最有成就的一代帝王,因而为有关黄帝部族的传说中最集中、最丰富的一位领袖。也因此,他的先祖们没有留下具体名姓,唯独对他不但有所传说,而且有所记述。其中最为详尽具体的是司马迁《史记》开篇的《五帝本纪》。这样,《十大经·立命》篇开首的"昔者黄宗"四字就比较好理解了,即轩辕黄帝对大家讲述从前黄帝部族的故事。黄帝说:"远古时代的黄帝,以守道为根本,以讲求诚信为美德。他初始时以自身形貌的特点作为万物的法象，他前后左右均有面目，四面达观可助一心之明察，而心的明察又可指导对四方的观审，他进退周旋均能取象于天、取度于地、取法于人，即使在即位的仪式上仍能履行此礼，所以他能成为天下所取法的榜样。"①

以下，从"吾受命于天……"开始，是在追述了"昔者黄宗"即本黄帝部族先祖的形象及其权自天授因而成为"天下宗"之后，黄帝自己对天下的宣告：

> 吾受命于天，定立（位）于地，成名于人。唯余一人[德]乃肥（配）天，乃立王、三公，立国置君、三卿。数日、磨（历）月、计岁，以当日月之行。允地广裕，[吾]类天大明。
>
> ……吾畏天爱[地]亲民，立有命，执虚信。吾爱民而民不亡，吾爱地而地不凥（荒）。吾受民□□□□□□□死。吾位不[失]。吾句（苟）能亲亲而兴贤，吾不遗亦至矣②。

从上引可见，黄帝之依法奖惩，源于他对自己"受命于天，定立（位）于地，成名于人"的权力来源的认识，源于他对自己"畏天爱[地]亲民"的使命的认识，源于他对自己执政治国的责任的认识。当然，依法奖惩与此相关，即奖惩之权也源于"受命于天，定立（位）于地，成名于人"的认识，厉行奖惩源于对"畏天爱地亲民"的使命的认识，也源于对"允地广裕""类天大明""亲亲而兴贤"等责任的认识。

黄帝谓："天道寿寿，番（播）于下土，施于九州。是故王公慎令，民知所繇（由）。天有恒日，民自则之，爽则损命，环（还）自服之。天之道也。"③意

---

① 陈鼓应注译：《黄帝四经今注今译——马王堆汉墓出土帛书》，商务印书馆2015年版，第199—200页。
② 《黄帝四经·十大经·立命》。
③ 《黄帝四经·十大经·三禁》。

谓："天道是平正简易的，它传布于大地，延及九州。因此王公们应取法天道，慎重地制定施行其法令，使老百姓知道如何去行事。天有恒定的法则，人们自然去取法它，如果违背它就会损伤身命，自取败亡。这便是所谓的天道。"①

《黄帝四经·十大经·三禁》论述的是天道、地道、人道的"三禁"。其中，地道、人道均源于天道，因此，取法天道是最根本的一条。联系到赏罚并举，同样要求取法"天之道"。

（二）赏罚必须公正

1. 精公无私才能赏罚公正

奖赏公正是奖赏激励的重要具体原则之一。《黄帝四经·经法·道法》谓："公者明，至明者有功。至正者静，至静者圣。无私者知（智），至知（智）者为天下稽。"

黄帝认为，"执道者"必须做到四"无"，即"无执""无处""无为""无私"。"公"即"四无"中的"无私"。其基本含义源于"天地无私"、天地"兼覆载而无私"；其基本要求是内心的公正坦荡；它具体指为政处事公平公正、没有私心，因为只有"去私而立公"，公平公正、没有私心，才能做到"精公无私而赏罚信"。

口耳相传而至"百家言黄帝"中黄帝的"公正"思想，对后世思想家显然有重大的影响。《老子》即有"知常容，容乃公，公乃全，全乃天，天乃道"之说，其中"公"是关键性概念。《管子》有云："天公平而无私，故美恶莫不覆；地公平而无私，故小大莫不载。"荀卿有曰："公生明，偏生暗。"论及公正奖赏的，包括韩非、庄子、商鞅、慎到、申不害、曹操、诸葛亮……可谓不计其数。

关于公正，《黄帝四经》中屡屡论及，如《经法·道法》所云"使民之恒度，

---

① 陈鼓应注译：《黄帝四经今注今译——马王堆汉墓出土帛书》，商务印书馆2015年版，第301页。

去私而立公"。"使民"之"使",既可指组织管理,亦可指惩非罚罪,还可指奖赏激励。黄帝认为,"天地有恒常,万民有恒事,贵贱有恒位,畜臣有恒道,使民有恒度","使民"之"恒度",最重要的便是"去私而立公"。《黄帝四经》从众多方面阐释"去私而立公"。如前所述,黄帝认为"去私而立公"乃是躬行"天道""地道",他反复述及"天地无私"、天地"兼覆载而无私"。黄帝还认为"唯公无私",才能"见知不惑";只有"精公无私",才能"赏罚信";只有"兼爱无私",才能达到"民亲上"的目的。陈鼓应先生指出:"去私和无私,在老、庄思想中也是一个重要的主张,但明确地与'法'联系起来,却始见于《黄帝四经》。"陈先生指出的这一点十分重要。不仅如此,老、庄的有关论述以及《荀子》所云"公道达而私门塞矣,公义明而私事息矣"等,均源于《黄帝四经》。

判断是非、审定奖惩,必须依法而为、出以公心。《黄帝四经·经法·名理》曰:

> 是非有分,以法断之;虚静谨听,以法为符。审察名理冬(终)始,是胃(谓)厩(究)理。唯公无私,见知不惑,乃知奋起。故执道者之观于天下[也],见正道循理,能与曲直,能与冬(终)始。故能循名厩(究)理。刑(形)名出声,声实调合。祸材(灾)废立,如景(影)之隋(随)刑(形),如向(响)之隋(随)声,如衡之不臧(藏)重与轻。故唯执道者能虚静公正,乃见[正道],乃得名理之诚。

这里,黄帝强调了"是非"之"分(别)"、"虚静"之"听(断)",都应"以法断之""以法为符"。但法是靠人去掌握、去执行的,要做到断之以法、与法相符,就一定要"唯公无私",要"虚静公正",即只有"唯公无私"才能"见知"天道而"不惑",才能"见知"天道而"奋起",才能判断"曲直",才能把握事物之"冬(终)始",从而依法公正地处理事务,把握好名理之真谛。

2. 赏罚公正与"六顺""六逆"

在阐明了"六顺""六逆"是决定国家"存亡兴坏之分"的道理之后，黄帝还指出，君主掌握"六顺""六逆"的判断标准而行赏施罚、予生行杀时，还要"参之于天地，而兼复（覆）载而无私"①，即像"天覆""地载"那样公平而无私心，并指明只有如此，才能"明"王之"德"从而称"王天下"。

《黄帝四经·经法·六分》中有一段文字比较集中地论及王、霸之术而与无私地治国理政密切相关："王天下者有玄德，有[玄德]独知[王术]，[故而]王天下而天下莫知其所以。王天下者，轻县国而重士，故国重而身安；贱财而贵有知，故功得而财生；贱身而贵有道，故身贵而令行。[故王]天下[者]天下则之。朝（霸）主积甲士而征不备（服），诛禁当罪而不私其利，故令行天下而莫敢不听。此自以下，兵单（战）力挣（争），危亡无日，而莫知其所从来。夫言朝（霸）王，其[无私也]，唯王者能兼复（覆）载天下，物曲成焉"。其中，黄帝论及"王术"，也论及霸术。黄帝指出，不论行"王术"或者霸术，作为"王天下者"，都必须"有玄德"，即有恒久之德；而此"玄德"，以"不私其利""无私"为根本性、关键性的要求。王天下者"轻县国而重士""贱财而贵有知""贱身而贵有道"。因此，治国理政包括奖赏激励，以尊重知识分子（"重士"）、尊重知识（"贵有知"）、尊重天道地道与人道（"贵有道"）为特点，所贱者，则为"县国"即土地、"财"即财产、"身"即自己。但"王天下者"不能仅行"王术"，因此还要杂以"霸术"，"积甲士而征不备（服）""诛禁当罪"。这"诛禁当罪"以"不私其利"为前提。相反，如果"私其利"，如《经法·国次》所云"利其资财"，《十大经·顺道》所云"见地夺力"，则是应予排拒的。

3. 公正赏罚与恭行天、地、人"三道"

在黄帝看来，公正赏罚也是恭行天、地、人"三道"的要求与表现。《黄帝

---

① 《黄帝四经·经法·六分》。

四经·十大经·观》有云："天道已既,地物乃备。散流相成,圣人之事。圣人不巧,时反是守。优未爱民,与天同道。圣人正以侍(待)天,静以须人。不违天刑,不襦不传。当天时,与之皆断。当断不断,反受其乱。"意谓:在上,天道既定;在下,地物周备;天地之道,流散相激而成圣人之事。圣人不必巧设心机,只须顺而因之,静候天地之道;广被、德泽而惠爱人民,恭行天地之意而征讨有罪之国、有罪之人。总之是当顺天时,决断奖惩而不犹豫迟疑。否则,便会造成"当断不断,反受其乱"的恶果。

4.不可营私结党而危及公民

《黄帝四经·经法·国次》有"五逆"之论,其中提出的"毋故执、毋党别",强调了君臣不可营私、不可结党这一观念:"毋阳窃,毋阴窃,毋土敝,毋故执,毋党别。阳窃者天夺[其光,阴窃]者土地芒(荒),土敝者天加之以兵,人执者流之四方,党别[者外]内相功(攻)。阳窃者疾,阴窃者几(饥),土敝者亡地,人执者失民,党别者乱,此胃(谓)五逆。五逆皆成,[乱天之经,逆]地之刚(纲),变故乱常,擅制更爽,心欲是行,身危有[殃。是]胃(谓)过极失当。"

"毋故执"意谓不可偏执一己之私以治民;"毋党别",陈鼓应先生释为"驭下不使其结党营私",但也可既指臣下、亦指君臣之间。偏执一己之私以治民以及驭下结党营私,当然危及治国理政中的奖惩赏罚。韩非子论治国理政,指"赏罚"视作君主运用大权中的"二柄",如果"二柄"运用中偏执一己之私,当然会导致危险的后果。在《黄帝四经》中,以"人执者流之四方,党别[者外]内相功(攻)"加以警告,并说明其原因即在"人执者"必然"失民",而"党别者"必"乱"。

《十大经·观》篇亦有类似的议论:"夫是故使民毋人执……"为什么?因为"人执者拟兵",即遭受兵灾而受戮之大祸。

由此可见,"毋故执""毋党别""毋人执",总之是无党无私极端重要。

5. 黄帝君臣公正行法的实践

个人修养与能否持法公正、赏罚无私有密切的关系。为持法公正，黄帝努力加强自身的修养。《黄帝四经》中记有一段黄帝的有关事迹。《十大经·五正》云：

> 黄帝曰：吾身未自知，若何？对曰：后身未自知，乃深伏于渊，以求内刑。内刑已得，后〔乃〕自知屈吾身。黄帝曰：吾欲屈吾身，屈吾身若何？对曰：道同者，其事同；道异者，其事异。今天下大争，时至矣，后能慎勿争乎？黄帝曰：勿争若何？对曰：怒者血气也，争者外脂肤也。怒若不发，浸廪是为痈疽。后能去四者，枯骨何能争矣。黄帝于是辞其国大夫，上于博望之山，谈卧三年以自求也。

黄帝谦虚地向大臣阉冉求教，在"吾身未自知"即尚不能充分认识自己该怎么办。阉冉回答说，可以退隐修身，努力自省，以求自我完善，做到克制、节怒，去除"血、气、脂、肤"等容易激发怒气、不当争雄的不良行为。黄帝听了之后，即向各位重臣辞行，前往博望山修行。

当议及依据天道、地道、人道而得当取予、公正施法而非"择法而用我"时，黄帝指出：

> 有国存，天下弗能亡也；有国将亡，天下弗能存也。时机未至，而隐于德；既得其极，远其德，浅〔致〕以力；既成其功，环（还）复其从，人莫能代。诸侯不报仇，不修侔（耻），唯〔义〕所在①。

---

① 《黄帝四经·称》。

意为国之存亡兴灭由天道决定，时机未到，应隐身以待、修养德行；时机到了，就要广施德行，努力行事；而大功告成之后，还要及时收敛，仍行德行，依义处事。

不仅黄帝本人，而且他的臣属，对于持法公平中正，也是了然于胸的。又一次黄帝问手下的大臣阉冉说：我想通过颁布实施各种政令的方法来治理国家，请问应始于何处、终于何处？阉冉回答说：应该始于完善自身，秉执中正公平的法度，然后以法度准量他人，外内交相融洽，就可终于事情的成功。黄帝与大臣阉冉的这段对话表现出，黄帝其时，不仅他自己，而且其周围的臣属对于公正无私地依法执政包括依法奖惩，都是十分重视的。

黄帝之持法公正、奖惩无私，还可见诸他与大臣果童的谈话。在谈话中，黄帝问果童"唯余一人，兼有天下。今余欲畜而正之、均而平之，为之若何"？显然，提出这个问题的本身，即表明"畜而正之""均而平之"，公正无私乃是黄帝自己的追求。《十大经·果童》写道："黄帝曰：夫民卬（仰）天而生，侍（恃）地而食。以天为父，以地为母。今余欲畜而正之，均而平之，谁敌（适）由始？"意谓黄帝问："人民仰仗上天而得以生存，依赖大地而得以有饭吃，人们因此而把天地看作自己的父母。现在我要教化他们而使之端正，斟酌衡量而使之正定，那么应该从谁开始呢？"黄帝的提问中，同样包含了黄帝对"畜而正之""均而平之"的渴望与追求。对于黄帝之"应该由谁开始"之问，果童的回答是："险若得平，谌［若得正］。［贵］贱必谌，贫富又（有）等。前世法之，后世既员，由果童始。"果童自告奋勇地对答说："通过严明法度而使民得到治理，通过端正名分而使民归于正道，这样的话，贵与贱的等级就能得到正定，贫与富也就自然有了等差。这种贵贱、贫富各有等差的等级制度，过去的时代一直是遵循的，而后来却遭到了破裂，要恢复这种制度，可以从我本人开始。"[①]之后，

---

① 陈鼓应注译：《黄帝四经今注今译——马王堆汉墓出土帛书》，商务印书馆2015年版，第247页。

果童即衣褐负瓶"周流四国",躬行"畜正""均平"。

《黄帝四经》之第三经《称》篇谓:"世恒不可择(释)法而用我,用我不可,是以生祸。"意谓治国理政、处世待人,永远必须依法而行,不可自行其是地"择法"即随意解释法度、"为我"所用,处于小我之私心"择法"而行,就是"生祸"的根源。上引之前文为"天制寒暑,地制高下,人制取予。取予当,立为[圣人]王。取予不当,流之死亡"。正确处理取与予的关系,乃决定生杀、奖惩、赏罚、文武、德刑的依据。取予得当与否,在法度上表现为德刑、奖惩、赏罚等的不同举措,只有忠实于法度而不是"用我"而"择法",才可能"立为圣王",否则即会"生祸",乃至"流之死亡"。

(三)赏罚必须恰当

1. 赏罚恰当是由天道决定的

奖赏激励必须恰当,必须有度,因为奖惩赏罚本身就是由天道决定的。《黄帝四经·十大经·兵容》篇云:"天固有夺有予,有祥[福至者也而]弗受。"则必"反隋(随)以殃";而顺应天时、地利、人和,"三遂绝从",则"兵有成[功]"。逆反天道而行之,如"逆天之极"又好大喜功,则国家垂危岌岌、社稷慌乱不安。此时即便大加庆赏、肆行奖励,也无济于事,不可能成功。黄帝说:"此天之道也。"

《黄帝四经·经法·国次》所涉之"五逆",即"阳窃""阴窃""土敝""故执""党别",都与治国理政之举措包括行赏施罚密切相关。而这"五逆",黄帝都从违反天道而明示其危险的后果,如"阳窃者天夺[其光,阴窃]者土地芒(荒)""土敝者天加之以兵"……"五逆皆成"乃"[乱天之经,逆]地之刚"。总之是"过极失当",即"违反天道"。

生杀赏罚与"天道"的关系,在《经法·四度》篇中可谓贯穿始终。举其大端,有以下数者:其一,"生杀不当胃(谓)之暴","暴""逆"等皆为"失天";其二,君臣当位、贤不肖当位、动静参于天、生杀时当,则为"安""治""明""强",而"安""治""明""强"乃为"得人""得天"的"参于天地,阖于民心"之举;其三,"执道循理……禁伐当罪,必中天理……怀(倍)逆合当……亦无天央(殃)",即顺于天理、合于天当,即使征伐失利,也不会天祸临头;其四,"极阳以杀,极阴以生",此乃"天地之道也,人之李(理)也"。

2. 赏罚有当乃"王之本"

为"王"之"本"是什么?黄帝说:"文德厩(究)于轻细,[武]刃于[当罪],王之本也。"关于这里的"轻细",陈鼓应先生释为"细民""小民";"文德厩(究)于轻细"则是说"庆赏公正可及于小民"。谷斌先生等亦同此释:"指微贱之人。""文德厩(究)于轻细"即是说:"君主的文明教化之德要能及于最微贱的人。"值得注意的是:对于"厩",陈鼓应先生以"'究',极也"相释,谷斌先生等则进一步释"究"为"深入"。

这些解释,有以下几点值得深思。

其一,"厩"之为字,存世既久,先秦时代早已比较普遍地使用,只有"马棚"和泛指的"牲口棚"的解释,以"究"相释是否妥当。但是,其二,几位名师都以"究"相释,如果恰当的话,那么它就只有"深入地追问"的意思,又何来及于"细民"乃至"微贱",甚至"最微贱"之人的意思?

选举拔擢贤臣、能臣之后,还有一个如何用臣、使臣的问题,也与君主是否用好奖赏激励相关。

"故唯执[道]者能上明于天之反,而中达君臣之半,富密察于万物之所终始,而弗为主。故能至素至精,悎(浩)弥无刑(形),然后可以为天下正。"[①]"执道者"既能明察自然运行的规律,又能了解君道和臣道的区分界限。

---

① 《黄帝四经·经法·道法》。

"半"即"畔",界限、区分之意。君道和臣道的区分界限为人道之重要方面。"执道者"不以天地万物之主宰自居,努力于"至素至精"地体察世间万事万物,从而"为天下正"。这里的"为天下正"有两方面的意思:一为自身成为天下之楷模;二为"正"天下之事,治理好天下,包括奖惩得当。

兴念及此,是否按照深"究"之本意,释"文德廄于轻细"为欲行"庆赏"必"究""轻细",即深入究问、了解哪怕是"轻细"的功劳、业绩为好?而如此释"廄(究)于轻细"以求"文德"即庆赏之施行不致不当,恰与后文"[武]刃于[当罪]"中的"当",相互照应的。

好在这些歧义并不影响"文德"与"武刃"之"当",乃"王之本"的中心意见。而强调这一点,恰可见黄帝对文德、武刃即庆赏杀伐之高度重视。

"王"之为"王",与其臣下是否得力关系密切。黄帝有"畜臣有恒道"之论,也与"任能""激励"有关。《黄帝四经·经法·道法》有云:"……畜臣有恒道……畜臣之恒道,任能毋过其所长。"意谓培养、使用臣下,有天地之"恒道";既然如此,任用臣下就不能超越其能力之所长。古之"畜臣",犹后世之"选贤举能",亦犹今之提拔干部,也属奖赏激励的范畴。因此,"任能"而"过其所长",就是奖赏不当。"变恒过度"而致"任能""过其所长",就须"以奇相御",即采取特殊方法加以纠偏。

3. 赏罚失当的原因

奖惩赏罚有"当"与"不当"之巨大差别。"当"与"不当"在很大程度上与行"赏"施"罚"的主体密切相关。甚至,主体的状况往往是赏罚得当的决定性因素。《黄帝四经·经法·六分》谓:"观国者观主,观家[者]观父""主不吾(悟),则社稷残""主失立(位)则国无本""主暴则生杀不当,臣乱则贤不肖并立"。"生杀不当""贤不肖并立"是奖惩严重错误的严重后果,而"主暴""臣乱"乃造成这种严重后果的致命性原因。《经法·四度》篇有对"主暴"与"臣乱"的解释:"生杀不当胃(谓)之暴""贤不宵(肖)并立胃(谓)之乱"。可见"主暴"乃"生杀不当"的原因,而"生杀不当"又是"主暴"的表现;"臣乱"乃"贤不肖并立"的原因,而"贤不肖并立"又是"臣乱"的表现。

《经法·六分》在讲明了以上道理之后,进而以"六顺""六逆"即国家之"顺逆"状况来进一步阐述产生"生杀不当""贤不肖并立"的重大原因。"六顺六逆〔乃〕存亡〔兴坏〕之分也。主上执六分以生杀,以赏〔罚〕,以必伐。"黄帝谓"六顺""六逆"是国家存亡兴衰的分界;"六顺"与"六逆"乃君主施行"生杀""赏(罚)"以及决定征战与否的标准。

所谓"六顺",是指"主不失其立(位)""主惠臣忠""主主臣臣,上下不赿""主执度""臣循理""主得〔位〕臣楅(辐)属"。所谓"六逆",是指六种悖逆的现象,即"其子父""其臣主""谋臣在外立(位)""主失立(位)""主暴臣乱"与"一国二主"。显然,"六顺"与"六逆"说的都是有关"生杀""赏罚"的主体、责任者。未有负有生杀赏罚责任的主体"逆"而不"顺",都可使生杀赏罚合理施行的。

4. 生杀不当谓之暴

赏与罚、奖与惩以及生与杀、文德与杀伐等,说的都是治国理政中的两大举措,即后来韩非子所说的君上用权的"二柄"。这"二柄"不仅必须结合使用而不可失之于一,即只赏不罚、只奖不惩、只生不杀、只行文德而放弃杀伐,而且必须赏罚有当、奖惩有度,而不能失当。黄帝谓:"生杀不当胃(谓)之暴。"

所谓"生杀不当",一指极端的"生""杀"颠倒,即该"生"不"生"、该"杀"不"杀",甚至该"生"反"杀"、该"杀"反"生";二指"生""杀"不符应"生"、应"杀"的条件;三指"生""杀"不时,即不及时,不符合"天为之稽"。所有者种种"不当",都是违反天道的。《经法·四度》关于"生杀不当胃(谓)之暴"的后文有谓:"周千(迁)动作,天为之稽。天道不远,入与处,出与反。"意为君主治国理政之进退动静,都必须以天道为准则。天道不远,人事的一切举措都必须与之协调。而生杀赏罚不当,就违反了"天道"。

黄帝给"生杀不当"定了性，即"暴"，即指滥行生杀赏罚就是暴戾。黄帝还指明了"生杀不当"的后果为"失人"："……［暴］则失人"；且指明"失人则疾"。即"生杀不当"之暴戾行径，因违反"天道"，必致丧失民心，而丧失民心则致国家患病。

与"生杀不当"相反，"动静参于天地胃（谓）之文，诛（禁）时当胃（谓）之武"；而"文［则］明，武则强……明则得天，强则威行"其结果是"参于天地，阖（合）于民心"①。

5. 关于重赏重罚

黄帝认为，不仅要奖惩并举、赏罚兼行、"先予后取"……而且要重赏重罚。

在《黄帝四经》之第三经《称》篇中，黄帝指出："利不兼，赏不倍；戴角者无上齿……"意谓君主予利、刑赏于臣民却止于吝啬，犹如动物之有双角而无上齿，因而不凶猛，臣民也不可能奋不顾身地为君主效力。

关于重惩与重赏方面，黄帝君臣的实践中，最为典型的都有涉蚩尤。

以下是《黄帝四经》记载黄帝大战蚩尤并取得大胜擒获蚩尤之后的文字："黄帝身禺（遇）之（蚩）尤，因而禽（擒）之。勅（剥）其□革以为干侯，使人射之，多中者赏。翦其发而建之天，名曰之（蚩）尤之習（旌）。充其胃以为鞫（鞠），使人执之，多中者赏。腐其骨肉，投之苦酭（醢），使天下雔（啜）之。"意谓：黄帝亲自上阵，与蚩尤大战并且擒获了他。"剥下蚩尤的皮制成箭靶，令人射之，射中多的给予奖赏。剪下他的头发来装饰旗竿并将这种旗子高高悬挂，称之为'蚩尤旗'。在他的胃中用毛塞满制成皮球，令人踢之，踢入球坑多的给予奖励。把他的骨肉剁碎，掺在加苦菜的肉酱中，令天下的人来吮吸。"②如此重惩重罚及与之相应的重奖重赏，可谓中国战争史上所罕见罕闻。

---

① 《黄帝四经·经法·四度》。
② 陈鼓应注译：《黄帝四经今注今译——马王堆汉墓出土帛书》，商务印书馆2015年版，第260页。

6. 赏罚有当源于"审"

黄帝谓:"审于行文武之道,则天下宾矣。"奖惩赏罚的"文武之道",绝不能随心所欲,而必须"审行",慎重、认真地细察奖惩对象之事迹,剖析有关事迹的影响大小、意义轻重。是否"审行",以所行"文武之道"的有关"号令"是否"阖(合)于民心"为评价标准;以"民听令""天下宾"为检验标准;须从"兼爱无私"出发,达到"民亲上"的目的。

审察不明,当然不可能做到赏罚有当。《黄帝四经·经法·论》有谓:"动静不时,种树失地之宜,[则天]地之道逆矣。臣不亲其主,下不亲其上,百族不亲其事,则内理逆矣。逆之所在,胃(谓)之死国,[死国]伐之。反此之胃(谓)顺,[顺]之所在,胃(谓)之生国,生国养之。逆顺有理,则请(情)伪密矣。实者视(示)[人]虚,不足者视(示)人有余。以其有事,起之则天下听;以其无事,安之则天下静。名实必相应则定,名实不相应则静。勿(物)自正也,名自命也,事自定也。三名察则尽知请(情)伪而[不]惑矣。有国将昌,当罪先亡。"

7. 奖赏有当的最高境界

《黄帝四经·经法·君正》指出:"受赏无德,受罪无怨,当也。"指的是百姓受赏无须感恩戴德,受罚处刑也不抱怨,这是因为赏罚得当的缘故。黄帝关于"受赏无德"的观点,不仅为后世思想家、政治家所少见提及,而且对当代如何行赏、如何对待奖赏激励,都是很好的启示。众所周知,在中国的漫长历史时期中,凡遇"受赏",往往都要"山呼万岁",对皇上"隆恩"感激涕零。黄帝提出的"受赏无德"可谓是对奖赏得当的最好要求与最高评价。

(四)"太上无刑"、赏先罚后

1. "太上无刑"

关于赏罚兼行、奖惩并举,这是就奖赏、惩罚二者的一般关系而言的。在这一大前提下，黄帝同时主张"太上无刑"："善为国者，大（太）上无刑；其（次）□□，[其]下斗果讼果，大（太）下不斗不讼有（又）不果。□大（太）上争于□，其次争于明，其下栽（救）患祸。"陈鼓应先生"今译"曰："善于治理国家的，最理想的是不设刑罚，其次才是正定法律，再其次便是在参与天下的竞争和处理国内的狱讼时，态度和行动坚决果断，最次的便是竞争、断案都不能坚决果断。不设刑罚，是说要争取做到转移人心使迁于善；正定法度，是说要争取做到审明是非曲直；竞争断案坚决果断，是说要解救天下的灾患、止息国内的祸乱。"①

上引《称》之后文为："□大（太）上争于□，其次争于明，其下栽（救）患祸。"将缺文恢复，可能是"夫大（太）上争于化，其次争于明，其下救患祸"，其意与前文相同。"太上争于化"，意指治国理政的最高境界（"太上"）在于争取人心，使之迁善，从而达到"刑措而不用"的目标。其次才是依法"明曲直""明得失"等。再次则是果断决狱，设罚施刑。

由此可知，黄帝虽然主张赏罚兼行、奖惩并举，但这仅是对治国的"两手"的全面兼顾，但并非说在任何情况下都要厉行惩罚、无可罚也要找罚。惩罚的手段不能丢失，但首先必须求取"无刑"、力争"无刑"。这是因为，设刑的目的不是为刑而刑、为罚而罚。恰恰相反，"刑期无刑"、罚为无罚。因此，贯彻"太上无刑"的要求，在处理赏罚关系时，是必须作为首要问题提出来的。

但是，在现实生活中很难做到"无刑"，这是因为人有良莠之分、贤不肖之别，因此绝不可放弃刑、罚。但是，在黄帝看来，即便如此，也应坚持赏先罚后、先德后刑的原则。

2. 先德后刑

《经法·君正》篇详尽地规划了"君政"即治国理政的概要："一年从其俗，

---

① 陈鼓应注译：《黄帝四经今注今译——马王堆汉墓出土帛书》，商务印书馆2015年版，第392页。

二年用其德,三年而民有得。四年而发号令,[五年而以刑正,六年而]民畏敬,七年而可以正(征)。一年从其俗,则知民则。二年用[其德],则民力。三年无赋敛,则民有得。四年发号令,则民畏敬。五年以刑正,则民不幸。六年[民畏敬,则知刑罚]。七年而可以正(征),则朕(胜)强适(敌)。"予取奖惩不仅发生于治国理政的过程之中途或结尾,而且也发生于这一过程之始,甚至于出现在过程未始而"运筹帷幄"的规划筹谋阶段。上引即为黄帝治国理政规划运筹阶段的指示。"一年"之"从其俗",既是为"知民则",也是为"则"之于"民",即顺从民俗而使"民"心神愉悦。"二年"之"用其德",既是为择用有德行之人,也是鼓励德行高尚者。上引之后文有"德者,爱勉之[也]",也说明"用其德"不仅指拔擢有德行之人,也指"通过施爱于民以激励其奋勉"。"三年"之使"民有得",使民衣食富足,则是更加具体的奖励激励。"三年无赋敛",从有赋敛到"无赋敛",老百姓当然得到实惠,所以"民有得",也就是得到了奖赏激励。

关于"先德后刑",《黄帝四经·十大经·观》中还有多处论述。例如:

> 是[故]嬴阴布德,[重阳长,昼气开]民功者,所以食之也。宿阳脩形,童(重)阴长,夜气闭地绳(孕)者,[所]以继之也。不靡不黑,而正之以刑与德。春夏为德,秋冬为刑。先德后刑以养生。姓生已定,而适(敌)者生争,不谙必定。凡谙之极,在刑与德。刑德皇皇,日月相望,以明其当,而盈[绌]无匡。

黄帝将社会治理中的刑德生杀、奖惩赏罚况之于自然界春夏秋冬的季节次序,以春夏之生养在先而秋冬之肃杀在后,比附人事亦应取法自然,实行先德后刑,先之以对民众的德礼教化、奖赏生养,只有在教化失效、奖赏失败的情况下,才施之以刑杀惩罚。由此可见,黄帝之处理奖惩赏罚关系时以"先德后刑"

为原则，也是从遵行天道出发的。《十大经·观》篇之"先德后刑，顺于天"，以及《经法·论约》之"始于文而卒于武，天地之道也"等，说的都是先德后刑乃为遵行天道的道理。

3. 二文一武，奖赏为主

文与武、赏与罚是并重还是一轻一重？如果是一轻一重，那么，何者为重、何者为轻？又，轻、重之比例，大约如何？这些问题，即便是后世的思想家、今日的思想家，都极少有想到的，而在《黄帝四经》中，居然已有初步的论述了。

《黄帝四经·经法·四度》篇有云："因天时，伐天毁，谓之武。武刃以文随其后，则有成功矣，用二文一武者王。""武"，指的是顺应天道而诛伐必然要毁灭的国家。武攻杀伐之后继之以文德安抚则"有成功矣"。但仅懂得这些还不够，还要懂得"用二文一武"，即用二分文德、一分武功。"武刃以文随其后"，可以取胜一时；而要取胜永久成为"王"，则应"二文一武"。这里的"文德"，含义较广，既包含文化教育、道德指引，也包括奖赏激励。由此可见，黄帝所主张的，不仅仅是赏罚并用，而且进了一步，主张"二文一武"。

黄帝关于"二文一武"之论，在后文中还以其他方式加以强调。黄帝指出："德溥（薄）而功厚者隋（隳），……""德"指文德、文治、奖赏激励；"功"指武刃、攻伐、惩罚；"隋（隳）"指毁坏毁灭。陈鼓应先生注释此句谓："'德薄而功厚者隳'与《四度》篇的'用二文一武者王'正相反为文。盖'薄'谓一、'厚'谓'二'也。"他还指出："《管子·枢言》所谓'以一阳二阴者削'即此也。"也就是说："二文一武者王""德薄而功厚者隳"，因此，奖赏激励与杀伐惩戒不仅应当并行不废，而且重在"德厚"，重在"二文"即重在奖赏激励。

在《经法·亡论》中黄帝还指出："大杀服民，僇（戮）降人，刑无罪，过（祸）皆反自及也。所伐当罪，其祸五之；所伐不当，其祸什之。"这里没有议及"文德""生""养"等奖赏激励性的国家行为，而是议论不当的"杀""僇（戮）""刑""伐"等惩罚性的整治措施，似与"二文一武"无涉。但是，即便仅

仅论述惩罚性的举措,如攻伐杀灭,也体现了黄帝的"二文一武"的观念。谷斌先生等注译《黄帝四经》时指出:

> 所伐当罪,其祸五之:据《说苑·谈丛》:"所伐当罪,其祸五之。所伐不当,其祸什之。"疑本文之"祸"字为"福"字之误。
> 什之:什,通"十"。什之犹言十倍。

稍后于谷斌先生等的《黄帝四经注译·道德经注译》,陈鼓应先生的《黄帝四经今注今译——马王堆汉墓出土帛书》注释曰:

> 注家据《说苑·谈丛》:"所伐而当,其祸五之;所伐不当,其祸什之"之文,认为此处的"其祸五之"当作"其福五之"。所校甚是。这是说,讨伐征敌如果符合天道,就会得到五倍的福祥;讨伐出征如果不符合天道,就会受到十倍祸患的惩罚。《四度》说:"诛[禁]时当谓之武……武则强……强则威行。"《国次》:"诛禁不当,反受其殃""禁伐当罪当亡,必墟其国。兼之而勿擅,是谓天功"说的都是这个意思①。

窃以为,从《说苑·谈丛》篇,至谷、陈二位先生对《黄帝四经》上引的注译,可能都有不当之处。《黄帝四经》中"……其祸五之……其祸什之",是上接"大杀服民,僇(戮)降人,刑无罪,过(祸)皆反自及也"之后的,"祸五""祸什"指的是战胜之后,本该束手,但攻伐者却以"大杀"求取"顺民",所"戮"者为"降人",即已放下武器的敌方士兵,所"刑"者为"无罪"之民。这当然是攻打杀伐"过"了头,因此"遇皆反自及",即因杀伐过头,反而

---

① 陈鼓应注译:《黄帝四经今注今译——马王堆汉墓出土帛书》,商务印书馆2015年版,第153页。

祸及自身了。《黄帝四经》的原文中，"过"与"祸"本是分得很清楚的，根本不必另作不当的解释。那么，为什么有"祸五"与"祸什"之区别呢？这在《黄帝四经》其时也是说清楚了的："僇（戮）降人"，因所"戮"者为"降人"，他有二重性：首先，作为"降人"，他本是有罪的；但是，其次，他已放下武器，不再反抗，按理，不必再杀死他。因此，作为胜利者，"所伐"既"当罪"，又不该，所以"其祸五之"。但为"服民"而"大杀"的对象，还有并非"降人"的普通老百姓，因此，"所伐"杀的就不是"当罪"，而是"不当"了。这也可证之《黄帝四经·经法·亡论》上引之后文，还有所谓"三不辜：一曰妄杀贤，二曰杀服民，三曰刑无罪。"这里的"服民"与前文中的"降人"是相同的；至于"无罪"，则同样都指的是一般的（敌方）民众。综观前后文的有关概念，可见同是"不当"的"大杀服民"，此处之"不当"，较之前者"僇（戮）降人"之"不当"，要严重得多了，所以，"其祸什之"。这是我对《黄帝四经·经法·亡论》上引文字的一点看法，扯到"二文一武"这一方面来加以论述，是因为："祸五"与"祸什"之倍差，也从另一个侧面反映了黄帝的"二文一武"的观念。

从《黄帝四经》中的以上引文所见，原来，黄帝早就有"二文一武"之论，即黄帝早就已经指出过"文"要重于"武"，奖赏比惩罚更重要。这样，夏启之将"用命，赏于祖"置于"勿用命，戮于社"之前，就是可以理解，而且应属必然的了。

4. 信赏必罚

中国文化素有重承诺的优良传统，故有"一诺千金""一言既出，驷马难追"之说。其源头可以上溯至《黄帝四经》。黄帝有云："若（诺）者言之符也，已者言之绝也。已若（诺）不信，则知大惑矣。已若（诺）必信，则处于度之内也。"①"诺"即承诺。"言之符"之"言"，出之于口，发之于心，所谓"言为心

---

① 《黄帝四经·经法·名理》。

声"是也。"心声",即心灵所发之声。人对某事之承诺,被视为心灵这一宰制人的一切行动的主体对他人所做出的保证。因此,"已诺",即已经做出的"承诺"。既已承诺,则不可翻悔、不可抵赖、不可稍减,亦即"一诺千金""一言既出,驷马难追"。"已诺不信",意为"已经承诺却不信守"。"信"之为字,左"人"右"言",即"人之言",而非鸡、犬、牛、马之"言",贵在、重在"言为心声",应有其绝对可信的特点,而非"戏言""狂言""谎言"。"言而无信,不知其可",一个人如果做了承诺却不信守而肆行"赖账",则此人必被众人所唾弃,失去"信用",不值得"信任"。"已诺",即"已经承诺"而非"拒绝承诺"。把"已诺"释为"拒绝承诺",又把"已诺不信"视为"已经承诺了却失信",前后插移,解说不通。同时,将"已"解作"拒绝",却又将紧接着的"已若(诺)必信,则处于度之内也"译为"已经承诺了就必定守信……"也发生前后矛盾了。只有将"已"释为"已经",才不致前后矛盾,而后文之"知大惑矣"才能顺畅地释作"认识的最大迷惑"。因此,"已者言之绝也"之意,实与"一言既出,驷马难追"一个意思。只有如此释"已",上引黄帝的言论才是文从字顺、可以理喻的:承诺乃是发之为言的心声表达,"已"即已经发出的不可收回的心声。已经发之为言的心声都不信守,那就会导致认识迷惑、心智糊涂。已经发之为言的心声而予忠实的信守,则在法度之内。

正是从"已若(诺)必信"出发,黄帝有赏罚必信的教诲。他指示曰:"法度者,正之至也。而以法度治者,不可乱也。而生法度者,不可乱也。精公无私而赏罚信,可以治也。"治国理政,依靠的是法度。法度,就是"明是非""断曲直"的准则,是国之不乱、社会平正的保障。因此,不仅"生法度"即制定法度不可乱,而且"以法度治者"也"不可乱"。"生法度"及"以法度治者"之"不可乱",在在都要求"赏罚信",即信赏必罚。《管子·任法》有云:"法不一,则有国者不详。""法者,不可不恒也。"《管子·七臣七主》又云:"数出重法而不克其罪,则奸不为止。""法不一""法……不恒""数出重法"等,都是在立法上所表现的"法乱",而与"以法度治者不可乱"相对应的"以法度治者……乱"则是司法上所表现的"法乱"。无论是立法上的还是司法上的"法乱",都是"信赏必罚"的对立面,其恶果都在于因法乱而致国乱。

《黄帝四经·十大经·顺道》篇议论顺应天道而治国理政问题。其中有黄帝询问力黑关于大庭氏取得天下后如何管理国家这一问题的记载。力黑回答黄帝时指出,大庭氏治国"正信以仁,兹(慈)惠以爱人,端正勇,弗敢以先人",意谓大庭氏从"仁"出发,实行公正的法度以取信天下,施以仁慈恩惠以爱护臣民,端正其行为举止,不敢取利得益居先于人。力黑的上述回答涉及两方面问题:一为以公正法度取信天下,二为仁慈恩惠的爱护臣民。二者一起,体现了大庭氏之奖赏有信。而力黑之赞颂大庭氏,表明的是黄帝君臣对赏罚有信的认同与诩赞。

奖赏激励固然重要,但同时必须辅之以必要的惩戒处罚。黄帝对奖、惩二者的辩证关系是认识得相当清楚的。《经法·君正》的前两段话,说明的就是这个道理。"一年从其俗,二年用其德,三年而民有得",这是给"予"和"奖赏";"四年而发号令"则是颁行有关奖惩的"号令"、规范;"五年而以刑正""六年而民畏敬"从而使民"知刑罚",这不仅将奖惩结合在一起,而且强调了"四年而发号令"使"民畏敬","五年而以刑正"使民深信国家之法度,无论是奖赏,还是惩罚,都是一以贯之、不可肆改,因而不再抱有侥幸心理。后文更有"以刑正者,罪杀不赦""畏敬者,民不犯刑罚",用以进一步强调有罪必罚且严加惩罚的必要性。

赏之"信"、罚之"必",不仅体现在法度所规定的赏罚不可改易,还要体现在及时兑现、及时落实上。迟到的正义,往往并非真正的正义。因此,黄帝对信赏必罚有"时"即"及时赏罚"的要求。《黄帝四经》有云:"人之本在地,地之本在宜,宜之本在时,时之用在民……知地宜,须时而树……"三个"时"字,强烈地表达了黄帝对"时"之重视。"时"即"及时"。"及时"者,勿早勿迟是也。或早或迟，不"宜"于"生"，不利于"用"，有害于"树"；或"生"、或"用"、或"树"，都须"及时"。黄帝的这一观点，也必须贯彻于奖赏激励。"时"之为用，《黄帝四经》有言："生必动，动有害，曰不时，曰时而□。""天地之恒常，四时……"①"天地无私，四时不息。"②"动之静之，民无不听，时也。""天有死生之时，国有死生之正（政）……"③"动静不时胃（谓）之逆……动静参于天地胃（谓）之文，诛［禁］时当胃（谓）之武"④……（待续）

---

① 《黄帝四经·经法·道法》。
② 《黄帝四经·经法·国次》。
③ 《黄帝四经·经法·君正》。
④ 《黄帝四经·经法·四度》。

《福乐智慧》与《黄帝四经》之法律思想比较

一、《福乐智慧》与《黄帝四经》概述

"太史公"司马迁在《史记·五帝本纪》中历述黄帝史迹后,以"百家言黄帝"一语,点明中华民族人文初祖轩辕黄帝对后世影响之宏大深远。我在《试从〈扬权〉篇看韩非与黄帝的关系——兼论司马迁之"百家言黄帝"》一文中,顺便论及可以从以下五个方面理解"百家言黄帝":一为直引黄帝之"言";二为"言"及黄帝;三为阐释黄帝之言;四为"言"黄帝之"言";五为司马迁之后的"百家言黄帝"。关于司马迁之后的"百家言黄帝",我认为,"百家言黄帝"一语既出,则即使在司马迁之后,只要是对黄帝有所言说尤其是有一定篇幅的著述且在社会上有较大影响的,都可认为是值得后人重视并论其为"言黄帝"的"一家"。如果此一看法成立,那么古今中外"言黄帝"的就绝不止"百家"了。而这,对于发扬黄帝思想,继承中华民族的优秀文化传统,是十分必要的。实际上,已有一些学者对此发表卓见在前了。窃以为,廖凯原先生就是其中之一,而且是"百家"中的"大家"。他在《〈黄帝四经〉新见:中国法治与德治科学观的反熵运行体系》及《轩辕反熵运行体系2.0(轩辕纪年4708—永远)》等文中,对黄帝之言行思想就有非常精到的论述。此外,如著名的陈鼓应先生、余明光先

生等，自可认作是"言黄帝"的一大"家"。

有鉴于此，我们亦可认为，11世纪时新疆喀什地区的优秀诗人优素甫亦可谓为"言黄帝"的一大"家"。他之"言黄帝"的特点是"言"同黄帝之"言"。因此，尽管他并未直引黄帝之"言"，并未"言"及黄帝、阐释黄帝之"言"，但他在其巨著《福乐智慧》（*Qutadghu Bilik*）中表达的丰富思想包括法律思想，与《黄帝四经》比较，可谓有许许多多"同黄帝之'言'"，故仍可认为他是"言黄帝"之一大"家"。尤须指出的是，优素甫是回鹘人即后来的维吾尔族人，他之"言黄帝"就具有了特殊的意义。比较研究《福乐智慧》与《黄帝四经》的法律思想可对优素甫这"言黄帝"之大"家"做深入的了解，亦可加深认识中华民族虽有56个组成民族之分，但同族同源，在文化上、精神上是同根、同心，不可分割的统一整体。

《福乐智慧》作者优素甫之生平无论是汉文史籍和阿拉伯-波斯文史料中均无记载。12世纪的书志学家萨曼尼·阿布·赛义德在 *Kitab-al-Sansab* 一书中曾用两页的篇幅提到了包括11世纪喀什噶尔的作家在内的一批著述者，却无一字涉及《福乐智慧》的作者。目前有关优素甫生平的资料全都来自《福乐智慧》一书中的零星记载，主要是来自正文之首的散文体和诗体两篇序言。《福乐智慧》一书的汉文译者郝关中、张宏超、刘宾"根据一些诗句的记载"，认为优素甫"出身于名门，乃'虔诚信士'。作者生年约为1018年或1019年，卒年不详。《福乐智慧》的写作用了十八个月，'在巴拉萨衮开始命笔，1068年到喀什噶尔后继续写作，于1069年完成'"。优素甫写成《福乐智慧》后，把它献给了当时喀什噶尔的执政者、东部王朝副可汗桃花石·布格拉汗，并因此荣膺"哈斯·哈吉甫"（Has Hajib，御前侍臣）的称号。2001年我赴新疆喀什访问时，在优素甫陵墓入口处购得的《福乐智慧》，作者署名即为优素甫·哈斯·哈吉甫。

《福乐智慧》成书于公元11世纪我国北宋时期"西域"地区的喀拉汗朝，使用回鹘语（古代维吾尔族语）写成的长诗。长诗经后人校勘、整理，计存一万三千二百九十行，由八十五章正文和三个附篇组成。另有两篇序言。在《福乐智慧》中，作者塑造了四位主人公：国王日出，象征着公正和法度；大臣月圆，代表了幸运；月圆的继承者贤明，是智慧的化身；而修道士觉醒，则象征着"知足"或"来世"。《福乐智慧》故事情节比较简单，通过上述四个具有象征意义的人物形象间的对话，表达了作者对社会、法度、伦理道德、哲学、治国之道等问题的看法。国王日出励精图治，一心求贤。月圆慕名前来求见，以图报效国家，深得国王信任，出任大臣多年。月圆辞世时向日出托付其幼子贤明，贤明得国王恩遇而承袭父职。贤明有一宗亲名曰觉醒，人品高洁，日出王欲召其出仕，与贤明共为辅弼。然而，此人奉行遁世主义，潜隐山林苦修，虽经贤明奉旨三次敦请，始终不肯应诏出仕。时光流逝，贤明亦产生了遁世苦修之念，觉醒却劝其忠心报效日出国王。不久，觉醒罹疾，卧床不起，贤明前往探视。觉醒死后日出王和贤明深感悲戚，对其高洁人品缅怀不已。此后，贤明秉政益加勤勉，天下遂乃大治。

据译者介绍，优素甫所生活并赋成长诗《福乐智慧》的喀什噶尔"在喀拉汗王朝存在的整个时期，始终保持着突出的政治、经济、文化中心的地位。随着城市之间经济贸易关系的加强、封建所有制关系的发展，以喀什噶尔、巴拉萨衮、撒马尔罕等城市为中心的城市文化出现了高涨局面。具有悠久历史的维吾尔族民族传统文化，在吸收了祖国中原文化和阿拉伯文明的优秀因素的基础上，进入了一个崭新的繁荣发展时期"。由于地处汉唐以来逐渐形成的丝绸之路的重要中心，视中原文化传播及此应是理所当然的逻辑结合。因此，优素甫·哈斯·哈吉甫深受中原文化的影响，乃是"题中应有之义"，从而比较《福乐智慧》与《黄帝四经》也就是理所应当之事。

1973年在长沙马王堆3号汉墓出土的《老子》乙本卷前有一部1万余字的古佚书，经唐兰先生等精心考证，认其即为久已失传而史籍多有记载的《黄帝四经》。对《黄帝四经》，有说是战国早期人的"伪托"，亦有说是战国中期甚至晚期人的"伪托"。近几年来,学界有相当多的人认为,说其为"伪托",并无确切的证据,倒是认其为关于黄帝思想言行的古人叙说,并经长期的口耳相传,至战国时期为重视它的文人加以记录、复抄写于帛书之上,比较合理;而若不能对此做有力反证,此说完全可能成为定论。

从古至今,中国历经4700多年的变迁,虽然改朝换代不断,但历朝历代都供奉黄帝为中华民族的始祖,都认黄帝时代创造的文化为中华民族优秀文化的源头。而《黄帝四经》的出土,恰为认识这一源头提供了极好的素材。比较研究《福乐智慧》与《黄帝四经》则可让我们了解从黄帝到我国的北宋时期,在法律思想的上承下续方面,有哪些值得今人了解和借鉴的。经初步总结,我们拟从以下四个方面展开比较、阐述:一为法之来源;二为法的定义;三为法治观念;四为法律的思想。

二、法之来源:"道"与"真主"

《黄帝四经》认为,法来源于"道"。《黄帝四经》劈头第一句话就是"道生法"。

那么什么是"道"呢?《黄帝四经》中有两处涉及对"道"的理解:一为《经法·名理》中所说的"道者,神明之原也";二为《经法·论》中所说的"理之所在谓之道"。陈鼓应先生认为:"前者形容'道'的变化之灵妙作用,后者指宇宙、社会的总规律,即天道、地道、人道。"这一解说,对理解"道"为何物很有启迪意义。不过,如果以此来界定"道",窃以为仍是不明确的,而且,甚至是不妥的。因为,如果"道者,神明之原也"说的是"'道'的变化之灵妙作用",那么,这只是用以指明"道"的变化的"灵妙作用",而非阐明"道"是什么;而如果"理之所在谓之道"说的是"宇宙、社会的总规律",那么,这只是指明"理"("道"之"理")即为"宇宙、社会的总规律",而非界定"道"

究竟是什么。倒是后文"虚无刑（形），其裻（寂）冥冥，万物之所从生"，是更好地释明了"道"的含义的。陈鼓应先生注释此句时谓："'虚无形'，这是对道体的形容"，"'寂冥冥'与'虚无形'都是并列形容道体的。虚无形，是说道的涵盖广大不可捉摸；寂冥冥，是说道的寂静无声玄远深邃"①。管子谓："虚无形，谓之道。"又谓："冥冥乎不见其形……无根无基，无叶无荣。万物以生，万物以成，命之曰道。"韩非谓："道者，万物之所以成也……其物冥冥……万物得之以死，得之以生；万事得之以败，得之以成。"显然，这里的"万物"与"万事"是有区别的，前者属自然界，后者属社会界。也就是说，自然界与社会界的一切，都来源于"道"；"道"即自然界、社会界以及"神明"即精神界的一切，包括它们的变化发展的规律。

不过，重视《黄帝四经》中提及的"道者，神明之原"与"理之所在谓之道"，是有重要意义的。因为"理"的内涵，通识为"宇宙、社会的总规律"，而"神明"之内涵，无疑可谓为精神世界。这样，什么是"道"呢？"道"就是由之生发的自然、社会、精神及其变化发展的规律。既然如此，法之来源于"道"就是完全合乎逻辑的了。

《福乐智慧》中没有"道"的概念。优素甫认为，法来源于"真主"。优素甫除在"序"中极其虔诚地歌颂"至尊至贵的真主"是"全能的主宰！他创造了天地，为万物提供了给养。他意欲什么，就创造了什么"之外，还以开篇的第一、二、三章同样热情地赞颂了"至尊至大的真主"、真主派至人世的先知及其同伴。关于"真主"，优素甫写道：

> 他是蓝天大地、万物的主宰，
> 为你赐予了给养，让你欣喜。

---

① 陈鼓应注译：《黄帝四经今注今译——马王堆汉墓出土帛书》，商务印书馆2015年版，第6页。

他为万物提供了食粮，
万物得以滋养，他却不吃。

…………

先知穆罕默德是人类之首，
又好比普天下人民的眉目。

此书的价值十分珍贵，
对于求知者是知识的大海。

此书以知识作为美饰，
读后对真主要知恩感戴。

…………

都愿将此书据为己有，
收藏于宝库，倍加珍爱；

不愿让此书落他人之手，
将它视为国宝，传之于后代。

…………

书中的语言为你做先导，

今生来世你都会百事如意。

秦和马秦的学者哲士，

都称赞此书十分优美。

东方之国，突厥和秦人，

没有一部书可与之匹配。

智者方知书卷的价值，

愚人焉能领会其意味。

好书不可以轻易示人，

即令是好友，也莫信赖。

无知者不知书的价值，

有智者深知将它珍爱。

作者使用汗国的语言，

撰写此书于布格拉时代。

此前谁曾写出这样的好书，

今后又有谁能继往开来？

毫无疑问，法及法的实施也是真主所为，他写道：

是我主创造了一切生灵，

又提供了给养，使其维系生命。

万能的真主降下了公正法度，

真主的威力遍及于世间万物。

优素甫还认为法的实施也是真主所为，他写道：

真主终有一日会将你审问，

真主的审判是捕捉罪人的套绳。

…………

喂，随心所欲的有罪之人，

总有一日真主会将你罪孽清算。

…………

如上所说，《黄帝四经》谓"道生法"，《福乐智慧》谓"真主"生法，二者关系何在？辨明二者关系的意义何在？

"道生法"与"真主"生法，表明"道"与"真主"是"二为一""一为二"的等同之物。包括"法"在内的世界上的万事万物究竟从何而来？《黄帝四经》《福乐智慧》对这个问题的解答其实是一致的。可以这样表述："道"即"真主"，"真主"即"道"；在中国古代，在黄帝及其后人如老子、管子、庄子、韩非子等人那里，他们所称的"道"，在优素甫那里以及他以《福乐智慧》表述的日出国王、御前大臣月圆和贤明以及觉醒等人那里，被称作"真主"，如此而已。基督教、天主教、东正教、道教、佛教、婆罗门教、伊斯兰教等，都有其终极而至高无上的教主。在宗教的教徒们看来，一切都是至尊至贵的教主创造的，法也不例外。"道"是一切"教主"的别称；"教主"则是"道"的人格化身。

辨明"道"与"真主"之"二为一""一为二"的关系，恰与"自然法"观念是同符合契的。在西方法律史上，从古至今长期存在，而且往往占据社会法律思想的统治地位的自然法思想，在法律来源问题上，与"道生法"的"道法"论、"真主创造法"的"真主法"论是一致的。在自然法学派那里，法源于自然。古希腊的"智者"以"自然"这个概念为前提来论述"自然法"，认为"自然"就是"真理"，"自然"的规律、规则就是法。因此，世俗社会的立法只有符合"自然法"才是公正的。在西方，苏格拉底、柏拉图、亚里士多德和后来的西塞罗、托马斯·阿奎那，直至格劳秀斯、霍布斯、洛克、卢梭等著名思想家，无不肯定源于"自然"的"自然法"。他们也承认有"人定法"，但"人定法"必须符合"自然法"才是正义的、公正的、有效的。这样，实际上我们可以把"道""真主"（或其他语词表达的"真主"，如"上帝""耶稣""天主""佛祖释迦牟尼"……）与自然法学派的"自然"相提并论。

人类还处在他的童年时代。尤其是从动物脱胎而来的人类始祖，面对几乎"无所不能"、威力无比的大自然，在面对各种严重的自然灾害而又几乎完全无能为力的情况下，除"臣服自然"、对自然顶礼膜拜外，几可说是别无他路可走。在这种情况下，散处世界各地的人类先民便创构了诸如"道""真主""自然"之类的概念，赋予其无处不在、无时不有、无所不能、无可抗拒等"超人"的力量，不仅认为天地日月、江河湖海、山野田地、虫鱼鸟兽、草木花卉等自身及其变化发展、运行规律都是它们的创造物，而且人类社会及其发展规律，也都是它们的创造物。其中就包括法。这说明，全世界各地的人类，对法的来源的认识，从根本上来说是完全一致的。《黄帝四经》之以"道"表述"法"的"生"成

（"道生法"）和《福乐智慧》之认"真主"为创造万事万物包括创造法，当然也是完全一致的。

《黄帝四经·经法·论》除"道生法"三个字极为明确地表达了对法的来源的认识外，主要还有如下一些文字表达了大致相同的意思：

> 帝王者，执此道也。是以守天地之极，与天俱见，尽［施］于四极之中，执六枋（柄）以令天下，审三名以为万事［稽］，察逆顺以观于朝（霸）王危亡之理，知虚实动静之所为，达于名实［相］应，尽知请［情］伪而不惑，然后帝王之道成。

帝王"执此道"而把握天道的运行规律，进退动静取法天道，并仿行天道的运行规律而广施于天下，"执六枋（柄）以令天下"，"审三名"以为一切社会事务的行为准则（"稽"），从而成就"帝王之道"。其间，了然可见的是帝王以"道"为法，以法行"道"。"法"之源于"道"，表述的是明明白白的。

> 始于文而卒于武，天地之道也。四时有度，天地之李（理）也。日月星晨（辰）有数，天地之纪也。三时成功，一时刑杀，天地之道也。四时而定，不爽不代（忒），常有法式，［天地之理也］。一立一废，一生一杀，四时代正，冬（终）而复始。人事之理也①。

"始于文而卒于武""三时成功，一时刑杀""……常有法式，天地之理也……""一立一废，一生一杀……人事之理也"，论述了天地之道和天地之理，而人事之理既为对天道、天理的效法，亦为天道、天理的人间显现。总之，

---

① 《黄帝四经·经法·论约》。

人类社会的"法式",源于"道",表现"道",并且以"道""理"为准则而论是非对错。

《黄帝四经》中明确表述法源于道的文字不如《福乐智慧》中的多,这是由两方面的原因造成的。一为文字形式。《黄帝四经》为论说文体,其文字形式必定简约精准,而《福乐智慧》为诗歌,其文字形式必定铺陈夸饰。二为时代不同。黄帝生活的年代距今4700余年,而创作《福乐智慧》的优素甫却生活在距今不到1000年。生年越近当代,社会生活的内容越丰富,因而铺陈描述、详阐细析的可能性就更大,因而有关文字就一定会更多一些。但是,尽管如此,《黄帝四经》与《福乐智慧》对法的来源的看法,从本质上来说是一致的,而且与自然法学派的看法也是一致的,当无问题。

三、关于法的定义

《黄帝四经》与《福乐智慧》各对法下了定义,并在此定义下对良法与恶法(酷法)有所阐述。

《黄帝四经·道法·经法》谓:

> 法者,引得失以绳,而明曲直者殹(也)。

意谓法是判别得失的准绳,明晰曲直。陈鼓应先生"今译"此句为"'法'就像绳墨辨明曲直一样,决定着事物的成败得失"[①]。这为我们了解黄帝对"法"的看法提供了重要启示。

"法者,引得失以绳,而明曲直者殹(也)"是功能性定义。但"法"的功

---

① 陈鼓应注译:《黄帝四经今注今译——马王堆汉墓出土帛书》,商务印书馆2015年版,第4页。

能只能是像木匠用绳线墨斗测量物件的曲直斜正，以判定活计的"成败"那样，来判明是非得失，却不能"决定""事物的成败得失"。"法"的功能在于"事后"的测量判别，而非"事先"的"决定"。

《黄帝四经》又谓："法度者，正之至也。"意为法度是至为公正的。这是对"法"之作为"引得失"而"明曲直"的准"绳"，即规则性作用的进一步强调。"法度"既是最高、最后的准则，是无可替代的，因而是必须严格遵行、不可漠视、绝对"不可乱"的。正因如此，黄帝谓："故执道者，生法而弗敢犯殹（也）"①"……以法度治者，不可乱也。而生法度者，不可乱也"②。

《福乐智慧》中也有涉及法的定义的论说。在《福乐智慧》中"贤明论国君应具备的条件"时，贤明答国王之问曰：

君王事只有君王知道，
典章制度都出自君主；
清醒和法制是国家基石，
又是治国的钥匙和缰绳。

在"贤明和觉醒第二次辩论"时，觉醒指出：

侍臣首先要深明法度，
言论行动要合乎礼仪；
要学会法度和办事的规程，
只有如此，才会有脸面。

---

① 《黄帝四经·经法·道法》。
② 《黄帝四经·经法·君正》。

还指出：

> 国王的职责是使国家兴旺，
> 实现它要用法度加以保障。

在论及"百姓"的"义务"时，《福乐智慧》写道：

> 百姓身负对你应尽的三项义务，
> 你听着，要他们遵循不误：
>
> 一是要他们对诏谕毕恭毕敬，
> 你诏示什么，都应遵照办理；
>
> 二是要他们不得抗缴国库的赋税，
> 英主啊，要令其按时缴纳赋租；
>
> 三是要他们和你的敌人为敌，
> 你喜欢谁，他们也应将谁爱护。

至于国王对百姓的"职责"，则为以下三项：

> 你对百姓还肩负有三项职责，
> 要竭诚尽职，莫施暴力：
>
> 一是要在国中保持银子纯度，

明君啊，不能让银子成色降低；

二是要对庶民施行公正法度，
不容许一人对另一人施行暴力；

三是保持所有道路安全无阻，
要将盗贼匪徒悉数清除。

虽然《福乐智慧》没有给出一个关于法的简明的定义，但从以上引文中我们不难总结出，在优素甫看来，法乃"出自君主"用以治国、规范君臣百姓言论行动的"典章制度"。这首先是一个发生定义，其次是一个功能定义。如果我们将"道生法"与"法者，引得失以绳，而明曲直者殹（也）"连在一起看，那么，黄帝的关于法的定义，与《福乐智慧》关于法的定义，就如出一辙了。

法的定义既然如此，那么，在关于法的上述定义范围之内，是否一切以绳墨或典章制度出现的"法"，都可一概而论、不加区分呢？也就是说，如后世的人们可判明法的性质有良莠、优劣之分，从而更深入地了解何为"法"、真正是治国及言论行动需要的"法"，这样的涉及何为"法"的概念，在《黄帝四经》与《福乐智慧》中是否出现而且一致或大致相同呢？追问这一点的意义，从本文来说，是要辨明《福乐智慧》是否"言"同了黄帝之"言"，我们就有了优素甫作为《福乐智慧》作者，也是"百家言黄帝"中的一"家"的依据；不然的话，《福乐智慧》中的论说就可能是别有来历了。

我们在《黄帝四经·经法·四度》中看到黄帝对法的外延有如下论述：

规之内曰员（圆），拒（矩）之内曰［方］，［悬］之下曰正，水之［上］曰平。寸尺之度曰小大短长，权衡之称曰轻重不爽，斗石之量曰小（少）多有数。绳准之立曰曲直有度。八度者，用之稽也。日月星辰之期，四时之度，[动静]之立（位），外内之处，天之稽也。高[下]不敝（蔽）其刑（形），美亚（恶）不匿其请（情），地之稽也。君臣不失其立（位），士不失其处，任能毋过其所长，去私而立公，人之稽也。美亚（恶）有名，逆顺有刑（形），请（情）伪有实，王公执[之]以为天下正。

陈鼓应先生在《黄帝四经今注今译——马王堆汉墓出土帛书》上引曰：

> 规用来画圆，矩用来画方，悬用以测端正，水用以测水平。用尺寸度量小大短长，用权衡称量轻重，用斗石比量多少，用绳准来测度曲直。以上八种度量标准，是人们日常生活中实际应用的准则。日月星辰都遵循着固定的运行周期，四时更迭都有一定的次序，自然界的消息盈虚进退出入自有一定的守则，事物的适度与非适度自有分际，这些都是天道所自有的法则。地势高下各有定位，不至隐蔽不明；土地肥瘠本自不同，不至隐匿不清，这些都是地道所含有的法则。国君臣子都各居其位，士人也得其所哉，擢用贤能量才授官，治理百姓秉公办事，这是人道所应遵守的法则。是非善恶各有名分，背于道理或合于道理自有客观情形作依据，真实虚假自有事实来判定，君主只须掌握上述准则就可以成为天下的楷模①。

黄帝所拟"用之稽""天之稽""地之稽"和"人之稽"这"四稽"，就是当时治理一国、规范一国君臣官民的全部法度，凡与此"四稽"相合而不悖谬的，就是"王公执（之），以为天下正"的良法。

---

① 陈鼓应注译：《黄帝四经今注今译——马王堆汉墓出土帛书》，商务印书馆2015年版，第117—118页。

与此"四稽"相悖谬的，在黄帝看来，即为莠法、苛法、恶法。在《黄帝四经·经法·君正》中，黄帝有谓："苛事，节赋敛，毋夺民时，治之安……号令阖（合）于民心，则民听令……"这里提出了法之良莠优劣的判别标准，即是否合于民心。当然，合于民心，就是良法；而"苛事"即政事烦琐、赋敛无度，绝不会合于民心，民当然不会"听令"。

《黄帝四经》中有一个"当"的概念，与之相关的是一个"极"的概念。黄帝以"当"表示良法，可使国家兴旺、战事胜利、万事顺遂；以"过极"表示恶法，将致国家败亡、战事失利、诸事难成。《黄帝四经·经法·国次》云：

> 国失其次，则社稷大匡。夺而无予，国不遂亡。不尽天极，衰者复昌。诛禁不当，反受其央（殃）。禁伐当罪当亡，必虚（墟）其国。兼之而勿擅，是胃（谓）天功。天地无私，四时不息。天地立（位），圣人故载。过极失［当］，天将降央（殃）。人强朕（胜）天，慎辟（避）勿当。天反朕（胜）人，因与俱行。先屈后信（伸），必尽天极，而毋擅天功。

对黄帝这段话，陈鼓应先生注释时指出："国失其次"之"次"，就是"秩序，这里指为政治国的正常法则"。"当"与"极"两个概念都是"度"的意思。"'极'如同'当'，即度。'天极'即天当，指天道所限定的准度。""'当'即上文的'极'，即度。'不当'，未达到准度。""过极失［当］，天将降央［殃］：'极'，天极，'过极'，超过无极。'当'，天当。"①

不达到天极、天当要"受""殃"（"不尽天极……诛禁不当，反受其央（殃）"），超过天极、天当又要"降殃"。只有"合当"，才能"无殃"［《经法·四度》："怀（倍）逆合当……亦无天央（殃）。"］，这便是《四经》关于

---

① 陈鼓应注译：《黄帝四经今注今译——马王堆汉墓出土帛书》，商务印书馆 2015 年版，第 37—38 页。

"度"的阐述。

浏览《黄帝四经》，关于"当""极"与"过极"的议论很多。这些议论，都强化了对"法"作为"道"之所"生"（"道生法"）因而必须严格遵行的观念。

黄帝关于法的这些观念，在《福乐智慧》同样存在。不过在《福乐智慧》中，使用的不是"当""极"之类的概念，而是直接以"良法""酷法"来表达了。关于"良法"，《福乐智慧》写道：

谁若在人世上洪福齐天，
应在国人中推行良好法典。

从此后国王更加勤勉，
日益完善了良好的法度。

随即大施恩典，将他擢升，
苍天也佑助他，使法治严明。

他改善了宫内外法度章程，
以功劳打开了理想的大门。

他又建立了良好的法度，
量人之才而加以任用。

消灭了国内的暴政酷法，
纠正了自身的不良行径。

法度健全,国内大治,
社稷巩固,君王欢欣。

请听博学之士的名言:
暴君的政权不能久存。

暴政似火,能焚毁一切,
良法似水,使万物滋生。

明主啊,你若要国祚长久,
须推行良法,保护黎民。

良法使国运昌盛,人民兴旺,
暴政使国祚衰微,天下不宁。

暴君毁坏了多少宫廷,
到头来自己冻馁丧生。

国君若心地公正,推行良法,
社稷将永固,传之永恒。

关于"酷法",《福乐智慧》写道:

望你莫要作恶,莫制定酷法,

莫放纵坏人，把坏人包庇。

…………

莫制定酷法，莫与坏人为伍，
莫纵容坏人，把坏人庇护。

要多做善事，执行良法，
愿你在两世都平安如意。

制法者啊，要制定良法，
制定了酷法，作法自毙。

明君啊，莫要制定酷法，
制定了酷法，当不成君主。

谁若在生前制定了酷法，
身后定然会臭名昭著。

四、关于法治

关于法治，《黄帝四经》中突出强调的是以下三个方面。

其一，法"不可乱"，立法之后必须严格遵行。

故执道者，生法而弗敢犯殹（也），法立而弗敢废［也］。［故］能自行以绳，然后见知天下而不惑矣①。

法度者，正之至也。而以法度治者，不可乱也②。

而如"法乱"，造成的后果是极为严重的：

观国者观主，观家［者］观父。能为国则能为主，能为家则能为父。凡观国，有六逆：其子父。其臣主。虽强大不王。其谋臣在外立（位）者，其国不安，其主不晋［悟］，则社稷残。其主失立（位）则国无本，臣不失处则下有根，［国］忧而存；主失立（位）则国芒（荒），臣失处则令不行，此之胃（谓）颓国。［主暴则生杀不当，臣乱则贤不肖并立，此谓危国］。主两则失其明，男女挣（争）威，国有乱兵，此胃（谓）亡国③。

"法乱"之后果，会造成"六逆"，即第一是作为太子的具有了君父的权威。第二是作为大臣的具有了君主的权威，这样的国家虽然强大也不能称王天下。第三是谋臣有外志而不能尽忠于本国君主，它的国家就不会安定，君主意识不到这一点，国家就会受到损害。第四是君主失位，不能行使权力，国家便失去了依托，而大臣此时如能坚守岗位，恪尽职守，国家还有生存的基础，虽有忧患，尚可保存；君主失位已经使得政事荒废不治，此时大臣再不能恪尽职守，则政令不能下达，这便称作"颓国"。第五是君主暴戾无道，赏罚生杀失去准度，臣下贵

---

① 《黄帝四经·经法·道法》。
② 《黄帝四经·经法·君正》。
③ 《黄帝四经·经法·六分》。

贱位次混乱,贤与不贤的人并立无别,这便称作"危国"。第六是君主、后妃同时掌政,政令歧出,令人迷惑,无所适从,加之王、妃争权,势必导致国家内战,这便称作"亡国"。①

除上述外,《黄帝四经》中关于"六危"、"三壅"、"三凶"、"三不辜"、"生国"与"死国"、"大中小国之祸"等的议论,都涉及对"法乱"而致国灭的滔天大祸的警告,从而强调了法立之后必须严格遵行而不得悖逆的道理。

这一法"不可乱"、立法之后必须严格遵行的观念,在《福乐智慧》中也得到了阐述与强调——"典章规矩执行不可错乱"。而这,首先要从国王做起,同时,其侍臣、百姓也都应严格执行既定之法。《福乐智慧》写道:

要管理臣民,治国安邦,
这些需要有英明的国王。

国王的职责是使国家兴旺,
实现它要用法度加以保障。

这样国王就会本领高强,
运用智慧,以号令四方。

国王若不能实现愿望,
他又怎么能称为国王?

倘若不能够有令必行,

---

① 陈鼓应注译:《黄帝四经今注今译——马王堆汉墓出土帛书》,商务印书馆2015年版,第79—80页。

又怎么能做万民的首领？

侍臣首先要深明法度，
言论行动要合乎礼仪。

此外还须有能干的侍臣，
侍臣必须懂得法度规程。

我辈应将这法度推行，
破坏法度，为情理不容。

有了威严，还要有刑罚，
刑罚的执行者应是国君。

国君靠刑罚治国执政，
庶民靠刑罚端正品行。

刑罚装点了君王之门，
君王靠刑罚治理人民。

对于坏人要施行刑罚，
民间的污秽靠刑罚洗清。

邪恶之徒须以严刑惩治，
以毒攻毒，最为相宜。

歹徒必须用监牢、铁索对付，

严君啊，如此才能改变他们的恶习。

为了强调法之"不可乱"、人人都要守法，优素甫还不时地强调"法"出自"真主"，不守法，就要受到"真主"的审判与惩罚：

真主终有一日会将你审问，

真主的审判是捕捉罪人的套绳。

喂，玩世不恭的无羁之徒，

快准备受审吧，真主终要审判。

喂，随心所欲的有罪之人，

总有一日真主会将你罪孽清算。

真主终要把一切审问，

何处能逃脱，不信你试试看！

也许是意识到"真主"之虚无缥缈、不可捉摸，所以，优素甫不得不借人间的"国君"及其属下再行强调法律的实施：

国君啊，你有宝刀和棍棒，

愿你用它们惩恶扬善。

倘若歹徒们恶性不改，
愿你用棍棒严加教管。

再说下去便是教规巡检，
英主啊，必须给他们强大的权力。

还有教规巡检应有强力，
巡游民间，将邪恶剪除。

其二，执法必须公正无私。

"法"自"道"生，天道的可违逆，因此"生法"之后，必须公正无私地执行。"度量已具"需"治而制之"，而"治而制之"的准则是公正无私。"公者明，至明者有功。至正者静，至静者圣。无私者知（智），至知（智）者为天下稽。"

对执法公正、去私立公，《黄帝四经·经法·道法》曾多处提及并予强调：

> 天地有恒常，万民有恒事，贵贱有恒立（位），畜臣有恒道，使民有恒度。天地之恒常，四时、晦明、生杀、辌（柔）刚。万民之恒事，男农，女工。贵贱之恒立（位），贤不宵（肖）不相放。畜臣之恒道，任能毋过其所长。使民之恒度，去私而立公。变恒过度，以奇相御。正、奇有立（位），而名［形］弗去。凡事无大小，物自为舍。逆顺死生，物自为名。名刑（形）已定，物自为正。

在《黄帝四经·十大经·五正》中，记有黄帝与其大臣阉冉的一段对话，从这段对话中我们可以看到黄帝君臣对公平中正地执法的重视：

> 黄帝问阎冉曰：吾欲布施五正，焉止焉始？对曰：始在于身，中有正度，后及外人。外内交绫〔接〕，乃正于事之所成。黄帝曰：吾既正既静，吾国家窬〔愈〕不定。若何？对曰：后中实而外正，何〔患〕不定？左执规，右执矩，何患天下？男女毕迵，何患于国？五正（政）既布，以司五明。左右执规，以寺（待）逆兵。

陈鼓应先生在《黄帝四经今注今译——马王堆汉墓出土帛书》曰：

> 黄帝问手下的大臣阎冉说：我想通过颁布实施各种政令的方法来治理国家，请问应始于何处、终于何处？阎冉回答说：应该始于完善自身，秉执中正公平的法度，然后以法度准量他人，外内交相融洽，就可终于事情的成功。黄帝又问：我自身端正而且宁静寡欲不专行妄为，而我的国家仍然愈发不安定，怎么办呢？阎冉回答说：如果您内心诚实静定而行为端正，还担心国家不能安定吗？如果您能秉执法度，还忧虑天下不太平吗？上下同心同德，还操心国家不能治理吗？各种政令都颁布以后，分别让不同的职官去执掌落实，您只须掌握着国家的大法，等待着严惩蚩尤就可以了。①

对公正无私地执法，《福乐智慧》中也屡加强调。如歌颂诺希尔旺大帝曰：

> 如若不信，请看诺希尔旺大帝，
> 他用智慧的眼睛把宇宙照亮。

---

① 陈鼓应注译：《黄帝四经今注今译——马王堆汉墓出土帛书》，商务印书馆2015年版，第234—235页。

他持法公允，人民得以富裕，

在美好的时代，留下美好的声望。

又如优素甫以大臣月圆临终致国王日出遗书的方式谆谆嘱咐：

愿你莫受今世幸运的迷惑，

应求国事上事事正直。

要执法公正，对人民公平，

最后审判日，会有好报应。

优素甫还以"觉醒对国王的告诫"的方式郑重强调：

一旦死神打开了门阃，

高位和王权都将化为乌有。

你要正道直行，执法公正，

只有如此，社稷才能鼎立长久。

博学的智者教诲极好，

你要听其言而行其道。

欲使社稷的基石巩固坚牢，

你就应在执法时恪守公道。

倘若你要做来世的主人，

我要说的也仍是坚守公道。

月圆死后，其子"贤明对国王论治国之道"时，也反复强调执法必须公正：

贤明回答说：啊，国君！

凡事均应有礼法规程。

要身心正直，礼拜真主，

对于庶黎要公正宏仁。

若要身心正直，应将情欲摧毁，

欲念死去，身心才能完美。

留神啊，莫沦为情欲的奴隶，

须知欲念是信仰的蟊贼。

对庶民要公正，令其安居乐业，

他们会为你祈祝安宁。

如此真主才会对你垂青，

英主啊，你才能做两世的主人。

因为你公正，真主才垂青于你，

对庶黎要公正，莫与他们为敌。

由于公正不阿，青天矗立不动，
由于坚定不移，大地草木萌生。

莫左右摇摆，要身心正直，
正直人两世都达到真境。

优素甫以月圆之子贤明答复觉醒之问而以转述一位富有智慧、治国有方的君主的话的方式，表达了他对法度、公正的高度向往：

请听一位君主是怎么讲的，
他富有智慧，治国有方。

遵循礼法的公正国君，
能使幸福之光普照四方。

哪儿的国君以公正驰名，
男儿应投奔他，寻求福运。

公正的法度是苍天的支柱，
支柱倾斜，苍天断难撑住。

如果世上没有循法的君主，
真主将毁弃七层大地。

谒见公正的国君福乐无穷，

既洗清罪过，又积下善功。

其三，礼法兼行，以德辅刑。

在《黄帝四经》中，我们可以看到，黄帝并不是一个强调唯法为务、一味严刑治国的人，而是主张顺应天道、刑德并用的。

《黄帝四经·十大经·观》篇从讨论天地、阴阳、四时、晦明、万物之创生入手，重点论述了因顺天道、民情处理好"刑"与"德"的关系：

是［故］赢阴布德，［重阳长，昼气开］民功者，所以食之也；宿阳脩刑，童（重）阴长，夜气闭地绳（孕）者，［所］以继之也。不靡不黑，而正之以刑与德。春夏为德，秋冬为刑。先德后刑以养生。姓生已定，而适（敌）者生争，不谌不定。凡谌之极，在刑与德。刑德皇皇，日月相望，以明其当，而盈［绌］无匡。

"不靡不黑，而正之以刑与德"，意谓不认为强制性地去拘束百姓，而要因顺自然的规律，以"刑"与"德"两种手段去处理不同的情况。这样做，是仿行自然界的四季更替，"春夏为德，秋冬为刑"而行"先德后刑"。由于"姓生已定"而相互敌对的诸侯部落必定"生争"，不予讨伐，不事刑杀，就不能求得安定。但"凡谌之极，在刑与德"，而不是仅仅借重于"刑"，还要辅之以"德"。而一旦达到"刑德皇皇"而如"日月相望"，那么动静行止就不会偏颇不当了。

这样处理刑德关系，并不仅仅是处于谋之于心的"王""霸"治术的并用或交替使用，而是治国之价值观使然。《黄帝四经》引起后人广泛关注并特别重视的是它提出了"畏天、爱地、亲民"的治国价值观。黄帝庄严宣告：

> 吾受命于天，定立（位）于地，成名于人……吾畏天爱地亲[民]，□无命，执虚信……立有命，执虚信①。

黄帝还强调：

> 苛事，节赋敛，毋夺民时，治之安。无父之行，不得子之用；无母之德，不能尽民之力。父母之行备，则天地之德也。三者备，则事得矣。能收天下豪桀（杰）票（骠）雄，则守御之备具矣。审于行文武之道，则天下宾矣。号令阖（合）于民心，则民听令。兼爱无私，则民亲上②。

正是如此将一切治国理政的行为置于天道观与"畏天、爱地、亲民"的治国价值观之下，才可能力行"刑""德"两手，"王""霸"并用。

《福乐智慧》之主张正与《黄帝四经》相类。在《福乐智慧》中，有相当多的篇幅用来论述礼法兼行、以德辅刑的必要性。《福乐智慧》中多次以这样的诗句表达了对"礼法"的重视：

> 请听深知立法者怎么讲述，
> 他富有智慧，远离愚妄之徒：

> 请听一位神明礼法者怎么来讲，
> 他依靠法度，治民有方：

《福乐智慧》甚至具体谈到在"对待黎民"上如何讲究礼法的问题：

---

① 《黄帝四经·十大经·立命》。
② 《黄帝四经·经法·君正》。

黎民的秉性大不一样，
他们的智力与秉性相当。

黎民处世没有品行，
不懂得礼法，不懂规程。

…………

黎民关心的是吃饱肚皮，
一切行动都以此为目的。

…………

吃饱肚皮就会饶舌播弄是非，
如不严加控制，就会想入非非。

也要和他们交往，哎，兄弟，
莫要使他们缺衣少食。

要温言婉语，满足其所需，
有所予方能有所取，获其利益。

至于治国，《福乐智慧》无疑会更加明确地主张礼法兼行：

国君啊，你有宝刀和棍棒，

愿你用他们惩恶扬善。

倘若歹徒们恶性不改,
愿你用棍棒严加教管。

歹徒们受惩而不思悔改,
你应当洁身自好,莫被其沾染。

…………

执法应以正义为基石,
社稷因礼法而鼎力人间。

…………

国君啊,要勤勉,莫要彷徨,
要以礼法治民,恩泽浩荡。

若有失误,应求臣民谅解,
要日夜忏悔,求真主原谅。

五、关于法律激励

中国古代法律的一大特点,便是它对法律激励的重视,这在世界各国中是十分罕见的。为此,拙著《激励法学探析》特地以近100页的篇幅大书特书了"一以贯之的中国古代法律激励思想"。但这近100页的文字并未包括黄帝和优素甫的法律激励思想。在近年对黄帝的研究中我发现,《黄帝四经》中包含丰富的法律激励思想。更加重要的是,我发现中国古代法律激励思想的源头,就在《黄帝四经》之中;而且,《福乐智慧》中也有十分丰富的法律激励思想,而其源头也许正是黄帝的法律激励思想。

关于法律激励,在我之前,用的都是法律奖赏,而从古代以来,往往用一个"赏"字来指称,偶或也有奖赏连用的;在《黄帝四经·经法·六分》中,则始终仅以"赏"或"德""惠"来指代奖赏或我所指称的激励。如:

> 六顺六逆[乃]存亡[兴坏]之分也。主上执六分以生杀,以赏[罚],以必伐。天下大(太)平,正以明德,参之于天地,而兼复(覆)载而无私也,故王天[下]。

在《黄帝四经》中,把奖赏作为一种治国制度提出来,见之于《十大经·观》篇:

> 黄帝曰:群群□□□□□□为一囷。无晦无明,未有阴阳。阴阳未定,吾未有以名。今始判为两,分为阴阳。离为四[时],□□□□□□□[德虐之行],因以为常。其明者以为法,而微道是行。

陈鼓应先生在《黄帝四经今注今译——马王堆汉墓出土帛书》中曰:

黄帝说：天地未生之前，先天一气，看去混混沌沌，窈窈冥冥，浑聚昏暗，如一谷仓。此时阴气阳气未分，无所谓明暗昼夜。阴气阳气聚散未定，所以一切都无法称名。现在天地既分，阴阳既别，离析而为春、夏、秋、冬四季，刚柔的相互更迭推衍，便有了万物的生成，因此奖惩赏罚须兼行并举，并要将其作为一项制度确定下来，而奖惩赏罚的施行，要取法自然规律，二者须相互配合①。

在《黄帝四经》中，很多地方并不是用"赏"字，而是用"德"或"惠"指代。如：

刑德皇皇，日月相望，以明其当。望失其当，环视其央（殃）。天德皇皇，非刑不行；缪（穆）缪（穆）天刑，非德必顷（倾）。刑德相养，逆顺若成。刑晦而德明，刑阴而德阳，刑微而德章（彰）。其明者以为法，而微道是行②。

这一段文字里，"德"字出现了7次，指的大体都是与"刑"相对的"赏"。关于"赏"，《黄帝四经》中值得重视的还有以下两点。

其一，信赏。《黄帝四经·经法·君正》曰："精公无私而赏罚信，所以治也。""信赏必罚"是黄帝之后历朝历代的中国思想家一致强调的。

其二，"受赏无德"。《黄帝四经·经法·君正》又云："受赏无德，受罪无怨，当也。"这里的"受赏无德"历来未引起人们的重视；倒是"受罪无怨"是为历代反复提起的，《汉书》《隋书》《唐书》等史籍中，多有"循吏"因刑罚恰当，使犯罪者"心服口服"的记载。但从未见"受赏无德"，即百姓受赏而不必、

---

① 陈鼓应注译：《黄帝四经今注今译——马王堆汉墓出土帛书》，商务印书馆2015年版，第216页。
② 《黄帝四经·十大经·姓争》。

不会没有感恩戴德之举的记载，而有奖赏即感激涕零、山呼万岁、感谢"隆恩浩荡"的记载，是几可用"连篇累牍"来形容的。黄帝其时能做到、至少是提倡、追求"受赏无德"真可谓难能可贵！

那么，《福乐智慧》中又有哪些关于法律激励的议论呢？

《福乐智慧》中，优素甫借贤明之口说：

> 刚愎自用于人是一件重负，
> 刚愎自用者好比被缚的马驹。

> 敌人办不到的，他能办到，
> 他和敌人，又有何差异？

> 国君啊，你若想君临天下，
> 还需要做到三件事情：

> 用你的右手挥舞战刀，
> 用你的左手施舍金银；

> 说话时舌头要如糖似蜜，
> 尊卑贵贱都会向你称臣。

> 国君啊，下述事君主若能做到，
> 人民爱戴他，封他为至尊：

> 态度要和蔼，语言要甜蜜，

性格要温善，行为要端正。

心胸要谦虚，出手要大方，
对人民还要慈惠宏仁。

有两件事情是社稷支柱，
是国家赖以生存的根本：

一是让人民享有法制，
一是向将士赏赐金银。

有了法制，人民喜欢，
有了金银，将士高兴。

在解说对将士奖赏的必要性时，优素甫指出：

国君若不使将士喜欢，
将士的战刀会不出刀鞘。

国君赖战刀而威力无边，
无刀的昏王怎能把国保。

刀斧即是国家的卫士，
君王打天下依靠战刀。

倘若敌人不愿意讲和，
仍在恶战，仍在逞凶，

就该抓紧时机，整饬军队再战，
要奖励将士，给他们赏赐金银。

谁有战功，应尽快赏赐，
受此赏赐，会脸面增光。

谁抓到俘虏，应赞扬嘉奖，
嘉奖使他对你怀一片衷肠。

表扬坏人，他会变得善良，
表扬好人，他不会落到后面。

表扬士兵，他就能手擒雄狮。
表扬战马，它能把飞鸟追赶。

不仅应重视对将士的奖赏激励，而且对臣民都应重视。优素甫写道：

要为人们向国君领取赏赐，
要为人们求得职务或头衔。

…………

国君的赏赐及时传下，
以此来温暖臣仆们的心灵。

…………

宫中送出赏赐的食品托盘，
以国君之名给大伙儿发散。

御赐的膳食要按人算明，
内外人等都得赏遍。

两件东西可使国君扬名：
一是殿前的旗纛，一是席间的肴馔。

为国君效力的众多人员，
有所需求才来到他身边。

倘若他们手头拮据缺钱，
国君知道要赏赐，以示恩典。

司库若是拖延，不及时发放，
他们就会抱怨以至背叛。

人若在急难中得其所需
纵使是草芥也如大象一般。

……

倘若在急需时得人赠赏，
酬答时，定会以生命报偿。

急需时草芥会被视为大象，
任何事物都可以做此比方。

倘若国君要赏赐臣民，
司库应乐于及时供应。

扣留赏赐，臣民就会见怪，
臣民见怪，国君就不光彩。

优素甫在《福乐智慧》中还专门写了整整一章题为"贤明论国君应如何酬谢臣仆"，用以表达他的法律激励思想：

国君要观察臣仆的本领，
注意他是得力还是无能。

对于能者要加以奖赏，
视其贡献大小给予报偿。

君王啊，人和牛马没有二致，

以牛马为例，可找到办事的规矩：

人要首先喂饱牛马的肚子，
然后才能利用它们的力气。

倘若国君奖赏，美言表彰，
臣仆就会舍生忘死，效忠君王。

应按臣仆的劳绩加以奖励，
使寒者得衣，饥者得食。

倘若不能使臣仆摆脱贫困，
这样的国君还算什么明君！

优素甫还分析了不同的人怀有不同的利益与目的，而对他们要分情况予以奖赏激励。他写道：

结集了将士要多加赏赐，
使饥者温饱，贫者富裕。

效力者满怀希望而来，
失去了希望，便会离去。

国君啊，效力者约可分为几种，
要区别对待，莫使其走入歧途。

一种乃是为荣誉而来,
给他们荣誉,满足其心意。

另一种是为财富而来,
你若赐予财富,会把生命献出。

另一种既为荣誉,又为财物,
既要肥马轻裘,又要声名卓著。

如果他是勇士,你应赐以银子,
令其挥舞战刀,为你夺取城池。

如果是多才多智的贤达之士,
要敬重他,给他以权力和财富。

国君啊,你要将此三类人珍惜,
我对你道出,愿你留意细听:

一是英勇无畏、钢筋铁骨的壮士,
他们用战刀给国家带来利益;

二是智者,学士和国家的臣僚,
他们参政有益,可将国事治理;

三是精明强干的书吏,

熟知收入支出,使国库充溢。

你应将这些人与其他人区别而待,

尊为上宾,视其功劳予以奖励。

关于法律激励,《福乐智慧》所涉内容当然远比《黄帝四经》丰富,而这是完全符合事物发展规律的。法律激励思想、法律激励手段、法律激励原则等,都会从无到有,从简单到复杂,从低级到高级地发展,但先人们的创行之功劳是切不可忘的。尤其是近5000年前的黄帝时期即已有了法律激励观念的萌芽,而它又经丝绸之路的开拓,从中原地区传递到了边疆地区,这是非常值得我们高兴、自豪,也非常值得我们加强研究,从中汲取先人的智慧、经验,而为今天全国各族人民为圆中华民族的伟大复兴的中国梦而共同努力奋斗所用的。

2014年5月—6月

参考文献

[1] 陈鼓应注译:《黄帝四经今注今译——马王堆汉墓出土帛书》,商务印书馆2015年版。

[2] 优素甫·哈斯·哈吉甫:《福乐智慧》,郝关中、张宏超、刘宾译,民族出版社2000年版。

[3] 倪正茂:《激励法学探析》,上海社会科学院出版社2012年版。

附 录

我的养生经历

我之活到今天,就个人生命而言,是一个奇迹;就与之相关的医术而言,应也是一个奇迹。现在,我无论参加什么学术会议,都会有熟人讶异于我之"怎么还是这样年轻",不太熟悉的人则要我讲讲"怎么养生"的。如果我告诉他们,其实我的五脏六腑除脾脏、胰脏外都"烂过了",他们很难置信;当然,更可能十分惊讶!如果我对他们说:"我是很少体检,很少看病,尽可能不吃药……"他们还可能极不赞同。

编此一定程度上相当严肃的学术著作的《全集》,而附之以"养生"经历的介绍,不免"不伦不类",不免被人视为"异类"。但是,也许,《全集》对所有的人都有价值的文字,倒是《我的养生经历》矣!我说的"所有的人",不仅包括普通人,而且包括"不普通的"以医学为职业的所有教授、研究员和医生、护士……也许,本《全集》最强的看点,不是那些法学类的文字,而是与法学可说是风马牛不相及的关于养生的文字。

在本《全集》中附上"养生篇"绝非"蓄谋已久",而是2021年下半年的偶然起意。一旦"起"了此"意",便"一发不可收拾"地日益强烈,竟至"非写不可"了。其原因,《我的养生经历》中也会一一道来。但有一点必须申明在先:"养生篇"中所述之事绝对真实,而其具体时日,却都因从未"蓄谋",只是现在的回忆，因而并不准确。当然，如有机构确然执意研究我的"养生"经验而必须查明具体时日，那么，因为我曾断断续续地写过日记，也许可以大致"验明"有关的确切时间。而我曾就诊过的医院可能还保存着医疗记录，也可供参考。又因我是有"劳保"的，为我诊病的医生，如华山医院的叶若兰医生、龙华医院的王臻楠医生和李明飞医生、中山医院的罗蔓医生等，估计也还记得一些事。

现在，就听我一一道来。

小时候（小学与中学阶段），我几乎天天生病，感冒接着感冒，几乎从不间断。所以，当时我挺悲观的：能活到40岁，已是最大的奢望；我不敢祈求活到五六十岁。

当1957年从浙江省瑞安中学毕业考入复旦大学时，第十宿舍的门口有"入学体检"一关。几位高年级的同学先量我的身高182.5厘米，体重竟然只有36.5千克，他们相视而大为惊愕。又称了一次，还是36.5千克。我心慌了：不要因此被拒入学！第三个项目是肺活量。我想这可要好好地吹，尽力吹得高一些，结果是3300毫升。奇高！这表明我的肺活量很大，也即健康。负责入学体检的高年级同学有些疑惑，要我再吹一次。我想：这可是"救命"的关键一吹了，于是拼足力气猛吹一口，结果是4300毫升！当然，我被放行了。于是捡起竹扁担，挑着破箱子去正式报到。请注意：身高182.5厘米，比一般人高一大截；体重36.5千克（73斤），和现在三四年级的小学生差不多！活生生的"皮包骨头"啊！如果解开衣扣，前胸凸现的是"哆、来、咪、发、嗦、啦、西"的两道"排骨"！多半是害羞，所以我从小学到中学从不穿背心，而且还总是穿长袖衬衫，因为两条胳膊如细细的木棍，很不雅观。进了大学，大致可以吃饱饭了，逐渐的，到1960年左右，体重才上升到约100斤。

1960年3月，我从上海社会科学院提前毕业进了南洋模范中学教政治。当时有义务献血的活动。我是政治教师、共青团员，自然带头报名。但是，到了医院做献血前的胸部X光透视，医生讶异地问我："肺部有很多钙化点，你怎么来献血？"这时我才知道：不晓得什么时候，我已患过肺病。

但我不但毫无畏惧之感，还因此而很开心：小时候听说肺病是"绝症"，犹如现在听说癌症一样，是治愈不了的。我这不是在不知不觉中，患过肺病又不治而愈了吗？

这一经历第一次给了我这样的印象：即使严重到犯了肺病这样的"绝症"（20世纪40—50年代，医卫事业不如现在发达，当时患了肺病就会被认为是"不治之症"），也并不可怕！大概从这时起，此后每每患病，我都有意无意地放松心态对待了。

1959年到1961年是国家"三年困难时期"，虽然我的口粮"定量"被一减再减，但是我习惯性地细嚼慢咽（一餐饭大多要吃半小时左右），尽力"物尽其用"，让每一粒粮食、每一点菜肴都发挥其"滋养"身体的作用。当时，我发现细嚼慢咽十分重要。有一次早饭时，我舀了一调羹稀饭放入口中，始终不用牙齿去嚼，而让舌头把稀饭推进推出而不咽下去。结果口中的稀饭竟然几乎变成了"水"（诸位不妨试一下）。于是，我知道了口水（唾液）有极其重大的消化食物的功能。从此即坚持吃任何东西都细嚼慢咽，甚至牛奶也不"咕咚咕咚"地喝，而是放在口中吞吐几回，尽量让口水的作用充分发挥。人体的营养全靠食物提供，所以细嚼慢咽太重要了。

20世纪70年代对我打击最大的是1976年患了"乙肝"。记得似乎是这年4月的一天，上班时呕吐了。去医院一查，说是"转氨酶偏高"，得了"乙肝"。医生严令"病休"。因为肝炎是会传染他人的，只能"病休"。不过，实际上我几乎一天也没有乖乖地在家里待过。每天，我带着6岁的女儿倪剑去虹口公园"检查工作"——因为此前我安排了需要"实习"的十几位学生到设于虹口公园里的鲁迅纪念馆做讲解员。此时，我正好有时间去那里，一边陪女儿逛公园，一边检查学生的讲解员工作。这些学生大多是文学爱好者，他们向我介绍了鲁迅生平许多动人事迹。同时，他们的指导老师恰好是我很熟悉的人，也就同时向他们了解了不少有关鲁迅的生动故事。当时鲁迅纪念馆的副馆长周国伟先生跟我也很熟，所以，我们就商议合写一本《鲁迅在日本》。后来还和周副馆长的好朋友刘祥发先生共商写《鲁迅在上海》的事。为此，我们还一起拜访了当时在鲁迅研究方面颇负盛名的复旦大学陈鸣树教授。这样，我们各自都陆陆续续写成了十几万有关文字。可惜的是，经几次搬家，书稿也不知道什么时候不翼而飞了，虽然没有出版，但对我的帮助还是不小的。

念中学时，因为不能及时交伙食费而被停餐，我是经常饿饭的。毕业后工作时，又常在饭后做剧烈的体育运动，而长期的下乡劳动和在工厂里的劳动，要求我们吃过饭就得去干活，所以1974年起我患了严重的胃溃疡和十二指肠球部溃疡。胃痛往往折磨得我半夜三更不能入睡。吃了胃痛药也无作用。1984年我去山东历城开会，一位亲戚说历城附近有个村庄叫"牛庄"，那里有农民医生会"埋线疗法"而且很有效。所以，会后我就去牛庄求医，但十分不巧，那位远近闻名的医生不在。他的助手（也是一位老农民）告诉我：也没有止痛药。我问有没有碘酒。他说："也没有，只有红药水。"我央求他说："那就你来治吧，用红药水代替碘酒消毒！"这个"埋线疗法"真是很有点"蛮"的！"医生"让我先掀起腹部衣服，在肚皮上按了几按，叮嘱我："闭上眼睛，不要看。"我问"为什么"，他答曰："有血飙出来！"我说："我不怕！看看还可分散我对疼痛的注意力！"于是，他扯出了自行车轮上的钢丝那么粗的一根钢针扎进了肚皮。这钢针的另一头，穿有一根粗粗的线（后来知道那叫"羊肠线"）。钢针从这边扎进去，从另一边带着羊肠线拉出来。然后医生捏着羊肠线的两头，一上一下地串拉，鲜血当然一上一下"嗤"的一声声飙出来。然后羊肠线贴肉的两端被用剪刀剪断，又用红药水抹了几下算是在伤口消了毒，接着用纱布包好。这就叫"埋羊肠线"。痛当然很痛，但是还可以忍受。再遥想从前的砍头、腰斩之刑，不觉间倒减轻了些许痛楚。腹部"手术"完成之后，那"医生"叫我翻转身来，在背上又折腾了两处。背上皮薄，痛得厉害。三处伤口，"医生"都给贴上了纱布。我向他道了谢,搭上一辆从牛庄到辛店的乡间长途公交车,投奔辛店的亲戚去了。这长途车几乎是"打赤膊"的:虽然人人各有一个座位,但座位上连一块木板都没有,屁股就搁在2根铁棍上。一路颠簸了三个小时,到达辛店亲戚家时,已经发高烧了。"埋羊肠线"就是这家亲戚介绍的。他们热情之至,非要我住下来不可。但我必须尽快赶回上海,因为三天之后还要参加国务院的一个农村调查组,到山东德州去调查。亲戚拗不过我,次日凌晨,他们送我到附近的一个叫张店的地方搭火车回上海。因为半路上车,不但没有座位而且人挤人的,连"站位"几乎也没有。当时,我只能设法背靠车厢入口的板壁站着,双手捂着前腹部,后背上部靠着板壁,使后背下部的伤口不受人群的挤压,就这样一路站到上海。回到上海,生怕家人担心,我也没有告知这场经历,在家休息了三天,又北上德州了。记得同去调查的有中国经济体制改革研究所的曹培、尹兰天、史其超等人,组长是黄晓京。"埋羊肠线"一举因为伤口作痛前后折腾了我一个多月。这一个多月里,不得不弓着腰走路。记得牛庄曾有"半年之内,不能吃酸喝辣、不能喝酒、不能喝浓茶"的医嘱,我倒是不折不扣地执行了。果不其然,半年后的我,竟然"又是一条好汉":从彼时起直至如今,三十多年过去了,再未胃痛过。家人与亲戚都说那是民间"埋羊肠线疗法"的神效。但是我想,最大的可能是:"埋羊肠线"后的六个月里,我"老实"极了,绝对地躬行牛庄医生关于饮食的叮嘱。据说,人的胃,生命力极强,哪怕割掉三分之二,还会再生出来一个完整的胃。如果也有严重胃病的医学家,不妨也去一次牛庄做个"埋羊肠线"的手术,研究个水落石出,说不定到斯德哥尔摩能捧个诺贝尔奖回来。当然,也可在我"呜呼哀哉"之后,打开我的腹背,看看那三处伤口之内究竟演了些什么"戏文"。

在治愈胃病之前的1983年,还曾发生过我的心脏病"不治而愈"的怪事。这件怪事的具体日期我已经记不确切了,大致是:这年之初,有一次我走在淮海路上去社会科学院上班时,感到心脏部位隐隐作痛。不多几天后,连睡觉时也感到心脏的疼了。起初是左侧卧痛,后来则是两侧皆痛,而且日甚一日,这迫使我去华山医院挂了心脏科就医。不诊则已,一诊可不得了。当时六位医生会诊之后,得出的结论是两条。似记得我与医生的对话是——

医生:"有两方面的毛病。"

我:"什么毛病?"

医生:"一是三种杂音。"

我(不禁笑了):"交响音乐啊!"

医生:"二是'二尖瓣脱垂'。"

我:"什么意思?"

医生:"左心室与右心室之间有一座'桥'连接,现在这'桥板'搭不上了,脱开了。"

我:"那怎么办?"

医生:"可以动手术重新搭上。"

我:"动手术?要开刀吗?"

医生:"要。"

我:"要切掉肋骨吗?"

医生:"要!"

我:"几根?"

医生:"两根。"

我大吃一惊,心想这不是要破坏我的"光辉形象"吗?而且鬼知道得病休多久!

而这可问题大了:大约三年前,我将研究隋代法制确定为我的研究课题。众所周知,我国的唐律久已闻名于世,但对唐律的研究,却落后于日本和我国的台湾。而唐律是以隋律为蓝本拟制的,所以,如果隋律研究仍落后于人的话,这"国耻"可只能是"万劫不复"了!为了不再落后于人,进入社科院法学所不久,我即开始为研究隋律而收集资料。至心脏病发,有关资料已大体集齐了。如果开刀，谁知道会延后到驴年马月呢？何况，我已得悉日本学界组织了一个六人小组，正在攻隋代制度，包括隋代法制！于是我问——

我："医生，不手术会不会死亡？"

医生："会。"

我："死亡之前，有没有一个休克阶段？"

医生："有。"

我："大约多长时间？"

医生："六到八小时。"

我几乎是不假思索地站了起来："谢谢！到休克时再来找您！"

回家之后，我写了份遗嘱，但没有告诉家人。记得完成之后，便把它放在抽屉中的书本下。（以后，是我的夫人多年后偶然发现的。）从此即开始"夙兴夜寐"地写起了《隋律研究》。

不过，因为事关按时上班问题，记得曾以轻描淡写的态度与口吻将心脏欠佳的情况告诉了齐乃宽所长，他允准我一个月内可以不去上班。

从此之后，我即开始了紧张的写作。前后约花了一个半月，将研究资料构写成了《隋律研究》一书，并即投稿法律出版社。

万分有意思的是：大致是书稿写成之时，心脏倒不痛了！其时我曾去华山医院"复查"了一次。但虽然复查过了，却再也没有去看复查报告。原因很简单：心脏不痛了！此事，1991年我在撰写《法哲学经纬》一书的《后记》中，曾简略述及。

行文至此，顺便告知各位读者这样三件事——

一是，我还在华山医院诊治过突发的急性肾炎。记得是1993年6月2日晚，我和张叔英同志去拜访了时任九三学社中央副主席、上海市副市长的谢丽娟同志，为的是请她支持九三学社中央拟在上海创办全国性公司的决定，当时我被内定为总经理，张为副董事长。我们谈到夜间11点，回到家已超过12点了。次日凌晨我发了高烧，华山医院的诊断结论是急性肾炎，给我开了10瓶的针剂用药和病假单。但是夫人下班回来却找不到我人了。原来我是去参加一个会议。于是她赶到了（似乎是在贵都饭店的楼下会议室），把我从上海市农垦局的一个会议上拖了回去。当时，九三学社上海市委副主委张友隽先生得悉我患了急性肾炎，竟长途跋涉赶赴我家，一而再再而三地千叮万嘱我"要好好休息""要吃得清淡，不能吃咸的……"。不过，我仍当作了耳边风，打了二三天针以后，高烧退了，就不再打针了。几天之后，不知不觉间，这"肾炎"即"抱头鼠窜"，至今未见复发。

二是，在华山医院看门诊，有被指定的医生，记得她叫"叶若兰"。有一次，她问我："倪先生，别人来看病，都是愁眉苦脸的，你怎么总是笑嘻嘻的呢？"我这样回答："病会好的，'愁眉苦脸'又不是药，何必病上加愁呢？"光阴荏苒，此后好像再也没有见到过和蔼可亲的叶医生，但愿她如其名"若兰"，仍然战斗在医卫战线上。

三是2017年5月30日晚，我在上海植物园附近的一处公交车站，从733路公交转乘56路时，被逆行的摩托车撞了个手脚朝天。当时车上的乘客和司机都惊叫起来："抓住他（摩托车手）！抓住他！"但我翻身起来伸伸胳膊腿，并无疼痛的感觉。看那摩托车手，黑脸膛，30多岁，似不是"打工仔"，刚下班路过。他当然惊慌失措，当时我想，如拉他一起去医院，非要几千元付医药费不可，也不知他一年能挣多少工资呢！就对他说："去吧！以后当心些！"……次日，我发现，牛仔裤下摆摔出了一个1寸见方的口子，右脚脚踝处肿出了乌青色鸭蛋大小的一个肉包包，骨头则无什么疼病感觉，天长日久，竟也无事。

1997年底，我应邀到上海大学法学院工作，就诊的定点医院也转为著名的龙华医院。

在龙华医院，我经历了两次较为重大的医事。

一是开白内障。上海的眼科医生中，第一人民医院的张晳医生和中山医院的王文洁医生都是全国知名且有甚高国际声誉的。这两位都是我的熟人：张医生与我同任过市政协常委；王医生与我同任过九三学社中央委员，而且两家还是近邻。但我没有也不想利用私人关系去麻烦他们，而是让龙华医院自行安排，李明飞医生主刀。我对那些利用职权和私人关系为私利服务的人不屑一顾。如果人人都这样，还算什么共产党员、什么民主党派！养生，与养德关系密切：德高，生可养；德低，即使体健如牛，也只是做坏事有点用处。李医生很尽心，很认真，术后视力恢复得甚好。

二是治脑萎缩、脑梗死。2008年左右，我发现自己走路时往往会不自觉地偏向右边倾倒，虽能控制，但不自然，有点费力。于是不得不去龙华医院就诊。就诊的结果是，负责我的诊治的王臻楠医生告知：我已患"大面积脑梗死"与"脑萎缩"。起初我不相信，但王医生出示了脑CT影像片子道："你看，这上面有5个小黑点，就是5处脑血管堵塞了。"脑萎缩，是老年人的常见病。我问王医生"怎么办？"她让助手给我"吊"了几天什么针。

脑萎缩与脑梗死，对我这样一个"爬格子动物"来说，当然是一个严重的问题。但我丝毫也没有被吓倒，而是镇定地做了一些后事的安排。其中包括给我多年的挚友陶斯亮同志写了一封信，告知她"这可能是我写给你的最后一封信，因为……"。陶斯亮同志很快给了我一封回信，对我做了热情的鼓励与指点。

这一年的9月9日，我供职的上海政法学院聘我为"终身教授"，上海的大报刊登了这一消息。一面是"脑梗死""脑萎缩"，一面是"终身教授"，如何应对，如何自处，是一个严重的问题。思来想去，所得的唯一结论是："兵来将挡，水来土掩！脑子要萎缩、血管要堵塞，我偏偏更多地使用它！看看究竟谁战胜谁！"我做了彻底失败的准备，因为我也懂得自然规律不可违背的道理；但我想用自己的努力战而胜之！从查出脑萎缩和脑梗死之后，我仍如常上班、办事、写文章、讲学，没有因"病休"请过一天假。在这期间，我写出了105万字的《比较法学探析》、71万字的《激励法学探析》、50万字的合著《法律战导论》以及大批的长文短论。

　　光阴荏苒，就这样倏忽一闪，到了2017年11月30日。这天预定上午去华东理工大学开会，下午到东安路8号的上海市干部活动中心咖啡吧接待南京师范大学的丰霏博士，共商激励法学发展的事。不料在去华东理工的路上，双腿竟突然失控了——猛地往前摔了下去。幸亏经这一摔，当时脑子还算清醒，用手摸了摸脑袋，竟然一手鲜血！此时，我倒是"喜上心来"：因为我知道，老人因中风而摔跤，急救之法是刺破耳垂或手指，挤点血出来，不然的话，大概率是非死即呆。既然已经摔出鲜血来，而脑子还是清醒的，那就是"不幸中的大幸"了！于是我用围巾擦擦眼、鼻、嘴唇，又前往华东理工大学了。事后我知道，当时左眼上方摔破出血、眼镜片子摔毛了、鼻子摔出了血、上唇也摔破出血了。走到华东理工大学门口时，李瑜青教授、李国柱先生等都焦急地在大门口等我了。后来他们说，以为我迷路走丢了，鬼知道是差点丢到地狱去了啊！接着之后是两个饭局：华东理工的午宴和大学61届同学的聚餐会。聚餐会带嘴巴去就可以了，多年来，只有这一次我倒是做了"讲话"准备的，还写了讲话稿，因为党的十九大刚刚结束，老同学们想听听我的"宣讲"。不过，也许是一向"不认路"，也许是脑袋经这一摔糊涂了，竟找不到聚餐的地址。于是只好回家洗洗狼狈不堪的嘴脸；而下午与丰霏博士的约会，是必须到场的：他正从南京赶过来，而我们下午又是专门商谈涉及激励法学发展的重要议题。就这样，我带着满脸的狼狈，听取了丰博士的重要建言，并做出了一些重要决定。

　　与丰霏博士分手、回到家里后，夫人执意要我去医院。这时我的保健医疗单位中山医院就在小区近处。次日、又次日，我去中山医院的内科、精神病科和中医科分别就诊。三科医生一致认定我得了帕金森综合征。似记得：为了说服我就医，他们还列举了里根总统、撒切尔夫人和邓小平的同类病症，要我"一定得重视"。但我回家一查电脑，却发现：200余年来，医学专家对帕金森症状各有各的描述，开出的药方也多有不同。鉴此，我的结论是：未必非就医不可！所以，第一，我要观察一段时间，暂不吃药。第二，加强锻炼：无非是更多的运动脑子——更多的思考问题，而不是停止工作；适当地运动身体，尽可能把通向脑袋的各条血管打通！我希望自己能像以往一样战胜各种疾病。为此，找了一个本子，第一页大书一行"迎战帕金森！"……此后，大约记了两个月左右，每天做什么、吃什么。这"战"多少有点胡思乱想，就搁浅了。搁浅之后，迄今为止，似乎也就不再"帕金森"了。人类应如何对待诸如此类的疾病？

我至今没有向学校领导报告过我的身体状况以及种种遭遇，而是更努力地工作——当然主要是更多地用脑。因此，2008年以来，我撰著出版了《隋代法制考》（专著，24.5万字）、《激励法学探析》（专著，71.5万字，被列为国家"十二五"重点法学图书，出版后获得了"三个一工程奖"）、《走向法治的俄罗斯》（合著，24.5万字）、《走向法治的塔吉克斯坦》（合著，21.5万字）；此外还领导、组织了上海政法学院青年教师编写出版了《走向法治的乌兹别克斯坦》《走向法治的哈萨克斯坦》等7本著作，领导、推动了上海政法学院青年教师组建"体育法学研究中心""海洋法治研究中心""上合组织国家法律研究中心"等的工作。我还积极参加了廖凯原先生主持的《黄帝四经》研究，被聘为清华大学法学院凯原中国法治与义理研究中心的高级研究员……

2013年12月20日，星期五，赴中山医院看牙科，那几天牙齿痛得受不了了。当时中山医院第一诊疗室的牙科只有每周一、五下午开诊。我向医生诉说了牙齿如何疼痛后，一位中等身材、看上去十分精干、约45岁的牙医，用钢精医具在几个疼痛的牙上轻敲了一通，说："下星期一来，拔掉（这）四颗牙齿。""不拔行吗？""蔓延开来，其他的牙齿也得拔掉。"接着给我开了两三种药，又叮嘱刷牙专用"洁齿净"（记不确切了）。

回家后，我倒是老老实实按医嘱吃药、刷牙的。但到了星期一（12月23日），我又犹豫了：拔了的牙，永远不会再长出来！能不能不拔，或者延后一些时间呢？磨磨蹭蹭的，拖了一日又一日、一周又一周。其间，我改成每次刷牙都用温水，每次饭后都刷牙。居然一坚持，就坚持到了现在（2022年9月）。也许，当时（2013年）如果拔了几颗牙，后来说不定还得拔。而现在，虽越八旬，满口之牙都还是基本完整存在的！2013年12月20日这一天，我当牢记；而且，此事被我视为"奇迹"，还曾对许多朋友说起过。

行文至此，又想到与我的牙病相关的几件事。

其一，1990年10月，我去桂林参加中国科学技术法立法研讨会。此前，牙齿痛得厉害。会上，给每个与会者发了五斤新上市的橘子。据说，新上市的橘子，吃了很容易"上火"的。所以，几乎所有的与会者都把全部橘子带回家去了。按理，牙齿剧痛的我当然应该带回去。但是我又"对着干"了：偏偏在三天会议期间，把所发的橘子一个不剩的吃光了。我想看看到底会出现什么结果。结果是：回沪后的大约半个月里，牙齿确是痛得更加厉害了。那年10月北京的老朋友曹培到上海来看我，我陪她上街吃饭时，竟痛得泪眼婆娑！但是，经过此"劫"之后，从那时一直到如今，竟奇迹般地平安度过了。如果说有什么灵丹妙"法"的话，除"硬顶""硬抗"之外，就是每次饭后即刷牙，每次刷牙都用温水。

至今，虽然已经83岁，但我却仍有满口好牙。尤为奇怪的是：从小时候起，我的两颗大门牙间一直有一条大大的缝隙，但近几年来，从右门牙的上方，竟然长出了小小的一条白牙来，把原先的缝隙填补起来了。这件奇事发生已近一年，虽然至今还未填满缝隙，但从发展的趋势看，是很有可能填满的。

逆势而上，自我抗争！就这样，我迎来了《倪正茂全集》的出版。

有人说：倪教授体质真好！

但你看看前文的"36.5千克"以及后来的这样那样的严重疾病，大概不会这样说了。至于很少生这样那样的小病，那么，我可以告诉你：那是少年时代和青年时代努力锻炼的结果。

记得在南洋模范中学、淮海中学任教时，我傻傻地做过这样两件很少有人会做的事：其一，夏天，正午，气温最高的时候，我常一个人抱着篮球打全场；其二，春夏秋三季，下班遇到下暴雨，是我最高兴的事，因为我可以穿一条短裤、一件背心，骑上自行车，从上海市的西南（零陵路）斜穿整个上海到达上海市东北角虹口区广灵路的家中。正因有过诸如此类的"锻炼"，寒冬酷暑又奈我何？！

不过，话说回来，更加重要的，还是心态一定要好！

这些，就是我的所谓"养生经验"。

以上种种经历，虽然拉拉杂杂，但这条线索应是明显的：人生在世，难免生病，但既然病了，一不要怕，二积极对待，尽可能地以"生命力"自身来对付，力争在"自我革命"中取得胜利！

倪正茂
2023 年 9 月 13 日